KB152242

앱 키드

APP KID

앱키드

코딩으로 백만장자가 된 아이

ADD
RiD

마이클
세이먼

안성열 옮김

해리북스

들어가며

볼리비아에서 환호하는 1,500명의 학생 앞에서 연설할 때 나는 열여섯 살이었다. 행사 기획자들은 무대로 통하는 길을 트려 애쓰고 있었다. 사람들이 손을 뻗어 내 옷을 끌어당겼다. 속으로는 호텔로 돌아가 코딩이나 했으면 좋겠다고 생각하며 군중을 헤치고 무대로 올라섰을 때 사람들이 일어나 박수를 치기 시작했다. 주변을 둘러보니 국내외 방송국에서 나온 기자들이 보였다. 나는 머릿속으로 밀려드는 생각을 막으려 했다. 내가 이런 일에 적합하지 않다는 생각이었다. 사람들은 자신에게 통찰을 주고 이끌어줄 누군가를 고대하고 있었는데 과연 내가 그런 사람인지 확신이 서지 않았다.

열세 살 때 나는 아이폰용 앱을 처음으로 개발했고, 금세 다운로드로 한 달에 1만 달러를 벌기 시작했다. 그 정도면 우리 가족을 부양하기에 충분한 돈이었다. 당시 카드(마스터카드와 비자에서 제공하는 플라스틱 카드)로 지은 우리 집은 대침체로 무너졌다. 그리고 그런 이유로 라틴아메리카 언론은 내게 애플 천재 소년이라는 별명을 붙였다. 나는 정기적으로 뉴스에 등장했다. 하지만 뉴스들이 성급하게 나에게 갈채를 보내는 것이 두려웠다. 일단 꽤 성공한 내 앱은 판매 수치가 떨어지고 있었고, 나는 그다음에 어떤 앱을 개발할지 아직 명확한 생각이 없었다. 하지만 여기에 모인 아이들은 그런 얘기를 듣자고 온 게 아니었다. 그들은 어떻게 내가 컴퓨터 한 대로 무에서 유를 창조했는지 알고 싶어서 이 자리에 왔다. 나는 그들에게 설명해야 할 의무가 있었다. 나는 천재가 아니었고, 내가 한 일은 마법이 아니었다. 컴퓨터를 손에 넣어 인터넷에 접속할 수만 있다면, 그들도 무에서 유를 창조할 수 있었다.

무대 위에 올라 나는 볼리비아와 페루 출신 이민자의 아들로 태어나 마이애미에서 어떻게 자랐는지 무용담을 늘어놓기 시작했다. 어떻게 코딩에 입문하게 되었는지, 어떻게 유튜브 비디오를 이용해 독학했는지, 내가 만든 앱이 경제 침체로 곤경에 빠진 가족을 어떻게 돕게 되었는지 말이다. 내가 연단에 오른 이유가 내 제품으로 세상을 바꿨기 때문이 아니라는 것도 분명히 했다. 많은 불안 요소와 결점에도 불구하고 실패에 굴하지 않고 계속해서 제품을 개발한 결과 '나의' 세계가 바뀌었다. 그것이 내가 그 자리에 서 있는 이유였다. 지식이나 능력 부족으로 멈춰 설 때마다 되도록 빨리 자리를 털고 일어서려 했다고 나는 설명했다. 숨을 돌리고 나서, 난관에 부딪힐 때마다 구글 검색을 통해 헤쳐 나갈 방법을 찾았다고 청중에게 말했다. "여러분이 컴퓨터 프로그래머가 되고 싶다면 인터넷이 여러분의 가장 친한 친구이자 안내자가 되어 여러분에게 영감을 줄 것입니다.”

강연을 마치자마자 학생들이 코딩하는 방법에 관해 질문을 퍼붓기 시작했다. “엑스코드Xcode나 이클립스Eclipse를 구글로 검색하고 자바Java나 오브젝티브-C에 관한 유튜브 교육 동영상을 보세요”라고 나는 거듭해서 말했다. 오늘날에도 사정은 다르지 않다. 코딩은 너무나 빠르게 변해서 계속 쓸 수 있는 고정된 자원은 존재하지 않는다. 코딩을 배우고 싶다면 인터넷을 가이드로 삼아야 한다.

결국 학교 측 사람이 질의응답을 그만 받겠다고 하고 나서야 질문 공세에서 벗어날 수 있었다. 나는 이내 강당 밖으로 끌려 나왔다. 몇 걸음 걸을 때마다 셀카를 찍기 위해 멈춰 서야 했다. 누군가 “줄을 서요!”라고 큰 소리로 외쳤지만 귀담아듣는 사람은 아무도 없었다. 사람들은 밀고 당기며 나를 잡아챘다. 나는 속수무책으로 엄마 쪽을 흘끗 바라봤다. 다시 우리가 렌터카를 타고 차량을 뚫고 기어가듯 나아가려는데 차를 탄 몇몇 학생이 우리를 따라와 차창을 내리고 사진을 찍어댔다. 호텔로 돌아오자마자 엄마와 나는 침대 위로 쓰러졌다.

다음 날 나는 미국에 있는 내 삶의 현실로 되돌아왔다. 마이애미 국제 공항에서 내게 시선을 주는 사람은 아무도 없었다. 이 모든 게 꿈이 아닌가 싶었다. 내 부모님과 부모님의 부모님이 유래한 혈통을 생각해보면, 볼리비아에서 보낸 지난 며칠이 더욱 믿어지지 않았다.

내가 태어나고 몇 해가 지나고 나서야 부모님은 미국 시민권을 받았다. 이 책은 내 가족의 삶에 관한 이야기를 포함해 모두 영어로 쓰였지만, 부모님은 내게 늘 스페인어로 말했다. 부모님은 미국으로 이민 왔을 당시 기본적인 대화만 가능할 정도의 영어만 할 수 있었다. 오늘날까지 부모님은 때때로 대화를 효과적으로 이끌어내기 위해 애를 쓰신다. 나는 여전히 영어로 말하며 자란 사람들이면 익숙한 말을 절반 정도밖에 모른다. 집에서 들어본 적이 없기 때문이다. "가압류하다" 같은 특정 단어들은 최근까지 스페인어로만 알았다. 뭔가에 발가락이 찔릴 때면 내 입에서는 저절로 스페인어 욕이 튀어나온다.

나의 엄마 마리아 크리스티나 갈베스는 대체로 건조한 산악 지대인 페루의 아레키파에서 태어난 것으로 알고 있다. 하지만 출산할 때 가족의 지원을 받고 싶었던 외할머니는 가족과 함께하기 위해 페루의 수도인 리마로 날아갔다. 엄마의 아버지는 페루군 장군이었고, 그 당시에 격렬한 전쟁이 벌어지고 있었다. 어린 소녀였던 엄마와 네 명의 형제는 침실 창에서 포탄이 터지는 소리를 들으며 자랐다. 포탄이 터질 때마다 엄마는 탁자 밑으로 숨어들었고 송전탑이 폭탄 공격을 받아 부서지는 바람에 촛불에 의지해 공부해야 했다. 전쟁에도 불구하고, 엄마는 당신의 어린 시절을 애정이 넘치고 근심 걱정이 없던 안전한 시절로 기억한다.

아빠는 전혀 다른 세상에서 자랐다. 아빠는 볼리비아의 수도인 라파스의 유대인 가문에서 태어났다. 아빠가 세 살 때 할아버지와 할머니는 리마로 이사했다. 나중에 그들은 갈라섰다. 아빠가 스물한 살 때 큰아빠가 돌아가셨는데, 그 비극적인 사건은 가족의 근간을 흔들고 이후 아빠의 삶을 결정짓는 커다란 계기가 되었다. 제2차 세계대전 때 유럽에서 도망친 증조할아버지와 증조할머니는 두 분 모두 유대인으로, 손자인 아빠에게 거는 기대가 커서 아빠를 이스라엘로 보내 시스템과 응용 수학을 배우게 했다. 하지만 아빠는 이스라엘의 생활에 적응하지 못했다. 증조할아버지는 만약 학교를 중퇴하면 지원을 끊겠다고 협박했지만, 아빠는 학교를 그만두고 로스앤젤레스로 날아가 비디오 편집 분야에서 경력을 쌓고자 했다. 여러 룸메이트와 한집에서 살며 아빠는 직업 학교에 다녔다. 몇 년 후 아빠는 마이애미로 거처를 옮기면서 텔레문도 본사에 일자리를 구해 생산직으로 일했다. 당시 할아버지는 아빠의 삶에서 거의 존재감이 없었고 할머니는 페루에서 내내 우울증에 시달리며 살고 있었기 때문에 증조할아버지로부터 재정적 지원을 받지 못하게 된 아빠는 사실상 외톨이나 다름없었다. 아빠는 임시 취업 비자로 그날 벌어 그날 먹고 사는 삶을 살았다.

마이애미는 미국을 방문하는 라틴아메리카인들의 중심지였고, 엄마는 스무 살 때 친구들과 그곳으로 여행을 떠났다. 한 파티에서 아빠는 방 건너편에 있던 엄마를 보았다. 그리고 그로부터 우리 가족이 탄생했다.

엄마가 페루로 돌아간 뒤로 두 분은 3년간 장거리 연애를 했다. 엄마는 직업 심리학자가 되는 게 꿈이었지만, 외할머니는 당신의 딸이 덜 까다로운 직업이나 학위를 따기를 바랐다. 아빠와 사랑에 빠진 엄마는 외할머니의 조언에 따라 비서 학위를 땄다. 하지만 외할머니는 스물

세 살에 불과한 엄마가 아빠 집으로 들어가 사는 것을 선선히 허락하지 않았다. 외할머니는 엄마에게 페루의 부모 집을 떠나 아빠와 같이 살려면, 먼저 결혼부터 하라고 했다. 그래서 엄마와 아빠는 결혼했다. 처음 몇 년 동안은 그냥 같이 살고 싶었겠지만, 선택의 여지가 없었다. 결혼식을 올린 부모님은 시애틀에 정착했다. 3년 후인 1996년 8월 24일, 내가 태어났다. 그리고 그로부터 1년 후 여동생 마리아나가 이 세상에 나왔다.

스페인어는 단지 집에서만 쓰는 말이 아니었다. 마이애미에서는 거의 모두가 스페인어를 썼다. 마이애미 인구의 70퍼센트가 라틴아메리카인이었다. 마이애미에는 지배적인 다수를 이루는 원주민이 없다. 식당 메뉴판과 많은 교통표지판이 스페인어로 쓰여 있다. 마이애미에서 누군가 길을 묻기 위해 다가서면, 사람들은 주저 없이 스페인어로 말한다. 또 마이애미의 많은 지역에서, 의사를 찾아가면 그들은 바로 스페인어로 질문하기 시작한다. 마이애미에서 인구의 70퍼센트가 라틴아메리카인이라는 것은 계급 및 인종 구분이 라틴아메리카 사람들 사이에 존재함을 의미한다. 스페인어 악센트만 듣고도 사람들은 그 사람이 어디 출신인지 금세 알아낸다. 페루 출신인지, 콜롬비아 출신인지, 볼리비아 출신인지, 칠레 출신인지, 아니면 멕시코나 쿠바 출신인지. 마이애미에 사는 라틴아메리카인 대부분은 쿠바 출신이다. 그들은 피델 카스트로가 권력을 잡은 1960년대에 마이애미로 이주해 사업을 하기 시작했다. 마이애미의 쿠바인들은 비교적 최근에 이주한 대부분의 비쿠바계 가족들보다 더 끈끈한 유대 관계를 유지했다. 따라서 쿠바인이 아니면 마이애미에 적응하는 데 훨씬 더 고 된 시간을 보낼 수 있다.

나는 3학년에서 5학년 때까지 작은 가톨릭 학교에 다녔다. 쿠바인 부모들은 모두 이미 서로 알고 지내는 사이였다. 우리 부모님은 그 집단 주위를 배회하는 외부인처럼 느꼈다. 겉모습만 보면 쿠바인이 라고 해도 아무도 알아차리지 못할 테지만 엄마가 입을 여는 순간 다 른 엄마들은 진실을 알아차렸다. 그래서 부모님은 콜롬비아, 베네수엘라, 그리고 기타 남아메리카 국가 출신 커플들에게로 중력이 작용 하듯이 자연스럽게 이끌렸다. 여동생과 나는 둘 다 유치원에서 유창 한 영어를 구사하기 시작했지만 우리는 여전히 남아메리카 출신이라 는 배경 때문에 부모님과 같은 사회적 장벽에 꽤 직면해야만 했다.

나는 평생 정체성의 혼란을 느꼈다. 나는 유대교도인가 아니면 가톨릭교도인가? 아빠는 유대교도이고 엄마는 가톨릭교도이지만, 엄마 는 아빠와 결혼하기 위해 유대교로 개종했다. 엄마는 내게 수년 동안 그 이야기를 했다. 우리가 어떤 종교의 관습을 따라야 하는지를 두고 두 분은 여러 해 동안 논쟁을 벌였고, 결국 두 종교의 관습 모두를 따르는 것으로 해결책을 보았다. 아빠는 우리를 유대인 유치원에 보냈 고 엄마는 가톨릭 초등학교를 고르게 되었다.

나는 페루인인가 아니면 볼리비아인인가? 내가 꽤 유명인이 되자 두 나라는 서로 나를 자기네 나라 사람이라고 주장하려고 했다. 내가 완전히 이 나라 혹은 저 나라 사람이라고 느껴본 적이 단 한 번도 없 었는데 말이다. 나는 진짜 미국인가? 부모님은 이 나라 출신이 아니고, 선생님들은 라틴아메리카인들이었고, 내가 살던 도시에서 사람들은 대체로 스페인어로 말했다. 우리는 TV에서 보고 자란 전형적인 미국인들과 전혀 닮지 않았다. 나는 아이인가 아니면 성인인가? 열세 살 때 내가 부모님의 생계를 돕기 시작하면서부터 내 어린 시절은 대체로 사라졌다. 하지만 이십 대인 지금, 내가 이른바 '어른답게' 잘 처신하고 있는지는 자신 있게 말하지 못하겠다. 그렇게 된 데는 그 유명한 실리콘밸리의 온갖 혜택 탓도 있다.

2014년 열일곱 살이었던 나는 집에서 엄마가 늘 해주던 요리와 세탁 서비스를 집에서 5천 킬로미터 떨어진 페이스북에서 받게 되었다. 나는 페이스북에서 인턴 자리를 얻었고, 그 후 내 또래들처럼 대학에 진학하는 대신에 여섯 자리 연봉을 받는 회사의 역대 최연소 엔지니어로 정규직 일자리를 얻었다.

스물세 살이 된 지금, 나는 초과 인출 수수료나 신용카드 빚을 걱정할 필요가 없다. 다시 모든 것이 무너져 내리더라도, 내가 우리 부모님을 도울 수 있을지 걱정할 필요도 없다. 나는 컴퓨터밖에 모르는 모든 괴짜들이 상상하고 소망하는 삶을 살아가고 있다. 페이스북과 구글에서, 나는 수십억의 사람들이 사용하는 앱 개발 프로젝트를 이끌고 있으며 상상 이상으로 금전적인 성공을 이루었다. 하지만 성공했다고 해서 모든 것이 자명해지지는 않는다.

나는 매일 자문한다. 머지않아 나는 내가 잘나서 여기서 성공했다고 느끼게 될까, 아니면 나 자신을 단지 그 시스템 안에서 일하는 것에 능숙해져서 실리콘밸리에서 용케 살아남은 사기꾼이라고 여기게 될까? 가끔 나는 누구이고 어디에 어울리는 사람인가라는 질문에 압도되어 그냥 사라져버리면 좋겠다는 생각이 들곤 한다. 하지만 그런 일이 일어나기를 바라기에는 너무 멀리 왔다.

물론 나는 혼자서 투지를 발휘하고 힘들게 일해서 여기에 이르지 않았다. 내 생애의 첫 10년 동안 내 가족은 분에 넘칠 만큼 잘 살았다. 미래를 떠올리고 상상할 수 있는 안전한 상황과 시간, 공간이 있었다. 우리 가족은 아이폰을 사줄 여유가 있었고, 그 아이폰은 나에게 미래를 향한 문을 열어주었다. 세상의 수많은 아이에게는 그런 꿈에 접근할 기회는 고사하고 그런 꿈을 꿀 여지조차 전혀 주어져 있지 않다. 오늘날 볼리비아에서 100명 중 4명만이 집에서 인터넷을 이용할 수 있다. 그리고 그 인구의 40퍼센트만이 어디에서나 인터넷에 접근할 수 있다. 성인들은 아이들에게 "크면 뭐가 되고 싶니?"라고 묻곤 한다. 하지만 아이들이 당장에 필요한 것조차 구하지 못하는 상황에 직면해 있다면, 또 굶주림에 떨며 밤에 어디서 자야 할지 걱정하고 있다면, 그런 질문은 가당찮다. 단지 살아남으려고 발버둥을 쳐야 하는 상황에서 자라서 어떤 사람이 되고 싶은지 과연 생각할 여유나 있을까?

그래서 나는 볼리비아 아이들에게 "꿈을 크게 가져", "불가능해 보이는 것에 도전해봐"라고 말하지 못한다. 나는 그들에게 코딩을 하고 싶으면 인터넷에서 무료 교육을 찾아보면 된다고 말했다. 코딩은 지금 수요가 많은 기술이고, 급여도 아주 높은 편이다. 하지만 이것이 프로그래머가 되어야 할 충분하고 좋은 이유가 될 수는 없다.

일에 능숙해지려면 그 일을 좋아해야 한다. 한 분야에서 대가가 되려면 1만 시간의 연습이 필요하다고들 한다. 중학교 이후 나는 웹사이트를 구축하고 앱을 만드는 데 일주일에 40시간은 쓴 것 같다. 대략 3만 시간을 연습한 것이다. 그래도 여전히 나 자신이 대가는 고사하고 전문가라고 생각하지 않는다. 나는 늘 배울 것이다. 그것이 내가 일을 사랑하는 법이다. 코딩을 하고 있으면 나는 시간 가는 줄을 모른다. 전혀 지루하지 않다. 만약 그 일에 지루함을 느끼게 된다면, 일생을 다 바쳐도 나는 결코 훌륭해질 수 없을 것이다.

어떻게 시작할까? 내가 아이들에게 말한 것처럼, 당신은 알고 싶은 것을 구글에서 검색해봄으로써 시작할 수 있다. 농담이 아니다. 앱 제작과 코딩에 관해 당신이 알아야 할 모든 것은 인터넷에서 100퍼센트 공짜로 배울 수 있다. 이 말이 지나치게 단순하게 들릴지도 모르겠지만, 나는 그것이 정말로 배우기 위한 최상의 방법임을 깨달았다. 당신이 구매하는 어떤 코딩 책도 책을 끝낼 즈음엔 구식이 되고 말 것이다. 그리고 코딩 교육 기관에서 수업을 듣는 것은 기술을 숙련시키기 위한 좋은 방법이기는 하지만, 그 교육 기관 또한 끊임없이 변화하는 이 세계에서 현재 가장 유행하는 언어를 가르쳐줄 수 있을 뿐이다. 프로그래머가 코딩을 배울 수 있는 속도만큼이나 빠르게 코딩 언어가 재창조되고 있다고 해도 과언이 아니다. 모든 엔지니어가 말하겠지만, 따라잡기 위해 항상 구글 탭을 열어두어야 하는 지경에 이르렀다. 그렇기에 처음부터 구글을 사용하여 스스로 학습하는 법을 배우는 것이 가장 좋다고 생각한다.

코딩이 부자가 되는 지름길은 아니지만, 대학 학위를 받아 직장을 구하는 파이프라인 밖에서 출발할 수 있는 길은 될 수 있다. 상상 이상으로 성공하는 대안적인 길로.

차례

1

아메리칸드림

늘 자기 식당을 갖는 것이 소원이었던 부모님은 내가 세 살 때 그 꿈을 실행에 옮겼다. 엘 폴론 그릴은 마이애미 최초의 페루식 로티서리 치킨을 파는 곳 중 하나였다. 상점과 식당이 일렬로 죽 늘어선 번화가 중간에 네온사인이 달린 특별할 것 없는 작은 건물에 지나지 않은 곳이었지만, 사람들은 엄마가 요리한 치킨을 질리지 않아 했다.

나는 딱히 불평할 일이 없었다. 우리는 멋진 집과 푸른 잔디가 있는 전형적인 마이애미 교외 지역에 살았다. 주택 소유주들이 집을 사기 위해 빌린 은행 융자를 다 갚기는 했는지 의심스럽긴 했지만 말이다. 식당을 차려놓고 부모님은 바야흐로 부동산 사업에 뛰어들려 하고 있었다. 임대 사업자로 소박하게 성공한 이웃들의 조언에 따라 아버지는 부동산 면허를 취득했고, 부모님은 대출을 받아 여러 부동산을 사들인 다음 임대를 놓았다.

부모님은 신용카드를 애용했다. 식료품과 교복, 휘발유 같은 일상적인 것만이 아니라 파티와 새로운 거실용 가구 세트, 디즈니월드 여행 같은 돈이 많이 드는 일에도 거침없이 카드를 썼다.

생일 파티를 할 때마다 엄마는 늘 분에 넘치게 돈을 썼다. 기껏 장난감과 사탕이 가득 든 통이나 케이크 따위를 말하는 게 아니다. 엄마는 마술사를 부르고 아이들이 안에 들어가서 뛰어놀 수 있는 장난감 집을 빌렸다. 낮의 파티가 끝나고 아이들이 집으로 돌아가고 나면 그때부터 어른들의 파티가 시작되었다. 이웃을 전부 불러내어 넉넉한 로티서리 치킨과 스파이크 펀치를 차려내었다. 물론 여기에 들어가는 모든 비용은 신용카드로 냈다.

그러고 나서 모든 것이 변했다. 2006년 중반쯤 되자 부모님의 태도가 심상치 않았다. 두 분은 모닝커피를 앞에 두고 모든 것이 "결판나고" 있는 현 상황과 곤란을 겪고 있는 대금 지급 문제에 대해 근심스럽게 대화를 나누었다.

우리는 여행과 외식을 중단했다. 디즈니월드로 가는 여행조차 종말을 고했다. 때때로 부모님은 자정을 지나 새벽 두세 시까지 식당에서 일했다.

내 열 번째 생일을 보름 정도 앞둔 어느 날 밤, 나는 엄마와 아빠가 수심이 가득한 낮은 목소리로 대화를 나누는 소리를 들었다. 마리아나와 나는 아래층으로 갔고, 부모님은 우리를 방 안으로 들였다. "너도 이제 많이 자랐구나. 다 큰 아이는 생일 파티를 하지 않는단다. 대신 친구들과 영화를 보러 가렴. 마이클, 올해 너는 다 컸어. 생일 파티 대신에 친구들과 영화 보러 가는 게 좋을 나이지."

수심 가득한 엄마의 표정과 신고 있는 신발만 빤히 바라보던 아빠를 보고 나는 뭔가 잘못 돌아가고 있다는 것을 깨달았다. "알았어요, 그럴게요"라고 나는 말했다. 오히려 더 좋았다. 어차피 그 파티들이 마리아나와 나를 위한 파티라고 생각해본 적도 없었으니까. 그 파티들은 우리보단 부모님을 위한 것으로 보였다.

상황이 얼마나 안 좋았든 간에, 여동생과 나는 깊이 생각하지 않았다. 나는 활짝 웃는 것으로 유명한 행복한 아이였다. "입이 마치 우편물 투입구 같아." 엄마는 애정을 담아 놀리곤 했다. "윗니 아랫니가 다 보여."

매일 학교를 마치고 돌아오면 우리는 집에서 하고 싶은 걸 다 하고 놀았다. 오후 세 시 반부터 지쳐 쓰러질 때까지 놀았다 싶으면 마리아나는 TV를 켰고 나는 컴퓨터를 켰다. 부모가 없는 우리 집은 정교하고 야심 찬 게임을 위한 무대가 되어주었다. 그리고 보통 내가 그 게임을 주도했다.

이를테면, 당시 여덟 살이었던 나는 마리아나에게 물었다. "쥐라기 공원에 가고 싶지?" "응!" 동생은 잽싸게 대답했다.

정글 속에 있다고 상상만 해도 되었을 테지만, 그것만으로는 성이 차지 않았다.

문제가 뭐냐고? 우리 집은 쥐라기 공원처럼 보이지 않았다. 우리는 정글 아일랜드(마이애미에 있는 테마 동물원 — 옮긴이)에 살지 않았고, 찾아야 할 공룡들도 없었다. 창의적일 필요가 있었다. 나는 복사 용지가 가득 든 아버지의 프린터를 살펴보다가 이 종이들을 내 비전을 위한 핵심 구성 요소로 활용해보기로 했다. 복사 용지를 여러 장 이어 붙여 커다란 화폭을 몇 개 만든 다음, 거기에 크레용으로 거대한 브라키오사우루스, 익룡, 초원, 무서운 동굴을 그렸다.

나는 뛰어다니며 부모님이 기르던 실내용 화초들을 모아 아빠의 커다란 리클라이너 의자 주위로 둘러쌌다. 벽에는 그림에서 오려낸 동물들을 붙였다. "준비됐어!" 다섯 시간 후 나는 마리아나에게 말했다. 마리아나는 아빠의 큰 리클라이너에 기어올라 눈을 감고 명령했다. "롤러코스터!" 나는 한동안 그 의자를 흔들며 돌렸고, 마리아나는 비명을 지르며 깔깔댔다. 그렇게 놀고 나면 마리아나는 TV를 틀고, 나는 아래층에 있는 오래된 델 컴퓨터에 눈길을 돌렸다.

이 델 컴퓨터, 그리고 그것이 열어주는 인터넷 포털은 부모님의 계속 늘어만 가는 스트레스에서 벗어날 수 있게 해주었다. 부모님은 여전히 금융 시스템에서 살아남기 위해 분투하고 있었다. 그 시스템은 나조차도 알 수 있을 정도였지만, 부모님에게는 아직 완전히 낯선 것이었고, 이 어려운 시절을 지나고 나서도 부모님은 그 시스템을 이해하지 못했다. 부모님은 우리가 원하기만 하면 무엇이든 사주고 싶어 했다. 다른 물건들처럼 신용카드로 샀을 테지만 이 컴퓨터가 우리를 위해 산 것임을 모르지 않았다. 어쨌든, 이것이 우리 부모님의 사고방식이었다. 우리가 저녁 식사로 올라온 콩과 쌀에 불평을 늘어놓을 때, 혹은 새 교복을 사줄 여유가 없는데 교복의 솔기가 터져 있을 때, 그것이 그들에게 얼마나 고통스러운 일인지 모르지 않았다. 델 컴퓨터는 내 호기심과 상상력을 자극하면서 이 모든 것을 벌충해주었다. 무엇을 궁금해하든 바로 그곳에 내 손끝에서 발견되기를 기다리고 있었다. 구글은 내가 태어나기 전부터 있었다. 그래서 내가 부모님께 "이건 왜 이래요?", "저건 왜 저래요?"라고 물었던 적은 단 한 번도 없었다.

형제자매 사이가 으레 그렇듯이 마리아나와 나는 가깝게 지냈지만 늘 그렇지만은 않았다. 어느 쪽이든, 여동생은 진짜 세계에 대한 나의 연결고리였다. 내가 종이 공룡 랜드나 델을 통해 남극 대륙 탐험에 빠져 오후를 보내는 데 만족했다면, 마리아나는 외향적이고 사교적이었으며 늘 인생에서 나보다 한 단계 앞서 있었다. 내가 한 살 많은 오빠였는데도 마리아나는 이미 오래전에 키에서나 알고 있는 상식에서나 나를 앞질렀다. 산타클로스 같은 건 존재하지 않는다는 사실을 일러준 것도 여동생이었다. 마리아나는 어른들의 계략을 그 누구보다 잘 알아차렸다.

우리가 아주 어렸을 때, 엄마는 팔짱을 끼고 심술궂은 목소리로 셋을 셀 동안 우리가 당신이 시키는 일을 하게끔 만들곤 했다. "하나…, 둘…." 둘을 센 이후에 보통 엄마는 세기를 멈추고 한참을 기다렸다. 마리아나와 내가 벌떡 일어나 마침내 엄마가 하라는 것을 할 때까지 충분히 길게. 그건 엄마가 늘 우리를 훈육하는 방식이었다. 몇 년 동안 나는 엄마가 둘을 세고 나서 멈춘 후에 나올 끔찍한 숫자를 세는 일은 절대로 없을 거라고 확신했다. 순진하게도 우리는 이렇게 받아들였다. 엄마가 셋을 세는 날에는 모든 게 끝장이야.

다섯 살 마리아나가 엄마의 엄포를 불러온 날까지는 그랬다. 잠자리에 들 시간이었는데 우리는 층계참에서 놀고 있었다. 정상적이라면 이를 닦고 있어야 했다. 층계참 아래에 엄마가 팔짱을 끼고 노란 설거지 장갑을 낀 채 서 있었다. "하나, 둘!" 엄마가 소리쳤다.

"마리아나!" 내가 외쳤다. "빨리 가야 해!"

마리아나는 그런 나를 비웃었다. "오빠, 괜찮아. 엄마는 아무것도 하지 않을 거야." 마리아나는 내 손목을 잡고 나를 뒤로 잡아당겼다.

나는 마리아나를 뿌리치려고 했다. "가자고!"

"근데, 오빠! 엄마가 할 수 있는 최악의 일이 뭔지 알아?"

나는 아무 생각이 없었다. 그리고 원래 하던 대로 하고 싶었다.

"생각 좀 해봐," 마리아나가 화난 어조로 목소리를 낮춰 말했다. "우리 엄마라고! 엄마는 우리를 절대로 해치지 않아."

마리아나의 말은 지금까지 진실인 것으로 판명되었다. 하지만 늘 처음이 있는 법이다.

"자, 보라고, 내가 보여줄게!" 마리아나가 말했다. 동생은 돌아서서 엄마를 내려다보았다.

"셋!" 엄마가 소리 질렀다.

"넷, 다섯, 여섯!" 마리아나는 되받았다. "일곱, 여덟, 아홉, 열!"

모두가 얼어붙었다. 시간도 얼었다.

마침내 엄마가 웃음을 터뜨렸다. "오, 좋아." 엄마는 눈을 비비며 말했다. "계속 센 것은 좋은 생각이었어."

낡은 숫자 세기 속임수 외에, 부모님은 여동생과 나에게 다른 양

육 방식을 적용했다. 마치 두 아이가 서로 다른 집에서 양육되고 있는 것처럼 보일 지경이었다. '나의' 부모님은 무엇보다도 학식을 중시했다. '마리아나'의 엄마와 아빠는 감성 지능이 궁극의 특성이라고 믿었다. 내가 수학 점수를 잘 받았다고 칭찬받는 동안, 마리아나는 예의 바른 행동을 했다고 칭찬받았다. 나는 진부할 정도로 남성들이 추구하는 목표인 공학에 이끌렸고, 여동생은 거기에 거의 관심이 없었다. 여동생은 애플에 관한 것이라면 무엇이든지 열광하는 내 열정을 공유하지 않았다.

애플 브랜드에 대한 나의 욕망은 내가 열 살 때인 2007년 1월 9일 정점에 달했다. 스티브 잡스가 최초의 아이폰을 발표하던 날이었다.

"봐요! 놀라운 일이 일어나고 있다고요!" 나는 손으로 엄마를 소파에서 잡아끌어 유튜브로 그 기념비적인 사건을 보여주기 위해 낡은 델 컴퓨터가 있는 자리로 데려갔다. "아이폰이 출시된다고요!"

엄마는 실실 웃으며 머리를 흔들었다. 이때 아빠가 불쑥 끼어들었다.

"애플 제품은 너무 비실용적이야. 그 무엇과도 비교가 안 될 정도로 말이야. 정말 원하는 게 그거야?"

나는 힘차게 머리를 끄덕였다. 그럼요, 그렇고 말고요! 도무지 자제할 수가 없었다.

아빠는 혼란스러워하며 나를 바라보았다. "너 열 살이잖아. 이메일이라도 받을 일이 있니?" 엄마의 모토로라 레이저와 아빠의 노키아

폰에는 아무 흥미가 일지 않았다. 나는 이미 하나부터 열까지 애플이 아니면 안 되는 애플의 열광적인 팬이 되어 있었다.

"올여름이면 열한 살이네." 엄마가 말했다. "아마 네 삼촌들이 네 생일에 힘을 합치겠지."

감사하게도 나는 삼촌이 많았다. 그래서 곧바로 키케, 마리오, 카를로스, 미구엘 삼촌에게 전화를 걸어 내 생일에 뭘 가지고 싶은지 알려주었다.

삼촌들이 도착했다. 아이폰이 판매에 들어간 지 나흘째 되던 날, 나는 애플 스토어를 날아갈 듯이 들뜬 기분으로 나왔다. 어깨에는 불투명 화이트 플라스틱 백을 걸치고 있었다. 그 안에는 내가 여태껏 가져본 것 중에 가장 비싼 제품이 들어 있었다.

테디 베어를 안고 잠자리에 든 적이 한 번도 없었지만 — 맞다, 내가 가진 것은 배가 툭 튀어나온 펭귄이었다 — 나는 새 아이폰 없이는 침대로 들어갈 수 없었다.

2

클럽 펭귄

2007년 가을에 나는 벨렌 제수이트 교단의 재정 지원을 받아 중학교에 다니기 시작했다. 6학년에서 12학년까지 다니는 남자 사립 예비교였는데, 엄마가 수년 동안 내가 들어가기를 꿈꾸었던 그런 학교였다. 나는 이것이 껍데기를 깨고 나올 기회임을 깨달았다. 나는 좀 더 사교적인 사람이 되기로 했다. 그리고 그 결심은 나중에 뜻하지 않은 결과를 낳게 된다.

초등학교를 다닐 때와는 달리 나는 다른 아이들이 내 숙제를 베끼는 것이 아니라 내가 다른 친구의 숙제를 베끼는 아이가 되었다. 또 학교에 항상 지각하고, 다른 아이가 선생님에게 장난을 치면 따라 웃었다. 그렇다고 내가 인기 있는 아이가 된 것은 아니었지만, 확실히 훨씬 더 조용한 아이였던 이전보다 지금이 더 낫다고 느꼈다. 그리고 클럽 펭귄Club Penguin이라고 불리는 환상적으로 중독적인 게임 덕분에 더 바랄 것이 없었다. 클럽 펭귄으로 인해 나의 사교 생활에는 돈이 무척 많이 들었다. 게임의 세계는 경계가 보이지 않을 만큼 무한정 넓었고, 세상 밖의 그 무엇보다 흥분을 자아내는 듯이 보였다. 온라인에는 내가 원하는 만큼 많은 친구가 있었고, 그래서 실제 삶에서 친구가 아주 적다는 것은 문제 될 게 없었다. 아이고.

그해 디즈니가 7억 달러를 주고 사들인 클럽 펭귄은 여러 면에서 내 세대가 열광한 최초의 주요 소셜 네트워킹 게임이었다. 사용자들은 자기 자신의 펭귄 아바타를 창조한 다음 가상 세계의 곳곳을 뒤뚱뒤뚱 걸어 다니며 가장 비싼 동전, 최고의 이글루, 가장 멋진 아바타를 차지하기 위해 경쟁했다. 플레이어들은 다른 플레이어에게 문자 메시지를 보낼 수 있었는데, 메시지를 보내면 펭귄의 머리 위로 채팅 창이 열렸다. 클럽 펭귄은 아이폰으로 이용이 불가능해 수업 중에는 그 게임을 할 수 없었다. 그래서 나는 수업이 끝나면 바로 학교 컴퓨터실로 쏜살같이 달려가 반 친구들과 나란히 앉아 부모님이 데리러 올 때까지 게임을 했다.

클럽 펭귄의 친구들은 다른 도시와 다른 나라에 살았다. 그들이 아는 나는 마이클이 아니라 나의 아바타일 뿐이었지만, 그래도 아주 만족스러웠다. 내가 운동선수가 아니라거나 여자아이들에게 관심이 없고 사교적이지 않다는 것은 문제 되지 않았다. 그곳에는 나와 비슷한 개성을 가진 다른 이들이 늘 존재했다. 그리고 무엇보다 내가 살쪘다는 게 아무 문제가 되지 않았다. 6학년 내내, 내가 어려서 달고 다녔던 젖살은 실질적인 체중 문제로 변하기 시작했다. 하지만 뭔 상관이랴. 인터넷에서 나는 그런 것을 걱정할 필요가 없었다. 나는 바로 나 자신일 수 있었다. 가장 진실한 내 본모습으로. 그렇게 나는 인터넷에 빠져들었다.

내가 좋아하는 행아웃(메시지 서비스 — 옮긴이) 중 하나는 클럽 펭귄 군대The Army of Club Penguin라고 불리는 워드프레스 블로그였다. 클럽 펭귄 군대는 가상 펭귄 계정을 위한 군을 주제로 한 리크루팅 페이지였다. 모두 똑같은 복장을 한 다수의 펭귄 아바타들이 동시에 클럽 펭귄에 접속해 대형을 이루어 걸으며 반복해서 "클럽 펭귄 군대!"를 연호했다. 진짜 군대처럼 아바타들에게는 이등병, 병장, 중위, 대위 같은 계급이 부여되었다. 전쟁은 펭귄 군대들 사이에서 벌어졌다. 수천 명의 아이들이 참여해 규제받지 않는 채팅 공간에서 서로 소통했다. 그곳에서는 어떤 막말을 해도 상관없었다.

하지만 그 당시에 정말로 그런 것들이 앱으로는 나와 있지 않았다.

2009년 열세 번째 생일을 앞둔 여름에 엄마는 키케 삼촌과 석 달 동안 함께 보내다 오라며 나를 페루로 보냈다. 그 당시에 나는 워드프레스 블로그를 운영하고 있었는데, 거기에 클럽 펭귄에 관한 업데이트 사항과 진행 방법에 관한 자세한 내용을 공유했다. 나는 정말로 이 게임 안에서 살다시피 했다. 문제라면 아무도 블로그를 방문하지 않는다는 것이었다. 그래서 나는 컴퓨터 앞에 앉아 조회수를 늘리기 위해 몇 시간 동안 페이지를 갱신하곤 했다. 하지만 아무런 효과가 없었다. 내가 만든 유튜브 광고도 마찬가지였다. 클럽 펭귄 블로그에 링크를 걸어놓은 광고를 유튜브에 올려놨지만 아무 효과가 없었다. 계속 아무런 효과가 없자, 나는 내 클럽 펭귄 블로그를 성공시키려면 다른 방법을 찾아야 한다는 걸 깨달았다.

1년 전, 애플은 아이폰에 관한 새로운 소식을 발표했다. 바로 앱스 토어였다. 이제 사람들은 아이폰의 앱스토어를 통해 앱을 유통할 수 있었다. 앱스토어를 론칭하면서, 스티브 잡스는 누구든 앱을 만들고 팔 수 있다고 말했다. 그때는 그 말을 듣고도 별생각이 없었다. 하지 만 삼촌 집에서 빈둥거리며 생각할 시간이 많아지자, 클럽 펭귄 블로 그를 홍보할 모바일 앱을 내가 만들 수 있다는 사실을 깨달았다! 게 임 자체는 여전히 모바일로 이용할 수 없었기 때문에 나는 이것이 앱 스토어에 모든 클럽 펭귄 검색을 그러모을 기회라고 판단했다. 내가 직접 시작한 것을 포함해 클럽 펭귄 팬 사이트에서 인기 있던 팁 같 은 것들을 공유하여 클럽 펭귄 세상에서 명성을 떨칠 기회가 될 터 였다. 앱을 어떻게 만들어야 하는지 전혀 몰랐지만 스티브 잡스가 쉽 다고 말했기에 나는 앱을 만들 방법을 알아내려고 했다. 나는 구글을 검색하기 시작했다.

1월 말쯤, 나는 작동하는 앱을 드디어 손에 넣었고, 꽤 쓸 만하다 고 생각했다. 나는 앱스토어에 그 앱을 제출하기 전에 가격이 100달 러인 개발자 라이선스를 구매해야 했다. 그 당시에는 상황이 너무 안 좋아서 부모님이 나를 도와줄 처지가 전혀 아니었는데도 나는 부모 님에게 그 얘기를 했다. 엄마는 내가 무언가를 만들려고 열심히 작 업하고 있다는 것은 알았지만 엄마도 아빠도 정말로 내가 무슨 일을 벌이고 있는지는 알지 못했다. 그저 온종일 놀고 있는 것으로 보였 을 것이다. 실제로 나 자신도 그렇게 느꼈다. 하지만 엄마는 그 프로젝트가 내게 얼마나 중요한지 알고 있었다. 그래서 내가 다운로드당 1.99달러를 부과할 거라고 설명했을 때, 엄마는 마침내 동의했다. "돈을 돌려주기만 하면 돼." 엄마는 말했다. "하지만 그러지 못하면, 식당에서 접시 닦는 일을 해야 해. 내가 지금 그만한 돈을 쓸 수는 없으니까." 그러면서 이렇게 덧붙였다. "아빠한테는 말하지 마."

나는 고개를 끄덕였다. "아빠한테는 말하지 않을게요, 엄마."

클럽 펭귄 앱은 접근하기 쉬웠고, 약속한 것을 제공했다. 게임에 대한 철저한 안내, 클럽 펭귄의 최신 변경 사항에 관한 뉴스 업데이트, 그리고 사용자들이 원할 때마다 서로 대화할 수 있는 고정 채팅방. 나는 자랑스럽게 100달러를 보내고 앱스토어에 앱을 제출한 다음 소식이 오기를 기다렸다. 며칠 지나지 않아 애플로부터 승인이 거절되었다는 이메일을 받았다. 메일에는 내가 아이콘을 위해 업로드한 두 이미지가 서로 일치하지 않는다고 적혀 있었다. 하나는 그 위에 작은 펭귄이 있는 아이콘이었고, 다른 하나는 클럽 펭귄 로고가 들어 있었다. 작은 아이콘과 큰 아이콘은 같은 이미지를 보여야 했다. 나는 두 아이콘이 모두 하나의 펭귄으로 보이도록 아이콘을 수정해서 다시 보냈다. 그리고 2010년 3월 2일, 나의 첫 앱이 앱스토어에 출시되었다. 부모님은 그게 무슨 뜻인지 전혀 모르면서도 무척 기뻐했다.

나는 판매 현황을 보고 앱의 지표를 추적하는 온라인 포털인 아이튠즈 커넥트를 혼자 공부했다. 나는 얼마나 다운로드가 되고 있는지 살피기 위해 앱이 출시된 날 매시간 아이튠즈 커넥트를 확인했다. 아무런 변화가 없었다. 나는 다운로드 판매 수치가 실시간이 아니라 그

다음 날 계산된다는 사실을 몰랐다. 내 앱이 완전히 실패작이라는 생각에 마음이 한없이 가라앉았다.

그러나 싸워보지도 않고 물러날 생각은 없었다. 나는 클럽 펭귄 블로깅 커뮤니티의 내 친구들에게 제안을 하나 했다. "너희 웹사이트에 내 앱 광고를 실어줘. 그러면 내 앱에 너희 웹사이트 광고를 실어줄게." 그리고 나서 친구들에게 아이들이 마우스 클릭을 하면 그 앱을 다운받을 수 있는 배너를 보냈다. 그러자 놀랍게도 상당한 입소문이 퍼지기 시작했다.

너무나 신기한 일이었다. 다음 날 아이튠즈 커넥트를 살펴보니 두 행과 두 열로 이루어진 정보가 보였다. 두 사람이 내 앱을 샀나 보다고 생각했다. 엄마 아빠 말이다. 하지만 곧 가로 행은 두 나라, 미국과 캐나다를 나타내는 것으로 드러났다. 세로줄 끝에는 각각의 나라에서 다운로드한 숫자가 기록되어 있었다. 첫날 1.99달러에 52회 다운로드가 되어 나는 하루 만에 100달러가 넘는 돈을 벌었다. 둘째 날, 내 앱은 레퍼런스 카테고리에서 7위를 기록했다. 나는 부모님 침실로 달려가 아빠를 흔들어 깨우며 소리쳤다. "아빠, 봐요, 보라고요! 제 앱이 레퍼런스 앱 차트에서 7위를 차지했어요! 일어나보세요!"

엄마는 나를 빤히 쳐다보며 말했다. "와, 대단해, 마이클. 하지만 아빠는 식당에서 아주 늦게까지 일하셨어. 그러니 주무시도록 내버려둬."

매일 나는 판매 수치를 점검했고, 내 앱이 하루에 50회에서 70회, 80회로 늘어 다운로드되는 것을 지켜보았다. 첫 주말에 그 앱은 하루에 100회 다운로드되고 있었다. 하루에 200달러를 버는 셈이었다. 과학 선생님께 그 말씀을 드렸더니 휘파람을 불며 말했다. "나보다 더 많이 버네."

내 인생에서 접한 많은 성인보다 내가 더 많은 돈을 번다는 사실이 무척 놀라웠지만, 이런 일이 계속 벌어질 수 있을까? 마음속 깊은 곳에서 한목소리로 이렇게 속삭였다. '클럽 펭귄 앱이 지금은 차트 정상에 자리하고 있지만, 결국에는 떨어질 거야, 그러면 어쩌지?' 내 마음은 벌써 어떻게 하면 일을 더 확장할 수 있을지에 대한 고민으로 이어졌다. 바람이 사그라들기 전에 할 수 있는 한 그 앱을 최대한 성장시킬 필요가 있었다. 그래서 나는 가능한 한 빨리 몇 가지 디자인에 변화를 주는 작업에 착수했다. 스페인어판으로 보너스를 얻는 부정적인 방법을 추가한 4.99달러짜리 프로 버전, 그리고 단돈 1달러만 내면 되는 라이트 버전. 모두를 위한 버전인 셈이다.

내가 앱스토어에 새로운 앱들을 막 보냈을 때 나는 애플로부터 처음으로 5,000달러를 직접 입금받았다. 부모님은 그걸 보고 충격을 받은 듯했다. 내가 벌고 있는 돈은 정말 진짜 돈이었다.

"마이클, 미쳤네!" 엄마는 놀란 목소리로 말했다. "뭔 짓을 한 거니?"

"앱이에요, 기억나요? 엄마가 준 돈으로 만든 앱 말이에요."

부모님은 너무나 놀란 나머지 말문이 막혔지만, 서로 눈짓을 주고받았다. '나중에 얘기하지.'

어느 날 밤, 그들은 친구들과 저녁 식사를 하러 나갔다.

부모님은 내 이야기를 꺼냈다. "분명히 마이클이 이 앱을 만들었어.

지금 차트 정상에 있고 애플이 5천 달러를 보냈어." 그때 놀라운 행운이 또 일어났다. 그 식당의 다른 손님이 대화에 끼어들어 방송국 사람을 하나 알고 있는데 그가 이 이야기를 좀 더 자세히 듣고 싶어 할 거라고 했다.

며칠 후, 엄마와 나는 마이애미의 CNN 라틴아메리카 지부 본부를 찾아갔다. 누군가가 나를 의자에 앉히고 말했다. "좋아, 저 카메라를 사람이라고 생각하면서 바라봐."

나는 말했다. "뭐라고요? 뭔가 어색해서 못하겠어요." 나는 실생활에서도 사람들과 거의 눈을 마주치지 못한다. 나는 엄마를 찾았다. 엄마는 카메라 뒤에 서 있었지만, 내 얼굴에 쏟아진 불빛 때문에 눈이 부셔서 엄마 표정이 어떤지 알 수가 없었다. 카메라가 돌아가기 시작하면서 나는 인터뷰 진행자의 질문에 답했다.

"뭘 만든 거죠?" 그가 물었다.

"음, 이 앱을 만들었어요…." 나는 복잡한 설명을 해가면서 어색하게 시작했다. 곤혹스럽게도 우연히 나는 저스틴 비버 스타일의 머리를 하고 있었고, 등을 구부리고 앉아 살찐 열세 살짜리 몸을 가렸다. "그 밖에 또 하고 싶은 말은 없어요?" 진행자가 마지막 질문을 던졌을 때, 나는 아주 잠시 생각에 잠겼다가 말했다. "앱 만드는 법을 배우고 싶으면, 페이스북이나 트위터로 내게 메시지를 보내줘요. 그럼 링크를 걸어줄게요."

CNN 사무실을 나온 바로 직후, 내 폰은 불이 나기 시작했다. 트위터와 페이스북으로 4천 개가 넘는 요청을 받았고, 부모님은 전 세계에서 전화를 받기 시작했다. 오스트레일리아, 페루, 콜롬비아에서 나를 인터뷰하고 싶어 했다. 일주일도 지나지 않아, 카메라들이 우리 집 주위를 에워쌌고, 엄마는 전화로 현장 인터뷰 요청을 받았다. 그 후, 인터뷰는 우리 가족의 삶에 정기적으로 벌어지는 일이 되었다. 거의 매달 뉴스 제작진은 우리 집 거실을 TV 세트로 만들었고, 나는 방송국 스튜디오로 인터뷰하러 갔다. 사람들은 늘 같은 순서로 같은 질문을 퍼부었다. "몇 살이에요? 어떤 계기로 앱을 만들 생각을 했어요? 어떻게 앱 만드는 법을 배웠죠? 얼마나 벌었어요? 번 돈으로 가족을 돕는다는 게 사실인가요?"

처음에 나는 곧장 취재 기자들에게 한 달에 1만 달러를 벌고 그 이상 벌 때도 있다고 말했다. 점차 질문에 지친 나는 이렇게 말하며 질문을 피하게 되었다. "제가 상상했던 것보다 많아요!"

부모님의 생계를 돕는 것에 관한 질문이 나오면, 나는 고개를 끄덕이며 활짝 웃는 것으로 대신했다. 엄마는 내가 가족을 돕고 있다는 사실이 고향에 있는 가족들에게 알려지는 게 끔찍하게 싫었지만, 나로서는 그 문제를 회피할 방법이 없었다. 가족의 생계를 책임지는 아이라는 나의 역할은 라틴아메리카 시청자들이 가장 기대하는 내용 중 하나였다. 많은 라틴아메리카 출신 부모들은 아이를 장래 온 가족의 생계를 책임질 수 있는 아이로 키우기를 바란다. 가족 단위는 라틴아메리카 문화에서 매우 중요하다. 부모님이 나에게 심어주신 믿음이기도 하다. 이것이 기자들이 나와 이야기를 나누고 싶어 하는 주

된 이유이기도 했다. 하지만 그렇다고 해서 그 이야기가 덜 이상해지거나 덜 불편한 이야기가 되는 것은 아니었다. 어린 나이에 부모를 부양하고 있다는 사실은 내 머리를 어지럽히며 엄마 아빠와의 관계를 완전히 바꾸어버렸다. 부모가 빚더미에 짓눌려 침몰하지 않도록 떠받치면서 정상적인 어린 시절을 보낸다는 것은 불가능한 일이었다. 하지만 나는 무엇보다 내가 발견한 흥미진진한 비밀을 다른 아이들에게 알려주는 플랫폼을 가졌다는 사실이 신났다. 자신이 좋아하는 뜻밖의 물건을 만들며 아이들이 진짜 돈을 벌 수 있는 곳이 있다는 것 말이다. 코딩을 시도해보고 싶지만 그게 너무 어렵다고 생각하거나 자신이 그런 일을 할 만큼 똑똑하지 않다고 여긴다면 다시 생각해보라고 내 또래 아이들에게 알려주고 싶었다.

"준비해, 마리아나." 엄마는 이렇게 말하곤 했다. "방송국 사람들은 너도 TV에 나오게 하고 싶을 거야." 하지만 여동생은 TV 쇼에 출연하는 내 흥분되는 기분을 공감할 수 없었다. 뉴스 제작진이 집에 올 때마다, 마리아나는 친구들과 자기 방 안에 틀어박혔다. 제작진이 더 자주 나타날수록, 마리아나는 나에게서 갈수록 더 멀어지는 것처럼 보였다. 나에게는 그러한 사실을 걱정할 시간이 없었으니까. 나의 주된 관심사는 '이 모든 것을 계속 유지하려면 다음엔 뭘 해야 하지?'였다. 학교가 아니라 '이것'에 가능성이 놓여 있는 것으로 보였기 때문이다. 학교에서 중요한 것은 내가 얼마나 많은 사실을 암기할 수 있느냐였다(내 시험 점수가 보여주듯이, 나는 많은 것을 기억하지 못했다). 그곳에서는 실제로 내가 '창조한' 것에 관심을 보이는 사람이 아무도 없었다. 하지만 학교 담장 밖을 벗어나면 나는 코딩을 통해 나 자신의 진정한 자아를 표현할 수 있다고 느꼈다. 내가 내 앱에 쏟아 부은 에너지는 가장 흥분되고 성취감을 주는 방식으로 내게 곧바로 되돌아왔다.

나는 다른 앱을 만들기로 했다. 그리고 이번에는 진짜 게임을 만들 생각이었다. 물론 클럽 펭귄에 근거해서 말이다.

진짜 게임을 만들려면 내가 지금까지 배운 것보다 훨씬 고급 코딩 기술을 습득해야 했다. 나는 데스크톱 맥을 한 대 샀고 폰을 좌우로 기울이면 캐릭터들이 점프하는 점핑 게임 제작법에 관한 유튜브 자료들을 샅샅이 뒤졌다. 두들 점프Doodle Jump라는 인기 있는 게임이 있었다. 유사한 메커니즘으로 게임을 만들 수 있을지 시험 삼아 해보 면 재미있는 도전이 될 것 같았다. 클럽 펭귄 캐릭터들이 작은 플랫 폼에서 위아래로 통통 튀면서 클럽 펭귄 세계를 통해 점점 더 높이 올라가도록 만들 생각이었다. 수백 시간의 시행착오를 거쳐 나는 마 침내 그 게임을 완성했다.

이번에는 신청 절차가 훨씬 빨리 진행되었다. 앱을 제출하자 애플 은 바로 승인했고, 앱은 빠르게 차트에 올랐다. 첫날 500개가 팔렸다. 다운로드 비용은 2.99달러였다. 그리고 판매는 줄어들지 않았다.

하지만 내 삶의 다른 부분은 그다지 좋지 않았다. 나는 점심시간에 친구 숙제를 베끼느라 점심을 못 먹어 하교 후에는 늘 배가 고팠다. 매일 나는 엄마에게 맥도널드를 주문해달라고 부탁했다. 그렇다고 내가 "맥도널드 사줄 수 있어요?"라고 말한 것은 절대 아니었다. 부끄러워서 차마 그렇게 말할 수는 없었다. 그 음식이 나에게 나쁘다는 것을 알았다. 그리고 마음속 깊이 우리가 그럴 여유가 없으며 식당에 가서 음식을 먹어야 한다는 생각도 있었다. 그래서 나는 엄마와 매번 하나의 의식을 치렀다. 내가 "엄청나게 배고파요"라고 말하면 엄마는 "그럼 뭘 먹고 싶은데?" 하고 묻는다. 가식적인 놀이는 계속 이어진다. 그러면 나는 이렇게 말한다. "모르겠어요. 뭘 해줄 수 있는데요?" 그런 다음 엄마가 메뉴를 줄줄 읊고 나면 나는 또 말한다. "아뇨, 그건 정말 먹고 싶지 않아요." 결국 지친 엄마는 손을 들고 만다. "그럼 맥도널드는 어때?" 그러면 나는 이렇게 중얼거린다. "좋아요, 맥도널드로 할게요." 곧 나는 하루에 두 번 치킨 랩과 큰 감자튀김을 먹는 완전한 맥도널드 중독자가 되었다.

적어도 일시적으로나마 패스트푸드 화학물질들은 곤두박질치는 성적과 늘어가는 체중을 잊도록 도와주었다.

2010년 5월이 되자 은행은 우리 집을 빼앗겠다고 협박을 해왔다. 부모님은 우리 집 인근에 있는 작은 타운하우스 하나만 빼고 임대 부동산 전부를 이미 잃은 상태였다. 그 정점에서, 부모의 신용카드는 거의 최대한도에 달해 지불을 감당할 수 없었다. 통신사는 서비스를 중단하겠다고 협박하고 있었다. 식당엔 손님이 거의 없었다. 무엇보다 최악은 엄마가 말할 때마다 눈의 초점이 흐려지면서 생기를 잃어간다는 것과 아빠가 근래 들어 실없는 농담을 더 이상 던지지 않는다는 것이었다. 매일 밤 아빠는 일을 끝내고 집으로 돌아오면 곧장 안락의자에 몸을 던져 음울하게 TV만 바라봤다. 그건 공평한 일로 보이지 않았다. 내가 뜻밖의 횡재를 얻던 시기에, 부모님은 심각한 문제에 봉착해 있었다.

몇 달 후, 학교 행정직원이 나를 사무실로 불러 학비가 연체되었다고 알려주었다. 집으로 돌아가 어찌 된 사정인지 묻자 엄마는 내가 앱스토어에서 번 자금에서 비상 인출을 했다고 알려주었다. 나는 단 1페니도 본 적이 없었다. 모든 돈은 부모님이 관리하는 계좌로 곧바로 입금되었기 때문이다. "식당 직원들 월급을 줘야 했어." 엄마는 말했다. "지난달은 많이 안 좋았지만, 곧 좋아지겠지." 하지만 엄마의 목소리에 깃든 근심은 그렇지 않다고 말하고 있었다.

머지않아 필사적인 심정이 된 엄마는 한 달에 두 번 직원들 봉급을 주기 위해 내 돈을 쓰고 있었다. 그래야 식당 문을 계속 열어둘 수 있었다. 종업원들도 이 사실을 틀림없이 알고 있었다. 식당에 가도 수년 동안 대체로 무시로 일관하던 그들이 이제 으레 내 앱이 어떻게 되어가고 있는지 물어왔다. 나는 그들이 엄마가 언제까지 급여를 줄 수 있는지 떠보고 있다는 사실을 잘 알았다.

엄마는 또 집을 지키기 위해 변호사들에게 수천 달러를 지불해야 하는데 내 돈을 써도 되냐고 물었다. 엄마는 또 식료품비, 전기세, 인터넷 사용료, 가스비, 의류비, 그리고 결국 재정 지원에 포함되지 않은 내 벨렌 학비를 지불하는 데 그 돈을 썼다.

"다시 사정이 좋아질 때까지"라고 엄마는 말했다. "사정이 좋아지면 돌려줄게."

나는 착한 아들이 되고 싶었다. 게다가 내게 필요한 돈도 아니었다. 열세 살에 내가 바라는 건 신형 아이폰과 엑스박스Xbox, 그게 다였다. 한 달에 1만 달러를 쓸 일은 확실히 없었다. 그리고 불행히도 미래를 위해 저축을 하는 게 얼마나 중요한지 배운 적도 없었다. "돌려주지 않아도 돼요." 엄마가 물을 때마다 나는 매번 이렇게 말했다. "그냥 쓰세요."

큰 실수였다. 분명 부모님은 불편한 마음으로 물었겠지만, 결국 내 말을 곧이곧대로 받아들여 필요할 때마다 필요한 만큼 계좌에서 돈을 빼서 썼다.

처음에 나는 내 돈을 공유하는 일에 신경 쓰지 않았다. 하지만 점차 짜증이 일었다. 나는 가족의 생계비를 버는 사람이었는지 모르지만, 여전히 아이 취급을 받고 있었다. 부모님은 내 돈을 마구 쓰면서 내가 당신들이 세운 규칙에 따르기를 기대했다. 이제 엄마가 부모들이 으레 하는 방식으로 나에게 부모 노릇을 하려 하자 나는 그것을 참을 수 없게 되었다.

"안녕, 마이클." 엄마가 내 침실 문을 열며 어느 날 밤 조심스럽게 말을 건넸다. "자정이 지났는데 온종일 컴퓨터만 만지고 있네. 아직 이도 안 닦고 샤워도 하지 않았잖아. 숙제는 했니?"

발끈한 나는 내 컴퓨터 자판 위로 등을 심하게 구부린 채 화면에서 눈을 떼지 않았다. 클럽 펭귄 게임을 위한 신규 업데이트 작업을 하던 중이었다. "엄마, 엄마는 이해하지 못해요. 나는 제 할 일을 하고 있다고요, 알았어요? 그럼 된 거예요."

된 게 아니었다. 두 달 후 수익이 2만 4천 달러를 찍은 후부터 내 앱의 판매가 급속히 떨어지는 게 보였다. 시장에서 변화가 일어났기 때문이기도 했다. 앱스토어는 더는 나처럼 독자적으로 움직이는 몇 안 되는 선수가 게임을 2.99달러에서 4.99달러에 팔아 거금을 벌 수 있는 그런 무법 지대가 아니었다. 이제 앱 내 결제로 돈을 버는 공짜 게임이 넘쳐났다. 게임 참여자들이 액세서리나 자신들의 아바타를 위한 새로운 스킨과 가상화폐 토큰을 사는 데 비용을 부과하는 방식이었다. 나는 앱 대부분의 유통 기한이 매우 짧다는 것을 깨닫기 시작했다. 사람들은 앱을 덜 쓰고, 시간도 덜 할애했다.

"좋아, 그렇다 치자고." 엄마가 말했다. 나는 엄마가 너그러이 봐줄 거라고 생각했다. 하지만 엄마는 절대 그럴 생각이 없었다. "그러니까… 성적이 나빠지면 대학에 들어갈 수가 없어. 앱으로 계속 돈을 벌지 못하게 되면 어쩔 건대? 그러면 우리는 뭘 해야 하지?"

나는 고개를 홱 돌려 엄마를 노려봤다. 나는 엄마의 요구를 더는 들어줄 생각이 없었다. 그리고 나는 내 학점이 A와 B에서 C와 D로 미끄러져 내려간 사실에 대해 반항했다. "누가 숙제 따위에 관심이나 준 데요?" 나는 이를 악물고 말했다. "엄마는 차 할부금이 연체되었다고 했어요, 그렇죠? 그러니 제가 일을 하게 그냥 내버려두라고요!"

앱 작업을 하면 원래는 긴장이 풀어지곤 했다. 삶에 아무리 스트레스가 넘쳐도, 뭔가 작업을 하고 있을 때면 나는 내 문제들을 잊었고, 침착해지고 집중력이 높아지는 것을 느꼈다. 다른 모든 것은 흐릿해졌다. 하지만 내 앱이 우리 집을 압류로부터 지키는 유일한 일이 되자 이야기는 달라졌다.

　나를 더 힘들게 한 것은 라틴아메리카에서 높아진 내 명성이었다. 이것은 대체로 호르헤 라모스와 돈 프란시스코를 위시해 나를 인터뷰한 많은 유명인사 덕분이었다. 마이애미를 무대로 촬영하는 「돈 프란시스코 프레센타」라는 토크쇼 진행자인 돈 프란시스코는 말하자면 라틴아메리카의 오프라 윈프리 같은 인물이었다. 그런데 그가 나를 인터뷰했다. 나는 그가 시간을 할애할 만한 인물이 절대 아니었다. 인터뷰 후에 증폭된 관심은커녕, 그가 나를 인터뷰했다는 사실 자체가 여전히 믿기지 않았다. 주요 라틴아메리카 신문이 나를 기사화했고, 페루의 선데이 나이트 뉴스쇼에서는 한 시간 분량으로 나에 관한 이야기를 방영했으며 아침과 심야 토크쇼 진행자들과 연이어 화상 인터뷰를 진행했다.

　미디어의 요청이 있을 때마다 이를 처리한 엄마는 늘 불안감에 휩싸였다. 엄마는 언론의 관심이 앱 판매에 도움이 될 거라고 믿은 듯했다. 그래서 내가 될 수 있는 대로 많은 쇼에 출연하기를 원했다. 하지만 엄마는 전화받는 것을 두려워하면서 살았다. "인터뷰 문의 전화인지 빚 독촉 전화인지 도무지 알 수가 없어!" 엄마는 손을 들어 올리며 소리 질렀다.

　스페인어 TV쇼 기자들이 내가 어떻게 살아가는지 취재하려고 학교 주변에서 나를 추적하는 일이 예사로 일어났다. 라틴아메리카에서 그 장면을 본 아이들은 내가 성취한 것에 감명받았다는 글로 내 페이스북 페이지를 도배했다. 하지만 학교에서 나의 이상한 명성은 나를 더 고립시켰다. 아무도 나를 더는 내 이름으로 부르지 않았다. "저기 앱 키드가 간다!" 촬영팀이 내 뒤를 따라오는 상황에서 내가 교정을 가로질러 느릿하게 걸어갈 때면 그들은 이렇게 외쳤다. 어떤 아이들은 카메라 앞에 뛰어들어 TV 화면에 자기 모습이 잠깐이라도 비치길 원했다. 어떤 이들은 방해하고 싶지 않다는 듯, 나를 피해 길을 에둘러 갔다.

어떤 면에서 나는 급우들과 그다지 다르지 않았다. 우리는 모두 앱 키드였다. 영화를 보면 아이들은 늘 서로 잡담을 나누며 학교 복도를 헤집고 다닌다. 그리고 점심시간이면 카페테리아에서 온갖 가십을 주고받으며 서로 큰 소리로 인사를 주고받는다. 하지만 학교에 아이패드가 있으면 그런 일은 일어나지 않는다. 점심시간에 벨렌 아이들은 복도에 줄지어 마룻바닥에 앉아 고개를 숙인 채로 자신들이 가진 기기의 화면만을 들여다본다. 친구들끼리 옆으로 나란히 앉아 모두 자기 게임에 열중한다.

벨렌에서 학생들은 책가방이나 사물함을 거의 이용하지 않는다. 대부분 아이패드 하나만 있으면 그만이다. 학생들은 시험을 보고, 숙제하고, 메모하는 데 모두 아이패드를 이용한다. 하지만 선생님들은 이 최신식 물건이 어떻게 작동하는지 잘 몰랐기 때문에, 학생들이 선생님들을 훨씬 능가했다. 역사 선생님이 "자, 얘들아, 이제 수업 시작하자"라고 말하면 우리는 아이패드를 켠다. 하지만 우리는 그날의 수업 내용을 보지 않는다. 내 왼쪽에 앉은 아이는 미니 골프 게임을 하고 있다. 내 오른쪽에 앉아 있는 아이는 주말에 할 파티에 관해 그

룹 채팅을 하면서 문자를 주고받는다. 그리고 내 앞에 앉은 누군가
는 우리가 소통하는 비공개 페이스북 그룹에 화이트보드 사진을 올
린다.

어느 날 나는 내가 관심 있어 하는 일을 학교에서 할 수 있는 방법
하나가 떠올랐다. 페이스북 페이지를 학생 뉴스와 학교 사진, 그리
고 학생들의 성적을 조회할 수 있는 안전한 포털을 제공하는 앱으로
교체하는 것이다. 엑스코드Xcode라는 컴퓨터 프로그램을 이용해, 나
는 학교 교장 선생님인 필 신부를 보여주는 샘플 랜딩 페이지(인터넷
의 링크 버튼을 눌렀을 때 연결되는 페이지 — 옮긴이)를 만들었다. 그는
예수회 수사로, 자기 사무실 문밖에 서 있거나 강당 뒤편에서 뒷짐을
지고 있곤 했다. 그는 친절했다. 하지만 학교는 엄격했다. 새벽 기도
시간에 참석하지 않으면 곤욕을 치렀다. 학교에 미리 허락받지 않고
학교 앱을 모의로 만든다면 문제가 될까? 위험을 무릅쓰고 해볼 만한
가치가 있는 일이었다.

그 프로토타입 작업을 끝마친 날 아침, 나는 활짝 웃는 얼굴로 교장
선생님께 다가갔다. 내 손에는 그에게 나의 멋진 아이디어를 보여줄
폰이 쥐어져 있었다. "안녕하세요, 신부님! 신부님께서 관심이 있으시
면, 학교를 위해 이런 앱을 만들고 싶어요!"

필 신부님은 눈을 가늘게 뜨고 내가 만든 화면을 들여다보다가 씩
웃으며 말했다. "근데 이게 뭐냐?"

"앱이에요, 벨렌 학생들 전용으로 만든 거예요! 과제에 대한 최신
정보를 유지하고 선생님과도 대화할 수 있는 좋은 방법이 될 거예

요!"

천천히 고개를 끄덕이면서 필 신부님은 기특하다는 듯 내 어깨를 토닥이며 말했다. "글쎄… 안 될 거야 없겠지?"

"정말이요?"

"음…." 신부님은 건성으로 말하며 복도 아래쪽에 있는 말썽꾸러기 두어 명에게 시선을 돌렸다. 얼굴에선 좀전의 웃음기가 싹 가셨다.

"적절한 경로가 있는지 생각해보마." 신부님은 복도 아래로 내려가기 시작했다. 여전히 단단히 뒷짐을 진 채로.

'적절한 경로라고?' 벨렌에는 정말로 컴퓨터과학부조차 없었다. 학교 관리자들은 프로그래밍을 우리의 미래를 여는 열쇠가 아니라 방과 후 취미 정도로 생각하는 듯하다. 그들의 태도는 이랬다. 학교는 역사, 과학, 수학(종이 위에 푸는) 등 대학 진학에 필요한 '진짜' 학문을 배우는 곳이다.

"누구하고 얘기하죠, 신부님?" 나는 교장 선생님을 부르며 그의 뒤를 바짝 뒤따랐다.

"IT 사람들!" 신부님은 이렇게 말하고는 목표물을 향해 서둘러 움직였다. "그들이 도와줄 거야."

낙담한 나는 벽에 기대 쓰러졌다. 벨렌의 "IT 사람들"은 몇 사람 되지 않았다. 학교 아이패드 관리자와 와이파이에 문제가 생겼을 때 들르는 사람들이 다였다. 그러니까 교장 선생님의 말은 아무 의미도 없는 말이었다. 나는 그렇게 느꼈다. 교장 선생님은 나의 벨렌 앱이 가진 가치를 전혀 이해하지 못했고, 따라서 학교 앱이 사용되는 일 따위는 절대 일어나지 않을 것이다.

"어쩔 수 없지." 나는 작은 목소리로 혼잣말을 했다. 괜찮아. 머릿속에 수십 개의 앱 아이디어가 현실이 될 날만을 기다리고 있어. 다음을 기약하자!

3

성장통

결국 나는 벨렌에서 현실 세계에 사는 진짜 친구를 몇 사귀었다. 가장 가까운 친구는 루카스라는 이름의 쿠바 소년이었다. 나처럼 테크와 애플에 강박적으로 매달렸고, 한 가지 일밖에 모르는 외골수임에도 나를 좋아하는 듯했다. 애플이 라이브 이벤트를 열겠다고 발표할 때마다 루카스는 우리 집에 들러 같이 내 아이폰을 봤다. 신형 폰이 출시될 때마다 우리는 그것을 사기 위해 가게 앞에 진을 쳤다. 최신 아이폰은 내 앱을 테스트해보기 위해 더없이 중요한 도구였다. 내가 직접 번 돈에 접근할 방법은 전혀 없었지만— 부모님이 내 돈을 얼마나 썼는지도 전혀 몰랐다 — 엄마는 늘 자금을 긁어모을 방법을 찾아냈다.

루카스는 대단히 계획적이고 성적도 매우 우수했다. 학교에서 돌아오자마자 숙제를 했고, 피곤해지면 잠자리에 들었다. 반면 내게 학교는 지옥이나 다름없었다. 밤마다 새벽 3시까지 앱 작업을 하느라

스트레스를 많이 받았고 잠도 부족했다.

루카스와 나는 둘 다 노동자 계급 가정 출신이었고, 둘 다 자기 방식으로 분투하며 살고 있었다. 하지만 때때로 루카스와 나는 성공과 출세에 대한 접근 방식이 달라서 서로 충돌했다. 루카스에게 처음으로 숙제를 베껴도 되냐고 물었을 때, 그는 단호하게 안 된다고 대답했다.

"왜 안 되는데?" 나는 간청했다.

그는 바로 대답했다. "나는 노력했고, 너는 노력하지 않았으니까. 내가 왜 그걸 허락해야 하지?" 그 후로 나는 다시는 루카스에게 숙제를 베낄 수 있는지 물어보지 않았다.

때로 우리 사이에 더 미묘한 차이가 있다고 느꼈다. 루카스는 평생 좋은 성적을 받고 학교생활을 잘하면 성공할 것이라는 말을 들으며 자랐겠지만, 그의 옆에는 항상 우등반에서 탈락하고 숙제를 베껴 정학을 당했을지언정 여전히 돈을 척척 버는 내가 있었다.

루카스는 내 단짝 친구였고 나는 앱 키드였기 때문에, 학교에서 아이들은 루카스가 내 후광을 입고 있다고 생각했다. 사실은 그렇지 않았지만 아무튼 사람들은 루카스를 '나의 그림자' 아니면 '마이클 투'라고 부르기 시작했다. 나는 그런 놀림에 좀 더 신경을 써야 했다. 나는 사람들이 루카스를 놀리지 못하게 막아야 했다. 하지만 정작 나는 그 일을 대수롭지 않게 생각하고 다음에 만들 앱에 관해서만 지나치게 몰두했다. 둘이 어울려 다닐 때마다 나는 내 앱이 차트 정상에 머무르게 하기 위해 내가 얼마나 스트레스를 받는지, 또 부모님이 내 돈에서 마지막 남은 1천 달러를 대금을 치르기 위해 어떻게 썼는지 계속 떠들어댔다. 루카스에게도 나름의 고민이 있으리라는 생각은 한 번도 해보지 못했다. 루카스가 그런 나의 푸념을 계속 참고 들어준 것은 기적에 가까운 일이었다.

한번은 내가 루카스에게 내가 출연하는 TV 방송에 인터뷰를 해달라고 부탁한 적이 있었다. 수줍어하긴 했지만 한번 해보고 싶어 하는 눈치였다. 루카스의 들뜬 모습에 나도 괜스레 들떴다. 그 쇼가 방영되던 날 밤, 루카스와 그의 가족들은 TV 주위로 모여 화면에 루카스의 얼굴이 나오기만을 고대하고 있었다. 하지만 그가 인터뷰한 분량이 통째로 잘려 나갔다는 것을 알아차리는 데는 오랜 시간이 걸리지 않았다. 다음 날 그는 학교에서 내게 다가와 말했다. "안녕, 그 방송 봤어?"

나는 말했다. "아니, 난 TV에 내가 나오는 걸 잘 못 봐." 나는 TV에 내가 나오는 걸 절대 보지 않는다. TV에 비치는 내 모습을 견딜 수 없었다.

"있잖아, 나 통째로 잘렸어." 루카스가 말했다.

"헐, 말도 안 돼. 그건 너무한데." 내가 대답했다.

나중에 엄마에게 그날 있었던 일에 관해 혹시 아는 게 있을까 싶어 물어봤더니 엄마는 이렇게 말했다. "루카스의 스페인어 발음이 좋지 않아서 촬영한 분량을 뺀 게 아닐까?" 돌이켜 보건대, 루카스에게 그날 쇼에서 통편집된 부분에 대해 내가 얼마나 미안해하는지 말을 해주었으면 좋았을 것이다. 루카스에게 함께한 시간과 우정이 내게 얼마나 소중한 것이었는지 말했으면 좋았을 것이다. 가끔 만약에 그때 그렇게 말했더라면, 지금도 우리는 여전히 친구로 지내고 있지 않을까 하는 생각이 든다.

앱 키드로 알려지면서 나는 파티나 데이트처럼 평범한 십 대들이 으레 하고 싶어 하는 많은 일들을 하지 않아도 되었다. 우리 학년에서 나이가 가장 어렸던 나는 확실히 연애 문제에서 뒤처져 있었다. 더욱이 나는 연애보다 더 좋은 다른 일이 있다고 나 자신을 설득했다. 나에게는 앱이 있었다. 엄마가 짝을 지어주려고 시도하기도 했지만, 나는 여자에 대해 많은 생각을 해본 적이 없었다. 엄마는 내가 유치원 시절에 소피아라는 한 예쁜 소녀를 오래도록 짝사랑했다고 말했다. 초등학교 시절 내 생일 파티를 담은 옛날 비디오를 볼 때마다 엄마는 이렇게 말하곤 했다. "아, 소피아네. 네가 좋아했던 여자애잖아! 지금은 어떻게 지낸대? 아직도 그 애 생각 많이 나니?" 사실대로 말하자면 나는 소피아를 생각해본 적이 단 한 번도 없었다. 하지만 엄마 생각에 토를 달기보다 그냥 들어주는 게 더 편했다. 그래서 그저 어깨를 으쓱해 보이며 "네, 가끔"이라고 얼버무리며 화제를 다른 쪽으로 돌렸다.

엄마는 여동생과 내가 빨리 커서 손자를 낳아주기를 몹시 바랐다. 가족이 자주 찾는 쿠바 식당인 라카레타로 저녁 식사를 하러 갈 때마다, 엄마는 언젠가 앞으로 생길 손자들과 함께 식사할 날을 얼마나 고대하고 있는지 얘기했다. 엄마는 페루에 있는 가족을 그리워했고,

어린 시절 시끌벅적하게 대식구가 식사하던 때를 다시 연출하고 싶어 했다. 나 또한 정말 그러기를 원했다.

여느 때처럼 라카레타에서 식사를 하던 어느 날 밤, 엄마는 불쑥 이런 말을 꺼냈다. "자식이 동성애자면 어떤 기분일지 상상조차 안 돼. 그러면 손자를 볼 수 없잖아!" 그러면서 덧붙여 말했다. "동성애자들한테 불만은 없어. 그들 각자한테는 말이지. 하지만 마이클, 어느 날 네가 우리한테 소개하겠다며 누군가를 데려왔는데, '엄마 아빠, 이쪽은 제니예요'라고 말하는 대신, '엄마 아빠, 이쪽은 제임스예요'라고 말하는 걸 상상이나 할 수 있겠니?" 아빠는 짐짓 심장마비라도 일으킬 듯한 흉내를 냈고, 그 모습에 우리는 모두 웃음을 터뜨렸다. 아빠는 불편한 얘기가 나오면 늘 이처럼 과장된 행동으로 대충 넘어가려 했다.

"걱정 마세요, 엄마." 나는 말했다. "엄마에게 손자를 꼭 안겨줄게요."

나는 통계적으로 인구의 대략 5퍼센트가 성소수자 정체성을 갖고 있다는 것을 알고 있었다. 대체로 사회는 동성애자들에게 과거보다 훨씬 수용적인 태도를 보이고 있었다. 하지만 이제까지 내가 다니던 학교에서 자신이 동성애자라고 밝힌 사람은 아무도 없었다. 그날 밤 엄마가 그 얘기를 꺼내기 전에 내가 그 5퍼센트에 들 가능성이 있다는 생각은 한 번도 해본 적이 없었다. 나는 열네 살이었다. 소년은 고사하고, 아직 누군가에게 반한 적도 없었다. 때때로 체육 수업 시간에 소년들을 바라본 적이 있기는 했지만, 속으로 '저 친구는 진짜 근육이 장난 아니네. 나도 저랬으면 좋겠다'라고 생각하는 정도였다.

살찐 내 몸은 나의 모든 불안이 외부로 표출되어 나타난 것이었다. 나는 피부가 까무잡잡하고 근육질에 운동을 좋아하는 중학교 남자아이들과는 완전히 종이 달랐다. 여자아이들은 그들이 독차지했다. 마리아나는 오빠도 운동만 좀 열심히 하면 여자친구가 생길 거라고 늘 말했다. 한편으로는 내 적성에 맞는다면 그게 그리 나쁜 생각은 아니라고 생각했다. 하지만 유감스럽게도 운동과 스포츠는 내게 논외의 문제였다. 시도해보지 않으면, 실패할 일도 없었다.

놀랄 일도 아니다. 나는 해마다 체력 검정에서 느낄 굴욕감을 두려워하며 살았다. 특히 턱걸이는 더 큰 굴욕감을 안겼다. 턱걸이는 나의 크립토나이트(슈퍼맨의 힘을 빼앗아 가는 우주 방사능 물질 ─ 옮긴이)였다. 나는 턱걸이를 단 한 번이라도 성공했던 적이 없었다. 그냥 체육 시간에도 턱걸이는 공포를 유발하기에 충분한데, 체력 검정을 받는 날에는 실제로 마비를 일으킬 정도였다. 우리는 철봉 앞에 일렬로 늘어서 있고, 나는 그 줄 맨 끄트머리에 서서 내가 맞이할 운명을 최대한 늦추고 있다. 한 명 한 명씩 내 앞에 선 소년들은 철봉에 다가선 다음 뛰어올라 턱을 철봉에 한 번, 두 번, 세 번, 때로는 심지어 네 번 끌어올린다. 모두가 실패할 것으로 예상하는 나 같은 아이가 늘 몇 명은 있었다. 나는 혼자만 그런 게 아니라는 사실에 감사했고, 확실히 실패할 거라고 예상했던 아이가 우리 모두의 예측을 뒤엎고 정상에 이르렀을 때면 분노감에 사로잡히곤 했다. 마침내 내 차례가 오면 나는 테스트를 받지 않으려고 교묘한 말로 모면을 꾀한다. 나는 "전 턱걸이를 할 수 없어요"라고 코치에게 말한다. "억지로 시키면 결국 실망만 하게 될 거예요." 코치는 물러서지 않고 말한다. "그래도 해봐." 그렇게 이상한 형식적인 절차를 마치고 나서야 나는 철봉에 다가가 내 등 뒤로 지루하게 쳐다보는 수십 개의 눈을 의식하며, 내 할 일을 한다. 철봉을 잡고 떨리는 팔로 내가 말한 것이 의미하는 바를 보여주기에 충분한 시간 동안 거기에 매달렸다가 떨어지고 물러서게 된다.

나는 8학년 체력 검정 실패를 특히 심하게 괴로워했다. 내 동급생들이 어떻게 생각했는지 정말 신경 쓰고 있었기 때문이다. 동급생들은 여자아이들과 데이트를 하고 있었고, 나만 뒤처지고 있었다. 그래서 어떻게 했을까? 나는 있지도 않은 여자친구를 꾸며냈다. 남자 학교를 다녔기 때문에, 거짓말을 해도 별 상관이 없다고 생각했다. 어느 순간 학교에서 댄스파티가 열릴 예정이었고, 사람들은 계속 내게 물었다. "여자친구 데려갈 거야?" 나는 사람들에게 그러지 못한다고, 여자친구가 오클라호마로 이사 가게 되어 정말 슬프다고 말했다(왜 오클라호마냐고 묻지 마라. 그냥 생각나는 대로 내뱉은 말이니까.)

나는 중학교에서 한 댄스파티에 갔다. 인기 있는 8학년 무도회였는데, 나는 여동생의 친구인 줄리아와 함께 갔다. 줄리아는 에콰도르인이었고, 나를 좋아했다. 적어도 두 사람을 맺어준 동생의 말에 따르면 그랬다. 엄마는 그 데이트를 매우 기뻐했다.

엄마는 줄리아에게 주라고 드레스에 다는 작은 꽃 장식품을 내게 사주기까지 했다. 그녀의 드레스에 그 꽃이 꽂혀 있던 것을 보고 '이렇게 여자아이들에게 관심을 가지게 되는구나'라고 생각했던 게 기억난다.

엄마는 앞 좌석에 여동생을 태우고 우리를 댄스파티에 데려다주었다. 마리아나는 차창에 기대어 축 늘어져 있었다. 자기도 가고 싶은데 학교에서 자기를 데려갈 남자아이를 찾지 못해서 우울해했다. 할 수만 있다면 여동생과 자리를 바꾸고 나는 집에서 코딩을 하고 싶었다. 하지만 그러는 대신 나는 내가 해야 할 일을 하며 줄리아를 에스코트해 체육관 안으로 들어갔다. 안에는 풍선과 빛나는 전구 줄로 화려하게 치장되어 있었다. 선생님들이 과일 펀치를 준비해놓고, 학생들이 모여 있을 공간을 마련하기 위해 관람석을 치워둔 상태였다. 솔자 보이의 노래 「크랭크 댓Crank that」이 스피커를 통해 울려 퍼지고 있었다. 줄리아와 나는 그 노래를 들을 때 으레 춰야 하는 춤을 추고 나서 체육관 구석으로 가서 과일 펀치를 마시고 또 우스꽝스러운 춤을 몇 차례 더 추었다. 그때 여동생의 다른 친구 하나가 당당한 모습으로 다가와서 우리와 춤을 추기 시작했다. 그 여자애는 줄리아와 내가 올려봐야 할 만큼 키가 엄청나게 컸다. 갑자기 그 여자애가 한 손으로 내 머리를 잡고 또 다른 손으로는 줄리아의 머리를 잡았다. 그러더니 "이런 젠장, 둘이 키스해버렸네"라고 말하며 우리 얼굴을 서로 부딪치게 했다. 그게 나의 첫 키스였다.

나는 나중에 여동생이 그 키 큰 여자애를 부추겨 일을 벌였다는 사실을 알게 되었다. "무슨 수를 써서라도 오빠는 여자친구가 있어야 해." 동생은 말했다. "그러니까 너는 어떻게든 오빠가 그 애와 키스하게 만들어야 해." 그건 어느 정도 효과가 있었다. 적어도 줄리아에게 는. 그녀는 그 후로 몇 차례 내게 메시지를 보내 같이 쇼핑몰에 가자 고 했다. 우리는 두어 번 쇼핑몰에 같이 갔다. 그녀는 늘 손을 맞잡기 를 원했고, 나는 늘 동조했던 것 같다. 하지만 내내 어색했다. 나는 그 런 관계 유형이 아니었다. '이건 아니야'라는 생각이 들었다. '다시 내 앱으로 돌아가야겠어.'

4

스트레스 테스트

9학년이 될 때까지, 엄마와 나는 밤마다 돈 문제로 싸우고 있었다. 엄마가 나에게서 가져간 수만 달러에 이르는 돈과 또 채권자들에게 빨리 갚아야 할 수천 달러의 돈, 그리고 엄마와 아빠가 다음번에 애플이 지급한 돈을 또 빼내 쓰면 필요한데도 업그레이드를 할 수 없는 내 컴퓨터에 대해서 ….

"마이클, 엄마 좀 그만 울려!" 부엌에서 유난히 큰 소리를 내며 다투던 어느 날 저녁, 아빠는 감정을 폭발하며 말했다.

나는 곧바로 반격했다. "내가 왜 나쁜 놈이에요? 나는 이 가족에 모든 걸 바쳤다고요!"

"하!" 아빠는 큰 소리로 말했다. "넌 이기적인 똥 덩어리야!"

그 말이 주먹처럼 나를 강타했다. 하지만 엄마는 내가 위층으로 뛰어 올라갈 때 내 감정이 어떤지 눈치채지 못한 것 같았다.

토요일이었던 다음 날, 엄마가 내 방문을 노크했다. 살금살금 조심스럽게 다가온 것으로 봐서 엄마는 상황을 수습하고 싶어 하는 듯했다. "아빠가 그렇게 화내는 것을 본 적이 없어." 엄마가 방바닥에서 더러워진 티셔츠를 집어 빨래 바구니에 넣으며 말했다.

나는 고개를 끄덕였다. "알아요. 나는 아빠가 욕을 해서 미운 거예요." 평소에 아빠는 조용하고 상냥한 남자였다. 하지만 아빠는 자라면서 많은 고통을 겪었다. 젊은 시절 형의 죽음으로 큰 상실감을 느꼈지만, 아빠는 남자라면 자기감정쯤은 억제할 줄 알아야 한다는 신념을 가지고 있었다. 오늘날까지도 아빠는 과거에 대해, 특히 자기 가족이 자신과 거의 연을 끊다시피 한 것에 관해 거의 말하지 않았다. 아빠가 마음속에 계속해서 차곡차곡 쌓아 올리며 억눌렀던 그 모든 것은 압력솥의 증기 배출 밸브처럼 언젠가는 터져 나올 터였다.

"마이클, 넌 아빠를 어떻게 하면 도울 수 있는지 방법을 알잖아, 그렇지?" 엄마가 말했다.

"어떻게요?" 나는 마음속에 희망이 부풀어 오르는 걸 느끼며 물었다. 나는 내가 '뭔가'를 할 수 있으리라고 생각해본 적이 없었다.

"아빠한테 영화관에 갈 생각이 있으신지 여쭤봐. 아빠가 영화 보는 걸 좋아하시잖니!" 엄마는 이렇게 제안하고 나서 돌아서서 내 방을 나갔다.

나는 엄마의 뒷모습을 응시하며 다시 혼란에 빠졌다. 그건 문제를 해결하는 방식이 아닌 것 같았고, 내 머릿속에 던져진 질문의 해답도 아니었다. 나는 답을 얻지 못했다. 그렇다, 나는 십 대였다. 나는 자주 심술을 부렸다. 하지만 그렇다고 정말 그 정도로 나쁜 아들이었을까?

하지만 영화를 보고 나면 아빠의 기분은 보통 금세 좋아졌다. "영화 보러 갈까, 코콜로초?" 아빠가 엄마가 다녀가고 한 시간 후에 내 방 안으로 머리를 빼꼼히 들이밀며 제안했다.

코콜로초는 아빠가 애정을 담아 부르는 나의 애칭이었다. 아빠가 그 의미가 뭔지 한 번도 설명해준 적이 없는 아무 의미도 없는 말이었다. 아빠는 거의 늘 이런 식이었다. 심지어 아빠는 실없는 사람처럼 보일지언정 세상을 심각하게 보는 걸 좋아하지 않았다. 아빠는 내 방 창문을 통해 조용한 교외의 거리를 내다보며 서 있었다. 처진 어깨를 보며 나는 아빠가 괴로워하고 있음을 알 수 있었다.

그날 오후, 아빠와 나는 영화를 보러 가서 아무 말 없이 앉아 있었다. 그것이 우리가 화해하는 방식이었다. 하지만 나는 화면에서 흘러나오는 이야기에 좀처럼 집중할 수 없었다. 아빠의 말이 계속해서 마음속에 떠올랐다. "이기적인 똥 덩어리." 아빠가 정말로 그렇게 생각했을까? 아빠는 내 돈을 엄마가 10만 달러 넘게 썼다는 것을 모르고 있을까? 그럴 수도 있었다. 엄마가 돈줄을 쥐고 있었다. 부엌에서 엄마와 그렇게 크게 싸울 때까지, 내 앱으로 번 돈이 화제에 오를 때면 아빠는 늘 자리를 뜨곤 했다. 아빠에게 그 문제를 꺼내고 싶었던 적이 몇 번 있었다. 이게 공정하다고 생각하냐고 묻고 싶었다. 엄마가 하고 있는 일 말이다. 하지만 엄마는 돈 문제로 아빠를 괴롭히지 말라고 몇 번이고 내게 경고했다. 엄마는 이렇게 말하곤 했다. "그 문제를 생각하면 아빠 마음이 몹시 아플 거야. 아빠를 더 나빠지게 만들기보다 더 낫게 해드리려고 해야지." 그래서 나는 공연히 평지풍파를 일으키지 않기로 했다. 그게 아빠에게 좋은 일이라고 생각했다.

아빠가 얼마나 알고 있든 마리아나는 이런 상황에 대해 더 모르고 있었다. 내가 앱으로 얼마나 많은 돈을 벌고 있는지, 그리고 무엇보다 거기서 얼마나 많은 돈이 우리의 삶에 쓰이고 있는지 마리아나는 전혀 모르고 있었다. 마리아나는 빚 때문에 우리 상황이 얼마나 안 좋은지 몰랐다. 여동생은 현실로부터 늘 보호받았다. 모든 것이 처참하게 무너져내리고 있는 상황에서도 만사가 잘 돌아가고 있는 척하는 엄마의 초자연적인 능력 덕분이었다. 하지만 설사 마리아나가 사태의 전모를 알았더라도 내 편을 들지는 않았을 것이다. TV 뉴스 제작진이 우리 집을 찾아와 여동생이 자기 방에 숨어 나오지 않게 된 이래로, 나는 우리 사이에 깊은 골이 파이고 있다고 느꼈다. 그전에 여동생은 나를 자기 침실에서 놀게 하고 친구들과 쇼핑몰에 갈 때면 나를 곁다리로 데리고 가는 것을 좋아했었다. 하지만 이제 그녀는 내가 자신이 보살펴야 할 사람이 아님을 분명히 했다. 마리아나가 보기에 나는 엄마를 울리는 이기적이고 못된 사립학교 문제아였다. 나 스스로 보기에 나는 여동생과 그녀의 친구들과 같이 어울릴 만큼 멋지지 못했다.

어느 날 나는 페루의 키케 삼촌에게 전화를 걸어 우리의 돈 문제를 어떻게 하면 좋겠냐고 조언을 구했다. 키케 삼촌은 재정 문제에 관한 한 우리 부모님과 스펙트럼의 정반대에 있었다. 꼼꼼하게 절약하며 사는 키케 삼촌은 얼마 안 되는 봉급을 꾸준히 저축하여 상당히 많은 돈을 저축해놓은 상태였다. 아빠는 키케 삼촌이 얼마나 좀스럽게 사는지 늘 우스갯소리를 했지만, 나는 삼촌이 그렇게 적은 돈으로도 대단히 멋진 삶을 사는 천재라고 생각했다. "할 수 있는 최선은 부모님께 더는 돈을 주지 않는 거야." 삼촌은 전화상으로 내게 조언했다. "돈을 더 주면, 그걸 쓰려고만 할 거야. 부모님을 다른 식으로 도우려고 해봐. 여태 아무도 그들에게 돈 쓰는 법을 가르쳐주지 않았으니, 네가 가르쳐드려야 해."

삼촌은 핵심을 짚었다. 부모님은 재정적으로 나보다 훨씬 더 무지했다. 부모님은 저축한다는 게 무슨 뜻인지도 몰랐고, 신용카드를 어느 순간에 갚을 수 있는 공짜 돈으로 보았다. 그렇게 만사를 희망차게 보았다. 나는 아직 생각할 것이 수만 가지가 넘고 삶의 경험이 한참 부족한 십 대 소년에 지나지 않았기에 확실히 엄마 아빠에게 예산을 세우고 저축하는 법을 가르칠 준비가 되어 있지 않았다. 나는 내 방식으로 부모님과 맞서야 했다.

엄마가 학교에서 나를 차에 태우고 집으로 돌아갈 때 나는 처음으로 저항을 시도했다. 엄마는 집 앞에 차를 세우고 시동을 끈 후 운전대를 잡은 채로 잠시 얼어붙은 듯이 앉아 있었다. 마침내 엄마가 나를 돌아보며 말했다. "애플에서 또 판매 대금이 입금되면, 그 돈을 모두 집을 살리는 데 쓸 거야." 그러고 나서 엄마는 울음을 터뜨리며 흐느껴 울었다. "집을 잃고 싶지 않아, 마이클!"

나는 엄마가 우는 게 싫었다. 그러면 나도 울고 싶어졌다. 평소 같으면 엄마 말에 동의하며 울음을 그치게 하려 애썼을 것이다. 하지만 이건 미친 짓이었다. 아마 엄마는 내 돈을 일 년 동안 주택 융자금을 갚는 데 써왔을 것이다. 하지만 그건 미봉책에 지나지 않았다. 우리 집은 우리가 감당하기에는 너무 비싼 집이었다. 뭔가 변화가 일어나야만 했다.

나는 혀를 깨물어 눈물이 나려는 것을 애써 참았다. 그러고 나서 엄마의 손을 잡고, 있는 힘을 쥐어짜 단호하게 말했다. "엄마, 다른 방법을 찾아봐야—"

엄마는 내가 말을 채 끝내기도 전에 집 안으로 달려 들어가 현관문을 쾅 닫았다.

며칠 후 내가 그 문제를 꺼냈을 때, 엄마는 나를 쳐다보지도 않았던 것 같다. "네 돈은 갚을 거야, 약속할게." 이게 엄마가 말한 전부였다.

"내 돈은 갚지 않아도 돼요," 나는 엄마를 설득하려 했다. "이미 쓴 돈은 생각할 필요 없어요. 제가 확실히 하고 싶은 건 이제부터라도 엄마가 돈을 더 잘 관리하는 법을 배우는 거예요. 다시 이런 상황에 빠지지 않도록 말이에요."

하지만 엄마에게 물고기 낚는 법을 가르칠 수는 없었다. 엄마는 결코 사실대로 털어놓고 인정하지 않았지만, 나는 엄마가 계속해서 내 은행 계좌에서 돈을 빼내 썼다는 것을 알고 있었다. 그래서 나는 더욱 화가 났다.

이후 몇 달 동안 나는 계속해서 부모님이 자신들의 재정 상태를 이해하도록 도우려 했다. 우리 집의 지출과 수입을 목록으로 제시함으로써 엄마가 돈을 얼마나 써도 되는지 이해하도록 말이다. 내 요구에 엄마는 더욱 좌절했다. 결국 나는 더 이상 가족에게 아무 말도 하지 않게 되었다. 수업을 마치고 집에 돌아오면 찬장에서 과자를 한 움큼 꺼내 쥐고는 곧장 방에 들어가 말없이 일에 몰두했다. 때때로 부모님이 복도 안쪽 안방에서 목소리를 낮춰 대화하는 소리가 들렸다. "마이클이 너무 많이 먹어. 살이 너무 쪘어. 예전보다 화도 잘 내고 더 무례해졌어." 고등학교 입학 후 첫 두 해 동안 내가 주변에서 가장 좋은 사람이 아니라는 건 분명했다. 하지만 당신들이 진 빚을 내게 떠넘기면서 나를 곤경에 빠뜨리고 있다는 사실에 관해서는 부모님이 목소리를 낮춰 대화하는 것을 결코 들은 적이 없다. 이게 나를 더 화나게 하고, 더 배고프게 했다.

엄마와 나의 관계는 2012년 6월 내가 고등학교 2학년 과정을 마쳤을 때 풀렸다. 그때 엄마는 나와 함께 볼리비아의 산타크루즈로 갔다. 내 앱을 판촉하기 위한 투어였다. 그 투어는 한 유력 볼리비아 방송국의 명사 초청 토크쇼 진행자인 마리아 카르멘이라는 여성이 마련한 것이었다. 마리아 카르멘은 내가 열세 살 때 마이애미에서 나를 인터뷰한 적이 있었다. 그녀는 볼리비아 사람들이 그 이후의 이야기를 듣고 싶어 할 거라고 생각했다. "앱으로 여전히 가족의 생계를 돕고 있나요?" 연락을 취해 왔을 때 그녀는 이렇게 물었다. 마지못해 나는 그렇다고 했고, 마리아 카르멘은 곧바로 투어를 예약했다. 그녀의 계획은 야심 찼다. 그녀가 속한 방송국의 여러 TV쇼에 나가 다수의 인터뷰를 하고, 콘퍼런스에 참석해 연설하고, 그녀의 쇼에서 장시간 인터뷰하는 것으로 여행의 대미를 장식할 계획이었다.

아담한 산타크루즈 공항에 여섯 시간 늦게 도착했을 때 마리아 카르멘은 우리를 기다리고 있었다. 그녀의 트레이드마크인 숱이 많은 곧은 적갈색 머리카락과 부드러운 구릿빛 피부, 화려하게 반짝거리는 붉은 드레스를 보고 그녀를 바로 알아보았다.

나는 죔쇠로 머리를 조이는 듯한 심한 스트레스성 두통을 느끼고 있었다. 하지만 그런 와중에도 마리아 카르멘에게 행복한 표정을 지어 보이려고 애썼다. 엄마도 지칠 대로 지쳐 있었지만 환하게 웃어 보였다. 엄마는 필요하다면 언제든 감정을 재빨리 바꾸는 데 도가 터 있었다. 나도 그 유전자를 물려받은 게 분명했다.

"볼리비아에 오신 것을 환영해요, 마이클 세이먼!" 마리아 카르멘은 방송인답게 환한 미소를 띤 채 빠르게 다가와 익숙한 진행자 목소리로 말했다. 그녀는 카메라맨이 마이크를 만지작거리고 있을 때 장비를 바닥에서 들어 올려 능숙하게 샷을 설정했다.

"고마워요." 나는 대답했다. 나는 라틴 미디어와 귀향 인터뷰를 하면서 볼리비아인들과 페루인들이 나를 두고 볼리비아인과 페루인 중 어느 쪽에 더 가까운지 재미 삼아 논쟁을 벌인다는 사실을 알게 되었다. 한 신문과 인터뷰하는 동안 기자는 이렇게 묻기까지 했다. 곧 두 나라 사이에 축구 게임이 열릴 예정인데 이럴 때 "가슴이 찢어지는" 아픔을 느끼지 않냐고 말이다. "뭐라고 대답할 수가 없네요!" 나는 비명을 지르듯이 말했다. "그 질문은 '아빠가 좋아, 엄마가 좋아?'라고 묻는 거나 다름없어요!" 나는 정말로 어느 한 나라를 더 좋아하지 않았다. 비록 엄마의 가족이 있는 페루에서 훨씬 더 많은 시간을 보냈고, 나의 볼리비아 가족은 알지도 못하지만 나는 어느 한 편을 선택한 적이 없었다. 두 나라 사람들로부터 모두 사랑받는 것은 영광스러운 일이었다.

어느 틈엔가 마리아 카르멘과 카메라맨은 호기심 어린 표정으로 우리를 구경하던 사람들 쪽으로 나를 안내하고 있었다. 그녀는 들고 있던 마이크를 내 또래로 보이는 군중 속의 한 소녀에게 내밀었다. "안녕하세요!" 카르멘이 그 소녀에게 말했다. "저는 지금 애플 천재 소년인 마이클 세이먼과 같이 나와 있는데요. 이곳 산타크루즈에서 그를 보게 되다니 놀랍지 않나요? 어떻게 생각하세요?"

소녀와 같이온 친구들은 얼굴을 붉히며 피식 웃었다. 그들은 분명 마리아 카르멘 같은 전국구 스타를 자기 눈으로 직접 보게 된 기쁨에 어쩔 줄 몰라 하고 있었다. 또 내가 누군지도 모르는 게 분명해 보였다. 그런데도 그 소녀는 카르멘의 말에 동의하는 척하며 말을 쏟아냈다. "네, 정말 멋져요. 아주 깊은 인상을 받았어요. 정말 대단한 영감을 불러일으키는 사람인 것 같아요." 소녀의 답변에 만족한 카르멘은 바로 마이크를 챙겨서 장비가 든 꾸러미 몇 개를 들어 올린 뒤 출구를 향해 성큼성큼 걸었다. "가요! 가자고요!" 그녀는 어리둥절해하는 엄마와 나를 향해 뒤돌아서서 외쳤다.

엄마와 나는 그녀를 따라 먼지를 잔뜩 뒤집어쓴 차로 이동했다. 그녀는 운전대를 잡고 시동을 건 후 땅이 고르지 않은 흙길을 따라 거침없이 차를 몰았다. 나는 그녀가 집안일과 바깥일을 모두 거뜬히 해내는 슈퍼우먼임이 틀림없다고 확신했다. "비행기가 연착하는 바람에 인터뷰를 하나 이미 놓쳤어요." 그녀는 뒷좌석에 앉아 있던 엄마와 내게 말했다. "하지만 서두르면 다음 인터뷰를 할 수 있을 거예요. 인터뷰를 하고 난 다음에는 이 나라에서 가장 인기 있는 심야 토크쇼에 초대 손님으로 출연할 거예요." 차를 몰고 가면서 마리아 카르멘은 나를 위해 준비한 이야기의 포인트를 줄줄 읊었다. 그러면서 동시에 화장을 하고 머리 스타일을 매만졌다. 그녀는 한두 번 갓길로 방향을 틀면서 이 모든 걸 아무 일 아니라는 듯이 해내고 있었다. 경이로웠다. 엄마는 겁에 질려 차 문 손잡이를 꼭 쥔 채 어색한 미소를 띠고 있었다. 차를 거칠게 모는 그녀의 운전과 살인적인 일정에 나처럼 넋이 나간 것처럼 보였다. 하지만 어떻게 불평을 늘어놓을 수 있겠는가? 마리아 카르멘은 이미 곧 발행될 일요일 자 신문들에 나에 관한 1면 기사를 몇 개 확보해둔 상태였다. '애플 천재 소년'을 볼리비아의 스타로 만들겠다는 그녀의 계획은 착착 진행되고 있는 것처럼 보였다.

그리고 그건 좋은 소식이었다. 그렇지 않은가? 이 모든 것이 좋았다. 그런데 어째서 나는 이 모든 일이 끔찍하게 느껴졌을까? 맞다, 내가 연기하고 있는 긍정적이고 너그러운 아이는 완전히 거짓이었기 때문이다. 그건 비참한 내면을 숨기기 위한 가리개일 뿐이었다. 그 아이는 사실 자신이 만든 창조물을 시류에 맞게 유지하려고 끊임없이 노력하느라 지쳐 있었다. 그 아이의 가족은 그런 그에게 화를 냈다.

꼬리에 꼬리를 무는 인터뷰, 텔레비전에 중계된 볼리비아 관광, 학교 아이들과의 대화, 그리고 콘퍼런스 연설 등을 불과 사흘 만에 소화한 후에 엄마와 나는 완전히 지칠 대로 지쳐 마이애미로 돌아왔다. 집에 돌아오자마자 나는 곧바로 내 방으로 올라가 침대에 누워 페이스북과 트위터의 팔로워 수를 확인했다. 둘 다 팔로워가 기하급수적으로 늘어 있었다. 트위터는 1만 5천 명이 넘었고, 페이스북은 3만 명이 넘었다.

2012년 여름에 나는 한 달에 1만 2,000달러를 벌고 있었다. 하지만 수입은 불안정했다. 마치 주식시장의 주식같이 느껴졌다. 통제할 수 없는 사건들이 나의 가치를 하늘 높은 줄 모르고 치솟게 하다가 언제든 다시 폭락시킬 수 있었다. 그리고 실제로 그런 일이 일어났다. 앱스토어 순위표 정상에서 끝내주는 몇 달을 보낸 가을쯤, 클럽 펭귄 게임은 미국과 라틴아메리카에서 바닥으로 곤두박질쳤다. 내 수익은 한 달에 1,500달러도 안 될 정도로 줄어들었다. 내가 라틴아메리카에서 했던 인터뷰들은 내 앱의 판매에 거의 아무런 영향을 미치지 못했다. 내 수입의 대부분은 미국에서 나왔다.

그리고 처리해야 할 새로운 문제가 있었다. 디즈니였다. 디즈니는 2007년에 클럽 펭귄을 사들였다. 처음에 그들은 나 같은 사람들이 그 게임에 관한 앱을 만들고 있다는 사실에 별로 신경 쓰지 않았다. 하지만 그 거대 회사가 자체 앱을 출시하려고 하자 상황은 급변했다. 나는 애플로부터 디즈니에 소속되지 않은 모든 개발자는 스토어에서 클럽 펭귄과 관련된 모든 앱을 삭제해야 한다는 통보를 받았다. 나는 어차피 클럽 펭귄과 무관한 브레인스토밍 앱 아이디어를 생각하고 있었고, 거기에 더 관심을 기울이고 있었다. 그래서 나는 하나하나씩 내 앱을 앱스토어에서 치워나갔다.

엄마는 거의 곧바로 이러한 사실을 눈치챘다. "무슨 일이야?" 엄마가 묻기 시작했다. "왜 네 앱이 스토어에서 계속 없어지고 있어?"

아무렇지도 않다는 듯이 나는 엄마에게 내가 직접 그 앱들을 삭제하고 있다고 말하며 그 이유를 설명했다. "그래야만 해요. 애플 측에서 디즈니가 자체 클럽 펭귄 앱을 만들고 있다는 고지를 보내왔어요."

엄마의 얼굴이 순간 공포에 사로잡힌 표정으로 돌변했다. "그럼 줘야 할 돈을 어떻게 지급하지?" 엄마가 소리치듯 말했다. "대학은 어떻게 하고?"

목을 타고 울컥하는 감정이 치솟아 올라오는 것이 느껴졌다. "그러니까 엄마 말은 내가 대학 등록금을 어떻게 낼 거냐고 묻는 거예요?"

"마이클, 말했잖아, 그 돈은 식당에 다 쏟아부었어." 엄마가 말했다. "직원들 봉급으로 다 썼다고! 우린 경제가 더 좋아지고 사람들이 외식을 즐길 때까지 버텨야 한다고!"

그렇게 나는 고등학교를 졸업해도 대학 등록금을 낼 돈이 없게 되었다. 동시에 앱 시장 또한 바닥을 쳤다. 사람들은 더 이상 앱을 사는 데 돈을 쓰고 싶어 하지 않았다. 대신 앱 내 결제에만 돈을 쓰고 있었다. 그리고 비교적 새로운 이 세계에 대해 나는 아는 게 전혀 없었다.

엄마 말에 충격을 받긴 했지만, 사실 나는 이미 남몰래 대학이 없는 내 미래를 꿈꾸던 중이었다. 독학으로 성공한 프로그래머로 세상에 깊은 인상을 주고 있는 것 같은 이 마당에, 왜 전통적인 교육을 받느라 4년 넘게 헤매야 할까? 게다가 이제는 선택의 여지도 없어진 것 같았다. 나는 이 상황에 적응하고, 코딩 실력을 갈고닦아 내 행동을 강화해야 했다. 내가 독자적인 무료 게임을 만들 수 있다면, 아마도 어떤 회사가 그 게임을 살 것이고, 더불어 나를 고용할 것이다. 내가 테크 산업 블로그를 읽어 배운 바에 따르면, 이 업계는 보통 그런 식으로 돌아갔다. 내게는 그렇게 하는 것이 가장 확실한 대안으로 보였다. 거부할 수 없을 만큼 매력적인 앱을 만들어 고등학교에서 직장으로 곧바로 날아가는 것이 내 미래의 계획이었다. 좋아! 하지만 어떻게 하지?

4스냅스

드로 섬싱Draw Something은 끝없이 이어지는 턴제 게임이다. 주어진 낱말을 그림으로 제시하여 상대방이 추측해 맞추는 게임으로, 순서를 바꿔 가며 진행된다. 2012년에 드로 섬싱은 세계에서 가장 인기 있는 앱 중 하나였다. 출시된 지 몇 달 안 되어 징가가 개발사인 오엠지팝OMGPOP과 함께 그 게임을 1억 8,300만 달러에 인수했다. 아이디어를 떠올렸다가 버리는 일을 반복해가면서, 나는 영감을 얻기 위해 드로 섬싱으로 되돌아갔다. 나는 생각했다. '만약 내 또래 아이들이 즐겨 하는 활동과 관련된 새로운 종류의 추측 게임을 만들 수 있다면 어떨까….' 영화를 보러 가고 쇼핑몰에서 시간을 보내는 것 외에 우리는 뭘 즐겨 할까?

온갖 연구와 시장 테스트를 하고서도 대단한 전문 앱 개발자들이 아직 찾지 못한 게임 아이디어가 자연스럽게 떠오르기를 바라면서, 나는 여동생과 그녀의 친구들이 자기 폰을 어떻게 이용하는지 관찰하고 분석하기 시작했다. 그들은 드로 섬성을 좋아하지 않았다. 그들은 모두 헤이데이Hay day라는 게임을 즐겨 했다. 농장을 모의 체험하는 인기 소셜 네트워킹 게임인 팜빌Farmville과 매우 흡사한 게임이었다. 여동생과 그녀의 친구들은 단지 뭐가 나올지 모르는 랜덤 버튼을 누르는 기쁨을 누리기 위해서 헤이데이에서 일 년에 다 합치면 수백 달러의 가상화폐를 쓰는 듯했다. 또 내가 그들의 행동에서 알아차린 것은 메시지를 주고받을 때 문자 대신 서로 그림을 주고받는다는 것이었다. 어른들은 특별한 날을 기념하거나 기억을 보존하기 위해 사진 찍는 것을 좋아했지만, 카메라와 저장 공간이 있는 디바이스를 가지고 자란 우리 같은 아이들에게 사진은 특별할 게 하나도 없었다. 사진을 찍는 것은 말하고 숨 쉬는 것만큼 쉬웠다. 어느 날 나는 여동생이 방금 찍은 일련의 스냅 사진들을 친구들에게 문자 서비스로 보내는 걸 보았다. 여동생은 사진과 같이 "내가 생각하고 있는 낱말을 추측해볼래?"라고 문자를 써 보냈다. 그때 아이디어가 떠올랐다.

나는 첫 플레이어가 친구에게 4장의 사진을 보내면 친구가 그들이 생각하고 있는 낱말을 맞추는 멀티플레이어 게임을 만들고 싶었다. 예를 들어 누군가가 친구에게 감자튀김, 나초, 버팔로윙, 쿠키 사진을 보내면, 친구는 그 낱말이 "간식거리munchies"임을 짐작할 수 있다. 다행히도 그 플레이어가 게임에 푹 빠지면, 더 많은 사진을 서로 주고받으며 새로운 낱말로 계속 게임을 이어나갈 수 있다.

앱 제작에 관해 생각할 때마다 나는 이름과 브랜드, 디자인을 생각해내는 데 몇 주를 보내곤 했다. 브랜드는 한 회사가 광고 타깃에게 전달하길 바라는 개성과 메시지다. 그것은 개인적인 스타일과 매우 흡사하다. 다시 말해 세상에 나갈 때 선택해 입는 옷과 보석, 헤어스타일 같은 것이다. 디자인은 어떤 제품의 편리함이나 기능성에 관한 것 이상이다. 2000년대 초반에 활동했던 다른 대다수 테크 디자이너들과 마찬가지로 나는 스큐어모피즘skeuomorphism으로 알려진 디자인 스타일을 좋아했다. 이것은 디지털 인터페이스가 질감과 그림자가 지는 방식, 빛의 반사 효과에 이르기까지 실제 사물과 비슷한 느낌을 주도록 디자인하는 방식이다. 초기 애플 제품은 이 스타일에 심하게 의존했다. 온오프 스위치는 현실에 존재하는 진짜 손잡이처럼 보이고, 계산기 버튼은 모서리가 있는 듯 음영이 지는 등 애플 제품에는 이러한 디자인 요소가 무수히 많다. 나는 새로운 아이디어를 디자인할 때 바로 이런 스타일로 작업하고자 했다.

아직 이름을 짓지는 못했지만 나는 내가 만든 게임이 애플 제품의 사려 깊음과 「아이칼리iCalry」(주인공들이 '아이칼리'라는 인터넷 방송을 하면서 일어나는 소동과 사건을 그린 시트콤 — 옮긴이)와 「빅토리어스Victorious」 같은 드라마를 제작한 니켈로디언의 감정적 호소력을 결합한 미적인 것이 되기를 원했다. 나는 이 드라마들의 사운드트랙을 내려받아 헤드폰으로 들으며 파워포인트에서 내 게임의 러프 버전 스케치에 착수했다.

나의 시각적 감성이 완전해지기 전까지 — 그리고 내가 아이들이 폰의 화면을 보면서 웃고, 내 게임을 즐기고, 친구들과 그에 관해 이야기하는 것을 선명하게 상상할 수 있을 때까지 — 나는 게임이 어떻게 작동하고 어떻게 만들어질지 세부로 들어가지 않았다. 나는 먼저 자신감이 불꽃처럼 이는 것을 느껴야 했다.

내가 이 지점에 도달하는 방식은 습관과 개성, 나이, 사회적 소속 집단, 경제적 상태, 성을 조합한 다양한 집단으로 마음속에서 창조한 테스트 캐릭터로 내 아이디어를 실행하는 것이었다.

사진 게임을 생각해내면서 내가 상상한 테스트 캐릭터들은 영화 보는 것을 좋아하는 열 살짜리 소녀, 리허설이 끝난 후에도 자리에 남아 늦게까지 그의 아이팟 터치로 게임을 하는 시어터 키드, 학교 주차장에서 노는 한 무리의 멋진 아이들이었다. 나는 그들 각각의 관점에서 내 게임을 상상하려고 애썼다. 그런 다음 내 머릿속의 재생 버튼을 누르고 다양한 장면이 펼쳐지는 것을 보았다. 자기 폰에서 앱을 열 때 열 살짜리 소녀는 어떤 표정을 지을까? 어떤 종류의 인터페이스가 소녀를 미소 짓게 할까?

그런 다음 내 테스트 캐릭터들을 다양한 시나리오에 적용했다. 나는 한창 영화가 상영 중일 때 게임 알림이 와서 힐끔힐끔 폰을 들여다보는 열 살 소녀를 상상했다. 그 알림은 어떻게 보일까? 소녀는 알림에 어떻게 반응할까? 그 알림은 소녀에게 흥미롭지 않다. 그래서 알림을 지운다. 나는 알림의 문장을 수정하고 장면을 재생했다. 나는 소녀가 사진을 찍으려고 로비로 뛰쳐나가는 모습을 상상했다. 게임이 너무 하고 싶어서 영화가 끝날 때까지 기다릴 수 없기 때문이다. 그다음에는 나 자신에게 이러한 상황이 과연 현실적인지 물었다. 소녀는 과연 그렇게 할까? 소녀가 그런 행동을 하게 하려면 무엇이 더 필요할까? 그러고 나서 나는 시어터 키드로 넘어갔다. 그 아이가 교실에 앉아 수업을 지루해하며 쉬는 시간 15분 동안 무슨 게임을 할지 생각하는 모습을 상상했다. 그의 어깨 너머로 쳐다보며 나는 그 아이의 시작 화면을 시각화하려고 애썼다. 사용자들이 군대를 조직하고 다른 클랜의 본거지들을 공격하는 온라인 전쟁 게임인 클래시 오브 클랜Clash of Clans이 프런트 페이지에 설치되어 있는 것을 볼 수 있었다. 그런 다음 캔디 크러시Candy Crush, 앵그리 버드Angry Brids 같은 게임이 들어 있는 폴더를 찾았다. 시어터 키드는 이 옛날 게임들을 삭제하지는 않았지만 게임을 하지는 않았다. 아이가 시작 화면을 옆으로 넘길 때 나는 내 게임을 찾았다. 아이는 전날 설치한 이후로 그 앱을 열지 않았다. 왜 열지 않지? 그 아이가 앱을 열게 하려면 뭘 해야 할까? 그 게임을 하면 5분이 후딱 지나간다고 생각할까? 그 게임보다 클래시 오브 클랜을 더 좋아할까? 그렇다면, 혹은 그렇지 않다면 이유가 뭘까? 때때로 나의 테스트 캐릭터들은 대단히 비판적이다. 나는 거기서 정말 많은 도움을 받았다. 시어터 키드가 자신이 클래시 오브 클랜을 선택한 이유는 그게 쉬는 시간에 하기에 더 쉬워서라고 말한다면 나는 이렇게 물을 것이다. "하지만 왜 그게 더 쉽다고 생각하지? 좀 더 자세히 얘기해줘."

며칠간, 이 같은 상상의 대화를 한 후에 나는 이름을 지을 때가 되었다고 생각했다. 내 사진 게임이 친구들에게 사진을 보내는 친구들을 기반으로 만들어진 이래, 내가 처음 떠올린 이름은 '사진과 친구들Pics and Friends'이었다. 나는 그 이름이 꽤 마음에 들어서 나의 테스트 캐릭터들의 관점에서 그 이름을 몇 시간 검토해봤다. 그들이 서로 그 작명을 두고 서로 대화를 나누는 모습을 상상하기까지 했다.

그런 다음 그 이름을 어떻게 생각하는지 상상이 아닌 진짜 친구들과 신뢰할 만한 몇몇 어른들에게 물어봤다. 이를테면 내가 좋아하는 수전 선생님에게. 선생님은 아이패드 프로그램을 담당하고 있었고, 대다수 어른보다 훨씬 멋지고 테크놀로지에 대해 더 많이 알았다. 어느 날 나는 그녀가 교사 휴게실에서 나오는 모습을 보고, 그럴 필요가 있을까 싶게 재빨리 그녀에게 달려가 소리쳤다. "안녕하세요, 선생님! 제가 막 작업을 끝낸 새 게임의 이름을 지었어요!"

선생님은 깜짝 놀랐는지 움찔하며 돌아서서 말했다. "아, 안녕. 멋지구나, 마이클. 이름을 뭐라고 지었어?"

나는 선생님과 나란히 걸으며 불쑥 내뱉었다. "사진과 친구들이요!"

그녀는 계속 걸으며 그 이름에 대해 잠시 생각했다. 나는 그녀가 피드백을 주기를 바라며 초조하게 웃고 있었다. 그녀가 마침내 말했다. "음, 다른 걸 생각해보는 게 좋을 것 같아." 아이고.

나는 나 자신을 더 채찍질했다. 그리고 일주일 후 4스냅스4snaps라는 이름이 떠올랐다. 나는 '느낌 좋은데'라고 생각했다. 사실 그 이름이 아주 마음에 들어서 로고를 하나 디자인했다. 그러고 나서 구체화하기 위해 나 자신을 밀어붙였다. '좋아, 게임은 분명 4개의 사진을 이용할 거야.' 나는 나 자신에게 말했다. '4개의 사진을 찍은 다음 그 사진들을 친구들에게 보내는 거야. 그렇게 하자.'

나는 이제 온라인 멀티플레이어 스마트폰 게임을 만들 준비가 되었다.

그때까지 모든 나의 클럽 펭귄 관련 앱들은 로컬 장치에서 싱글 플레이어가 이용하도록 만들어져 있었다. 나는 서로 다른 두 이용자 사이에서 행동을 조율하고 공유한 사진을 저장하려면 4스냅스가 인터넷에 연결되어야 한다는 것을 깨달았다. 나는 나의 좋은 친구인 구글에 그렇게 하려면 어떻게 해야 하는지 물었고, 내 폰 밖에서 기능하는 서버에 정보를 저장해야 한다는 것을 알게 되었다. 지금이야 너무나 당연한 소리로 들릴 테지만 당시 나에게 그것은 신의 계시나 다름없었다.

어떻게 서버를 구축하지? 나는 궁금했다. 확실히 서버를 살 돈은 없었다. 그게 어떻게 생겼는지조차 몰랐다. 나는 곧 상당히 새로운 호스팅 서비스가 있다는 것을 알게 되었다. 작은 스타트업이 만든 그 호스팅 서비스는 한 달에 약 100달러를 이용료로 부과했다. 내가 직접 서버를 만질 필요가 없었다. 오로지 내 코드를 쓰는 데만 신경 쓰면 되었다. 백엔드 서비스가 나를 위해 데이터를 처리할 것이다. 데이터를 저장하고 로딩하고 분석하고 검색하고 정렬하는 등의 일을 다 알아서 할 것이다. 간단히 말해, 내 게임을 만드는 것 말고는 그것이 모든 일을 처리할 것이다. 나는 파스Parse라는 서비스 회사와 일하기로 했다. 웹사이트가 이뻤기 때문이다. (나는 열여섯 살이었다. 그때 내 마음은 그런 식으로 움직였다.)

천천히 나는 나의 첫 온라인 멀티플레이어 게임을 만드는 법을 배었다. 플레이어들 사이를 오가는 게임이라는 환상을 만들어내는 백엔드 디자인을 찾고 만드는 데 넉 달을 보낸 후 친구들과 그 게임을 테스트하기 시작했다. 여동생이 게임이 마음에 든다고 말했을 때, 어쩌면 게임이 흥행할 수도 있겠다는 믿음이 생기기 시작했다. 그 게임으로 돈을 벌 수 있도록 확실히 해둘 필요가 있었다. 그래서 앱 스토어에 게임을 제출할 준비를 할 때 인터페이스 안에 몇 개의 광고 배너를 집어넣었다.

엄마는 한 달 두 달 시간이 지날 때마다 점점 더 회의적으로 되었다. "내년에는 대학에 지원할 수 있을 거야, 그리고 우리는 정말 열심히 일하고 있어," 엄마가 말했다. "왜 무료 게임을 만드는 거니? 아무 효과도 없으면 어쩌려고?"

나는 엄마를 달래기 위해 최선을 다했다. 일단 게임이 인기를 얻으면 광고가 들어오고 플레이어들이 더 많은 낱말을 열고 힌트를 얻기 위해 업그레이드 버전을 구매하게 되면서 돈을 벌 수 있을 거라고 설명했다. 엄마는 믿지 못하겠다는 눈치였지만, 내 앱에 관한 한 늘 그랬듯이 엄마는 결국 나를 믿는 쪽으로 생각을 바꾸었다. 달리 어떻게 할 수 있었겠는가?

2013년 5월에 4스냅스의 마무리 작업을 하고 있을 때 미국의 스페인어 방송사인 유니비전Univision 뉴스 제작팀이 전화를 걸어왔다. 세 명의 기자로 이루어진 팀과 통화를 마칠 즈음, 우리는 모두 내가 작업하고 있는 것에 대한 다큐멘터리를 찍는 데 합의했다.

그들은 7월에 우리 집을 찾았다. 내가 마침 리뷰를 위해 앱스토어에 앱을 제출하려던 시기였다. 나는 몇 달 전 은행에 우리 집을 빼앗기고 새로 얻은 작은 타운하우스의 주방 조리대 바 스툴에 앉았다. 거기가 나의 새로운 '사무실'이었다. 나는 엄마에게 내 오래된 앱으로 얻은 수입에서 쓰고 남은 돈 대부분을 1층 바닥은 하얀 대리석 타일로, 2층 바닥은 검은색 원목으로 바꾸는 데 쓰자고 했다. 내가 의도한 대로 일이 돌아가지는 않지만 나는 여전히 부모님이 자립할 수 있다는 생각을 가지도록 그들이 모든 것을 잃었다는 상실감을 느끼지 않기를 바랐다. 나는 엄마가 우리가 나고 자란 집을 잃으며 느꼈을 고통을 헤아릴 수 없었다. 그 엄청난 타격이 있고 나서, 나는 엄마를 기운 나게 할 만한 일이라면 뭐든지 하려 했다.

"마이클, 앱스토어에 새 앱을 제출하고 나니 기분이 어때요?" 프로듀서인 마르셀로가 물었다. 그들은 내가 완전한 문장으로 대답하도록 답변하기 전에 어떤 질문을 할지 미리 반복해서 알려주었다.

미소를 지으며 말을 꺼내려는데 두 개의 밝은 빛 때문에 눈이 부셨다.

"마르셀로를 봐요, 카메라 말고." 카메라맨인 로키가 중간에 끼어들었다. 나는 로키에게 고개를 끄덕인 후 마르셀로를 바라보았다. "제가 만든 새 앱인 4스냅스를 앱스토어에 막 제출했어요. 그래서 안심이 돼요! 지금은… 자고 싶어요!"

모두가 빙그레 웃었다. 그때 마르셀로가 진지한 표정을 지었다. "4스냅스로 번 돈으로 계속 가족을 부양할 생각인가요?"

또 돈 문제가 등장했다. 나는 땀으로 젖은 손바닥을 바지에 대고 문지르며 대답을 회피하려 했다. 실내에서는 그날 했던 모든 작업이 일으킨 열을 식히느라 내 노트북이 돌아가는 소리만 들렸다.

마르셀로는 내가 대답하기를 주저한다는 걸 눈치채고 "이 일에 관해 솔직한 게 중요해요"라고 친절한 목소리로 말하며, 고개를 돌려 그의 뒤로 몇 피트 떨어져 서 있던 아빠와 엄마를 돌아보았다. "두 분 모두 동의하시죠?"

부모님은 안색이 변했다. 그때 엄마는 눈을 내리 깐 상태에서 고개를 한 번 끄덕였다. 마르셀로는 내게 몸을 돌려 질문을 반복했다.

나는 심호흡을 한 후 말했다. "네, 가족을 계속 도울 수 있도록 앱이 잘 되었으면 좋겠어요!" 내 말은 진심이었을까? 확실하게 말할 수 있는 것은 엄마가 우는 모습을 더 이상 보고 싶지 않다는 것이었다.

"멋지군요," 마르셀로가 말했다. "그런 막중한 책임을 진 채로 사교 생활을 할 시간이 있어요?"

나는 바보같이 웃었다. "별로요."

그리고 그것은 거짓말이었다.

밖은 아름답고 따뜻한 밤이었다. 나는 다른 현실을 생각했다. 현실을 즐기며 이웃 아이들과 거리에서 농구를 하는.

아니다. 다른 아이들과 오프라인에서 어울린 지 너무 오래 시간이 흘렀고, 내 유일한 친구인 루카스는 내 앱에 우선순위에서 밀린 데 지친 나머지 나에게서 떠나갔다. 다른 아이들이 사교 활동을 위해 소셜미디어를 어떻게 이용하는지 분석하는 데는 능숙해졌지만, 내가 누군가와 사교 활동을 한 지는 한참이 지났다. 단지 다른 사람들 주변에 있는 것이 어떤 느낌인지 경험하기 위해 때때로 여동생과 그녀의 친구들 가까이서 내 노트북으로 작업할 때를 빼면 말이다. 게다가 지칠 대로 지쳐 있던 나는 몇 달 만에 처음으로 마음이 놓였다. 친구와 학교, 이 모든 것에 물렸다. 그래서 기말시험 대부분을 망친다면? 좋은 대학에 입학하는 것, 아니 어떤 대학이든 들어가는 것은 중요해 보이지 않았다. 나는 앱으로 더 성공할 수 있을 것 같았다. 특히 지금 나는 전에는 볼 수 있으리라고 생각도 못한 이정표를 막 지나고 있었다. 나 자신의 게임을 순전히 내 힘으로 발명하고 만들어낸 것이다. 이제 애플이 승인했다는 소식을 기다리는 것 말고는 달리 할 일이 없었다.

앱은 만들었는데

여름 방학이 끝나가고 있었다. 4스냅스가 마침내 앱스토어에서 판매 승인을 받았을 때 나는 고등학교의 마지막 학년을 시작할 참이었다. 여름 독서 과제는 시작도 못했고 교복도 사지 않았다. 하지만 상관없었다. 마음속에는 더 큰 것이 자리하고 있었다.

나는 전에 만든 앱을 홍보하는 데 거의 신경을 쓰지 않았다. 하지만 전에는 돈을 벌기 위해 지금처럼 필사적이지도 않았다. 어떤 회사에 4스냅스를 판다는 내 목표를 달성하려면, 앱은 대단해야 할 뿐만 아니라 화제를 불러일으켜야 했다. 지금까지는 애플이 승인하면 바로 앱스토어에 앱을 출시했다. 하지만 이번에는 앱을 출시하기 전에 사람들에게 광고할 필요가 있다고 느꼈다. 그래서 나는 몇 주 동안 출시일을 설정하고 애플과 테크 관련 뉴스에 대한 나의 집착 때문에 팔로우하게 된 기술 분야 기자들의 목록을 작성하기 시작했다.

여전히 온라인으로 모든 애플 이벤트를 보았고, 스포츠 팬이 좋아하는 팀에 가지게 될 법한 그런 열광적인 관심을 가지고 아이폰 출시와 소프트웨어 업데이트를 지켜보았다. 학교에 있는 내 아이패드의 북마크 탭은 실리콘밸리에서 나오는 최근 가십이나 뉴스를 매일 보도하는 테크 블로그들로 가득 차 있었고, 나는 매일 아침 그 블로그들을 확인하는 것으로 하루를 시작했다. 이제 나는 내가 팔로우하는 테크 블로그 각각의 소개 섹션을 클릭했다. 거기에서 이메일 주소를 찾아 복사해 내 목록에 붙여넣었다. 블로거들 각각은 다음과 같은 문장으로 시작하는 같은 메일을 받았다. "안녕하세요! 저는 열여섯 살이고, 4스냅스라는 앱을 만들었어요⋯." 나는 블로거들의 주의를 끄는 데 도움이 되기를 바라며 내 나이를 강조했다. 나는 첫날 약 100개의 이메일을 보냈다. 그러고 나서 답장이 오기를 기다렸다.

하지만 몇 시간이 지나도 아무런 반응이 없었다. 나는 부엌 조리대 겸 책상에 앉아 낡은 냉장고가 내는 윙윙거리는 거친 소리를 무시하려 애썼다. 냉장고는 고장 나 있었지만, 내가 앱으로 번 돈도 거의 다 써서 수리할 여유가 없었다. 나는 이런 상황이 싫었고, 우리의 미래가 이렇게 되도록 내버려둘 생각이 없었다. 어떻게 하면 기자로부터 회신을 받을 수 있을까? 나는 다시 내 컴퓨터를 들여다보며 내 의견을 더 솔깃하게 만들기 위해 내가 할 수 있는 모든 것을 써 내려가기 시작했다. 나는 아직 출시하지 않은 4스냅스 카피와 게임 스크린샷을 첨부해 두 번째 이메일을 보내기로 했다. 몇 시간 후 나는 다시 내 연락처 목록을 뿌렸다.

쏟아질 관심에 마음의 준비를 하면서 앞서 작업할 시간이 부족했던 몇 가지 버그(작동하지 않을 가능성이 있는 코드의 부분들)를 손보는 데 힘을 쏟았다. 밖은 해가 지고 있었고, 어두워지는 방 안에서 컴퓨터 스크린만이 빛을 발하고 있었다. 간절한 마음으로 몇 분마다 이메일을 새로고침했지만, 그날 답변을 보내준 이는 아무도 없었다. 아무 일도 일어나지 않았다.

자정이 지나 새벽 한 시쯤 되자 가족은 잠자리에 들었지만 나는 여전히 생각을 짜내기 위해 초조하게 부엌을 내내 서성거렸다. 내가 뭘 했든 간에 내 하찮은 이메일이 테크 블로거들의 관심을 얻기에는 뭔가 부족하다는 것을 나는 깨달았다. 대기업에서 출시하는 앱은 예고편을 포함했다. 나에게는 바로 그것이 필요했다. 4스냅스를 위한 예고편 말이다! 예고편을 어떻게 만드는지 전혀 몰랐지만, 누군가에게 돈을 주고 만들면 된다는 생각은 떠오르지 않았다. 그렇게 한다고 하더라도, 프로에게 맡길 금전적인 여유가 전혀 없었다.

다음 날, 여동생에게 친구들을 집으로 불러달라고 부탁했다. 그리고 동네 전자제품 판매점에서 카메라 한 대를 빌려, 온 동네를 돌아다니며 여동생 친구들이 내가 만든 게임을 하며 이야기하는 모습을 찍었다. 찍은 영상을 컴퓨터에서 아이무비로 편집한 후 유튜브에 올린 다음 내가 온라인에서 찾은 50개쯤 되는 주소에 링크를 보냈다. 그때 운이 좋았다. 규모가 작고 상대적으로 알려지지 않은 두 곳의 웹사이트 기자들이 질문을 추가해 메일을 보내왔다. 나는 혼잣말을 했다. 없는 것보다야 낫지.

공식 출시까지 3일밖에 남지 않은 상황에서 준비 중인 4스냅스에 관한 기사는 두 개뿐이었다. 충분하지 않았다. 시간이 남아 있는 한 계속 이메일을 보내고, 트윗을 올리고, 기자와 접촉할 필요가 있었다. 머릿속으로 계속 다음과 같은 말을 반복해 떠올렸다. '2주일 있으면 개학이고, 그러면 앱을 홍보할 시간이 없을 거야.' 할 시간은 지금밖에 없었다.

나는 파스 웹사이트를 뒤져 그 회사 디자이너의 이메일 주소를 찾아 재빨리 메일을 써 보냈다.

내가 정신없이 다른 기술 전문 기자에게 이메일을 쓰고 있을 때 아빠가 아래층으로 내려와 슬픈 표정으로 나를 바라보더니 다시 침실로 되돌아갔다. 나는 어제 입고 있던 옷을 그대로 입고 있었다. 지난해 내내, 부모님은 내 몸무게가 90킬로그램까지 불어나는 모습을 지켜봤다. 거울을 들여다보기가 싫을 정도였다. 하지만 4스냅스를 작업하는 동안에는 말 그대로 코끼리처럼 불어난 내 몸에 대해 생각할 겨를이 없었다. 그해 여름 언젠가부터 부모님은 내게 씻으라고, 쉬라고, 잘 먹으라고 잔소리하기를 그쳤다. 기이한 일이었다. 여러 해 동안 부모님이 나를 귀찮게 하지 않기를 바라왔건만, 막상 그런 상황이 닥치자 슬픈 감정이 밀려드는 것을 참을 수 없었다. 잔소리하기를 포기했다는 것이 나를 포기했다는 것을 의미하지는 않는지 궁금했다.

누군가로부터, 누구에게든 소식이 오기를 초조하게 기다리면서 나는 트윗을 올렸다. "친구들과 못 놀아. 4스냅스 작업을 끝내야 해."

잠시 후 여름 내내 소식을 듣지 못했던 반 친구로부터 문자가 왔다.

"어이, AP 컴퓨터 과학 수업, 수강하고 있는 거야?"

"AP 컴퓨터 과학 수업이라니?" 나는 답장을 보냈다. 학교에 여러 해 동안 수업을 들을 수 있게 해달라고 애원했지만, 학교 측은 그런 내 제의에 전혀 관심을 보이지 않던 터였다.

"연말에 학교 측에서 그 수업을 추가했잖아? 이메일 안 봤어?"

학교에서 보낸 이메일 하나를 열어볼 생각도 하지 않고 있었는데, 처음으로 나는 그렇게 한 것을 후회했다. 등록이 마감되었을까? 수강 인원이 꽉 찼으면 어쩌지? 나는 이 수업을 들어야 했다. 서둘러 4스냅스 작명을 피드백해주었던 학교 아이패드 관리자인 수전 선생님에게 이메일을 보냈다. 그녀는 학교 선생님 중에서 이것이 내게 얼마나 중요한지 이해하는 유일한 사람이었다. 내 생각에 선생님은 내 세대, 내 시기에 컴퓨터 과학이 얼마나 중요한지 이해하는 듯한 학교에서 몇 안 되는 사람 중 한 명이었다.

선생님은 수강 관리자의 주소를 보내주었고, 나는 재빨리 내 심리학 수업을 컴퓨터 과학으로 바꿔달라는 편지를 써 보냈다. 심리학에는 그다지 관심이 없었고, 필요할 거라는 생각도 들지 않았다. 얼마나 잘못 생각했던가. 하지만 나중에야 그 사실을 알게 될 터였다.

2013년 8월 7일 오후 11시, 나는 심호흡을 하고 나서 4스냅스를 앱스토어에서 182개국에 출시해 공개했다. 그러고 나서 나는 아이스박스 케이크 — 하얀 당의로 덮여 있고 퍼지 줄무늬가 있는, 크림을 채운 노란색 탄수화물 폭탄 — 몇 개를 동시에 입 안에 밀어 넣으며 자축했다.

그제야 이런 생각이 들었다. 4스냅스 데이터베이스에 겨우 10단어 옵션을 넣었다는 것을 말이다.

4스냅스의 목적은 무작위로 주어진 세 개의 단어에서 4장의 사진을 찍기 위해 단어 하나를 고르는 것이다. 그런데 단어가 겨우 10개밖에 없었다! 나는 이미 이 앱을 사용할 수 있게 출시했다. 되돌릴 방법은 없었다. 서둘러 행동을 취해 사람들이 그 앱을 내려받기 전에 수작업으로 더 많은 단어를 집어넣어야 했다.

오전 2시쯤, 나는 1,000개의 새로운 단어를 찾아내어 내 앱을 호스팅하기 위해 사용하고 있던 백엔드 서비스인 파스에 업로드했다. 그때쯤에 그 게임에 관해 글을 쓸 거라고 확신했던 테크 블로그 중 하나가 긍정적인 기사를 게시했다. 앱스토어 차트를 확인했다. 내 첫 앱이 2010년 앱 조회 상위 7위에 올랐던 사실을 나는 생생하게 기억하고 있었다. 이제 화면을 스크롤해 탑텐, 100위, 200위까지 보았다. 하지만 4스냅스는 어디에도 없었다. 나는 스크롤을 계속하고 나서야 4스냅스가 무료 단어 게임 카테고리에서 1,078위에 올라 있는 것을 볼 수 있었다.

새벽 3시에 나는 텅 빈 맥도널드 튀김 용기와 아이스박스 케이크 포장지로 지저분해진 부엌을 뒤로 하고 침대로 가기 위해 계단을 천천히 올랐다. 침대에 누워 폰에서 마지막으로 한 번 더 새로고침을 해서 앱스토어 차트를 보았다. 4스냅스는 무료 단어 게임 순위에서 876위에 올라 있었다. 나는 그제야 잠이 들었다.

몇 시간 후 불현듯 잠에서 깨어 폰을 쥐고 차트를 확인했다. 4스냅스는 여전히 800대 후반 등수에 고착되어 있었다. 나는 아침 식사로 아이스박스 케이크를 조금 더 먹은 다음 출시되자마자 나온 4스냅스에 관한 두 번째 기사를 읽었다. 그들은 내 이름이나 나이를 언급하지 않고 단지 게임에 대해서만 말하고 있었다. 나는 항상 사람들이 단지 내가 어리기 때문에 내가 만든 것에 주목한다고 생각했다. 다시 말해 내가 미디어의 주목을 받고 라틴아메리카로 초청받아 떠난 여행 등은 모두 내가 조숙한 아이였기 때문이라고 생각했다. 하지만 이 리뷰는 내 게임을 다른 사람들이 만든 것과 다르지 않게 취급했다. 좋은 징조였다.

나는 그날 아침 트위터를 하면서, 과장된 이야기로 시류에 편승한다며 이전에 나를 무시했던 기자들을 설득하려 했다. 예상했던 대로 별다른 효과가 없었다. 몇몇 기자는 내가 아주 성가신 사람이라도 되는 양 나를 차단했다.

오후 1시경, 4스냅스는 무료 단어 게임에서 157위에 올랐다. 나는 순위가 계속해서 올라가도록 더 많은 일을 해야 했다. 나는 엄마에게 문자를 보냈다.

나: 남은 돈이 얼마나 있죠?

엄마: 600달러.

나: 그게 다예요?

엄마: 마이너스 계좌에 20달러가 더 있어.

지난 3년 동안 내가 만든 앱으로 15만 달러를 벌었는데, 이게 우리가 처해 있는 현실이었다. 페이스북에 그 게임을 광고하는 데 150달러를 썼다. 효과가 있으면, 전부를 걸어 승부하고 부모님의 연체된 청구서는 나중에 고민해도 된다고 생각했다.

　　하지만 광고는 아무런 효과가 없었다. 겨우 스무 명 남짓의 사람들이 광고를 클릭했다. 광고를 할 만한 가치가 없었다. 엄마는 내 은행 계좌에 겨우 450달러가 남아 있다고 말했다. 엄마가 지금 무슨 말을 하는 건지 나는 정확히 알았다. "어쩌면 좋지? 네 앱은 실패했고, 우린 갈 곳이 없어. 우린 빈털터리가 될 거야! 이제 어쩌면 좋아?" 전형적으로 후렴처럼 반복되는 이 같은 말을 들으면 항상 초조해졌다. 한 번의 앱스토어 결제로 우리가 노숙자가 될 신세를 벗게 된다면? 450달러가 근근이 먹고 살아가는 나중의 삶과 꾸준히 받게 되는 수표 사이를 가른다면?

　　페이스북 광고 프로그램 화면에 시선을 고정하고 있던 바로 그때, 엄마가 치아 교정 전문의와 진료 예약이 되어 있다며 내게 다시 문자를 보내왔다. 여동생과 나는 둘 다 몇 년째 치아 교정기를 하고 있었고, 매달 교정 치료를 받기 위해 의무적으로 교정 전문의를 만나러 갔다. 나는 매달 이렇게 진료를 받는 것이 너무나 싫었다. 엄마가 동물병원에 데려가려는 것을 눈치챌 때마다 오줌을 지리는 우리 집 개들과 다르지 않았다. 하지만 치아 교정기를 끼지 않은 내 모습을 빨리 보고 싶었기에 나는 군말 없이 치과에 갔다. 치아 교정기를 떼는 날 다시 나 자신에 관심을 가질 거라고 다짐하면서. 나는 체중을 뺄 것이다. 나의 앱만이 아니라 나 자신을 위해 노력할 것이다.

차 안에서 여동생은 뒷좌석의 내 옆에 앉아 인스타그램을 스크롤했다. 어깨 너머로 곁눈질하다가 나는 인스타그램에는 (아직) 광고가 없다는 사실을 알아차렸다. 마리아나에게 뭘 보고 있냐고 묻자 그녀는 이렇게 말했다. "내가 팔로우하는 계정들인데, 늘 이 앱들에 대한 포스팅이 올라와. 아주 짜증 나."

동생에게 가까이 다가가 몸을 기대며 말했다. "잠깐 봐도 돼?" 여동생이 팔로우하는 한 계정은 모두 신발에 관한 것이었다.

"그 계정 팔로워가 얼마나 돼?"

"400만 명이야."

"헉, 정말 많네."

"응, 다양한 계정을 팔로우해. 핑크색 물건만 잔뜩 올라와 있는 계정도 있어. 또 어떤 계정에서는 개에 관해서만 다루고."

"자기소개에 들어가면 이메일 주소가 있을까?"

동생은 자기 폰을 유심히 들여다보았다. "응, 있네. 어떻게 알았어?"

질문을 무시하고, 동생에게 성가신 "광고"를 포스팅하고 있는 계정 몇 개를 클릭해달라고 부탁했다. 그런 다음에 계정 자기소개에서 발견한 이메일 주소를 포워딩하게 했다.

우리가 치과에 도착했을 무렵, 나는 마지막 남은 내 돈을 어떻게 써야 할지 근심을 떨쳐버린 상태였다. 대기실에서, 나는 동생이 찾은 계정의 주인들에게 이메일을 보냈다. (오늘날에는 이들을 인플루언서라고 부른다) "안녕하세요, 저는 4스냅스라는 새로운 앱의 개발자예요. 귀 계정에 광고를 하고 싶어요. 얼마를 드리면 될까요?"

진료를 받으며 내 이가 조여지고 찔리는 내내, 호주머니에 들어 있던 내 폰이 쉴 새 없이 윙윙거렸다. 집으로 돌아와, 노트북에서 이메일을 열었다. 나는 광고주들의 엄청난 지하 네트워크를 발견했다. 한 메일에는 이렇게 적혀 있었다. "안녕하세요, 이번 달에 우리는 '굉장한 8월' 특가 상품을 제공하고 있습니다. 게시글 4개에 70달러. 게시글 8개에 120달러(일주일에 두 번). 게시글은 적어도 두 달 동안 우리 계정에 게시됩니다. 우리가 보유한 15만 8천 명이 넘는 팔로워들이 귀하의 페이지와 제품을 좋아하게 될 겁니다."

나는 이 계정들의 대다수가 짜증을 불러일으키는 앱에 관한 게시글로 여동생을 폭발하게 만들고 있음을 알았다. 여동생이 나의 게시글로 똑같은 경험을 하게 되기를 바라지 않았다. 그래서 생각했다. '어떻게 하면 더 잘 만들 수 있을까?' 나는 각 계정과 관련성이 있는 광고를 제작하기로 했다. 신발에 관한 모든 것을 다루는 계정을 위해 그 인스타그램에서 신발 사진 4개를 찾아 4스냅스 로고를 덧붙이며 나는 이렇게 썼다. "이것을 위한 단어를 추측할 수 있나요?" 광고는 엄청난 호응을 얻었고, 그 결과 1,000개가 넘는 4스냅스 계정이 생겨났다.

나는 갑자기 우주로 로켓을 타고 날아가는 듯한 기분을 느꼈다. 그건 여러 달 동안 고생한 끝에 성공한 자만이 누릴 수 있는 황홀감이었다. 내 주위에 상황이 어떻게 돌아가고 있는지 아는 사람이 아무도 없다는 사실조차 내가 그러한 감정을 느끼는 것을 방해할 수 없었다.

출시 후 며칠 동안, 4스냅스의 차트 순위는 계속 올라갔다. 인스타그램 홍보에 돈을 쓴 덕분이었다. 게임 사용자는 2천 명에 이르렀다. 24시간도 안 되는 사이에 두 배로 증가한 것이다. 나는 거기서 멈출 수 없었다. 그래서 엄마에게 부탁해 어디서든 300달러를 융통해달라고 했다. 어디서 구했는지 모르지만, 엄마는 돈을 융통해 내 계좌에 예치했다. 곧바로 나는 그 돈으로 더 많은 인스타그램 광고를 했다.

지금 이 글을 쓰면서, 나는 관심이 있을지도 모르는 신출내기 앱 개발자에게 현재 광고 현황을 제공하여 돕고 싶은 마음을 참을 수 없다. 4스냅스를 출시하던 때를 되돌아보면, 당시에 페이스북 광고는 꽤 있었지만, 인스타그램에 스폰서가 있는 게시글은 없었다. 그래서 나는 인플루언서들을 직접 찾아가 내 앱에 관한 게시글에 얼마를 내면 되는지 물었다.(그 수치는 극적으로 증가했다. 당시에 내가 80달러를 낸 광고를 올리기 위해 오늘날에는 1천 달러에서 1백만 달러의 비용이 들 수 있다.)

변하지 않은 것이 있다. 그것은 바로 인플루언서의 유료 포스트가 사용자의 경험을 방해해서는 안 된다는 점이다. 포스트는 사용자들이 원하는 것과 관련되어야 한다. 그리고 사람들이 참여하게 해서 그것을 언급하게 하거나 공유하게 해야 한다. 대상이 분명한 광고는 항상 내게 좋은 결과를 가져다주었다.

페이스북 광고 플랫폼은 내가 활용하던 모호한 인플루언서 시장과는 완전히 다르게 작동하는 명확한 서비스다. 광고를 아주 잘하지 않으면 사람들이 좋아하지도, 공유하지도, 많이 클릭하지도 않는 다는 것을 의미한다. 그러면 페이스북은 돈을 받지 않는다. 다만 사람들에게 그 광고가 보이지 않게 한다. 페이스북은 사람들이 실제로 좋아하고 상호작용하는 광고만 노출하길 원한다. 그래서 정확한 타깃의 사람들에게 가능한 한 직접적으로 말하도록 광고를 만들어야 한다.

나는 광고로 앱을 차트 정상에 올려놓을 수 있느냐는 질문을 많이 받는다. 답은 '그렇다'이다. 하지만 일시적으로만 그렇다. 나는 대규모 광고 캠페인에 있는 대로 돈을 많이 쓰는 것을 추천하지 않는다. 그보다 그 수가 적더라도 핵심 타깃의 관심을 끄는 데서 시작하라. 핵심 카테고리에 들어오고, 틈새시장에 적합한 청중 말이다. 일단 이들과 성공적으로 연결되고 나면 인접 시장이 눈에 들어오기 시작할 것이다. 이 이용자들은 정확한 광고 타깃이 아닐 수 있지만, 앱을 조금 변경하고 몇 가지 새로운 특징을 더하면 아마도 그들을 포함할 만큼 확장할 수 있다. 그리고 일단 '그' 시장을 장악했다면, 거기서부터 계속해서 범위를 확장해나갈 수 있다. 계속 더 많은 청중에게 다가갈 수 있도록 범위를 확장함으로써, 처음 출발할 때와는 전혀 다른 결과물을 얻어낼 수 있다. 그러면 만사가 풀린다! 초기 팬이 누구인지 늘 기억하고 그들에게 말하고 그들을 포함하려고 노력한다면, 제품은 얼리 어답터들에게 계속해서 사랑받을 것이다. 그리고 그들의 수는 100만 명이 넘을 수도 있다!

한 주가 몹시 느리게 흘러가는 동안 내 앱은 무료 단어 게임 카테고리에서 계속 순위가 상승해 157위에서 50위로 바뀌었다. 무료 앱이었기 때문에 이 앱이 이 지점에서 돈을 벌어주는 것은 아니었지만, 나는 올바른 길로 가고 있다는 것을 알았다.

그리고 머지않아 4스냅스와 관련해 사건들이 일어나기 시작했다. 내가 고등학교 3학년이 되고 나서 첫 주에 4스냅스는 앱스토어에서 단어 게임 1위가 되었다. 그리고 내 인생에 엄청난 영향을 미치는 일이 그때 일어났다. 하지만 당시에는 그게 얼마나 의미 있는 사건인지 몰랐다. 나는 파스의 한 여성으로부터 메일을 한 통 받았다. 그녀는 내가 어떻게 앱을 만들게 되었고 그 서비스가 내 삶에 어떤 영향을 미쳤는지 설명하는 2분짜리 비디오를 만들 의향이 있냐고 내게 물었다.

"그럼요!" 나는 곧바로 답장을 보냈다.

나는 절대 4스냅스에 관해 이야기할 기회를 마다할 사람이 아니었다. 그리고 이 기회는 특히 더 흥분되는 일이었다. 파스가 최근에 페이스북에 인수되었기 때문이었다. 흥분으로 등골이 오싹해졌다. 페이스북은 내 또래 세대에게 별로 인기가 없었는지 모르지만 나는 페이스북을 무척 좋아했다. 나는 과거를 추억하는 아이였다. 특히 내 인생에서 가장 중요한 사건들을 타임라인에 올려 보여주는 것을 좋아했다. 2011년 페이스북이 타임라인을 출시한 날, 나는 우리 집 창고로 가서 아빠의 오래된 SD 카드에서 어린 시절의 마리아나와 나의 오래된 사진을 찾아내어 나의 첫 디지털 추억록을 만들기 시작했다.

파스에서 요청을 받은 바로 그날 밤, 나는 내 비디오를 녹화했다. 나는 파란색과 녹색 격자무늬가 있는 파자마를 입고 있었고, 얼추 다섯 사람이 그 비디오를 본 것 같다. 엄청난 사건은 그게 아니었다.

엄청난 사건이란 누군가가 마크 저커버그에게 내 비디오를 보여줬다는 것이었다. 나중에 내가 알게 되지만, 매주 저커버그는 직원들을 대상으로 강연했고, 때때로 강연을 마치면서 페이스북 제품 중 하나에 관해 열변을 토하는 고객의 비디오를 보여주곤 했다. 몇 달 전 파스는 페이스북에 인수되었고, 이번에는 파스가 등장할 차례였다. 나중에 알게 된 일이지만, 그래서 저커버그는 비디오 속에서 파자마를 입은 내 모습을 페이스북 전체에 스트리밍으로 보여주었다. 멘로파크와 오스틴, 댈러스, 시애틀, 런던, 그리고 전 세계의 페이스북 직원 모두가 내가 내 앱에 관해 말하는 모습을 보았다. 나는 나중에 파스 CEO인 일리야 수카르에게 들어 알았다. 그때 저커버그는 비디오가 플레이되는 동안 그에게 몸을 돌려 이렇게 말했다. "이 아이를 고용해야 할 것 같아요."

7

페루에서 생긴 일

저커버그가 내 파자마 비디오를 본 지 일주일이 지났을 즈음, 나는 미적분 예비 수업을 듣고 있었다. 좀처럼 수업에 집중하지 못하고 있을 때 페이스북에서 내게 인턴십에 지원해보라는 메일이 왔다. 그로부터 몇 분 후 두 번째 이메일이 도착했다. "마크 저커버그가 당신을 만나고 싶어 하네요. 그러니 되도록 빨리 와주면 좋겠어요." 선생님의 목소리가 점점 더 희미하게 들렸다. 현실이 아닌 것 같았다. 나는 꿈을 꾸고 있는 건 아닌지 확인하려고 이마를 책상에 쿵 찧었다. 꿈이 아니었다.

"무슨 일이야?" 내 옆줄에 앉은 아이가 연필로 내 어깨를 쿡 찌르면서 목소리를 낮춰 말했다. 나는 말없이 몸을 돌려 그 아이에게 내 아이패드를 건넸다. 내 이메일을 살펴보더니 그가 자리에서 일어나 불쑥 이렇게 소리쳤다. "마크 저커버그가 마이클을 채용하고 싶데요!" 급우들이 놀라 웅성거리기 시작했다. 선생님이 우리 자리로 와 아이패드를 낚아챘다. "조용히 해!" 선생님은 화난 목소리로 쏘아붙였다.

나는 내 자리에서 움츠러들었다. 나머지 수업 시간 동안, 나는 자리에 앉아 식은땀을 흘리며 생각했다. '답장해야 해! 그들에게 알았다고 빨리 말해야 해, 안 그러면 내가 바람맞혔다고 생각할 거야!' 수업이 끝나자마자 나는 초조하게 아이패드를 돌려받은 후 교실을 후다닥 빠져나왔다. 내 성적이 그런 것처럼 내 태도는 상급 학년에서 갈수록 나빠지고 있었다. 내 미래를 걱정하지 않아서 그런 것은 아니었다. 나는 단지 좋은 점수를 받아 대학에 가는 게 내 미래와 거의 아무런 관련이 없다고 느끼고 있었다.

"네, 좋아요!" 나는 교실 밖 복도에서 페이스북에 답장을 써 보냈다. 마리아나의 친구들은 학교를 졸업하면 스타트업을 경영해야 한다고 내게 늘 말했지만, 나는 무엇보다 안정을 원했다. 우리 집에 전기가 끊어지고, 식료품이 떨어지고, 식당을 빼앗길 참이라고 경종을 울려 대던 엄마와 수년간 산 끝에, 나는 더 이상 위험을 감수하고 싶지 않았다. 그래서, 나는 내 스타트업을 가지는 것에 조금도 관심이 없었다. 나는 월급을 주는 대기업에서 일하길 원했다. 무슨 일이 있어도 나는 괜찮을 거라는 자신감을 느끼길 원했다.

10월이 되자 두 개의 엄청난 뉴스가 나를 기다리고 있었다. 첫째, 나는 페이스북 인턴이 되었다! 둘째, 어느 테크 콘퍼런스 연사로 페루에 초청받았다. 여름이면 나의 대가족과 페루에서 지내며 자랐지만, 이번 여행은 달랐다. 이건 진짜 비즈니스 여행이었다. 나는 주최 측에 강연료는 주지 않아도 된다고 말했지만, 그들은 나와 엄마의 항공료를 부담했다.

여행은 라틴아메리카에서 4스냅스에 대한 관심을 고조시킬 절호의 기회였다. 이번 여행을 미국에서 그랬듯이 그곳에서 내 앱을 성공시키는 데 이용하기로 했다. 우리는 전체 무료 카테고리에서 100위를 기록하고 십만 명이 넘는 사용자를 가지게 될 터였다. 4스냅스가 무료 앱이고 돈을 전혀 벌게 해주지는 못할지라도, 그 앱을 대단히 인기 있게 만들면 대기업이 수백만 달러를 지불하고 그것을 살 거라는 희망을 나는 여전히 품고 있었다.

일과 관련한 여행에는 늘 엄마가 동행했다. 머무는 동안 일정을 관리하고 식사와 잠자리를 챙기는 데 엄마의 도움이 필요하기도 했지만, 이런 여행은 엄마와 내가 함께 시간을 보내며 관계를 개선할 좋은 기회이기도 했다. 이번 여행에는 정말로 엄마가 필요했다. 그 나라에서 보낸 3일 동안 일정은 오전 여섯 시부터 밤 열 시까지 30분 단위로 완벽하게 짜여 있었다.

내가 여전히 엄마의 도움이 필요했던 동안, 엄마 또한 여전히 나에게 기대었다. 나는 부모님이 내 돈을 쓰는 것에 관해 내 입장을 드러내려는 시도를 거의 멈췄다. 그럴 때마다 너무나 큰 혼란이 초래되었기에, 그럴 만한 가치가 없다고 생각했다. 하지만 엄마가 내 돈을 쓰고 있는 것에 점점 더 신경을 쓰게 되었다. 매주 애플이 예전에 내가 만든 앱에서 발생한 얼마 안 되는 돈을 예치할 때마다, 나는 어떤 연체 청구서를 먼저 낼지 정하기 위해 엄마와 같이 앉아 있으려고 했다. 엄마는 보통 자기는 너무 바쁘니까 내가 그 일을 해야 한다고 말했다. 물론 지금 돌이켜 생각해보면, 아이가 돈 문제를 두고 부모와 싸우는 이런 상황이 얼마나 부조리한지 모르지 않는다. 그러나 그 당시엔 고통스럽긴 해도 그게 정상적인 대화처럼 보였다.

비행기가 리마의 건물들 옥상 위를 나르며 착륙을 준비하고 있을 때, 엄마는 내 팔을 살짝 건드리며 내게 스페인어로 말했다. "마이클, 식당을 다시 칠해야 해. 몇천 달러가 들 거야. 하지만 아빠와 나는 그럴 만한 가치가 있다고 생각해. 네 생각은 어때?"

나는 이맛살을 찌푸렸다. 이미 나는 식당에서 매달 4천 달러를 까먹고 있다는 것을 알고 있었다. 직원들 월급을 주고 운영비를 대기에 내 돈으로 부족해지자, 신용카드로 그 비용을 대고 있었다. 어떻게 계산해봐도 식당 엘 폴론을 유지하는 것은 적절한 일로 보이지 않았다. "칠을 다시 한다고 달라질 게 있어요?" 나는 말했다.

엄마는 자기 폰을 내 손에 쥐여주며 말했다. "보라고! 우린 이렇게 할 거야." 엄마 친구가 레스토랑에 칠을 한 것처럼 포토샵 이미지를 만들어준 것이었다. "식당이 좀 더 모던해 보일 거야." 엄마는 이렇게 주장했다. "그러면 사람들이 오고 싶을 거야."

절로 한숨이 나왔다. 경기 침체로 참담한 손실을 보고 나서도, 부모님은 여전히 그들이 젊은 이민자로서 사랑에 빠진 아메리칸드림이 아무런 보장이 없다는 현실을 직시하기를 거부했다. 아버지는 성공한 비디오와 사운드 편집자가 되겠다는 야심이 아주 열심히 일하기만 하면 실현될 거라고 확신했다. 아빠는 사실 이를 너무나 확신한 나머지 가족이 바라던 일을 하는 대신 미국으로 와서 자신이 좋아하는 일을 하기 위해 가족의 재정 지원을 포기하기까지 했다. 그럴 기회가 생겼을 때, 아빠는 엄마와 자기 사업을 한다는 당신의 꿈을 좇아 또 자기 경력을 버렸다. 그리고 몇 년 동안, 식당이 잘 되었을 때 부모님은 라틴아메리카에서 자라던 어린 시절에 미국의 TV쇼에서 보았던 좋은 삶을 몸소 경험했다. 하지만 그 삶, 그들이 성취한 방식은 지속될 수 없었고, 절대 시속되지 않을 터였다. 왜 부모님은 현실을 직시하지 못할까?

"모르겠어요"라고 말하며 나는 내 결심을 지키려 했다. "엄마와 아빠는 진작에 식당 문을 닫고 다른 일을 찾아야 했어요." 엄마의 눈을 바라보며 엄마와 아빠가 시작한 사업을 접어야 한다고 말하는 것은 끔찍한 일이었다. 하지만 그 식당은 금전적 손실이 너무나 컸고, 페인트칠을 다시 한다고 해서 달라질 거라는 생각은 들지 않았다.

나에 관한 다큐멘터리에 넣을 장면을 얻기 위해 지역 유니비전 팀을 포함해 몇 명의 촬영팀이 비행기에서 내리고 있는 우리를 필름에 담았다. 라틴아메리카 언론 매체들은 내가 열세 살 때 CNN과 인터뷰를 한 이래로 줄곧 내 동정을 기사화했고, 그 결과 나는 그곳에서 꽤 유명인사였다. 수줍음을 많이 타는 삼촌 키케와 사촌 아리아나와 어색하게 포옹을 나눈 후, 일단의 호기심 어린 구경꾼들이 눈에 들어왔다.

앱을 홍보한 경험이 3년이 넘은 엄마와 나는 프로가 다 되어 있었다. 우리는 우리 역할을 완전히 이해했다. 나는 애플의 행복한 천재 소년이었고, 엄마는 그런 나를 자랑스러워하고 지지해주는 부모였다. 나를 보기 위해 찾아온 팬에게 미소 짓지 않거나 감사 인사를 하지 않으면 옆에서 엄마가 내 옆구리를 찔렀다. 엄마는 다른 사람들이 우리를 어떻게 생각하는지 늘 관심을 기울였다. 우리가 탄탄한 중산층이라는 이미지를 유지하는 일에는 특히 더 신경 썼다. 우리는 내가 어떻게 가족의 생계를 돕고 있는지에 관한 인터뷰를 여전히 마다하지 않았다. 아마도 그건 언론이 가장 좋아하는 내 이야기의 일부였다. 하지만 상황이 이렇게 나빠지도록 내버려두어서는 안 되었다. 우리가 우리 집을 잃었을 때조차, 부모님은 사람들이 이 사실을 알게 되기를 원하지 않았고, 늘 유니비전 사람들 앞에서 돈 문제로 다투지 않도록 신경 썼다. 돈 문제를 둘러싼 싸움은 아침 시간이나 차 안에 우리끼리만 있을 때로 미뤄졌다.

공항에서 인사를 나눈 후에, 엄마와 나는 한 밴에 재빨리 올라탔다. 사람들이 보고 싶어 하는 것을 보여줄 시간이었다. 실리콘밸리에서 성공한 남아메리카 아이, 성공한 사람의 모습 말이다.

삼십 분 후, 유니비전 취재팀과 「디데이」라는 쇼에서 나온 카메라맨 한 명, 내 일정을 관리해줄 매니저 두 명과 함께 어느 아담한 세비체(페루 사람들이 즐겨 먹는 해산물 샐러드 — 옮긴이) 식당에 도착했다. 그곳에 다른 사람은 아무도 없었다. 우리를 위해 식당 문을 닫은 건가?

누군가 내게 요리사들이 입는 상의를 입혔다. 뭘 해야 할지, 뭐라고 말해야 할지, 누구에게 말해야 하는지, 또 무슨 일이 일어날지 몰랐다. 요리사 한 명이 등장했다. 나는 다시 미소 짓기 시작했다. 여섯 명의 서버가 나타나 요리사 뒤에 일렬로 섰다. 그는 스페인어로 말했다. "이제 우리가 당신이 세비체를 준비하도록 도와줄 겁니다! 아주 멋진 일이 될 거예요!"

"잠깐만요! 뭐라고요?" 나는 당황하며 말했다. 우리는 페루에 착륙한 이래 영어는 단 한마디도 쓰지 않았다. "세비체를 준비하라고요?"

"당연하죠!" 그 요리사는 우렁찬 목소리로 말했다. 그가 내 등짝을 치며 말했다. "이 일이 마음에 들 거예요!

그들은 이상한 각도로 나를 찍고 있었다. 나는 아주 뚱뚱해 보였지만 어쩔 수 없었다. 그저 웃을 따름이었다. 얼굴에서 미소를 잃지 않는 한 이 난관을 헤쳐 나갈 수 있을 터였다. 요리사가 깍둑썰기한 날 생선과 토마토가 담긴 그릇을 건넨 다음 말했다. "잘 섞어요." 나는 3초 동안 휘저었고, 요리사는 어찌할 바를 몰랐다. "최고예요! 축하해요! 당신의 세비체를 만들었어요! 아주 멋지네요!"

어떤 사람이 내게 진짜 메달로 만든 상과 하드커버 요리책 한 권을 건넸다. 서버들이 박수를 쳤다. 엄마는 고개를 끄덕이며 미소 지었다. 하지만 엄마가 속으로는 웃고 있지 않다는 것을 알았다. 엄마는 지쳐 있었고 마이애미의 식당이 어떻게 돌아가고 있는지 걱정하고 있었지만, 또 지금 여기서 나를 돌봐주고 있었다.

이제 요리사가 말을 이어갔다. 애플 천재 소년 어쩌고 하는 얘기다. 나는 나 자신을 천재라고 생각하지 않았다. 어쩌다 앱을 만들게 된운 좋은 아이라고 생각했다. 그리고 지금 나는 3초 만에 세비체를 만들었다. 그들은 내가 뭔가 한마디 해주기를 바라는 눈치였다. 그래서 이렇게 말했다. "이 놀라운 음식을 만들 수 있게 해주셔서 정말 고맙습니다. 아주 맛있네요! 믿기지 않을 정도예요! 너무 뿌듯해서 엄마와 세비체 만드는 법을 꼭 배워야겠어요. 집에서 만들어볼게요. 아마 끔찍한 결과물이 나오겠지만, 그래도 최선을 다할 거예요!"

일정 담당자 중 한 명이 말했다. "좋아요, 시간이 다 됐습니다. 다음 장소로 이동하시죠." 우리는 세비체를 먹어보지도 못했다. 모든 음식을 그 자리에 그대로 두고 나왔다. 우리는 음식에 손도 대보지 못했고, 나는 배가 고팠다.

우리는 한 경기장으로 끌려가 어떤 조각상을 보며 감탄해야 했다. 다시 나는 우리가 어디에 있는지, 무엇을 하려는지 전혀 알지 못했다. 그 조각상 뒤 멀찍이서 키케 삼촌과 사촌 아리아나가 나타났다. 승합차 안에서 잠이 들어 꿈을 꾸고 있는 게 아닌가 싶었다. "어디서 오는 길이에요?" 우리가 공항에서 이미 그날 작별 인사를 했다고 생각했기 때문이었다. 알고 보니 「디데이」 프로그램이 우리가 도시를 둘러보는 보충 장면을 원해서 그런 것이었다. 그들은 내가 페루의 친척들과 같이 있는 모습을 찍고 싶어 했다. 우리는 걷고 또 걸었고, 우리의 앞과 뒤에서 카메라들이 얼굴이 빨개진 삼촌과 엄마, 내 작은 사촌과 나를 그냥 산책 중인 것처럼 찍었다.

우리는 저녁 식사를 하러 갔다. 전에 만나본 적도 없지만 서로 관련이 있을 것으로 추정되는 사람들 수십 명과 함께하는 가족 만찬이었다. 나는 정말 누구에게도 자유롭게 말할 수 없었다. 나는 지나치리만큼 낙관적인 사람이 되어야 했다. 한 번도 먹어보지 못한 음식을 먹으며 스트레스를 받았지만, 맛있게 먹는 표정을 지어야 했다.

그다음에 우리는 심야 토크쇼에 출연했다. 하라니까 할 뿐이었다. 어서 끝나길 바라며 그저 버틸 뿐이었다.

아침에 우리는 삼촌 집에서 콘퍼런스에 가기 위해 차량에 올라탔다. 수백 명의 학생이 사방이 건물로 둘러싸인 사각형 안뜰에서 나를 맞이하기 위해 모여 있었다. 나는 따라다니는 카메라와 함께 학교 총장을 만나 학교를 잠시 둘러보았다. 엄마는 이제 내게 미소 지으라고 팔꿈치로 내 옆구리를 찌를 필요가 없었다. 미소가 너무 단단히 붙어 아플 지경이었다.

내 연설은 아무리 좋게 봐주려고 해도 평범한 수준이었다. 비행기 안에서 쓰겠다는 생각 말고 미리 무슨 말을 할지 써놓았어야 했다. 나는 앱스토어의 현재 상황과 거기서 어떻게 돈을 벌 수 있었는지를 이야기했다. 너무나 빤한 내용이었다. 실리콘밸리에서 이런 식으로 연설했다가는 조롱받으며 쫓겨나기 딱 좋았다. 사람들은 이렇게 말할 것이다. "얘기에 알맹이가 없네요. 그 정도는 구글에서도 찾아볼 수 있다고요." 하지만 놀랍게도 여기에 모인 사람들은 모두 다음과 같은 반응을 보였다. "와, 정말 너무 고마워요." 그들은 내가 마땅히 받아야 할 것보다 훨씬 더 감사하며 훨씬 더 자애롭게 대했다. 연설을 마치자마자 학생들이 밀려들어 나를 감싸며 이런 질문을 했다. "이 프로그램을 어디서 다운받을 수 있어요?", "어떻게 하면 당신처럼 할 수 있나요?" 그들의 호기심은 믿기지 않을 정도였다. 나는 그들 중 다수가 원활한 와이파이 접속은 고사하고 집에 컴퓨터 한 대조차 없다는 사실을 알고 있었다.

삼촌 집으로 돌아온 나는 2층에 있는 돌아가신 할머니 침실로 비틀거리며 올라갔다. 엄마와 나는 그 방에서 자고 있었다. 할머니와 할아버지 사진이 사방에 붙어 있었고, 페루 문화의 관례대로 침대 머리맡 나무판에는 수호천사가 새겨져 있었다. 거의 모든 침실에 침대 머리맡 위로 천사들이 있었다. 물론 마이애미의 내 침실에도 있었다. 방 전체가 가족사진으로 도배되어 있었다. 흑백 사진도 있고 컬러 사진도 있었는데, 어떤 사진은 누렇게 색이 바래 있었다. 여동생과 나의 아기 때 사진도 집안 곳곳에 흩뿌려져 있었다. 사진이 모든 사이드 테이블 위에 놓여 있었고, 통로의 벽 곳곳에 붙어 있었다. 마치 이 집이 우리 소유가 아닌가 싶을 정도였다. 나는 기진맥진한 상태로 침대에 쓰러졌다. 엄마는 TV를 켠 다음 뉴스 채널로 돌렸다. 세 개의 다른 뉴스 채널이 내 모습을 비추고 있었다. "봐, 이것 좀 보라고, 네가 여기 나오고 있어! 봐! 사람들이 네 얘기를 하고 있어! 마이클! 마이클! 이것 좀 봐!"

베개로 머리를 덮었다. 어떤 자극도 받아들일 수 없게. 온종일, 아니 실제로 지난 몇 년 동안 나는 외향적인 사람인 척을 해왔다. 하지만 이러한 관심 모두가, 이 사람들 모두가 나를 완전히 지치게 했다. 나는 그저 자고 싶었다.

집으로 돌아가 페이스북을 확인하고 나서야 페루로 떠났던 나의 여행이 내 삶을 얼마나 바꾸어놓았는지 깨닫게 되었다. 스페인어권 국가 아이들만이 아니라 인도, 프랑스, 그리고 전 세계 방방곡곡에 사는 아이들이 보낸 메시지가 내 계정으로 물밀듯이 밀려들었다. 대부분은 라틴아메리카 아이들이었다. 그들은 내게 자신의 가족 이야기를 들려주며, 자기들과 유산을 공유한 누군가가 테크 산업에서 자기만의 방식으로 성공했다는 것을 알게 되어 너무나 자랑스럽다고 말했다. 그들은 내가 뚱뚱하든 말든 상관없이 나를 선망했다.

수백 개의 메시지가 왔다는 알림을 스크롤하면서, 나는 페루의 한 중년 여성이 보낸 것으로 보이는 메시지를 선택했다. 거기에는 이렇게 쓰여 있었다.

안녕, '애플 천재 소년'!

지난밤에 「디데이」 프로그램에서 너를 보게 되었어. 나는 페루 리마 미라플로레스에서 두 딸과 함께 살아. 두 딸은 모두 네가 나오는 방송을 보기 위해 방에 있었던 게 분명해. 넌 천재야! …너는 내게 더 강하게 앞으로 밀고 나가라고 자극을 주었어. 내 딸들에게도 마찬가지야. 딸아이 하나는 아파. 우리는 그아이가 빨리 낫기를 바라며 기도하고 있어. 그 아이는 네가 한 것처럼 언젠가 앱을 만들고 싶다고 했어. 행운이 함께하길 빌게. 마이클, 네가 어디서 왔는지 그 뿌리를 절대로 잊지 마. 신의 가호가 있기를.

당신 같으면 이 같은 메일에 뭐라고 답장하겠는가? 나는 되풀이해서 시도했지만, 농담 같은 말은 그녀에게 써 보낼 수 없었다. 내가 유창하게 말했으면 하고 바랐다. 의미 있는 말을 하기를 바랐다. 내가 찾은 최선의 답은 이랬다.

친절한 말씀에 감사드려요. 따님들께 다음과 같은 메시지를 전해주시길 부탁드려요.

세계는 더 많은 라틴계 여자 컴퓨터 프로그래머를 원합니다! 그리고 성공한 앱을 만들고 엔지니어로 성장하기 위해 천재일 필요는 없어요. 사람들이 어리석게도 그런 별명을 제게 붙이긴 했지만, 저는 절대로 천재가 아니에요. 하지만 성공하기 위해 당신이 반드시 갖춰야 할 자질이 있습니다. 무엇보다 집요해야 해요. 다른 사람들이 미쳤다고 말할 정도로 자기 자신을 믿어야 합니다. 빠른 인터넷과 훌륭한 기술이 있는 마이애미에 살기에 당신보다 제가 더 성공하기 쉬웠던 것 같습니다. 하지만 결단을 내린다면, 당신은 성공할 겁니다. 저는 정말로 그렇게 생각해요. 그리고 저는 당신을 믿어요! 당신을 사랑하는 마이클이.

마크 저커버그와의 만남

페루에서 돌아온 후, 모든 게 변했다. 4스냅스는 미국에서만 사용자가 거의 100만 명에 달했고, 몇몇 규모가 큰 회사들이 4스냅스를 사는 데 관심을 보였다. 여행을 다녀온 지 2주 후, 나는 마크 저커버그의 요청에 따라 그를 만나기 위해 엄마와 캘리포니아로 날아갔다. 엄마는 페루에 있는 가족들과 사진을 공유하기 위해 페이스북 계정을 가지고 있었으면서도 정작 그가 누군지는 몰랐다. 저커버그를 만나기 며칠 전, 엄마는 서둘러 구글에서 저커버그의 이름을 검색해봤다. 엄마가 주목한 유일한 세부 사항은 그가 아빠처럼 유대인이라는 사실이었다.

공항에서 우버를 타고 페이스북 캠퍼스로 직행했다. 그곳에서 에밀리라는 채용 담당자와 두 명의 인턴 코디네이터를 만났다.

멘로파크 안의 페이스북 캠퍼스로 걸어 들어가는데 마치 내가 세상에서 가장 좋아하는 장소인 디즈니월드에 들어가는 기분이 들었다. 형형색색의 건물들과 농구코트, 온갖 종류의 음식을 갖춘 식당이 있었다. 충전지, 케이블, 헤드폰, 키보드로 채워진 자판기도 있었다. 직원에게는 이 모두가 무료로 제공되었다. 개인 트레이너가 있는 체육관이 있었는데, 이곳에서는 춤과 요가, 에어로빅 등을 무료로 배울 수 있었다. 최신 헤어스타일을 제공하는 이발소와 미용실, 근무 중에 언제라도 진료받을 수 있는 캠퍼스 상주 의사와 치과 의사, 그리고 균형 잡힌 식단을 찾는 데 도움을 주는 영양사도 있었다. 모든 건물의 모든 층에는 다양한 커피머신, 우유와 치즈, 물, 소다수로 채워진 냉장고, 세 가지 종류의 팝콘 등 온갖 종류의 스낵을 갖춘 미니 주방이 있었다. 직원들은 캠퍼스 안의 자전거 가게에서 무기한으로 원하는 자전거를 빌려 탈 수 있었는데, 물론 무료였다. 세탁할 일이 있으면, 캠퍼스 안에 산재해 있는 세탁 바구니에 넣기만 하면 세탁되어 곱게 접힌 옷이 당신의 책상 위에 놓여 있게 될 것이다.

엄마와 나는 입을 다물 수 없을 정도로 놀랐다. 엄마는 "말도 안 돼, 말도 안 돼"라는 말만 연발했다. 엄마는 영어를 그다지 잘하지 못해서 가이드에게 도저히 믿기 힘들다는 뜻을 전달하는 데 애를 먹고 있었다. "아들에게 자기 침대는 자기가 정리하고 자기 빨래는 자기가 하라고 하는데, 손가락 하나 까딱 안 해요."

가이드는 그저 웃을 뿐이었다. 에밀리는 "우리는 직원들이 행복해야 일을 더 열심히 한다고 믿어요"라고 말하며 선글라스를 쓰고 지나가던 두 여성과 하이 파이브를 했다.

우리가 캠퍼스 안을 돌아다니는 동안 그녀가 누군가와 하이 파이브를 한 게 벌써 열 번은 되어 보였기에 나는 결국 왜 그러는 거냐고 묻지 않을 수 없었다. 에밀리는 우리가 서 있던 중정의 중앙에 있는 거대한 LCD 스크린을 가리켰다. "#하이 파이브 프라이데이 HighFiveFriday"라고 쓰인 네온 문자가 가로질러 지나갔다. 오!

"여기 취직하고 싶어요." 나는 엄마에게 귓속말로 소곤거렸다. 페이스북에 관련된 뉴스라면 늘 찾아봐서 "빠르게 움직여 현상을 파괴하라Move fast and break things"라는 회사 문화에 관하여 얼마간 알고 있었지만, 그날에야 비로소 그게 뭘 의미하는지 알게 되었다. 행복의 빛이 비쳤다! 이곳이 확실히 내가 있어야 할 곳이었다.

마크 저커버그를 만날 생각을 하니 긴장이 되어 종일 뱃속이 울렁거렸다. 마침내 캠퍼스가 거의 텅 비었다. 금요일이었고, 사람들은 주말을 즐기러 일찍 떠난 게 분명했다. 에밀리가 폰으로 메시지를 받았다. 그녀는 "자, 여러분"이라고 말하며 앞서 걸어갔다. "시간이 됐어요."

엄마와 나는 그녀 뒤를 쫓아 우뚝 솟아 있는 유리 건물 안으로 들어갔다. 벽 하나 없이 탁 트인 공간이었다. "준비됐어?" 엄마가 스페인어로 속삭였다. "그에게 뭐라고 말할 생각이야?"

"아니요, 그냥 생각나는 대로 말할 거예요." 짐짓 아무렇지도 않다는 듯이 속삭이며 대꾸했다. 왜 아무런 준비를 안 했지? 뭐라고 말할 셈이야?

엄마는 "아이고, 하느님 맙소사"라고 말하며 가슴에 성호를 그었다.

모퉁이를 돌자 세상에서 가장 부유한 사람 중 한 명인 마크 저커버그가 청바지와 스니커즈, 티셔츠 차림으로 탁 트인 마룻바닥에 놓인 하얀 책상에 앉아 있었다. 우리를 보자 그가 자리에서 일어섰다. "안녕, 마이클." 그가 말했다. 손을 꽉 쥐며 악수할 때 그의 손은 차가웠다. 얼음을 만진 것 같았다. 그곳은 전체적으로 너무 추웠다. (컴퓨터가 과열되지 않게 하려고 그런 걸까?) 사실 그래서 그 순간에 식은땀을 흘리는 벽돌처럼 굳어 있지 않을 수 있었다. 머릿속으로 이런 생각만 들었다. '세상에, 마크 저커버그야! 그가 내 이름을 알고 있어!' 저커버그는 거의 나만큼이나 불편해하는 것 같았다.

"안으로 들어가서 얘기하자." 그가 말했다.

"네, 좋아요, 그래요!" 나는 이렇게 쏟아내듯이 말하며 그를 따라 어항처럼 투명 유리로 된 회의실로 들어갔다.

그는 자리에 앉자마자 이케아 제품처럼 보이는 거대한 베이지색 탁자에 놓여 있던 축구공을 집어 들었다. 의자를 뒤로 기울이고 공을 튀기며 "자리에 앉아"라고 마크가 말했다.

나는 자리에 앉아 어리둥절한 큰 강아지처럼 다음 명령이 떨어지기를 기다렸다.

마크는 스니커즈를 신은 발을 탁자 위에 올려놓았다. "왜 4스냅스를 만들었어?" 그가 물었다.

세상에서 가장 쉬운 질문이었지만 아무 생각도 나지 않았다. '백만장자가 탁자 위에 발을 올려놓다니 믿을 수가 없어!' 많은 라틴 가정에서는 절대로 해서는 안 되는 행동이었기 때문에 당혹스러웠다. 나는 나 자신에게 말했다. '집중해, 마이클. 너는 지금 미팅 중이야. 일을 엉망으로 만들지 마. 질문에 대답만 해. 아주 빤한 질문이야! 이런 질문은 늘 받아왔잖아. 늘 하던 대로만 하면 돼. 그리고 침착해. 저커버그는 아주 침착하잖아. 저 사람처럼 하라고!' 내 마음이 정신없이 돌아가는 동안, 저커버그는 기대에 가득 찬 듯이 나를 바라보며 내 답변을 기다렸다. 마침내 나는 간신히 이렇게 설명했다. 4스냅스 아이디어는 내 여동생과 동생 친구들이 문자로 그룹 채팅을 하면서 사진을 주거니 받거니 하는 걸 보면서 떠올랐다고. 그리고 이렇게 덧붙였다. "저는 사람들이 어떻게 서로 의사를 주고받으며 노는지 관찰하고, 그런 다음에 그들이 이미 좋아하는 걸 하기 위해 새로운 방식을 개발하는 걸 좋아해요." 이어서 이렇게도 말했다. "저는 정말 전적으로 독창적인 아이디어 같은 게 있다고는 생각하지 않아요. 그저 이미 존재하는 것을 새롭게 조합하는 거죠."

마크는 다리를 회의 탁자에서 내리더니 다리 사이로 볼을 튀겼다. "좋아." 그가 말했다. 내가 바보처럼 보인다는 것을 이렇게 말하는 걸까? 아니면 내가 정말로 가치 있는 뭔가를 말했다고 생각하는 걸까? 무표정한 얼굴을 하고 있어서 더 말하기가 불가능했다. 나는 꾹 입을 다문 채 다음 질문을 기다리며 저커버그 뒤로 바닥에서 천장까지 이어진 유리창 너머를 바라보았다. 밖으로 초목이 무성한 안뜰이 있었고, 거대한 원통형 기둥 몇 개가 부서져 있었다. 나는 생각했다. '이런, 누군가 차를 건물에 들이받은 게 틀림없어.'

저커버그는 다음과 같은 말로 내가 속으로 떠드는 것을 중단시켰다. "프로그래밍을 직업적으로 하고 싶은 이유가 뭐지?"

뭔가 현명하게 말해야 했다. 나는 말했다. "저는 일하고 싶지 않아요. 단지 즐기고 싶을 뿐이에요." 저커버그는 아주 살짝 눈살을 찌푸렸다.

'오 안 돼, 안 돼, 안 돼. 왜 그렇게 말한 거지?' 그건 내가 수없이 많은 인터뷰에서 반복해서 했던 말이었다. 어떤 질문에 어떤 대답을 할지 내 머릿속에는 이미 다 정리되어 있었다. 그래서 그동안 수없이 우려먹은 "단지 즐기고 싶을 뿐이에요"라는 표현이 별생각 없이 바로 튀어나왔다. 이제 저커버그는 내가 게으르다고 생각할 터였다. 상황이 좋지 않았다. 정말 좋지 않았다.

나는 좀 더 명확하게 하려 했다. "그러니까 제 말은 제가 코딩을 좋아하고, 코딩이 재미있고, 그래서 일할 필요가 없는 것과 마찬가지라는 뜻이에요."

그 말이 좀 도움이 된 것 같았다. 그는 고개를 끄덕이며 탁자 위에서 공을 다시 한번 튕겼다. "비디오 게임 같은 거 좋아하니?"

"아니요, 게임 할 시간이 없어요. 단지 만드는 걸 좋아해요." 또 실수한 것 같았다. 신경이 너무 날카로워져서 나는 자동 기계처럼 말을 내뱉고 있었다. 나는 있는 그대로의 나 자신을 드러낼 기회를 잃고 있었다. 기회가 너무나 빨리 지나가 사라지고 있었다. 나머지 미팅 시간에 무슨 말을 했는지도 잘 기억나지 않았다. 순식간에 15분이 지났고, 그렇게 미팅은 끝났다.

저커버그는 엄마가 기다리고 있던 곳으로 나를 데려갔다. 그가 엄마에게 가서 악수하며 말했다. "영리한 아이예요."

바로 그 순간 엄마는 왜 그랬는지 이유를 알 수 없었지만 이렇게 말했다. "알다시피 제 아들도 유대인이에요."

내 인생 내내, 엄마는 내가 가톨릭이라고 주장하며 내 종교를 두고 아빠와 다퉜다. 하지만 저커버그를 위해 엄마는 자신의 종교를 간단히 배신했다. 나는 손으로 얼굴을 가렸다. 쥐구멍에라도 숨고 싶은 심정이었다.

하지만 저커버그는 웃고 있었고, '엄마들이 다 그렇지 뭐'라고 말하는 듯한 표정으로 나를 바라봤다.

엄마는 거기서 그치지 않았다. 엄마는 굉장히 쑥스러워하며 이렇게 말했다. "뭐 하나 더 여쭤봐도 돼요?" 우리는 모두 거기 그렇게 서서 엄마가 무슨 말을 하려는지 기다리고 있었다. 나는 그 순간이 내 인생의 그 어떤 순간보다 길게 느껴졌다. 엄마는 그 매혹적인 억만장자를 향해 손을 뻗었지만 입이 떨어지지 않는 듯했다.

"어디 보자," 저커버그가 마침내 이런 상황에 대응했다. "사진을 찍자는 말씀이시죠?"

"맞아요, 부탁드려요!" 엄마가 말했다.

"이런, 엄마가 너무 당황하고 있네요." 나는 중얼거렸다. 나는 검은색 티셔츠에 나의 뚱뚱한 몸을 꽤 우아하게 가려준다고 믿고 있던 보라색 샌프란시스코 자이언츠 후디를 입고 있었다. 하지만 엄마는 그 대신에 내가 방금 선물 가게에서 산 페이스북 후디를 입었으면 했다. 이 모든 게 단지 꿈이기를.

"웃어요!" 엄마가 말했다. '제발 빨리 끝내요.' 나는 붉어진 통통한

볼에 억지웃음을 지으며 간절히 바랐다.

여전히 엄마는 끝낼 태세가 아니었다.

"이제," 초조하게 웃으며 엄마가 말했다. "한 번만 더 저와 찍어도 되죠?"

저커버그는 이 모든 상황에 인내심을 발휘하고 있었지만, 나는 채용 담당자인 에밀리가 저커버그의 시간을 낭비하고 있는 것에 무척 초조해하고 있다는 걸 알았다. "좋아요, 이걸 마지막으로 끝내는 거예요!" 그녀가 딱딱거렸다. 엄마는 그녀에게 폰을 건네주었고, 그녀는 저커버그를 측면에 두고 우리 둘 중 한 명을 사진에 담았다. 그러고 나서 로비 밖으로 끌려 나가다시피 해서 손을 흔드는 에밀리의 배웅을 받았다. 아마 그녀는 술을 마시던지 뜨거운 욕조에 몸을 담그던지 어떤 식으로든 스트레스를 풀어야 할 것 같았다. 하지만 그날이 그렇게 끝났다는 사실에 그녀가 나보다 더 안도감을 느낄 수는 없었다.

굿바이, 벨렌

큰 그림으로 보면 내 앱이 대학보다 더 중요하다고 최근 몇 달 동안 생각해왔으면서도, 마음 한구석에는 여전히 대학에 진학해 진짜 컴퓨터 과학자들에게서 컴퓨터 과학을 배우고 싶다는 생각이 있었다. 나는 결국 벨렌이 제공한 그 새로운 과정에 들어갔지만, 내가 모바일 앱 개발을 하며 알게 된 것보다 아는 게 더 적은 선생님이 우리를 가르쳤다. 내가 수업에서 얻은 것이라고는 기껏해야 혼자서 시행착오를 거쳐 도달한 많은 개념에 이름이 있다는 정도였다. 이를테면 4스냅스를 개발하기 위해 세심히 계획을 세울 때 내가 만든 복잡한 시각표가 간트 차트라고 불린다는 것을 그제야 알게 되었다.

아무튼 이제 결단을 내려야 할 시기였다. 대학 지원은 12월 첫 주로 예정되어 있었다. 학교 성적은 좋지 않았지만, 나는 실제로 낙관하고 있었다. 학업 성취도 평가SAT와 대학 입학 학력고사ACT에서 진짜 좋은 점수를 받았기 때문이다. 그리고 대학 지원 에세이에 내 이야기를 하면서 학교 성적이 우수하지 않은 이유를 잘 설명한다면 내가 어떤 차별점을 가진 학생인지, 왜 나를 뽑아야 하는지 입학 사정관들이 이해할 거라고 판단했다. 어쨌든 어떤 대학이 전 과목 A 학점을 받았다는 사실 말고는 아무런 이력이 없는 학생을 합격시키고 단지 성적이 나쁘다는 이유로 나를 떨어뜨린다면 그들은 일을 잘못 하는 것이라고 생각했다.

첫 원서 마감일을 며칠 앞두고서, 엄마가 양손을 비틀며 내 방문 앞에 나타났다. "마이클, 대학에 입학하지 못하면 어떻게 하지?"

나는 고개를 저었다. "괜찮아요, 엄마. 저는 이미 대단한 일들을 해냈잖아요. 앱을 만들었고 번 돈으로 가족도 부양했어요. TV에 나가 인터뷰도 하고, 마크 저커버그도 만났다고요!" 나는 엄마에게 학교의 진학 상담사가 내 자신감에 동의하지 않았다는 사실은 말하지 않았다.(진학 상담사의 평가서는 미국 대학 입시에서 학교가 학생의 지원 대학에 보내는 공식 서류 중 하나로, 입시에 중대한 영향을 미친다 — 옮긴이) "네가 대학에 입학할 가능성이 아주 크지는 않아" 하고 엄마는 경고한 바 있었다.

엄마를 안심시키며, 나는 아이로서 앱을 만드는 것을 어떻게 배웠는지에 관한 에세이에 다시 집중하기 시작했다. 하지만 완성된 에세이는 내가 마음속에 그렸던 것과 다르게 전혀 감동적이지 않았다. 시간에 쫓겨 급하게 쓰는 바람에 내용이 엉망진창이었다. 또 교사 추천서라는 문제가 있었다. 너무 쑥스러운 나머지 나는 선생님들 대부분에게 추천서를 써달라고 부탁하지 못했다. 나는 겨우 통계학 선생님께 편안함을 느끼며 추천서를 써달라고 부탁드렸다. 학교에서 내가 좋아한 두 선생님 중 한 분(다른 분은 모의 국제연합 클럽을 운영하는 선생님이었다)이었던 선생님은 내게 추천서를 써주겠다고 했다. 나는 그 선생님 수업에서 D 학점을 받았지만, 그래도 선생님은 내가 성공할 거라고 생각했다. 선생님은 내 책상 앞을 지나갈 때 종종 격려의 말씀을 하시곤 했다. "아들하고 내가 며칠 전에 TV에 네가 나오는 걸 봤어. 네가 너무 자랑스러워! 네가 하는 일을 꾸준히 밀고 나가."

내가 힘을 내서 거의 400달러에 이르는 자금을 긁어모아 진학 상담사가 추천한 커뮤니티 칼리지와 동부 해안의 중위권 대학들만이 아니라 몇몇 아이비리그 대학에도 지원한 것은 얼마간 선생님이 격려해준 덕분이었다. 혼란스럽고 난해한 학자금 지원 신청이 가장 어려운 부분이었다. 언어 장벽 때문에 부모님은 나보다 더 어려워해서 결국 내가 최선을 다해 서류를 작성해 보냈다. 그런 다음 결과를 기다렸다.

3월에, 대학들이 내 형편없는 성적과는 상관없이 내가 현실 세계에서 한 일에 주목하며 서로 나를 차지하기 위해 다툴 거라는 기대는 산산이 부서졌다. 나쁜 소식들이 한꺼번에 들이닥쳤다. 불합격, 불합격, 불합격. 내가 다니는 학교 옆에 있던 지역 전문 대학과 로체스터의 한 중위권 대학만이 합격 통지서를 보냈다. 로체스터의 대학에 합격한 것도 단지 내가 4스냅스로 거둔 성과에 깊은 인상을 받은 신입생 모집 담당자를 만났기 때문이었다. 편지에는 내가 성적이 좋지 않아 어려움을 겪을 테지만 내 "이야기"가 마음에 들어 예외를 만들고 있다고 적혀 있었다. 하지만 예외가 많지는 않았다. 나는 성적 때문에 학자금 지원 자격을 얻지 못했다. 그래서 입학을 원한다면 연간 5만 달러의 등록금 전액을 내야 했다.

100퍼센트 대학 합격률을 자랑하는 벨렌에 따르면, 내가 대학 등록금을 내고 진학하는 게 최선이었다. 이 시점에 다른 아이들은 부모의 의견에 의존할 테지만 나에게는 그런 선택지가 없었다. 식당 장사가 아직 잘 되고 있었고 부모님이 재정적으로 나에게 의존하지 않던 초기에 부모님은 통제력이 있었다. 하지만 지난 몇 년간 내가 우리 가계를 책임지게 되면서, 나는 부모님께 더 이상 삶을 어떻게 살아야 할지 묻지 않게 되었다. 나의 부모는 바로 나였다. 그리고 나는 이미 답을 알았다. 나는 대학에 진학할 경제적 여유가 없었고, 학자금 대출을 받아 20년 동안 갚고 싶지도 않았다. 그건 인턴십 이후 페이스북에 채용되기 위해 내가 할 수 있는 모든 걸 해야 한다는 것을 의미했다.

하지만 아직 대학 진학을 하지 않겠다는 말을 부모님께 말할 준비가 되어 있지 않아서 로체스터 입학처에 연락해 곧 답을 주겠다고 말했다.

한편 고등학교 졸업을 일주일 앞두고 벨렌에서 부모님 앞으로 편지 한 통이 날아왔다. 그 편지를 건네는 엄마의 손은 떨리고 있었다. 편지를 훑어보면서, 나는 목과 볼이 달아오르는 걸 느꼈다. 그것은 협박 편지였다. 연체된 700달러의 수업료를 "곧바로" 내지 않으면, 졸업을 시켜줄 수 없다고 쓰여 있었다.

눈물로 시야가 흐릿해졌고, 나는 눈을 깜박거리며 재빨리 돌아섰다. 엄마 앞에서 우는 모습을 보이고 싶지 않았다. 내가 느낀 슬픔은 일순간에 분노와 거짓 무관심으로 바뀌었다. 나는 선생님과 급우, 가족을 가리지 않고 이들 모두 앞에서 가면을 썼다. 나는 내가 상처받을 수 있다는 생각을 받아들이지 않으려 했다. 감정은 어린아이를 위한 거야. 가장에게 감정은 허락되지 않아. 마치 내 머릿속에서 용광로가 타오르기라도 하는 것처럼 가슴이 답답하고 양쪽 귀 사이로 열이 오르는 느낌이 들었다.

나는 엄마를 마주보기 위해 돌아서면서 말했다. "왜 돈을 안 냈어요? 나한테 말도 안 했잖아요!"

"더 심각한 빚을 갚기 위해 그 돈이 필요했어!" 엄마가 비명을 지르듯 소리쳤다.

최근에 부모님은 마침내 엘 폴론의 문을 닫았다. 가족 비즈니스는 끝났다. 완전히 끝장이 난 것이다.

"오, 마이클, 미안해!" 엄마는 내 침대 귀퉁이에 주저앉아 머리를 싸맸다.

나는 벨렌에서 온 통지서를 구겨 쓰레기통에 던져버리며 차갑게 말했다. "좋아요, 자기들 맘대로 하라고 해요. 어차피 졸업장은 필요 없어요." 나는 내가 얼간이같이 굴고 있다는 걸 알았다. 부모님이 내 돈을 온갖 대금을 치르는 데 쓰고 있다는 것을 알았지만, 그 순간에는 엄마의 마음을 편하게 해주고 싶지 않았다.

"졸업장 따윈 필요 없어요. 바라지도 않는다고요." 나는 계속 지껄였다. "이 학교에서는 받고 싶지 않아요."

엄마는 정신이 나갔다는 듯이 나를 쳐다봤다.

"마이클, 도대체 뭐라는 거니? 필요 없다고? 그건 선택 사항이 아니야! 너는 졸업장이 필요해!" 근심으로 엄마의 이마에는 한가운데 주름이 깊게 파여 있었다.

"학교에 돈 내지 말아요." 나는 서성거리며 말했다. "우리가 심각한 곤경에 처해 있다는 걸 모른다 쳐도… 나는 그들을 증오해요!" 막을 새도 없이, 눈물이 얼굴을 타고 흘러내렸다. 너무 충격을 받아 눈물을 훔치지도 못한 채, 나는 코흘리개 같은 목소리로 말하는 소리를 들었다. "하지만 엄마는 그 돈을 냈다고 말했어요."

"마이클, 그래보겠다고 했지. 하지만 그럴 돈이 없었어." 나는 엄마가 선택의 갈림길에 서 있음을 알 수 있었다. 스스로 강해지든지 아니면 나를 그런 사람으로 만들든지 결정해야 했다.

엄마는 울기 시작했다. 엄마는 화장을 망치지 않으려고 손가락 끝으로 눈을 닦아냈다. 나는 고개를 가로저었다. 다른 가족들도 다 이런 식으로 살까? 모든 것이 늘 표면적으로는 완벽해야 했다. 엄마의 매니큐어는 잡티 하나 없이 깔끔하고, 우리 차는 왁스를 발라 환하게 빛나고, 타운하우스 앞 잔디밭은 인조 잔디처럼 고르게 다듬어져 있다. 한 꺼풀 벗기면 먼지만 풀풀 날리는데도 말이다. 엄마는 내가 대학에 진학해서 좋은 교육을 받기를 얼마나 바라는지 입이 닳도록 말했지만, 엄마 말에는 아무런 실체가 없었고 비용을 댈 계획도 없었다. 그건 내가 감당해야 할 몫이었다.

"벨렌이 너를 더 너그럽게 봐주면 좋을 텐데." 엄마가 말했다. "그들은 네가 특별하다는 걸 알아!"

나는 고개를 가로저었다. "나는 특별하지 않아요, 엄마, 도대체 뭐라고 하시는 거예요?"

"그들은 네가 페이스북 인턴십을 얻기 위해 얼마나 열심히 일했는지 알잖아!" 엄마는 주장했다. 엄마는 의자 깊숙이 몸을 구부려 넣으며 두통이 이는지 손으로 관자놀이를 문지르고 있었다.

"그래요," 나는 이제 다소 누그러진 태도로 말했다. "그게 문제예요."

방에서 걸어 나가면서, 나는 이렇게 덧붙였다. "뭘 할 수 있는지 알아볼게요. 하지만 기대는 하지 마세요." '엄마는 이해 못해.' 나는 속으로 생각했다. 나를 이러한 상황에 빠트린 엄마에게 격분했지만, 엄마를 더 낙담시키고 싶지는 않았다. 식당은 문을 닫았고, 상황을 좋게 보려고 계속 애썼던 만큼 엄마의 정신이 그와 함께 멈추어버린 듯했다. 언젠가 엄마는 예전에 누렸던 삶을 회상하기 위해 우리가 살던 집 쪽으로 차를 몰 것이다. 부모님 두 분 모두 우울증에 빠져들고 있었다. 사소한 일로 다투다가 침울한 침묵 속에 빠져드는 모습 속에서 나는 이를 알아차렸다. 며칠 전 엄마가 유니비전에서 시트콤을 보다가 흐느껴 우는 모습을 보았다. 나는 이런 모습을 차마 볼 수 없었다. 엄마의 이런 모습을 보며 나는 엄청난 충격을 받았고 가슴이 찢어질

듯이 아팠지만, 어떻게 엄마를 위로해야 할지 몰랐다. 이러한 상황을 간절히 바로잡고 싶었다. 어떻게든 말이다.

나는 그날 나를 몰아세웠던 그 학교 관계자를 영화 「어벤저스」에 나오는 무정한 캐릭터인 타노스 씨라고 부르겠다. 참으로 그는 간담이 서늘할 만큼 나를 놀라게 했기 때문이다. 그가 학생들에게 소리쳤기 때문이 아니라 정확히 그 반대였기 때문이다. 타노스 씨는 결코 목소리를 높이지도, 감정을 드러내지도 않았다. 눈물을 흘리며 졸업할 기회를 달라고 간청하는 열일곱 살짜리를 상대하면서도 말이다.

그러니까 나는 타노스 씨와 한자리에 앉아 자비를 간청하고 있었다. 나의 재정 문제로 씨름하는 것은 나중 일이었다. 먼저 나는 인턴십 인터뷰를 준비하고 남아메리카로 연설을 하기 위해 여행을 떠나 있던 동안 내가 놓친 모든 일을 벌충해야만 했다.

"제발요, 타노스 씨. 기회를 주시기만 하면 뭐든 할게요. 시험도 더 치고, 과제도 더 할게요. 뭐든지요!"

타노스 씨는 아주 작은 책상 의자 안에서 상체를 뒤로 젖히며 짙은 갈색 눈으로 나를 쏘아보며 히죽거렸다. "사람들이 TV에서 너를 뭐라고 부르지? 경이로운 앱 소년이라고 했나?"

"애플 천재 소년이요." 그 순간 나에게는 그의 말을 정정하는 것 말고는 다른 좋은 생각이 떠오르지 않았다.

"아, 맞다," 타노스 씨가 말했다. "천재 소년이었지. 여기 벨렌에서 그런 천재성을 학교 공부에 쓰지 못한 것을 창피하게 생각해라. 지금

은 좀 늦은 것 같다. 미납된 수업료를 내더라도, 수준 이하의 성적이
또 문제야. 더군다나….”

일시 정지한 듯 방 안에 정적이 흘렀다. 아무 말 없이 타노스 씨는
등을 구부려 서랍을 열어 “페이스북”이라는 라벨이 붙은 마닐라지 서
류철을 꺼냈다. 아하.

연초에 학교 교무처는 벨렌 학생 페이스북 그룹을 발견했다. 이 비
공개 페이지에 아이들은 학교 과제와 비보 같은 밈들, 그리고 학교에
대한 불평을 올려 공유했다. 우리는 반란 같은 걸 꾀한 것이 아니었
다. 그저 많은 사람이 학교에서 나쁜 리더십이라고 생각하는 것에 그
저 위로의 말을 건네는 것일 뿐이었다. 하지만 교무처 사람들은 그렇
게 생각하지 않았다. 벌로 그들은 졸업 파티를 취소했다. 특히 “파괴
적인” 의견을 게시한 아이들은 졸업식 입장이 허락되지 않을지 모른
다는 소문이 돌았다. 그렇지만 나는 지금까지 결코 당사자로 지목되
지 않고 있었다.

타노스 씨는 페이스북 그룹에서 프린트한 페이지 한 장을 건네며,
내가 쓴 글을 가리켰다. 정확히 뭐라 말했는지는 기억하지 못하지만,
아마 학교 교장이 내 앱을 좀 더 진지하게 취급해주기를 내가 얼마나
바라고 있는지에 관한 내용이었던 것 같다.

그에게 종이를 돌려줄 때 내 손은 엄마가 전날 벨렌에서 받은 편
지를 읽을 때처럼 떨렸다. 나는 침착한 목소리를 유지하려고 애썼다.
“타노스 씨, 제발요, 저는 누구도 모욕하지 않았어요! 그렇게 나쁜 일
은 아니잖아요…, 그렇죠?”

타노스 씨는 다시 레이저를 쏘듯이 나를 노려보면서, 불안하게도 차분함을 유지했다. "졸업식엔 들어가지 못할 거야," 그는 한참을 가만히 있다가 말했다. "빠진 수업을 벌충하기 위해 여름 학교에 출석해야 할 거다. 수업료도 내야 하고. 졸업장에 대해서는 그때 다시 얘기하지."

나는 그 앞에서 바로 눈물을 터뜨렸다. 몇 차례 당혹스럽게 흐느낀 후에, 소맷부리로 코를 훔치고 눈을 깜박거리며 쥐어 짜낼 수 있는 가장 용감한 목소리로 말했다. "여름 학교에는 갈 수 없어요. 마크 저커버그에게 제의를 받았어요! 페이스북에서 인턴으로 일하라고요!"

타노스 씨는 자기 의자를 밀치고 책상에서 일어났다. "마크 저커버그는 기다릴 수 있어."

그렇게, 그게 다였다. 따르지 않을 수 없는 권위 있는 명령이 내려진 것이다. 나는 곧장 집으로 가서 마크 저커버그에게 전화해 인턴십을 할 수 없게 되었다고 말했다. 여름 학교가 더 중요했다.

하하. 절대 아니야! 말하지 않아도 알겠지만 농담이다.

나는 결국 교장 선생님을 찾아가 지금 졸업하지 못하거나 아니면 영원히 졸업하지 못하더라도 졸업식에는 참석하게 해달라고 애원했다. 교장 선생님은 마지못해 졸업식 참석에는 동의해주었지만, 수업료를 내기 전까지는 졸업장을 받지 못할 거라고 못 박았다. 내게는 나쁘지 않은 제안이었다. 나는 금세 그 종이 쪼가리와 그것이 의미하는 바에 대한 염려를 떨쳐냈다.

타노스 씨와 만난 후 육중한 교문을 나서며, 벨렌의 담장을 벗어나

눈부시게 푸른 오후를 맞이하면서 모든 것이 분명해졌다. 중요한 것은 인턴십이었다. 그건 다음 단계로 넘어갈 기회였다. 그리고 엄마가 학사모와 가운을 입은 내 사진을 찍게 하는 것은 물론이고.

"마이클, 일어나! 준비해야지!" 찰칵 소리를 내며 엄마가 내 침실 창의 블라인드를 열자 강렬한 빛이 쏟아져 들어왔다. 전날 밤 내가 침대에서 등을 구부리고 컴퓨터를 보고 있는 동안 엄마는 내 교복과 가운을 세심하게 다려 내 의자에 걸쳐 놓았다.

나는 재빨리 옷을 입었고, 차에 타기도 전부터 그 합성 섬유를 통해 땀을 흘리고 있었다. 마이애미의 혐오스러운 여름날이었다. 찌는 듯이 덥다는 말이 딱 어울리는 날씨였고, 내 가족은 검은색 마츠다 SUV 밖에 서 있었다. 문을 열어두고 안전할 만큼 온도가 내려가도록 에어컨을 틀어놓은 상태였다. "으." 나는 내 예복의 칼라를 세게 잡아당기며 신음소리를 냈다. "빨리 벗어버리고 싶어요!"

내 여동생이 눈알을 굴렸다. "좀 그만 가자고요." 여동생은 나 없이 부모님하고만 사는 것을 고대하지 않았다. 내가 떠나고 나면, 엄마는 훨씬 더 많은 에너지를 여동생의 성적을 걱정하는 데 쓸 텐데, 어떻게 보더라도 그건 결코 좋은 일은 아니었다. 나를 옆으로 밀치며 마리아나는 뒷좌석에 털썩 앉고 나서 곧바로 악을 쓰며 짜증을 냈다 "아우! 안전벨트가 너무 뜨겁잖아!"

졸업식에 차를 타고 가면서, 엄마는 또 내게 졸업장은 잘 챙겼냐고 잔소리를 늘어놓았다. 사진을 찍을 때 사람들이 안에 내용물이 없다는 사실을 알아채지 못하게 잘해 놓았냐는 소리였다. 엄마는 그렇게 얘기하면서 콤팩트 거울을 보며 립스틱을 연신 발랐다. 엄마는 걱정이 많아 보였다. 아빠는 아무 말 없이 가만히 계셨지만, 백미러로 나를 흘깃 볼 때 나는 눈가의 주름을 보고 아빠가 미소 짓고 있음을 알수 있었다. 그것은 일종의 안도였다. 나는 한동안 저 잔주름들을 보지 못했다. 적어도 아빠가 식당 운영을 포기한 이후로는 말이다. 몇몇 사람들이 어제 의자와 테이블을 보기 위해 왔었다. 식당의 새로운 주인은 그냥 있는 그대로 식당을 유지하기로 했는데, 그것이 나를 더욱 우울하게 했다. 곧 식당 간판은 다른 가족의 비즈니스를 광고할 것이고, 그것을 이전 형태로 되돌리는 일은 일어나지 않을 터였다. 나는 엄마와 아빠가 무슨 일을 하기로 했는지 궁금했다. 부모님은 내가 인턴십으로 받은 봉급을 받았으면 할까? 우리는 그에 관해 얘기한 적이 없었다. 얘기하지 않았으니, 아무 일 없지 않을까? 그렇지 않을까?

졸업식에서 나는 무대를 가로지르며 엄마에게 미소를 지어 보였다. 약속에 충실하게 벨렌은 졸업장을 주지 않았고, 그 대신 졸업장이 들어 있어야 할 폴더 안에는 파란 펜으로 크게 휘갈겨 쓴 전화번호가 담긴 백지 한 장을 넣어놓았다. 나는 그게 학교 행정실 전화번호라는 걸 알았다.

나중에 급우들과 함께 사진을 찍으려고 자세를 취할 때, 나도 실제 여기에 속해 있는 것처럼 보이도록 최선을 다했다. 너무 오랫동안 내 또래와 떨어져 지내서 내 주변 아이 중 이름을 아는 친구가 절반밖에 되지 않았다. 그날 밤 열리는 졸업 파티에 가고 싶대도 나는 파티가 어디서 열리는지조차 몰랐다. 벨렌에서 내가 사귄 가장 친한 친구였던 루카스가 보였다. 그는 머리카락 색이 짙은 한 이쁜 소녀를 끌어안고 있었다. 루카스에게 여자친구가 있었나? 그가 나에게 말을 거는 수고를 할 생각이 없었기 때문에 알 수 없었지만, 나는 엄마에게서 그가 전액 장학금을 받고 컴퓨터 과학을 공부할 계획이라는 얘기를 전해 들었다.

마침내 단체 사진 촬영이 끝났고, 다른 아이들은 각자 친한 친구들과 사진을 찍으려고 뿔뿔이 흩어졌다. 엄마가 이리저리 오가며 내 인턴십 소식을 사람들에게 자랑하기 바쁠 때, 나는 다른 부모들 몇몇이 내게 다가와 말을 걸어준 것에 대해 감사했다. "페이스북 소식 들었어!" 그들은 땀에 젖은 내 등을 두드리며 말했다. "대단한 일을 해냈어, 축하해!" 나는 아무렇지도 않은 듯한 태도를 보이고 싶었다. 그저 "네, 고마워요"라고 대답하며 한번 어깨를 으쓱해 보이고 싶었다. 하지만 나는 참지 못하고 만면에 화색을 띠며 나에게 다가온 모든 부모에게 내 감정을 쏟아냈다. "정말 고마워요! 너무 흥분돼요! 그런 일이 일어났다는 게 지금도 믿기지 않아요!"

엄마는 다른 부모님들과 작별 인사를 하고 나서 하이힐을 풀밭에 쑥쑥 박으며 종종걸음으로 내가 있는 쪽으로 다가왔다. 아빠는 엄마 뒤를 사람 좋은 표정을 지으며 느릿느릿 뒤따르고 있었다.

"여보, 나하고 마이클 사진 좀 찍어줘요." 엄마는 이렇게 말하고는 나에게 팔을 두르고 다정한 눈빛으로 나를 바라봤다.

아빠가 사진을 찍었다. "됐어요, 엄마"라고 말하며 나는 엄마에게서 빠져나왔다. "원하던 걸 얻었잖아요. 그만 갈까요?"

엄마는 내 팔을 꼭 쥐었다. "그래, 가자. 고마워, 마이클. 나도 그러고 싶었어."

우리는 특별한 날이면 가는 식당에서 졸업식을 축하했다. 음식을 철판에 볶는 베니하나 스타일의 일식집이었다. 우리는 모두 연기와 마늘 냄새를 풍기며 귀가했다. 엄마는 곧장 침대로 가서 그날 휴대폰으로 찍은 사진들을 페이스북에 올렸고, 나는 얼마 남지 않은 에너지로 그런 엄마를 말리려 했다.

"엄마, 내 사진들 올리지 말아요, 뚱뚱해 보인단 말이에요!"

"마이클, 걱정하지 마. 페이스튠으로 보정해서 올릴 거야. 가족들이 네 사진 올라오기만 고대하고 있어. 그들을 기다리게 할 수는 없어!"

"어, 그래도 그 사진들을 올리지 않았으면 해요."

나를 무시하고, 엄마는 내 사진을 페이스튠 앱에 업로드하기 시작했다. "보라고, 여기 조금 저기 조금 손보면 돼…."

나는 포기했다. 말싸움할 힘이 남아 있지 않았다.

내 졸업 사진에 관심을 가질 유일한 사람들인 대가족 구성원은 분명히 페루의 그들 침대에서 깊이 잠들어 있을 테지만, 말린다고 해서 될 일이 아니었다. 내가 내 방으로 터벅터벅 걸어 올라가고 있을 때, 엄마가 뒤에서 나를 불렀다. "마이클, 세실리아 이모가 졸업 축하한다면서 네가 엄청 자랐대! 또 미구엘, 키케, 마리오, 카를로스 삼촌도 모두 너 졸업 축하한대!"

"알았어요, 엄마. 내가 고마워하더라고 전해줘요."

"댓글에 '좋아요' 해줘, 알았지? 페이스북에 들어가서 바로 할 수 있지, 마이클?"

"알았어요, 엄마!"

내가 방문을 닫으려는 찰나에 엄마가 다시 소리쳤다. "오, 봐봐, 마이클, 이건 정말 멋지네…. 마이클, 듣고 있어?"

"듣고 있어요!" 나는 손가락 마디가 피부 사이로 하얗게 보일 징도로 문손잡이를 아주 단단히 움켜잡고 대답했다. 나는 엄마가 곧 멈추지 않으면, 진짜 죽을 것 같다는 생각이 들었다.

"네 사촌 중 하나가 보낸 거야! 걔가 이렇게 말하네. '마이클은 앞날이 창창해! 확실히 마이클은 삼십 대에 백만장자가 될 거야!'"

엄마가 나에게 소리쳤다. "멋진 말이지, 그렇지?"

"네, 엄마, 멋지네요." 나는 조용히 대답했다. 나는 백만장자가 되기를 바라지 않는다. 그저 안정을 바랄 뿐이다.

카운트다운이 시작되다

"다시 약속해줘, 마이클."

"아 정말, 엄마!" 나는 볼을 부풀리며 눈알을 굴렸다. "잊지 않겠다고 약속해요!"

우리 가족은 마이애미 국제공항 보안검색대 밖에서 나와 작별 인사를 하고 있었다. 우리는 모두 형식에 백 퍼센트 충실하게 행동하고 있었다. 엄마는 구경거리가 되고 있었다. 나는 당혹스러웠고, 아빠는 자기 차례가 오기만 기다리고 있었다. 그리고 공항으로 마중을 나오는 바람에 네일숍 예약 시간에 늦게 된 마리아나는 짜증이 날 대로 난 상황에서 간신히 우리를 참아내고 있었다.

"말도 안 돼!" 엄마는 한탄했다. "이제 겨우 열일곱 살인데…." 엄마는 약간 울먹이려 하고 있었다.

아빠는 엄마의 등을 토닥이며 한숨을 쉬었다. "제발, 여보, 그러지 좀 마. 마이클은 이제 성인이나 다름없어. 몇 달 안에 돌아올 거야."

"맞아요, 엄마, 오빠는 금세 돌아올 거예요." 여동생이 말했다.

"알았어," 엄마는 코를 훌쩍였다. "난 괜찮아…. 네가 아주 애기였을 때 품에 안고 있던 생각이 나서 그래." 멍하니 꿈꾸는 듯한 눈빛으로 아기를 흔드는 흉내를 냈다.

나는 가방을 어깨에 메고 엄마를 돌아 아빠를 껴안았다. "안녕, 아빠."

"질 가, 아들. 행운 을 빌—"

"네가 어릴 때, 캔디를 좋아했어!" 엄마가 말을 끊고 끼어들었다. "기억나? 내가 소용돌이 모양의 긴 롤리팝스 사주곤 했던 거? 네 머리보다 더 컸었다고!" 이제 엄마는 웃다가 울다가 했다. "너도 기억하니, 마이클?" 마리아나가 당혹감으로 머리꼭지가 돌기 전에 나는 비행기에 올라타야 했다.

"물론 기억나죠. 안녕, 엄마, 사랑해요." 나는 다시 말하며 엄마를 포옹했다. "약속해요. 자주 사진 보낼게요, 알았죠?"

보안 라인 안에서, 나는 어깨 너머로 고개를 돌아보았다. 여동생과 아빠는 이미 사라지고 없었지만, 엄마는 여전히 그곳에 서 있었다. 나는 마지막으로 살짝 손을 흔들어 인사하고 뒤돌아섰다. 내 생각은 이미 5천 킬로미터 떨어진 곳에 가 있었다.

아파트를 무료로 제공하는 내 인턴십의 공식 개시일은 아직 일주일 남았지만, 나는 그보다 일찍 호텔을 예약했다. 애플 세계 개발자 회의Apple Worldwide Developer Conference에 참석하기 위해서였다.

WWDC는 애플이 새로운 소프트웨어와 제품을 발표하는 연례 여름 행사로 거물 엔지니어들이 새로운 작동 방식에 관해 강연한다. 수천 명의 프로그래머들이 동시에 기술 천국에 열광하는 모습을 상상해보라. 나는 페이스북에서의 새로운 출발만큼이나 WWDC에 참석한다는 사실에 흥분을 감추지 못하고 있었다.

유니비전 다큐멘터리 제작진이 별개로 행사에 참여한 나를 촬영하기 위해 날아와 있었다. 그들은 내가 묵고 있던 샌프란시스코 호텔에 방을 예약했는데, 엄마는 그 점을 다행스럽게 생각했다. 우리가 모두 그랬던 것처럼 엄마는 유니비전 제작진을 무한 신뢰했다. 지난 3년간 마르셀로, 샬린, 로키는 유니비전에서 일하며 시시때때로 나의 근황을 확인했다. 그들은 나에게 제2의 가족이나 다름없었다. 40대인 마르셀로가 가장 연장자였다. 다큐멘터리를 위해 그가 보통 부모님과 나를 인터뷰했다. 나는 때때로 그를 아빠의 더 젊고, 더 멋진 버전으로 생각했다. 로키는 20대 초반이었고 제작과 관련된 모든 카메라 작업을 하며 촬영 후 편집하는 후반 작업도 도맡아 하고 있다. 그는 내가 믿고 편하게 대화할 수 있는 사람이었다. 그는 내게 독립적인 젊은이로서 삶이란 무엇인가를 들여다볼 수 있는 창을 제공해주었다. 샬린은 20대 후반이었다. 다큐멘터리 제작 책임자로서 그녀가 맡은 역할은 일정을 조율하는 것이었다. 나는 늘 샬린을 신뢰했다. 그녀는 촬영에 들어가기 전에 내 이에 음식 찌꺼기가 끼어 있다고 말해주거나 엄마와 싸우고 있을 때 나를 진정시켜주곤 했다.

집을 홀로 떠나 있다는 것이 흥분되었던 만큼이나, 이 세 사람과 낯선 도시에 함께 있을 수 있다는 사실이 너무나 기뻤다. 샌프란시스코는 마이애미와는 동떨어진 세계였고, 이 도시의 미친 듯한 경사로들과 자의식을 강하게 드러내는 빅토리아풍 주택, 그리고 뼈를 시리게 하는 여름 안개는 나에게 완전히 다른 세상으로 다가왔다.

이삼십 대로 보이는 사람들로 가득 찬 시내 식당에서 마르셀로는 1080p 전문가용 카메라를 탁자 위에 올려놓고, 씩 웃으며 나와 하이 파이브를 했다.

"슬리핑백은 가져왔니?" 그가 물었다.

"당연하죠!" 나는 탁자 아래 슬리핑백이 놓인 곳을 가리켰다.

샬린은 누더기를 걸친 채 교차로를 비틀거리며 건너는 한 남자를 창밖으로 바라보며 입술을 오므렸다. "이 일은 하고 싶은 게 확실해? 노상강도라도 당하면 어쩌려고?"

"아, 걱정하지 않으셔도 돼요. 보안이 잘 되어 있어요." 나는 그녀를 안심시켰다. 나는 개막일 전날 밤에 그 블록 주위에 접이식 의자를 가져다놓고 줄을 서는 열혈 참석자들과 밤을 보낼 작정이었다. 내일 8시에 개장하면 우리는 일착으로 들어가 애플 CEO 팀 쿡의 기조연설에 맨 앞자리를 차지하기 위해 중앙 홀 안으로 우르르 몰려갈 것이다.

샬린은 나를 찍기 위해 그 행사에서 촬영 허가를 받아냈다. 결코 쉬운 일이 아닌 게, 애플은 콘퍼런스 입장 자격을 엄격히 제한했다. 주최 측은 큰 카메라 사용을 허락하지 않아서, 그녀가 그날 촬영을 위해 파견한 네 번째 제작팀원은 폰으로 나를 촬영했다.

"정말 우리와 같이 있을 생각이 없으세요?" 나는 손가락에 묻은 케첩을 핥으며 마르셀로에게 물었다.

마르셀로는 미소 지었다. "재미있을 것 같기는 한데, 우리는 방문 목적에 충실한 일을 할 거야."

파타고니아에서 겨울을 나도 될 만큼 기름진 음식을 배부르게 먹어 에너지를 충전한 후 우리 네 사람은 모스콘 센터로 걸었다. 옆에 펄럭이는 깃발들이 일렬로 늘어선 유리 건물이었다. 추위에 떨고 있던 프로그래머들의 긴 줄이 이미 구역 끝까지 구불구불 이어져 있었다. 그들은 대부분 WWDC라고 쓰인 똑같은 검은색 후디와 네모난 안경을 쓰고 있었다. 나는 트위터에서 만난 몇 사람과 합류했다. 익숙한 얼굴을 볼 수 있다는 것은 감사한 일이다.

"이봐, 의자 같은 거 안 가져왔어?" 금발에 마른 체구를 지닌 스물 네 살의 프로그래머 올리버가 말했다.

"아, 이것만 있는데." 나는 침낭을 주머니에서 잡아당겨 꺼냈다.

"교대로 바꿔 앉으면 되지." 같이 있던 다른 친구가 말했다. "인도 쪽은 추워."

"고마워." 내가 말했다. 마르셀로는 이런 우리의 모습을 카메라에 담았다. 나는 그가 이 순간을 즐기고 있음을 느낄 수 있었다. 내가 내 또래 사람들과 어울리는 모습 말이다.

긴 밤 내내, 트위터에서 사귄 친구들과 나는 우리 앱에 관한 이야기들을 주고받고, 프레첼을 먹고, 서로 흥분된 마음을 즐겼다. 나와 말이 통하는 아이들과 같이 있으니 기분이 좋았다. 그들은 나를 앱 키드가 아니라 단지 코딩을 좋아하는 친구 중 하나라고 생각했다. 이것은 내가 지난 4년간 놓치고 있던 것, 바로 연대감이었다. 이 세계에 내가 어울릴 만한 장소가 있다는 것을 알게 되는 것에서 오는 안도감 말이다.

오전 8시에 문이 열렸고, 나는 미친 듯이 웃으며 사람들과 우르르 안으로 뛰어 들어갔다. 사람들이 광적으로 돌진하는 모습을 비디오에 담으며 그 자리에 와 있던 마르셀로는 기조연설을 듣기 위해 안으로 들어와 나와 합류했다. "너희들은 도무지 느긋한 법이 없어." 그는 고개를 가로저으며 웃었다.

조명이 어두워지면서, 팀 쿡이 무대 위 거대한 와이드 스크린 중앙에 도드라진 애플 로고 앞으로 나타났다. 그는 개발자 회의 참석자들의 다양성을 강조하면서 기조연설을 시작했다. 국적과 젊은이, 온라인 참가자의 수가 역대 최고를 기록했다. 쿡이 연설하는 동안 나는 이미 다음 행동에 대해 생각하고 있었다. 그와 사진을 찍는 것 말이다. 누구나 다 아는 뻔한 얘기지만, 쿡은 프로그래머들에게 신이나 다름없다. 그와 한때를 같이한다는 것은 우리에게 십 대 초반의 어린 소녀가 비욘세를 만나는 것만큼이나 기념비적인 일이다.

기조연설이 끝났을 때, 나는 중앙 복도로 돌진했다. 폭풍처럼 사람들이 밀려들어 쿡과 오렌지색 셔츠를 입은 보안요원들을 둘러싸고 소용돌이쳤다. 팀은 출구로 이동하고 있었고, 후디를 입은 한 무리의 아이들이 서로 밀쳐대며 그를 따라 움직이고 있었다. "이쪽을 봐주세요, 팀!" 그들은 머리 위로 폰을 치켜들어 흔들며 외쳤다. "사랑해요, 팀!"

나는 그가 출구로 빠져나가기 전에 어떻게든 만나야 한다고 생각했지만 그 무리를 뒤쫓아가서는 그럴 수 없다는 것을 깨달았다. 대신 나는 그들 앞으로 끼어들어 폭풍의 눈에 도달하기 위해 사람들의 몸뚱이들을 헤쳐 밀고 나아가기 시작했다. 마침내 나는 쿡 옆까지 밀치고 나아가 건장한 보안요원을 뚫고 지나갔다. 손을 내밀며 나는 소리쳤다. "오, 하느님 맙소사, 안녕하세요! 저는 마이클이에요!"

쿡이 답례로 악수했다. "어디서 왔니, 마이클?"

"마이애미요!"

"멋지네," 그는 이렇게 말하며 친절한 미소를 지어 보였다. "마이애미 히트가 꽤 잘하고 있어, 그렇지 않아?" 전혀 몰랐다. 나는 농구에 전혀 관심이 없었다. 속임수로 묻는 거면 어쩌지? "가자, 히트!" 나는 주먹을 허공으로 치들었다. "음, 팀, 저와 사진 찍어주실 수 있어요?"

그는 동의한다는 표시로 고개를 끄덕였고, 나는 그에게 기대어 입이 귀에 걸리게 웃으며 폰을 들어올렸다. 찰칵! 나는 그에게 고맙다고 말하고 자리를 떴다. 함께한 시간은 15초 정도였다. 이제 다른 사람에게 기회를 줘야 했다.

팀 쿡의 사진을 트위터에 올리기 위해 잠시 멈춰 섰다가 나는 곧장 프레스룸으로 향했다. 마르셀로는 그런 내 모습을 같이 뛰면서 촬영했다. 나는 기자들이 혹시나 4스냅스에 관해 관심이 있는지 알고 싶었다. 그 앱은 인턴십 준비에 주의를 집중하기 위해 홍보를 중지한 이래 차트에서 꾸준히 하락 추세에 있었다. 하지만 이제 나는 4스냅스에 다시 의욕이 솟고 있었다. 애플 CEO의 마법이 악수하는 동안 나에게 옮아 오기라도 한 것 같았다.

콘퍼런스가 진행되는 나머지 시간 동안, 나는 주변을 온통 휘젓고 다녔다. 여러 기자들과 이야기를 나눴고, 4스냅스를 다시 언론에 알림으로써 순위를 몇 자리 더 높였다. 전에 트위터에서 만난 적이 있는 한 남자와 팟캐스트 인터뷰도 했다. 그는 제품 리뷰 웹사이트를 운영하고 있었는데, 그 사이트는 그를 백만장자로 만들어줄 터였다. 확신컨대 나는 이벤트가 진행되는 내내 단 한순간도 미소를 잃지 않았다. 하지만 과거에 다양한 매체들과 인터뷰할 당시 거짓으로 쾌활한 척했던 것과 달리, 그때 느낀 행복은 진짜였다. 집에서 수천 킬로미터 떨어져 있어서인지 가족의 돈 문제로 인한 스트레스도 그만큼 멀게 느껴졌다. 오로지 미래 — 나의 미래 — 와 그것을 신나게 활짝 열어젖힐 방법에 대해서만 생각했다.

콘퍼런스가 끝날 때까지 나는 웃음을 잃지 않고 있다가 실리콘밸리 중심에 있는 마운틴뷰의 새 아파트로 우버를 타고 갔다. 그 근처에 페이스북 캠퍼스가 있었다. 차에서 내려 적색 테라코타 길을 따라 푸른 잔디가 깔린 스페인 스타일의 복합건물을 가로질러 갔다. 내가 분명 한 번도 이용해본 적이 없는 거품이 이는 수영장을 지나고 층계를 올라 햇빛이 잘 드는 침실 두 개짜리 방으로 들어갔다. 아직 어떤 사람인지 전혀 모르는 룸메이트와 이곳을 같이 쓸 예정이었다. 완전히 새로운 공간에서 새로 얻은 나의 완전한 독립을 기념하여 내가 한 첫 번째 일은 뭐였을까? 물론 피자를 주문하는 일이었다.

룸메이트가 도착했을 때 나는 폰을 스크롤하며 여섯 번째 피자 조각을 해치우는 중이었다. 그는 큰 키에 마르고 둥근 안경을 끼고 있었다. 자세가 약간 구부정했는데, 마치 키가 커서 미안하다고 사과하는 듯했다. "안녕, 내 이름은 존이야." 크고 불룩한 여행 가방을 내려놓으며 그가 굵은 억양으로 말했다. 중국 출신으로 아이비리그의 일류 대학을 다니고 있다고 했다. 그는 페이스북에서 인프라를 구축하는 일을 할 예정이었다. 사용자가 아닌 프로그램에 의해 이용되는 인프라 시스템에 관해 얘기하는 것은 나조차도 지루함을 느낀다. 그것과 상호작용하는 사람이라고는 다른 프로그래머들 말고는 아무도 없기 때문이다. 이후 3개월 동안 나는 존에 대해 거의 아는 게 없다고 느꼈다. 우리 둘 다 깨어 있는 시간 대부분을 페이스북 캠퍼스에서 보냈기 때문이다. 하지만 그날 밤 우리는 서로에게 좋은 인상을 주려고 애썼다. 존은 보바 차를 파는 한국 식당에 대해 들어 알고 있었다. 그 당시에는 몰랐지만 보바 차는 실리콘밸리에서 사실상 신성한 음료이다. 사람들은 코드를 작성하면서 들여쓰기를 할 때 탭을 쓸지 스페이스 바를 쓸지 논쟁을 벌일 때만큼이나 가장 맛있는 보바 차를 파는 곳이 어디인지에 대해서 논쟁을 벌였다.

보바 차를 파는 곳은 페이스북, 구글, 애플의 인턴들로 빽빽하게 들어찼다. 그곳은 우리 집 주방만 한 작은 가게였는데 마흔 명에 가까운 사람들이 그 좁은 공간 안에 비집고 들어가 있었고, 200명 정도의 사람들이 그 구역을 둘러싸고 내내 줄을 섰다.

"정말 맛있네요!" 나는 최선을 다해 가식적인 미소를 지으며 존에게 말했다.

존은 텅 빈 자기 컵을 버리고, 꽉 차 있는 내 컵을 흘긋 봤다.

"그만 집에 가서 내일을 준비할까요?"

"그러죠, 준비하러 가요!" 나는 마지막으로 한 입 홀짝이는 척하며 신중하게 차를 버렸다.

집으로 돌아온 우리는 각자의 방으로 들어갔다. 존이 그의 인턴십 목표 스프레드시트를 작성하거나 대단히 체계적인 작업을 하는 사이 나는 매일 밤 컴퓨터로 TV를 보고 게시물을 올리고 트위터를 하고, 4스냅스를 점검했다. 그렇지만 나는 내 앞에 놓인 도전을 별로 개의치 않았다. 일주일 전 샌프란시스코행 비행기에 오른 이래로 내 마음속에서는 한 가지 주문이 반복해 돌아가는 테이프처럼 계속 맴돌았다. '이제 카운트다운이 시작되었다. 3개월 후에 정규직 제의를 받으려면 3개월 남았다. 계획을 세워라. 이제 카운트다운이 시작되었다…' 하지만 존과 달리, 나는 내 인생의 가장 중요한 날을 위해 어떻게 준비해야 할지 전혀 몰랐다. 잠은 잘 잤냐고? 어떻게 잠이 오겠나?

오전 6시에야, 나는 내 폰을 보다가 겨우 잠들었다. 오전 7시 30분에 나는 희미하게 현관문이 찰칵하는 소리와 존이 통로에서 멀어지는 발소리를 들었다. 페이스북 셔틀은 오전 9시까지는 30분 간격으로 왔고, 그 후로는 1시간마다 왔다. 나는 9시에 나의 인턴십 담당자와 체크인을 하기로 되어 있었는데, 그건 나에게 주어진 여유 시간이 45분이고, 8시 30분에 셔틀을 잡아타야 아무 문제가 없다는 뜻이었다. 깊은 잠에 빠져들기 전에, 나는 마지막으로 알람을 맞춰 놔야 한다는 생각을 했던 것 같다.

만반의 준비?

알람은 설정되어 있지 않았다. 이미 10시였고, 첫날부터 1시간 늦게 출근했다. 짜증 날 정도로 느긋해 보이는 직원들 사이로 페이스북 캠퍼스를 가로질러 가는데 티셔츠가 땀으로 흥건히 젖었다. 왜 다들 저렇게 천천히 움직일까? 30분 전에 가슴이 철렁하는 느낌으로 깨어나 폰으로 시간을 확인하고는 나는 엄마가 세인트토머스 가톨릭 성당에 곧장 가서 내 영혼을 위해 촛불을 밝힐 낱말들을 소리쳤다. 바닥에서 지저분해진 청바지 한 벌을 움켜쥔 후 불과 몇 초 차이로 간신히 아침 시간의 마지막 셔틀을 잡아탔다.

"인턴 등록부"라고 표시된 임시 부스 앞에 나는 미끄러지듯 멈춰 섰다. "안녕하세요, 안녕하세요! 늦어서 죄송해요!" 부스에 있는 여성들에게 입을 가리고 헐떡이며 말했다. 문을 뛰쳐나오면서 거울도 들여다보지 않았다. 캠퍼스 전체에 널려 있는 무료 자판기에서 왜 칫솔 세트를 뽑지 않았을까? 치아 교정기에 이물질이 껴 있다는 것을 누가 알아보지는 않을까?

"걱정하지 마요, 괜찮으니까." 한 여자가 말했다. 그녀는 긴 갈색머리에 선글라스를 끼고 페이스북 게시물 작성창에 있는 "무슨 생각을 하고 계신가요?"라고 쓰인 티셔츠를 입고 있었다. 그녀가 나를 보며 히죽히죽 웃고 있는 건지 아니면 원래 그렇게 생긴 건지 분간할 수가 없었다.

"마이클 세이먼 씨 아니세요?" 30대로 보이는 곱슬머리를 한 다른 여성이 말했다.

"네!" 나는 헐떡이며 말했다. "어떻게 아셨어요?"

"아주 어린 친구 하나가 인턴을 한다고 들었어요." 선글라스를 낀 여자가 말했다.

"페이스북에 온 걸 환영해요, 마이클!" 곱슬머리 여자가 말했다. "나는 셀레나고 이쪽은 새라예요. 아직 인턴 환영식 연설이 끝나지 않았을 거예요. 그러니 얼른 들어가요!"

나는 사람들로 가득 찬 회의실 뒷줄에 슬그머니 들어가 앉았다. 버튼다운 셔츠를 입은 한 남자가 앞으로 석 달 동안 이용할 수 있는 수천 가지 특전과 혜택의 이용 방법을 설명하고 있었다. 무수히 많은 무료 식사 옵션들과 최신 의료 서비스, 헬스클럽 멤버십, 석양 무렵 잔디밭에서 하는 요가 등이었다. 그는 페이스북 로고가 들어간 백팩이 가득 들어찬 거대한 선반을 가리키며 말했다. "나중에 저 중에 하나를 골라서 가져가세요. 곧 받게 될 새 노트북에 필요할 겁니다!" 새로운 기기를 손에 넣는다는 기대감에 회의실에 있던 거의 4백 명에 이르는 프로그래밍 긱스는 괴성을 지르며 환호했다. 앞서 인턴 담당자는 우리에게 취향을 물었다. PC와 맥 중 뭘 더 좋아해요? 안드로이드예요 아니면 아이폰이에요? 물론 나는 모두 애플을 골랐다. 새 기기를 빨리 받아들고 싶어서 조바심이 났다.

옛 친구 루카스가 이 모든 걸 보았다면 좋았을 텐데. 함께 라이브 블로그로 올라온 애플 신제품 프레젠테이션을 같이 보던 게 백만 년 전의 일처럼 까마득하게 느껴졌다. 둘 다 애플 골수 팬이었고, 테크가 약속하는 미래에 열광하는 서로의 모습에서 우리는 힘을 얻었다. 하지만 그 뒤로 나는 루카스의 우정 대신 테크를 선택했다. 적어도 그게 루카스가 사태를 이해한 방식이었다. 적극적으로 테크를 선택했다기보다는 우정을 너무나 소홀히 한 것이다. 오로지 개발 중인 앱에만 신경 쓰면서 나는 단 하나뿐인 진정한 친구를 떠나보냈다. 루카스는 지금 어디에 있을까? 아마 대학 학비를 마련하기 위해 아르바이트를 하고 있겠지. 내가 취하지 않은 길이다. 루카스가 어떻게 지내는지 우리가 여전히 연락을 주고받는 사이였다면 참 좋았을 것이다.

다시 회의실 앞의 연사에게 주의를 돌렸다. 그는 한 손을 들어 꽉 쥔 다음 서로 밀치지 말고 '천천히' '조심스럽게' 걸어가 노트북과 백팩을 하나씩 가져갈 것을 주문했다. "모두 알아들었나요?" 그가 말했다.

"네!" 4백 명의 엔지니어가 큰 소리로 대답했다.

"좋아요! 나와서―"

"가져가요!"라는 말이 채 떨어지기도 전에 우리는 이미 자리에서 일어나 공짜 노트북을 향해 달려갔다. 정말 행복한 크리스마스 아침 같았다.

화려하고 멋진 최신식 15인치 맥북 프로를 손에 집어드는데 갑자기 이 명문대 출신의 청년들과 내가 함께할 자격이 있는지 극심한 두려움에 사로잡혔다. 그들은 프로그래밍에 관해 내가 이해할 수 없는 세련된 수준의 대화를 이어갔다. 그들 대부분이 세상에서 가장 뛰어난 컴퓨터 과학 교수들 밑에서 배웠을 테니 그럴 만도 했다. 반면 나는 잘 모르는 것을 이해하기 위해 쿼라Quora와 스택 오버플로Stack Overflow 같은 질의응답 사이트에 의존했다. 내 지원서는 실수로 "합격" 더미에 놓인 게 틀림없었다. 과로한 인턴 담당자가 일을 잘못 처리한 것이었다. 언제든 누군가가 내 어깨를 툭툭 치면서 나에게 물건을 넘기고 떠나라고 요구할 수 있었다. 확실히 그래 보였다. 그럴지도 모른다는 사실에 큰 두려움을 느꼈고 이들의 눈을 속여 내가 하고 있는 일에 정통한 것처럼 보이려면 지독하게 열심히 일해야겠다고 생각했다.

나는 내 주변을 하염없이 바라봤다. 페이스북은 건축가 프랭크 게리가 디자인한 새로운 캠퍼스 건물을 건설하는 와중에 있었다. 하지만 무엇이 되었든 나무가 늘어선 메인 스트리트를 능가할 것은 상상조차 할 수 없었다. 그도 그럴 것이 이곳에 있으면 집처럼 편안한 느낌이 들었다. 이 캠퍼스의 이국적인 다민족 식당들과 향수를 불러일으키는 옛날 방식의 이발소와 사탕 가게, 그리고 휴식이 필요할 때 누울 수 있는 부드럽고 푸른 잔디밭이 좋았다.

내부 시설도 훌륭했지만, 슬프게도 디즈니 같지는 않았다. 내 책상은 공업적인 사무 공간 안에 놓여 있는 수백 개의 책상 중 하나였다. 공동 작업과 평등주의를 고양하기 위해, 페이스북은 벽을 제거했다. 개인 사무실은 없었다. 저커버그에게 지정된 콘퍼런스 룸이 있기는 했지만 그에게도 개인 사무실은 따로 없었다. 다채로운 벽화가 거의 모든 복도를 덮고 있었고, 직원들은 "얽힌 이어폰", "완전 좋아요", "찾을 수 없음" 같은 이름을 가진 유리 벽으로 둘러싸인 회의실의 빈백 의자에 둘러앉았다.

인턴십을 시작하고 며칠이 지났다. 나는 지급받은 새 백팩을 내려놓으며 내 옆자리에 앉은 매니저 제이크에게 "안녕하세요" 하고 인사했다. 그는 페이스북 파스 팀 소속이었다. 그 플랫폼과 초기에 맺었던 관계 덕분에 나는 여기서 일하게 되었다.

"시간 맞춰 왔군." 제이크가 말했다. 청바지와 무늬 없는 검은색 브이넥 티셔츠를 유니폼처럼 입고 다니는 키 크고 마른 아시아계 미국인 남자였다.

"네, 죄송합니다!" 시계를 들여다봤다. 10시 20분이었다. 또 늦잠을 자서 우버를 타고 출근했다.

"이봐, 너는 지금 인턴십을 하는 중이야." 제이크가 말했다. "얽힌 이어폰에 가서 자네를 위한 프로젝트를 생각해보자고."

제이크는 내가 페이스북에 오게 된 계기가 된 나의 파자마 비디오를 보았다. 그래서 내가 게임을 좋아한다고 생각했다. 회의실에서 제이크는 내 경험이 게임 모듈을 개발하는 데 적합할 거라는 자기 생각을 밝혔다. 특히 파스를 이용하는 개발자가 연결할 수 있는 포괄적인 턴 베이스 게임 모델을 말이다. 그 아이디어는 사람들이 새로운 게임을 개발할 때마다 매번 휠을 새로 발명해야 하는 번거로움을 덜 것이었다.

"어떻게 생각해? 그럴듯해 보여?" 그가 나에게 물었다. 나는 머리를 긁적였다. 페이스북은 직원들의 열정을 끌어내는 데 정말 관심이 많다고 들었는데, 이 모듈 건은 결코 내가 열정을 발휘할 만한 것이 아니었다. 이것은 하부구조였고, 따라서 나의 룸메이트인 존 같은 친구가 하는 일이었다. 나는 사용자를 위한 것을 만들어야 신이 나는 스타일이었다. 나는 몇몇 가상의 프로그래머가 원하는 것을 생각하기보다는 가상의 게이머가 원하고 필요로 하는 것에 더 관심이 있었다. 하지만 더 나은 아이디어가 없었고, 제이크의 생각이 꽤 일리 있어 보였다. 미리 만들어진 백엔드 모듈은 분명 내가 4스냅스를 개발 중일 때 사용했던 것이다. 과거의 나를 위해 개발 중이라고 생각하면 덜 지루하지 않을까?

나는 제이크에게 대단한 아이디어인 것 같다고 말했다.

"좋아! 그럼 준비된 거지?" 내 매니저가 말했다. 그는 분명 이렇게 마무리 짓고 싶었을 것이다.

속이 울렁거렸다. 학교에서 공부를 하지 않아 낙제할 걸 알면서 기말시험을 보러 교실로 들어서는 그런 기분이었다. 하지만 나는 TV

촬영용 웃음 스위치를 켜고 말했다. "준비됐어요!"

장면: 2주 후 페이스북 사무실

제이크: [자기 책상에서 내 컴퓨터 화면을 흘긋 넘겨보며] 안
녕, 마이클. 뭐 하고 있어?

나: 아, 보나시께 막 시삭했어요!

제이크: 오후 3시야. 모듈 작업하고 있지 않았어?

나: 아 그게 좀….

제이크: [무표정하게 나를 응시한다]

나: 그러니까, 네! 완전 집중하고 있어요! [코드 한 줄을 끌어온
다]

제이크: [자기 일에 다시 집중하며] 좋아.

20분이 지난 후….

나: [클릭하여 같은 코드 줄에서 페이스북 메신저로 옮기며 자
판을 치기 시작한다] 안녕하세요, 지금 커피 한 잔 어때요?

내 인턴십 첫 한 달 반 동안 나는 딱 이런 모습이었다. 나는 내가 얼
마나 무책임한 태도로 일관했는지 알았다. 나는 큰 그림을 이해할 수
있었다. 제이크와 그의 상사들, 바라건대 저커버그까지도 감탄하게

만든다면, 페이스북에 정규직으로 입사할 기회를 잡을 수 있을 것이다. 고등학교 졸업장도, 대학 진학 계획도 없다는 점을 고려하면 그것이 내게 경제적으로 안정될 수 있는 유일한 방법인 듯했다. 이 인턴십은 절호의 기회였다. 나는 성공을 간절히 바랐다. 필사적이었다. 하지만 그 모듈을 시작조차 할 수 없었다. 그 대신 나는 인턴십의 첫 한 달 반을 온에서 오프 상태로 바꾸는 볼륨 버튼을 위한 트랜지션 애니메이션을 꼼꼼히 프로그래밍하고 디자인하는 데 썼다. 나를 매료시킨 것은 사용자 인터페이스를 위한 애니메이션을 디자인하고 프로그래밍하는 것이었다. 이는 시켜서 한 일이 아니었다.

나는 모듈을 위한 코드를 억지로 짜내려고 하지 않았다. 나 자신을 잘 알았다. 마치 책을 쓰는 것처럼, 코딩을 잘하려면 깊이 파고들어 영감을 받아야 한다. 너무나 깊이 묻혀 있어서 무딘 숟가락으로 다이아몬드를 채굴하려는 것 같은 기분이 들더라도 말이다. 나 자신의 앱 작업에 너무나 익숙해진 탓에 내가 좋아하는 프로그래밍의 측면들과 이 프로젝트를 위해 요구받은 측면들 사이에서 균형 잡기가 힘들었다. 정말로 힘들었다. 나는 거기에 도달할 거라고 나 자신에게 말했다. 그리고 그동안 뭔가 해야 했다. 나는 다른 방향으로 나아가기로 했고, 다른 각도에서 인턴십이 제시한 기회를 활용하기로 했다. 애플 세계 개발자 회의에서 어떻게 하면 실리콘밸리에서 취직할 수 있는지 한 프로그래머에게 조언을 구한 적이 있었다.

"제가 계속 앱을 개발해야 할까요?"

"아니." 그는 말했다. "이미 많은 앱을 개발했잖아. 너에게는 열두 살짜리 팔로워가 수천 명이나 있어. 하지만 자기 팀을 위해 너를 선택하거나 일자리를 추천해줄 사람은 산업 '안에' 있는 사람들이야. 네가 해야 할 일은 어떤 염병할 보스 같은 사람과 인적 네트워크를 만드는 거야." 그러고 나서 그 사내는 중요한 누군가와 대화하기 위해 자리를 떴다.

나는 나를 주눅 들게 한 그 충고를 잊을 수 없었다. 나는 좋아서 코딩을 시작했을 뿐, 정상에 올라야겠다는 생각은 없었다. 하지만 나는 성공 방정식을 종종 생각했다. 4스냅스를 홍보하려고 일면식도 없는 파스 디자이너에게 메일을 보내지 않았다면, 마크 저커버그의 주목을 받은 그 비디오를 만들자고 제안한 그 마케터를 만날 일도 없었을 것이다. 사람들과 네트워크를 형성하지 않으면 내가 이 세상에 존재하는지 누가 알겠는가? 부모님 집에서 주방 조리대에 앉아 내 세계를 만들거나 깨부술 다음 앱을 땀 흘려 만들고 있을 나를 말이다. 그 취약하고 위태로운 삶을 다시는 겪고 싶지 않았다. 나는 남은 인턴십 기간을 보스 같은 사람과 네트워크를 형성하는 데 쓰겠다고 다짐했다. 시장 조사 담당자, 데이터 과학자, 그리고 기타 그 수준의 다른 사람들과 접촉하는 것으로 그 일을 시작했다. 나는 그들에게 한 수 배우고 싶다고 말했다. 만나주기를 거부한 사람도 드물게나마 있었지만, 나중에 알게 된 것처럼 사람들은 대개 누군가를 가르치는 선생님이 될 기회를 마다하지 않았다.

내가 배운 비결은 내가 유능하고 시간을 할애할 가치가 있다고 사람들을 안심시키는 것 이상으로 나에 대한 말은 하지 않는 것이었다.

네크워킹을 잘하는 사람은 자신감이 넘친다. 하지만 오해하지 않기를 바라며 말하지만, 나는 될 수 있는 한 대화의 방향을 상대방의 성과로 돌리려고 노력했다. 나는 "여기서 어떻게 일을 시작하셨어요?"라고 물은 다음 입을 다물고 귀 기울여 듣기만 했다. 사람들은 대부분 자기 자신에 대해 얘기하기를 좋아한다. 그래서 보통 그들은 한참을 얘기했다.

내가 잘 쓴 요령은 대화가 끝날 무렵 이렇게 묻는 것이었다. "제가 만나봐야 한다고 생각하는 사람 세 분만 소개해주실 수 있나요?" 굳이 세 사람의 이름을 요청한 것은 한두 사람만 소개해달라고 하면 "딱히 떠오르는 사람이 없네요"라고 말할 가능성이 크다는 것을 알기 때문이다.

보스 같은 사람과 네트워크를 만들겠다는 맹세에 충실하게, 나는 때로 하루에 두세 번씩 점심식사를 하거나 보바 차를 마시러 갔다. 만날 수 있는 사람이라면 누구든 가리지 않고 만났다. 페이스북 요리사와 부리토를, 인스타그램 마케팅 담당자와 아이스크림을, 홍보 부서 관리자와는 피자를 먹었다. 더디지만 확실히 소개해준 사람을 만나고, 또 그 사람이 소개해준 사람을 만나는 식으로 사람들을 만나가며 결국 페이스북 마케팅 최고 책임자인 게리 브릭스를 만나게 되었다.

게리는 그때까지 회사에서 만난 사람들 가운데 셔츠 자락을 옷 속에 밀어 넣어 입은 최초의 남자였다. 그는 상냥한 얼굴과 회색빛 머리카락을 가진 진짜 어른이었다. 회사에서 그런 윗사람과 마주 앉는 것에 대한 초조감은 그와 악수하는 순간 사라졌다.

"마이클, 자네는 페이스북이 잘 돌아가고 있다고 생각하나?"

"아! 네, 아주 중요한 질문이네요!"

게리가 웃었다. "어려워 말고 얘기해봐."

"음, 페이스북은 장기 기억과 중요한 순간 포스팅의 영역을 소유하고 있어요." 나는 얘기하기 시작했다. "정말 굉장한 일이죠! 그리고 저는 리디자인의 엄청난 팬이에요. 발표한 지 몇 달이 지났는데, 저는 끊임없이 제 페이지, 좋아요를 갱신하고 있어요, 매일 아침마다 최신 베타를 구글링하고 있어요! 아, 그리고 싱글 컬럼 타임라인은 아주 좋아요. 전 항상 업데이트해요!" 숨을 돌리려고 이야기를 멈췄을 때, 내가 얼마나 세련되지 못하고 과장되게 말하고 있는지 깨달았다. "죄송해요, 자리가 자리다 보니 지나치게 흥분하게 되네요" 하고 나는 변명했다.

"사과할 필요 없어." 게리가 말했다. "대단한 일이야. 페이스북에 십 대가 두 명이나 있다니. 십 대들이 페이스북에 대해 이렇게 많이 생각할 수 있으면 좋겠네!"

"네, 저는 대부분의 제 또래 아이들보다 페이스북에 더 빠져 있는 것 같아요" 하고 인정했다.

하지만 페이스북에 빠져든 만큼 페이스북이 해결해야 할 문제가 있다는 것도 내게는 분명해 보였다. 나는 이렇게 설명했다. "솔직히 말하자면, 제 또래 사람들은 페이스북에 흥미를 잃고 있어요. 포스팅 될 수 있는 콘텐츠의 장기적 속성 때문이에요. 제가 알아차린 각 사용자의 정체된 친구 그래프는 말할 것도 없고, 제 또래 사람들이 속한 생애 주기를 고려할 때 그들이 받아들이기가 쉽지 않아요. 친구 그래프는 십 대의 삶 후반부에 급속히 변해요. 페이스북은 사용자가 그 변화를 반영한다고 느낄 수 있는 쉬운 방법을 제공하지 않아요."

"아무튼, 여기서 아주 세세한 부분까지 말하고 싶지는 않아요. 하지만 제 생각을 선배님과 나누고 싶어요. 페이스북이 가까운 미래에 다루어야 한다고 제가 두려운 마음으로 느끼고 있는 것에 관해서요. 선배님과 대화를 나눌 수 있어서 아주 즐거웠어요." 시간이 다 됐다는 것을 알아차리며 나는 이렇게 말했다.

게리는 고개를 끄덕이며, 생각에 잠긴 듯이 보였다. "아주 흥미로운 대화였어, 마이클. 언제 다시 한번 대화하면 좋겠네."

그날 저녁 셔틀을 타고 아파트로 돌아왔을 때, 엄마가 내가 잘 지내고 있는지 확인하려고 전화를 했다.

"잘 있었니, 마이클! 어떻게 지내니?"

"안녕, 엄마, 잘 지내고 있어요!"

나는 게리와 나눈 엄청난 대화를 머릿속으로 복기하며 흥분을 가라앉히지 못하고 있었다.

잠시 후, 엄마가 말했다. "마이클, 목소리가 다르네."

"어떻게 다른데요?" 내가 말했다.

"모르겠어." 엄마는 잠시 말을 멈췄다. "가벼워. 목소리가 평소보다 가볍게 들려."

"더 말랐다는 뜻이에요? 인맥을 형성하겠다고 주기적으로 점심식사를 하고 매일같이 알프레도 피자 두 판을 주문해 먹은 덕분에, 나는 분명 더 마르지 않았다. 사실 "페이스북 피프틴"이 되었다. "페이스북 피프틴"은 공짜 음식을 먹어 신입 사원이 몸무게가 느는 전형적인 현상을 말한다.

"아니, 내 말은 네가 진지해 보이지 않는다는 거야." 이렇게 말할 때, 엄마가 이런 태도를 좋지 않게 생각한다는 것을 알 수 있었다. "인턴십을 진지하게 하고 있는 거니, 마이클?"

"네, 엄마, 인턴십을 진지하게 받아들이고 있다고 약속해요." 정말 나는 진지하게 대하고 있었다. 열정적으로 사람들을 만나고 하루를 마치면 완전히 지쳐 집으로 돌아갔다.

"마이클, 걱정돼! 페이스북에서 네가 무슨 일을 어떻게 하는지 얘기하지 않잖아. 모든 게 잘되고 있는 게 확실해? 가끔 네가 엉망이 되는 걸 아니까 걱정이 돼. 넌 아마 사람들을 잘 믿을 거야. 모르겠다. 조심해."

나는 부아가 치밀기 시작했다. "걱정하지 마요., 엄마. 페이스북 사람들과 잘 지내고 있어요, 물론 때로 제가 일하는 방식 때문에 힘들어하기도 해요. 하지만 저를 이해하고 제가 어떤 사람인지 잘 알아요."

엄마는 완전히 믿지 못하겠다는 투로 말했다. "알았어, 마이클, 그냥 물어본 거야. 내가 걱정하고 있는 거 알잖아." 엄마는 상황을 모면하려고 생각에 잠긴 것처럼 잠시 말을 멈추더니 이렇게 불쑥 내뱉었다. "가끔 네가 쫓겨날까 봐 두려워."

"하하, 엄마, 해고하지 않을 거예요. 걱정하실 필요 없어요. 걱정하는 거 알아요. 걱정하지 마요. 다 잘되고 있어요."

그러고 나서 엄마의 쉴 새 없는 설교에서 벗어나기 위해 내가 아는 유일한 방법을 썼다. 나는 말을 돌렸다. "내가 가벼워진 거 같다고 말했잖아요? 맞아요, 더 가벼워진 느낌이에요."

알프레도를 많이 먹어 살이 찌긴 했어도 "더 가벼운"은 내게 완벽한 단어다. 나는 나 자신에게서 벗어나 다른 사람들에게 주의를 기울이기 시작했다. 중학생 때 생긴 머리를 조이는 듯한 스트레스성 두통이 더는 찾아오지 않았다. 기억할 수 있는 한 처음으로 나는 애쓰지 않고도 똑바로 서게 되었다.

빛나거나 실패하거나

인턴십을 시작한 지 한 달이 지났을 때, 나는 처음으로 페이스북 해커톤(마라톤을 하는 것처럼 정해진 시간 동안 해킹을 하는 프로그램 마라톤 — 옮긴이)을 경험하게 되었다. 지금까지 나는 해킹은 항상 나쁜 것이라고만 생각해왔다. 영화 속에서 사악한 천재들이 해킹을 통해 여주인공의 컴퓨터를 탈취해 세계를 멸망시키려 할 때처럼 말이다. 악의를 가진 해커들은 우리가 보통 컴퓨터 과학계에서 해커라고 부르는 사람과 다르다. 해커란 코드를 설계하고 개선하기 위해 새로운 방법을 연구하고 발견하는 것을 즐기는 사람이다. 선량한 해커는 시스템 내의 결함을 발견함으로써 비즈니스를 돕는 훈련받은 전문가들이다. 영화 속에서 선량한 해커는 악의를 가진 해커의 숙적이다.

"해킹"은 실리콘밸리에서 거의 늘 긍정적인 단어로 쓰인다. 해킹은 무언가를 파괴하는 것과는 아무 관련이 없다. 오히려 서로 힘을 합쳐 문제를 해결하고 무언가를 창조하는 것에 더 가깝다. 해킹할 때, 우리는 단지 지침을 따르고 미리 규정되어 있는 일련의 구성 요소로 작업하는 것이 아니다. 우리는 무언가를 준비하기 위해 우리 자신의 구성 요소를 이용하고 그것을 우리 자신의 것으로 만든다.

페이스북에서 회사 해커톤이 존경받는 전통이며 회사 비즈니스 모델의 열쇠임을 나는 금세 알게 되었다. 사람들은 자신들의 공식 업무를 한쪽으로 치워놓고 3일 내내 자신이 원하는 것이 무엇이든 간에 코딩을 하면서 보낸다. 엔지니어든, 변호사든, 인사관리 전문가든 상관없이 누구나 참여할 수 있고, 혼자서 해도 되고 집단으로 작업할 수도 있다. 3일 뒤에 프로젝트를 발표하고 이중 가장 뛰어난 프로젝트들은 마크 저커버그의 평가를 받는다. 이를테면 엄지를 치켜세운 "좋아요" 버튼 등 페이스북을 상징하는 특징 다수가 해커톤에서 나왔다.

6월의 어느 수요일 아침, 해커톤 진행 담당자가 올린 공지 팝업창이 작업하던 게이밍 콘솔 프로젝트 위로 떴다. 내 작업은 여전히 코드 한 줄에서 더 진행된 것이 없었다. "해커톤 시간이 왔습니다. 참가하려면 매니저에게 며칠 동안 자리를 비울 거라고 미리 알려주세요."

그날 오후, 나는 커다란 회의실 중 하나로 향하는 거대한 탈출 무리를 따라갔다. 선글라스를 낀 지나치게 활기차 보이는 페이스북 활동 책임자 한나가 우리를 맞이했다.

"안녕하세요, 여러분!" 그녀는 열정적으로 방 안에 모인 사람들을 향해 소리쳤다. "여러분 모두 해커톤에 참여할 준비가 되셨나요?"

"네!" 나는 회의실에 모인 사람들과 함께 소리쳤다. 내심 3일 내내 커피나 점심 약속을 잡을 수 없다는 사실에 속상해하고 있었다. 나는 인턴십이 꼭 놀라운 코드를 작성하는 일일 필요는 없다는 사실을 일찍이 깨닫고 있었다. 되도록 많은 사람이 확실히 내가 그 코드로 창조해낸 가치를 알아볼 수 있게 되는 것 말이다. 나는 여전히 책상 위 노트북을 떠나 자기 폰을 바라보지 않고 대화를 하는 데 최선을 다하는 사람과 탁자를 사이에 두고 맞대고 앉아 있을 때 일어나는 새로운 인간관계에 심취해 있었다. 사람들은 놀라울 만큼 우리가 그들 자신에 관한 이야기를 듣고자 할 때 자신들의 이야기를 서슴없이 들려주는 듯하다. 너무나 많은 시간을 홀로 앱을 만드는 데 보내는 바람에 학창 시절에 루카스나 마리아나와 같이 피와 살을 가진 사람들과 웃으며 이야기를 나누는 일이 어떤 것인지 잊고 말았다. 물론 해커톤에는 수백 명의 사람들이 주변에 있었지만 그건 완전히 다른 문제였다. 코딩에 몰입한 상태에서 눈빛이 멍한 프로그래머들 사이에서는 속 깊은 대화를 나눌 수 없다.

그러나 해커톤을 두려워한 더 깊은 이유는 내가 잘 해내지 못할 거라는 두려움이 있었기 때문이었다. 실제로 나는 모든 단계에서 구글을 이용해야만 코딩을 할 수 있었다. 나는 페이스북의 다른 프로그래머들은 나와 다를 거라고 확신했다. 그들은 모두 나보다 나은 교육을 받은 게 분명했다. (나는 나중에 이런 생각이 틀렸다는 것을 알게 되었다. 모든 프로그래머는 작업할 때 꼭 막혀 있는 것처럼 보인다! 그리고 나의 프로그래밍 기술의 어떤 측면들은 나만이 알고 있는 유일무이한 것이었다.)

오리엔테이션이 끝날 즈음에, 한나는 티셔츠를 던져 건네기 시작했고, 나는 티셔츠 하나를 잡기 위해 미친 듯이 아귀다툼을 벌였다. 생일 파티에서 몸만 다 자란 열아홉 살짜리가 된 기분이었다. 셔츠에는 "캠프 해커토나"라는 말과 함께 노란 불길이 치솟는 캠프파이어가 그려져 있었다. 나는 그 티셔츠를 입고 있던 다른 페이스북 티셔츠에 겹쳐 입고 나서 지시를 기다렸다.

"자, 모두 주목하세요!" 한나가 외쳤다. "각자 자기 그룹을 찾은 다음 자기 아이디어를 제안하세요! 그러고 나서 이메일로 자신의 프로젝트를 우리에게 보내주세요. 그것으로 끝이에요. 모두 준비됐나요?"

"네!" 우리는 다시 외쳤다. 이 활동 책임자는 정말 자기 일을 잘했다. 나는 신이 나기 시작했다.

"자, 해킹합시다!" 그녀가 외쳤다.

나는 라운지의 긴 의자에 옹송그리며 모여 있던 파스 출신 동료 세 명을 찾은 다음 그들에게 무슨 작업을 하고 있냐고 물었다.

"안녕, 마이클." 파스의 선임 디자이너인 빅터가 말했다. "우린 앨범의 낡은 그리드 스타일을 대체할 역동적인 사진 포맷을 만들어볼 생각이야. 크기와 모양이 다양한 콜라주처럼 말이야. 움직임도 넣을까 생각 중이야." 그는 계속해서 설명했다. 얼굴 인식 소프트웨어를 통해 사람들의 네트워크에서 가장 중요한 친구들의 사진을 강조하고, 그룹 밖의 사람들은 페이지에서 자리를 덜 차지하게 할 거라고 했다.

파스의 엔지니어가 이렇게 덧붙였다. "많은 사진을 깔기만 하는 게 아니라 상호작용하게 만들어 하나의 이야기가 되도록 할 작정이야.

그러니까 움직임을 넣을 수 있을 거야! 마이클, 네가 이 작업에 도움이 될 거라고 생각해. 우리랑 같이하자."

어쩌면 그는 나름 친절을 베풀고 있었다. 나는 순간 이들이 나를 끼워줌으로써 일을 덜기는커녕 더 많은 일을 하게 되지 않을까 두려웠다. 하지만 나는 많은 의문을 품으면서도 두려움을 떨치고 같이하기로 했다.

리더인 빅터기 얼마간 인내심을 발휘해가며 내 질문에 답해주고 나서, 우리 넷은 고개 숙여 화면을 바라보며 코드 작성에 착수했다. 3D 그래픽과 애니메이션이 쉴 새 없이 프로그래머의 화면 밖으로 튀어나오는 영화 속 장면과 닮은 점은 하나도 없는 듯했다. 어쨌든 도대체 누가 그렇게 작업하겠는가? 다시 일하게 되어 기분이 좋았다. 소설가가 마음속에 떠오른 이야기를 페이지 위에 옮기는 과정을 시작할 때가 이럴 거라고 상상했다. 단지 언어가 다를 뿐이었다. 우리의 언어는 영어나 스페인어 같은 것이 아니라 오브젝티브-C였다.

1980년대에 처음 만들어진 오브젝티브-C는 내가 배운 최초의 "진정한" 프로그래밍 언어였다. 2014년에도 iOS 디바이스 제품을 개발하려면 여전히 이 언어를 써야 했고, 그래서 우리는 모두 그것을 이용해야 했다. 오브젝티브-C는 엄청난 구식이었다. 더 새로운 언어가 자동으로 처리하는 것 대부분을 오브젝티브-C는 투박한 꺾쇠괄호를 어마어마하게 사용해가면서 일일이 수작업으로 입력해 처리해야 했다. 오브젝티브-C는 어쩌면 여태껏 존재한 언어 중에 기묘할 만큼 가장 장황한 언어였다. 오브젝티브-C를 쓰는 것은 어린 소녀가 수천 번의 발걸음으로 산을 오르지만 결국 몇 시간 후에 기껏 언덕 하나에 올라 있음을 깨닫게 되는 그런 느낌이었다.

우리 팀이 마치 자벌레가 움직이듯이 느릿하게 진행되는 과정에 깊이 빠져들어 있을 무렵 밖에서 뭔가 부산하게 움직이는 소리가 들렸다. 우리는 일제히 화면에서 눈을 떼 밖을 바라봤다. 어스름한 하늘 아래 형형색색의 요란한 푸드트럭 한 무리가 뜰로 들어와 둥글게 원을 그렸다. 나는 작업하던 노트북에서 벗어나 마카로니 앤 치즈와 춘병 같은 무료 음식들을 맛보았다. 트럭을 옮겨다니며 배가 불러 행복했고, 나는 팀과 같이 동이 틀 때까지 키를 두드리며 작업했다.

지나고 나서 생각해보니 분명 페이스북은 우리가 컴퓨터로 작업하는 동안 '이타적으로' 우리에게 돈과 무료 음식을 쏟아부은 것이 아니었다. 해커톤은 늘 이 회사 비즈니스 모델의 핵심이었다. 2백 명 정도의 엔지니어가 자신들이 진정으로 하고 싶은 프로젝트를 추구하도록 자유롭게 풀어놓을 때, 판도를 바꾸는 특별한 것이 결실을 볼 진짜 가능성이 생겨난다. (우리 팀 프로젝트는 비록 내가 이바지한 것은 거의 없지만 나중에 페이스북에 의해 채택되어 특허를 땄고, 오늘날 페이스북 앨범의 기반이 되었다.)

동시에 해커톤은 작업자에게 매일같이 반복되는 따분한 일에서 벗어나 새로운 관계를 형성하고 그들의 창조적 배터리를 재충전할 기회를 제공한다. 요컨대, 기발한 방식으로 효율적으로 생산성을 짜내는 착즙기나 다름없다.

마치 꿈을 꾸듯 몽롱한 시각으로 페이스북을 미화하고 있는 것처럼 보인다면, 내가 2004년에 거기서부터 시작했다는 점을 고려해주기 바란다. 분명 개인 정보 유출을 다룬 몇몇 기사들이 우리의 시선을 끌기 시작했고, 불쾌하고 자극적인 내용을 업로드하는 낚시질이 일상적으로 벌어지고, 정신 건강 전문의들은 더 행복하고 더 부유한 친구들이 올린 게시물에 매일 "좋아요"를 누르며 시간을 허비하는 것이 자존감에 그다지 좋지 않은 영향을 미친다는 의견을 세상에 내놓기 시작하고 있었다. 하지만 페이스북 내부에서 사태를 보는 방식은 이러했다. 이봐, 고객이 12억 3천만 명인데(그 당시에는 이 정도였지만 지금 고객 수는 28억 명이 넘는다) 그 '모두'가 행복한 고객일 수는 없잖아. 이렇게 말하고 페이스북의 실책을 회사의 모토 "빠르게 움직여 현상을 파괴하라"의 불행한 부산물로 묵살하기가 더 쉬웠다.

여기서 잠깐 페이스북이 어째서 일하기 좋은 곳이었고, 지금도 여전히 일하기 좋은 곳인지 말하고 싶다.

무어의 법칙을 들어봤다면, 컴퓨터 프로세싱 속도가 얼추 반세기 동안 2년마다 두 배로 늘었다는 사실을 알 것이다(아마도 그러한 가정은 곧 종말을 고할 것 같다). 당연히 그러한 가속화는 고용 환경에 엄청난 변화를 일으켰고, 앞으로도 계속 그럴 것이다. 점점 늘어나는 문제들에도 불구하고, 페이스북은 노동자들이 이 모든 급속한 변화와 발견에 적응하는 것은 물론 그 바탕 위에 번영을 누리도록 돕는 문화를 창조해왔다.

나는 더 많은 회사, 아니 '모든' 회사가 페이스북이 직원의 일에 대한 열정에 이해심을 바탕으로 관계를 맺고 지속하는 창조적 방식에 주목했으면 한다. 모든 비즈니스 분야에서 지긋지긋하고 완전히 시대에 뒤떨어진 "주어진 일에 충실하라"는 모델을 고집스럽게 고수하는 대신 직원들의 행복과 성장을 일굴 때 일어날 수 있는 혁신을 상상해보라.

설교는 이만.

해커톤에서 거둔 성공에도 불구하고, 나는 내가 맡은 프로젝트를 걱정하면서도 그다지 흥미를 느끼지 못했다. "내 인턴은 물건이야." 제이크는 해커톤이 끝난 지 며칠 후 일단의 페이스북 사람들에게 말했다. 우리는 다섯 시 이후에 마르가리타(데킬라를 베이스로 한 칵테일 ―옮긴이)를 제공하는 캠퍼스 내의 한 멕시칸 식당에 있었고, 법적으로 음주를 할 수 있는 사람들 모두가 아주 시끄럽게 웃었다. 나도 비어 있는 버진 마르가리타(데킬라를 넣지 않은 무알코올 칵테일 ―옮긴이) 잔을 홀짝이며 따라 웃었다.

"농담하는 게 아니라니까," 제이크가 능글맞은 웃음으로 솔직하게 털어놓으며 말했다. "거의 한 달이 지났는데 마이클이 뭘 하는지 정말 모르겠어."

"점심 먹으러 나가는 것 말고 뭘 했지?" 케빈이라는 선임 개발자가 물었다. 나는 지난주에 그와 점심 식사를 같이했었다.

"어―" 나는 의자에서 자세를 고쳤다. "사람들이 페이지에 놓을 수 있는 몇 개의 버튼을 활성화하는 일을 하고―"

"빌어먹을 버튼!" 제이크가 내 말을 끊으며 강조하기 위해 탁자를 쳤다.

모두가 웃었다. 나는 그 탁자를 쳐다보았다.

"글쎄, 제 아이디어를 구현하는 일은 정말 흥분될 정도로 신나는 일이에요, 실제로 이 버튼들이 미묘하게 활성화되어 전환된다는 데 자부심을 느낀다고요. 하지만 이 인턴 프로젝트에 의욕을 낼 방법은 아직 잘 모르겠어요."

제이크가 손을 들어올렸다. "열일곱 살 인턴답게 말해!"

케빈은 더 공감하는 듯 보였다. "어떻게 하면 잘할 수 있을지 모르겠다는 거야, 아니면 그러고 싶지 않다는 거야?"

나는 잠시 생각했다. "제가 확실히 아는 것은… 마음속으로 일이 마무리된 것을 보고도 신이 나지 않는다면 시작할 수도 없다는 거예요."

케빈이 손가락을 까딱거렸다. "내 친구 앤드루를 만나서 얘기해보는 게 좋을 것 같아. 막 엔지니어링 매니저로 승진했는데, 일 가지고 사람들과 얘기하는 데 천재야."

"그래 주면 좋겠어요!" 나는 제이크가 눈을 희번덕대는 것을 느끼며 말했다. 그가 나를 어린애로 취급한다는 걸 알았지만 상관없었다. 처음에는 나를 관리하면서 굳이 간섭하지 않으려는 그의 태도에 감사했지만, 이제 나는 진지한 가르침이 필요했다.

앤드루가 내 비디오 채팅 화면에 나타났을 때 나는 코를 풀고 있었다. 그는 미시간에 있는 할머니 댁을 방문하던 중이었고 감기에 걸린 상태였지만 어쨌든 나의 채팅 초대를 받아들였다. 케빈의 소개 덕분이었다.

"그러니까 정규직으로 고용되었으면 하는데 일에 확신이 없다는 거야?" 이맛살을 찌푸리며 그가 말했다.

"거의 그런 얘기예요, 맞아요." 나는 인정했다. 정말 바보 같은 짓이었다. 잘 알지도 못하는 사람이 자기 할머니를 찾아 나가 있는데 나는 어리석은 일로 그의 시간을 빼앗고 있었다. 나는 머리를 절레절레 흔들었다. "죄송해요, 제가 알아서 해결할게요. 귀찮게 해드릴 생각은 없었어요."

"괜찮아, 전혀 그렇지 않아." 갈색 곱슬머리를 손으로 쓸어 넘기며 앤드루가 말했다. "매니저로서 내 일을 하는 것뿐이야, 사람을 돕는 일 말이야." 나는 안도의 한숨을 내쉬었다. "그리고 빨리 정신 똑바로 차리지 않으면 취직이 되는 일은 절대로 일어나지 않는다는 말을 해두고 싶어."

"알았어요." 나는 목이 멘 목소리로 말했다.

"영감이 떠오르면 네가 모듈 프로젝트를 코딩하는 데 시간이 얼마나 걸릴 것 같아?"

"한두 주 정도요."

"그리고 떠날 때까지 한 달 남았고?"

나는 연신 고개를 끄덕였다. 그는 실제로 나의 사소하기 짝이 없는 문제를 진지하게 받아들이고 있었다!

"내 생각에 네가 해야 할 일은 바로 이거야." 앤드루가 단호하게 말했다. "먼저 네가 말한 대로 2주 안에 이 프로젝트를 끝내야 해. 그래야만 네가 흥미를 느끼는 온갖 재미있는 일들을 할 수가 있어, 마이클. 그러니까 네가 페이스북에서 장기적으로 일하길 바란다면 말이야."

유레카! 몇 분 후, 아니 아마도 몇 초밖에 안 되는 짧은 시간 후에 나는 여러 라운지 중 한 라운지의 빈백 의자에 앉아 일하던 제이크를 찾았다. 그는 의자에 긴 몸을 뻗치고 머리 뒤로 깍지를 낀 채 나를 올려다보았다. 나는 숨 가쁘게 인턴십을 완전무결하게 수행하기 위한 나의 새로운 계획을 펼쳐놓았다. 오브젝티브-C와 스위프트라고 불리는 클리너 코드로 게이밍 콘솔 전체를 개발할 것이고, 그래서 접근성이 더 좋아질 거라고 설명했다. 그를 찾아 오는 길에 스위프트 레이어를 생각했고, 그건 내 아이디어였기 때문에 나는 실제로 약간 흥분된 기분이 들었다. 팔짱을 끼고 제이크의 판결을 기다렸다.

"완전히 다른 두 개의 언어로 그걸 개발하겠다는 건데." 제이크가 미심쩍다는 투로 말했다. "네!" 나는 말했다. "경력이 있는 프로그래머들을 위해서는 오브젝티브-C 모듈을, 그리고 초심자들을 위해서는 스위프트 모듈을 만들 거예요."

"이걸 한 달 안에 할 수 있다고 자신할 수 있어?"

이 지점에서 흥분이 가라앉았다. 꽤 자신하고 있었지만 만약을 위해서 그의 기대치를 낮춰야 한다는 것을 깨달았다.

"두 번째 레이어는 제때 끝낼 수 있을지 확실하지 않지만, 최선을 다할 거예요." 나는 제이크에게 이렇게 말하며 덧붙였다. "인턴 기간이 끝나고 정규직 제의를 받기를 정말 간절히 바라고 있어요."

"알았어." 그가 말했다.

페이스북의 많은 인턴들은 정말 정규직이 되었으면 하는 자기 속 내를 잘 드러내지 않는다. 대학을 나온 그들은 자기 자신을 적극적으로 옹호하는 데 익숙하지 않다. 그들의 접근 방식은 묵묵히 열심히 일하면서 남이 그것을 알아주기를 바라고 그에 걸맞게 보상을 받는 것이었다. 아마도 이제 눈치챘을 테지만, 기다리면서 남이 알아주길 바라는 것은 내 스타일이 아니다.

나는 2주 만에 두 언어로 모듈을 설계하는 일을 끝냈다. 나 자신조차 놀랄 만한 일이었다. 그리고 제이크와 인턴 프로그램 책임자를 비롯한 몇몇 다른 매니저들에게 최종 발표를 할 때가 되었다. 발표는 전혀 부담되지 않았다.

나는 발표에 능했다. 전적으로 6학년 때 선생님 덕분이었다. 그녀는 나와 몇 안 되는 다른 학생에게 모의 국제연합 클럽에 가입할 것을 권하며 가입을 도와주었다. 선생님은 6학년 학생들을 가르치기 싫다는 사실을 아주 공공연하게 드러냈다. 하지만 그해에 선생님은 우리와 같이 지낼 수밖에 없었기 때문에 학교에서 배울 수 있는 가장 가치 있는 일이라고 여기는 것을 우리에게 가르친 것 같다. 바로 발표하는 법이었다.

선생님은 우리에게 매주 새로운 주제를 제시했다. 학생들은 돌아가며 교실 앞으로 나와 서서 사진이나 노트도 없이 쉬지 않고 얘기했다. 우리 뒤로는 슬라이드가 돌아가고 있었는데 우리는 절대로 뒤를 돌아봐서는 안 되었다. 그 후에는 15분 동안 질의응답 시간이 있었다. 다른 학생들은 경쟁적으로 발표자에게 되도록 답변하기 힘든 어려운 질문을 던져 점수를 깎아내리려 했다. 우리는 우리를 골탕 먹이려는 사람들에게 답변하는 데 아주 능숙해졌다. 무엇보다 발표를 할 때 말하는 것만큼이나 감정이 중요하다는 것을 배웠다. 청중이 느끼긴 원하는 감정을 전달하는 것이 중요했다.

6학년 때 선생님이 가르쳐준 또 다른 핵심적인 내용은 늘 사실들로 이야기를 구성하라는 것이었다. 그래서 나는 4스냅스를 설계할 때 겪은 어려움과 내가 이제 막 디자인한 단순하고 간결한 스위프트 모듈이 정확히 그때 당시에 내가 이용할 수 있었더라면 하고 바라던 것이었음을 이야기했다.

한 차례 질문이 돌아간 후에, 모인 사람들은 갈채를 보냈다. 제이크의 놀란 표정이 특히 만족스러웠다. 나는 이 기회를 이용하기로 했다. 사람들이 열을 지어 회의실을 빠져나갈 때 그를 따라갔다.

"안녕하세요! 발표가 마음에 드셨는지 모르겠네요."

"그럼, 잘했어."

"아나스타샤에게 발표가 어땠는지 말해줄 수 있어요?" 나는 반복해 강조했다. "정규직 자리를 얻는 것에 정말 관심이 많아서 그래요." 키가 큰 동유럽 출신 여자로 강한 억양을 가진 아나스타샤는 인턴 프로그램 책임자였다. 최종 심사 결과를 작성할 권한을 가진 그녀가 나의 미래에 열쇠를 쥐고 있었다. 나는 이미 그녀에게 세 차례 메일을 보냈다. 내가 페이스북에 계속 다니고 싶다는 것을 알리기 위해서였다. 그녀의 답변은 늘 모호하고 짤막했다. 그녀는 회사가 보통 대학을 나오지 않은 사람을 채용하지 않는다고 넌지시 알렸다. 페이스북은 젊은이들이 더 수준 높은 교육을 받을 기회를 빼앗고 싶지 않다는 것이었다. 나는 다시 그녀에게 메일을 보내면서 돌려 말하지 않고 좀 더 직접적으로 말했다. 페이스북이 나를 고용하든 말든 나는 대학 진학에 전혀 관심이 없으며 프로그래밍이란 직업에서는 기술이 족보보다 중요하다고 말이다. 대학 진학에 관심이 없는 것이 신선한 변화로 받아들여지길, 다시 말해 어쩌면 회사가 하버드니 스탠퍼드니 하는 말을 듣는 데 질렸을지도 모른다는 데 희망을 걸 뿐이었다. 확실히 그랬다.

2014년 8월 25일, 그러니까 나의 열여덟 번째 생일 다음 날, 아나스타샤는 나를 회의실로 불렀다. 나는 고용될지 말지 노심초사하느라 한숨도 자지 못해서 회의실 문을 닫는 순간 얼이 빠져 버렸다. 그 다음에 무슨 일이 일어났는지 아무것도 기억나지 않았다. 기억이 전부 지워졌다.

미팅을 끝내고 나는 충격과 안도감을 동시에 느꼈다. 내가 받아들인 일의 세부 조건은 이랬다. 나의 직책은 소프트웨어 엔지니어가 될 것이다. 1년에 연봉 11만 불에 더해 보너스와 많은 페이스북 주식, 복지 혜택을 받게 될 것이다. 그리고 6주 내로 정규직으로 전환될 것이다. 회의실에서 밝은 뜰로 걸어 나왔을 때 나는 나에게 아주 중대한 일이 벌어졌음을 알았다. 마침내 해낸 것이다. 나는 한 달에 두 번 급료를 받는 정규직을 얻었다. 나는 열여덟 살이니까 돈을 저축할 수 있었고, 저축한 돈은 모두 내 돈이었다. 마침내 나는 안전해졌다.

달콤 쌉싸름한 독립

채용된 후에 내가 처음으로 한 일은 건물 밖으로 달려 나와 엄마 아빠에게 전화를 건 것이었다. 엄마는 신호음이 한 번을 채 다 울리기도 전에 전화를 받았다. "마이클?" 초조할 때면 늘 그랬듯이, 엄마 목소리는 불안정하게 떨렸다. "취직이 된 거니?" 대답도 하기 전에, 찰칵하는 소리가 들렸고 아빠의 멋진 중저음이 수화기에서 흘러나왔다. "안녕 아들, 어떻게 됐어?"

"저 취직됐어요!" 나는 이렇게 말하며 폴짝폴짝 뛰었다. 두 분 다 눈물을 터뜨렸다.

나 때문에 행복하지만 약간 죄책감도 느끼는 듯했고, 무엇보다 안도했을 것이다.

고용이 결정된 다음 두 번째로 한 일은 인스타그램과 페이스북에 게시물을 올린 것이었다.

올여름 페이스북 인턴십은 놀라웠지만 그게 끝이 아니었다. 페이스북은 나에게 엔지니어로 정규직을 제안했다. 이제 모험이 시작되었다!

곧바로 나의 새로운 동료들이 보낸 축하 메시지들이 화면에 올라오기 시작했다. 마크 저커버그까지 메신저로 나에게 "우린 네가 만든 걸 볼 날을 고대하고 있어"라고 메시지를 보냈다. 저커버그가 이런 말을 해주리라고는 전혀 기대하지 않았다. 자정 무렵에는 볼리비아, 페루, 콜롬비아의 기자들이 인터뷰를 요청하는 글이 올라왔다. 인터뷰한다고 해서 비밀스럽기로 유명한 새로운 고용주와 어떤 문제가 생길 수 있다는 생각은 전혀 들지 않았기 때문에 나는 그들 모두에게 곧바로 응했다. "그럼요!"

고용이 결정된 후에 세 번째로 한 일은 은행으로 가서 나 말고는 누구도 접근할 수 없는 완전히 새로운 계좌를 튼 것이었다. 지금까지는 미성년자였기 때문에 인턴으로 번 21,000달러는 곧바로 엄마가 완전히 통제하고 있는 계좌로 입금되었다. 나는 그 돈을 만지지도 않았다. 페이스북이 식사하고, 대중교통 수단을 이용하고, 매일 살아가는 데 드는 비용 전부를 댔기 때문이다.

은행에서 나는 한 멋진 여성을 따라 칸막이가 되어 있는 작은 사무실로 들어갔다. 그녀의 책상 위에 페이스북 로고가 들어가 있는 내 백팩을 내려놓은 다음 그녀에게 단 한 번도 사용해본 적이 없는 내 은행 카드를 건네며 물었다. "옛날 계좌에 들어 있는 돈을 새 계좌로 옮길 수 있을까요?" 예금 잔고를 확인해본 적도 없었지만 엄마가 최근에는 돈을 달라고 한 적이 없었기 때문에 이전 계좌에서 내 새로운 계좌로 옮길 돈이 꽤 있을 거라고 생각했다. 그 돈은 키케 삼촌이 내게 조언해준 대로 이 예금 계좌의 좋은 토대가 되어줄 것이었다.

그 은행원은 키보드로 뭔가 쳐보더니 안경 위로 눈을 치켜뜨며 나를 바라보았다. "좋아요, 현재 손님 계좌에 잔고가 77달러 있네요."

"뭐라고요?" 나는 자리에서 벌떡 일어서며 소리쳤다. "그럴 리가 요!"

그녀는 빙그레 웃으며 고개를 가로저었다. "자리에 앉아보세요, 손님." 그녀는 유치원 교사 같은 목소리로 엄마가 자신의 개인 계좌로 한 이체 목록을 차근차근 보여주며 설명했다.

"아." 내가 할 수 있는 말은 이게 전부였다.

"자, 어떤 계좌가 필요할지 결정하시죠, 손님! 현재 직장이 있으신 가요?"

내가 연 수입이 10만 달러가 넘을 거라고 하자 그녀는 눈을 휘둥그레 떴다. 그녀가 누군가에게 전화를 걸었고, 정장을 입은 한 남자가 나타나 나를 훨씬 멋진 사무실로 데려갔다. 그곳에서 나는 탄산수와 많은 신용카드, 증권 계좌 옵션들을 제공받았다.

"어," 나는 말했다. "그냥 돈을 넣고 다시 뺄 수 없는 그런 계좌를 원해요. 영원히요."

정장을 입은 사내가 아주 실망스럽게도, 나는 결국 인출하는 계정에 잔액이 없으면 직불 카드가 거부되고 한 달에 두 번 이상 현금을 인출하면 비용이 청구되는 계정을 선택했다. 저축하는 법을 배운 적이 없었기 때문에 얻을 수 있는 모든 인센티브가 필요했다.

그날 저녁 엄마에게 전화해 체이스 은행에 새로 계좌를 열었다고 애써 태연한 척하며 알렸다. 페이스북에서 받은 월급은 그 계좌에 예금될 거라고 했다.

잠시 아무 말 없이 있다가 엄마는 몹시 밝은 목소리로 말했다. "잘했어. 멋지네."

"정말요?" 이렇게 말하며 나는 안도감이 밀려오는 것을 느꼈다.

"그럼, 그렇고말고! 열여덟 살이잖아, 그러니 마땅히 그래야지."

"아, 좋아요!" 혼자서 자립한다는 게 이렇게 쉬운 일이었나?

"비밀번호는 알려줄 거지? 만약을 위해서 말이야."

나는 손에 얼굴을 파묻고 아무 말도 하지 않았다.

"하하, 농담이야!" 엄마는 명랑한 목소리로 말했다. 엄마 말이 농담이든 아니든, 나는 부모님이 다시 독립할 수 있도록 도우려면 새 은행 계좌 이상의 것이 있어야 한다는 것을 바로 그때 알았다. 하지만 이제 시작일 뿐이었다.

일주일 안에 나는 혼자가 될 것이었다. 인턴 근무도 더는 없을 것이고, 공짜 셋방도 없을 터였다. 거주할 곳을 구하는 문제로 나는 공포감에 사로잡혔다. 어디서부터 시작해야 할지 전혀 몰랐기 때문에 아예 생각하지 않으려 했다. 인턴 근무가 마무리되었을 때, 룸메이트 존에게 작별 인사를 하고 짐을 꾸려 마이애미의 집으로 날아갔다. 다음 달을 위해 잠을 자고 TV를 보고 디즈니월드에 두 번 갔다. 물론 가족의 푯값은 모두 내가 냈다. 그리고 영화관에 십여 차례 가고, 많이 먹고, 현재 진행형인 부모님의 재정 문제에 관여하려 하지 않았다. 부모님은 나에게 그들의 재정 상황에 관해 정보를 제공하는 것을 그만두었지만, 나는 상황이 전혀 나아지지 않고 있다는 것을 알았다. 아빠는 부동산 분야에서 일을 찾아보려 했지만 아직 구하지 못한 상태였고, 엄마는 보석 사업을 할까 궁리 중이었다. 페이스북에서 일을 시작할 날짜가 임박하고 내 아파트 문제도 마술처럼 저절로 해결되지 않았기 때문에 나는 페이스북에 "임대할 방을 찾습니다"라는 게시물을 빠르게 써서 올렸다. 몇 시간 후, 인터넷에서 좀 알고 지내기는 했지만 만난 적은 없는 한 남자가 메시지를 보내왔다. 샌프란시스코에서 자신이 거주하고 있는 "해커 하우스"에 방이 하나 비어 있다는 것이었다. '와, 간단하네'라고 나는 생각했다. "관심 있어요!" 나는 답글을 써 보냈다. "좀 더 자세히 알려줄 수 있어요?"

요점은 그 집에 사는 사람들 모두가 20대 초반이라는 것이었다(그는 그곳에 몇 명이 사는지 말하지 않았고, 나는 왠지 물을 생각을 하지 않았다). 그들은 소위 실리콘밸리 해커들이었다. 정규직으로 일한다는 생각 자체를 싫어하고 독립적으로 코딩을 하면서 만든 앱을 팔아 이따금 돈을 버는 외톨이 늑대들이었다. 집세는 1,350달러였다. 너무 비싸다는 생각이 들었지만 나는 집 문제로 점점 초조해하고 있었다. 그래서 캘리포니아로 되돌아가기 일주일 전, 해커 하우스에 들어가고 싶다는 의사를 그 남자에게 밝혔다.

일주일 후, 샌프란시스코로 다시 날아가 공항에서 우버를 타고 오후 10시쯤에 그 도시에 있는 나의 새로운 집으로 곧장 향했다. 그 집은 카스트로 지구 중심에 있었다. 멘로파크에 있는 페이스북까지 가려면 교통이 혼잡한 출퇴근 시간에 통근하는 데 2시간이 걸리는 곳이었다. 대부분의 젊은 실리콘밸리 노동자들은 샌프란시스코에 살면서 매일 직장에 출퇴근하기 위해 페이스북과 구글의 무료 셔틀을 이용했다. 나는 통근을 바라진 않았지만 내 또래 사람들이 샌프란시스코에 사는 데는 다 이유가 있다고, 따라서 그럴 만한 가치가 있을 거라고 생각했다.

차에서 내리는 순간 후회가 밀려왔다. 얼어붙을 것같이 추운 일요일 저녁이었고, 술에 취해 반쯤 벗은 남자들이 시끄러운 술집에서 비틀거리며 나와 날씨가 춥다고 고래고래 소리 지르고 있었다. 나는 모든 것이 괜찮은 것처럼 행동하려고 애쓰며 "제기랄" 하고 낮은 목소리로 말했다. 사이렌이 요란하게 울렸고 여러 대의 경찰차가 정지 신호를 무시하고 빠르게 달렸다. 나는 내 여행 가방의 손잡이를 더욱 세게 그러쥐고 "무엇이든 도움이 됩니다"라고 적힌 골판지 표지판 아래 의식을 잃은 채 팔다리를 벌리고 누워 있던 남자의 다리를 피해 걸어갔다.

마이애미에서는 거리에서 노숙자를 거의 보기 힘들다. 그러기에는 너무 덥다. 캘리포니아주에 다른 주보다 노숙자가 훨씬 많다는 얘기는 들어 알고 있었다. 샌프란시스코와 실리콘밸리 전역에 특히 노숙자가 많았다. 주택 부족과 지난 20년에 걸쳐 일류 첨단 기술 기업의 부상이 만들어낸 부의 거품 때문이었다. 여기서 평균적인 기술 엔지니어는 봉급의 사오십 퍼센트를 집세로 내기 때문에 저축하고 자기 집을 사고 회사 밖에서 외식을 할 만한 돈이 별로 남지 않았다. 세일 스포스의 마크 베니오프 같은 실리콘밸리의 몇몇 CEO는 수십억 달러를 들여 병원과 보호소에 자금을 지원하기 시작했지만 분명한 사실은 그것으로 충분하지 않다는 것이었다.

내 폰의 GPS는 이미 목적지에 도착했다고 알려주고 있었지만, 나는 어떤 거주지도 찾아볼 수 없었다. 보이는 거라고는 식당과 클럽, 문신 시술소밖에 없었다. 20분 동안 그 구역을 오르내리며 걷다가 나는 마침내 적어도 제대로 옷을 갖춰 입고 똑바로 걷고 있는 한 남자를 불러세웠다.

"실례합니다. 혹시 이곳이 어딘지 아세요?" 나는 무심한 투로 말했다. 그에게 내 폰의 지도를 보여주며 그저 그가 폰을 쥐고 달아나지 않기를 빌었다.

"바로 저기요." 그는 동성애자 나이트클럽과 지저분한 커피숍 사이에 난 어둡고 비좁은 계단을 가리켰다. 해진 군 작업복을 입은 사내와 마찬가지로 누더기처럼 지저분해 보이는 개 한 마리가 맨 아래 계단을 막고 서 있었다. 나는 그들을 피해 걸어가 나의 룸메이트가 숨겨두었다고 말한 매트 아래서 열쇠를 찾았다. 안도감이 확 밀려왔다. 자물쇠를 만지작거리며 나는 등 뒤로 위장복을 입은 사내의 차가운 시선을 느꼈다.

나는 꾀죄죄해 보이는 대여섯 명의 사내들이 찢어진 소파에 주저

앉아 맹렬히 노트북의 자판을 두들기고 있는 것을 빼고는 드라마 「NCIS(해군 범죄 수사국)」에 나오는 마약 소굴처럼 보이는 곳으로 들어갔다.

그곳에서는 쓰레기에서 나는 듯한 지독한 악취가 풍겼고, 어디에나 맥주병과 빈 피자 박스가 널브러져 있었다. 프로젝터 한 대가 균열이 나 있는 벽에 유튜브의 일본 애니메이션을 비추고 있었다. 이 악몽과도 같은 순간을 받아들이며 멍하니 잠시 서 있는 사이 몇몇 사내가 마침내 나를 알아봤다. 그들은 "무슨 일이야?"라는 한마디 말을 던지고는 바로 자신들이 하던 일로 돌아갔다. 어두워서 잘 안 보였지만, 이들 중 누구도 내가 대화를 나눴던 남자의 프로필 사진과 닮아 보이지 않았다. 그래서 그에게 메시지를 보냈다. "도착했어요." 곧바로 그가 답장을 보내왔다. "당신 방은 오른쪽 두 번째 방이에요." 주위를 둘러봤지만 문은 어디에도 보이지 않았다. "오른쪽 어디요?" 떨리는 손으로 문자를 다시 써 보냈다. 문을 닫고 내 앞에 펼쳐진 모든 광경을 차단해 지금 일어나고 있는 이 모든 일이 꿈이었으면 간절히 바랐다.

답장을 기다리는 동안 현관문이 벌컥 열리면서 또 한 무리의 사내들이 비틀거리며 들어왔다. 그들은 가볍게 나를 벽으로 밀치고는 어두워서 보이지도 않던 작은 계단을 오르기 시작했다. 계단을 오르던 마지막 사내가 벽에 몸을 바짝 밀착시키려고 애쓰는 뚱뚱한 아이(나) 옆을 지나치다 놀란 듯이 물었다.

"새로 온 녀석이야?"

나는 고개를 끄덕였다.

"얘기는 들었어. 네 방은 위층이야. 보여줄게."

나는 사내를 따라 비좁은 2층으로 올라갔고, 거대한 컴퓨터 화면으로 가득 찬 방들을 지나 해킹과 비디오 게임에 빠져 있는 더 많은 사내들을 지나쳤다. 그곳은 환기가 안 되어 갑갑했고 몸을 제대로 씻지 않은 수천 명의 몸에서 날 법한 고약한 냄새가 풍겼다. 내 가이드는 닫혀 있는 한 문 앞에 멈춰 섰다. "이게 네 방이야. 열쇠 있어?"

그는 내가 주머니에서 열쇠를 찾아 자물쇠를 돌리고… 한 옷장으로 들어가는 동안 기다렸다. 거짓말이 아니다. 그저 크기가 커서 사람이 서서 드나들 수 있을 뿐 그건 옷장이었다. 그 공간을 가로질러 두 걸음을 옮기고 나서 불안정한 기둥들 위에 놓인 좁은 플랫폼 침대 밑으로 고개를 수그리며 출입구에 서 있던 사내를 되돌아보았다. "이게 방이에요?"

"맞아, 이게 네 방이야."

"정말 방이라고요?" 나는 말했다. "그냥 옷장처럼 보이는데요."

"네가 돈을 지불하고 얻은 거야." 그 사내가 팔짱을 낀 채 말했다.

"하지만 전 이 방을 얻는 데 많은 돈을 냈다고요! 무려 천삼백오십이나요!"

그 사내는 마침내 웃으면서 말했다. "이게 샌프란시스코야, 이 사람아." 그런 다음 옷장 안에 나를 홀로 남겨둔 채 사내는 문 뒤로 사라졌다.

해커 하우스에서 첫날을 보낸 다음 날 아침, 나는 최대한 서둘러 문을 나섰다. 간밤에 나이트클럽의 시끄러운 비트가 내 꿈을 헤집고 울리는 동안 나는 이 갑갑한 옷장 속에서 뒤척이며 고통스럽게 일곱 시간을 보냈다. 깨었다가 다시 잠들지 않고 바로 일어나기는 난생처음이었다. 나는 재빨리 옷을 입고 화장실을 이용한 후 (나는 아무것도 건드리지 않으려고 주의를 기울였다. 나중에 페이스북 체육관에서 샤워할 생각이었다) 같은 공간에서 살게 될 불특정 다수에게 말 한마디 건네지 않고 문 밖을 뛰쳐나오다시피 했다. 이런 패턴은 내가 해커 하우스에서 사는 내내 지속되었다. 나는 이런 생활이 그리 오래가지 않으리라는 걸 알았다.

하느님 맙소사, 나는 그 아파트를, 그리고 기분 나쁘게 어둡고 시끄러운 샌프란시스코 이웃들을, 그리고 그 긴 통근 시간을 투덜대며 증오했다. 내 기분은 페이스북 셔틀이 101번 고속도로의 남쪽으로 향하는 마지막 구간에 이르러 도시 안개를 뒤로 하고 구불구불한 언덕과 옹이가 많은 늙은 참나무가 있는 햇살 가득한 센마테오 카운티로 질주할 때만 비로소 고양되기 시작했다. 그제야 비로소 움츠러든 어깨가 풀리고, 뭔가 뭉쳐 있는 듯한 답답한 마음이 풀어지기 시작했다. 어쨌든 초기 시절에 나는 그렇게 느꼈다.

그곳은 내게 모두가 아이디어로 가득 차 있으며 제자리에 앉아 행운이 오기만을 기다리는 사람은 존재하지 않는 그런 곳으로 보였다. 로스앤젤레스에서는 모두가 시나리오 작업을 한다고들 한다. 2010년대 중반 실리콘밸리에서는 모두가 앱 작업을 하고 있었다. 우버 드라이버, 바리스타, 또는 개를 산책시키고 있는 사람에게 어떻게 사냐고 한번 물어보라. 그러면 그들은 시간이 허락되는 대로 즉시 실현할 백만 달러짜리 앱 아이디어에 관해 말할 것이다. 소프트웨어 엔지니어에게 기술이 세상을 구할 것 같냐고 한번 물어보라. 그러면 그들은 당신에게 바로 이렇게 말할 것이다. "물론이지."

나는 그럴 거라고 확신하지 못했지만 아직까지도 실리콘밸리는 내 안에서 낙관론자를 불러낸다.

페이스북 정규직 직원이 되면 곧바로 신입 연수원 교육을 받는다. 신입사원이 두 달 동안 하는 일은 그 하부구조에서부터 페이스북이 일하는 방식을 배우는 것이다. 신입사원은 다양성, 광고, 경제적 이익 창출, 복지, 그리고 이용 가능한 많은 회사 특전을 이용하는 법을 배운다. 신입사원 각자에게는 연수원 멘토가 배정된다. 멘토는 오리엔테이션 과정을 통해 신입사원을 인도하고 사실상 조언자가 된다.

그렇게 두 달에 걸쳐 배우는 동안, 페이스북에서 새로운 노동자라 불리는 연수원 엔지니어들은 신입 구성원 모집에 참여한다. 회사 내 매니저들은 자기 팀에 데려갈 최고의 프로그래머를 낚기 위해 경쟁한다. 그것은 우등생들로 구성된 미국 대학의 친목 단체의 서약 주간과 같다. 모든 팀이 데려갈 수 있는 만큼의 신선한 피가 필요하기에 서약만이 모든 권한을 보유한다. 일단 신입 연수원 참가자가 어떤 팀의 초대를 받아들이면 적어도 몇 달 동안은 그러한 선택에 책임을 질 것으로 기대된다. 그러고 나서 원한다면 자유롭게 팀을 바꿀 수 있다.

몇 팀이 초기 몇 주에 나를 초대했지만 나는 그들이 작업하고 있는 프로젝트에 흥미가 일지 않아 제의를 받아들이기를 꾸물거렸다. 인턴십을 한 덕분에, 직감이 '아니오'라고 할 때 '예'라고 말하지 않아야 한다는 생각이 머릿속에 각인되어 있었다.

내 직감은 인턴십 이후로 알아차린 문제인 스냅챗 위협을 해결하기 위해 작업하고 있는 팀으로 들어가기 전엔 다른 팀의 초대를 미루라고 말하고 있었다. 2014년에 스냅챗은 선풍적인 인기를 끌고 있었고, 내가 아는 사람 모두가 그것을 좋아했다. 스냅챗이 미국의 모든 십 대를 노예처럼 길들이는 동안, 페이스북은 아이들 대부분의 소셜 미디어 생활에서 논외의 대상이었다. 확실히 우리는 학교 모임과 기타 어른들이 승인한 활동에는 페이스북을 사용했지만, 페이스북은 우리가 어울려 놀고 우리 자신을 드러내기 위해 가는 곳은 아니었다. 페이스북 사람들은 이를 심각하게 받아들여야 했지만, 실상은 그렇지 않았다. 한편, 페이스북은 2012년에 인스타그램을 10억 달러에 사들였고 최근에 메시지 앱인 왓츠앱에 19억 달러를 썼다. 하지만 이와 같은 인수에도 불구하고 페이스북은 상대적으로 나이가 어린 사용자들의 관심을 사로잡으려는 시도에서 중대한 도전에 직면해 있었다. 내가 회사의 몇몇 사람에게서 본 지배적인 태도는 이랬다. '걱정할 것 없어. 아무도 우릴 막을 수 없어. 스냅챗은 십 대 일부가 사용하는 별 볼 일 없는 앱일 뿐이야.'

어느 팀이든 한 팀을 빨리 고르라는 나의 신입 연수원 멘토 잭의 독촉을 피하면서, 나는 나 자신의 프로젝트에 모든 시간을 할애했다. 페이스북이 스냅챗의 거대한 십 대 시장에 맞서 경쟁하는 데 이용할 수 있는 앱을 생각해내는 것 말이다. 잭은 그 구상을 좋아했다.

그는 나를 자기 매니저와 연결해주었고, 나는 그에게 같은 프레젠테이션을 했다. 그 매니저는 이렇게 말했다. "크리스 콕스가 이걸 보면 좋겠네."

제품 최고 책임자인 크리스 콕스도 그 구상을 좋아했고, 재빨리 내가 저커버그를 포함한 회사 최고 임원진에 이를 홍보할 일정을 잡았다. 나는 신경이 잔뜩 곤두선 상태에서 회의에 들어갔다. 회의실에 들어가자 저커버그와 다른 사람들이 이미 소파에 앉아 있었다. 여덟 개의 머리를 가진, 매우 가치 있는 여덟 개의 두뇌를 보유한 단일 유기체처럼 그들은 일제히 보고 있던 폰에서 눈을 들어 나를 바라보았다. 나는 경영진이 냉정한 전문가들이긴 하지만 그들의 구부러진 턱과 곧추선 자세를 보며 그들도 나만큼 긴장해 있다고 생각했다. 그들은 내가 보스에게 아이디어를 설득력 있게 전달함으로써 자신이 그 아이디어가 가진 미래를 알아보고 십 대들에 대한 페이스북의 이해에 핵심이 될 수 있는 것을 육성한 공로를 인정받을 수 있기를 기대하고 있었다.

"자, 마이클, 자리에 앉아." TV 모니터 옆에 놓인 소파의 비어 있는 자리를 가리키며 콕스가 말했다.

나는 콕스가 가리킨 자리를 쳐다보며 어떻게 할지 살짝 망설였다. 나는 내 생각을 발표할 때마다 청중 앞에 서서 했다. 발표에 관해서는 요다와 같은 존재였던 6학년 때 선생님은 발표에서 핵심은 서 있는 것이라고, 그것이 청중이 느끼기를 바라는 흥분과 에너지를 전달하는 최고의 방법이라고 가르쳤다. 6학년 때 배운 방법은 한 번도 나를 실망시킨 적이 없었고, 나는 내가 얻을 수 있는 모든 이점을 활용할 필요가 있었다. 하지만 정반대로 인턴 때 나의 얼토당토않은 얘기를 들어주며 나를 도와주고 이후 내가 페이스북이라는 세계를 항해하는 데 도움이 필요할 때마다 조언을 구했던 엔지니어링 매니저 앤드루는 내게 오늘 서서 발표하지 말라고 경고했다. "제품 홍보를 할 때, 흥분하지 않으려면 가만히 앉아서 하는 게 좋을 거야."

"안녕하세요, 마크, 저 기억하세요? 마이클 세이먼이에요." 내가 말했다.

"그래, 물론 기억하지." 저커버그가 대답했다. 하지만 그의 표정만 봐서는 정말 기억하는 건지 알 수가 없었다.

너무 긴장한 나머지 앉아 있을 수가 없었다. "서서 해도 될까요?" 나는 그 억만장자에게 물었다.

"음, 물론이지." 그가 말했다.

회의실에 있던 몇 사람이 웃었고, 다른 사람들은 혼란스러워하는 듯했다. 하지만 흥분과 열정, 에너지를 가지고 발표를 시작하면서, 나는 부사장들과 임원들의 안도하는 표정을 보고 그들이 내 발표를 마음에 들어 한다는 것을 알 수 있었다. 어쩌면 그냥 재밌다고 여기는 것일 수도 있었지만 개의치 않았다.

발표를 마쳤을 때, 모두의 눈이 저커버그를 향하며 그가 입을 열기를 기다렸다.

저커버그는 전혀 서두르지 않았다. 창밖을 내다보다가 천장을 바라보다가 했다.

"음," 그가 마침내 말했다. "내 생각엔 말이야…, 내 생각엔 흥미로워."

부사장들과 임원들은 앉아 있던 의자에서 몸을 앞으로 기울이며 고개를 끄덕였다.

"하지만 전반적으로는 그게 인스타그램과 어떻게 다른 건지 잘 모르겠어." 저커버그는 말을 계속 이어갔다. "생각 자체는 좋아. 내가 정말로 좋아하는 부분도 있고. 하지만 전체 모습이 그려지질 않아."

아무 말 없이, 나는 가만히 자리에 앉아 있지 않은 나 자신에게 저주를 퍼부었다. 나는 그럴 기회를 날렸다. 이제 어떻게 하지? 이제 다시 자리에 앉기에는 너무 늦었나? 마크에게 감사하다고 말하고 자리를 비켜야 하나? 아니면 그가 먼저 나가길 기다려야 하나? 나는 어느게 예의 바른 행동인지 전혀 감을 잡을 수 없었다. 나는 크리스 콕스를 바라봤다. 그는 초췌한 표정으로 자신의 목을 매만지고 있었는데 이러한 결과에 심리적으로 타격을 받은 것 같았다.

"마크, 그래도 시도는 해봐야겠죠?" 크리스가 끝내 말했다. "개인적으로는 마음에 들어요. 좀 다른 것 같긴 해요."

이제 저커버그는 나를 지나쳐 내가 발표하는 동안 휘갈겨 쓴 구불구불한 삽화와 이모티콘, 로고 아이디어를 비추는 거대한 TV 화면을 바라보고 있었다. 얼굴을 찡그린 걸까? 오, 맙소사, 나는 나 자신을 바보로 만들었다. 내 발표는 전문가답지 않은 것이었다. 저 모든 말도 안 되는 전략 깔때기들을 보여주는 대신 격식을 차린 슬라이드쇼를 했으면 좋았을 텐데. 엉망진창이야. 자신을 질책하면서 뱃속이 울렁였다.

"좀 더 생각해보는 게 좋겠어." 저커버그는 그다운 아주 신중한 태도로 말했다. 그러고 나서 그는 휴대폰을 보며 다음 일정을 확인했다.

며칠 후, 나는 저커버그가 십 대들을 거냥한 페이스북의 새로운 팀을 시작하도록 허락했다는 소식을 들었다. 그래서 나는 신입 연수원에서 '내' 팀에 참여할 엔지니어들을 선발하는 작업을 시작했다.

회사에서 거두고 있는 성공이 내가 특별히 똑똑해서가 아니라는 것을 모르지 않았다. 나는 페이스북에서 가장 어린 축에 낀다는 이점을 누리고 있었고, 이제 그 이점을 더 나은 방향으로 활용하길 바랐다. 페이스북은 저커버그와 그의 친구 등 몇몇의 대학생이 대학생들을 '위해' 만든 것이었다. 페이스북이 거의 즉각적으로 성공을 거둔 비결은 바로 거기에 있었다. 고객이 무엇을 바라는지 이해하기 위해 창립자들은 포커스 그룹도 데이터 분석도 필요하지 않았다. 그들은 단지 그들 자신과 친구들에게 주의를 기울였다. 하지만 내가 페이스북에 왔을 때, 그 제품을 만든 사람들은 이제 어린 자식들이 있는 삼십 대가 되었다. 그들은 '새로운' 젊은 층 시장이 아닌 그들 자신을 위한 제품을 계속해서 만들고 있었다. 하지만 내가 보기에 페이스북은 그 새로운 시장에서 경쟁력을 되찾을 필요가 있었다.

정말로 뚜렷하게 드러나는 이 같은 위기에 주목하는 이가 거의 아무도 없음을 깨달으면서, 나는 십 대의 소셜미디어 습관에 대한 발표를 준비하고 그 내용에 귀 기울일 법한 회사 내의 아는 사람 모두를 초대했다. "틴톡"이라고 이름 지은 이 발표를 시작하기 전에 나는 대체로 30대인 청중에게 십 대 문화에 관한 다음과 같은 약간의 퀴즈를 풀어보라고 요청했다. "'lit'('쩐다'라는 의미로 쓰인다 — 옮긴이)란 낱말을 사용하기에 적절한 상황은?", "이 가장 영향력 있는 십 대 인플루언서가 조직한 밴드의 이름은?" 예상대로 아무도 문제를 풀지 못했다. 모두 F학점이었다. 나는 이해할 만한 일이라고 청중을 안심시켰다. 이제 적어도 그들은 젊은이 시장에 관해 자기가 얼마나 모르고 있는지 알게 되었을 것이다. 그런 다음 나는 여러 소셜 네트워크를 하나하나 살펴보면서 십 대가 이용하는 방식을 설명했다. 대충 이런 식이었다. 인스타그램에는 한 달에 한 번 포스팅한다, 페이스북에는 거의 포스팅하지 않는다, 트위터는 가끔 사용한다, 그리고 스냅챗을 좋아해서 하루 종일 이용한다.

인격이 형성되는 시기에 사용하는 의사소통 수단은 우리가 평생 의사소통하고 세상을 보는 방식을 형성할 것이다. 나는 청중에게 이렇게 설명한 후 아이폰을 쓰며 성장한 내 세대는 휴대폰을 대화를 하는 데만 쓰며 자란 그들과 다른 방식으로 의사소통한다는 것을 상기시켰다. 같은 방에 있는 친구에게 스냅챗으로 안녕이라고 인사하는 것을 십 대는 자연스럽게 받아들인다. 인터넷으로 누군가와 일 년 동안 채팅하면서 실제로는 만난 적이 없어도 이상하게 여기지 않는다.

폰을 우리의 연장延長으로 보는 것이 우리에게는 전혀 슬픈 일이 아니다.

틴톡에 대한 사람들의 반응은 의외로 좋아서 그들은 다른 주제나 초점을 갖고 설명해주기를 요청했다. 발표는 점점 매끄러워졌고 한 달이 채 안 되어 수백 명의 프러덕트 매니저, 수석 디자이너, 엔지니어가 내가 하는 말을 듣기 위해 모였고, 또 온라인으로 많은 사람이 시청했다. 조금씩 페이스북 사람들은 십 내 고객에게 다가가기 위해 해야 할 일이 많다는 사실을 인정하기 시작했다.

일에 탄력이 붙으면서 나는 전사적인 페이스북 페이지에 십 대 문제에 관해 정기적으로 "쪽지"를 게시하기 시작했다. 하루나 이틀 간격으로 게시물을 올렸다.

어느 날 저녁, 집으로 셔틀을 타고 가다가 대학을 갓 졸업한 것이 분명해 보이는 — 한 명은 스탠퍼드 후디를 입고 있었고, 또 한 명은 MIT 로고가 들어간 백팩을 들고 있었다 — 두 브로그래머(세상 물정을 모르고 내성적이라는 프로그래머에 대한 일반적인 인식과 달리 사교적이고 남성적인 프로그래머를 일컫는 용어 — 옮긴이)가 나에 관해 얘기하는 것을 우연히 듣게 되었다.

"이봐, 틴톡 진행하는 친구가 새로 올린 쪽지 읽어봤어?"

"페이스북은 사용자가 아주 많아. 그렇게 나쁠 리가 없잖아."

"맞아, 그런 것 같아, 사업 개발에 도움이 되는 조언 고마워, 친구!"

"진심이야? 몇 년 동안 사업을 하게 되면 내게 얘기해줘."

[웃음]

다음 날, 나는 단 하루 동안 동료들을 포함해 성인 페이스북 친구 모두와 언팔했다. 십 대 친구들만 남겨두고 피드를 새로고침했다. 남아 있는 건 아무것도 없었다. 물론 광고가 몇 개 올라왔지만 게시물은 없었다. 나는 내 쓸쓸한 피드의 스크린샷을 찍은 다음 그 실험에 관해 "내 또래의 페이스북은 이런 모습이다"라는 제목으로 쪽지를 썼다. 그리고 나서 동료들을 다시 팔로우하고 회사 내부 페이지에 그 쪽지를 게시했다.

그다음에는 마리아나의 친구들에게 휴대폰 시작 화면의 스크린샷을 찍어 보내달라고 했다. 페이스북 앱이 그들의 디바이스에서 다른 소셜 앱에 비해 얼마나 손이 닿지 않는 자리에 멀찍이 떨어져 있는지 증명하기 위해서였다. (물론 스냅챗은 정면에, 모든 것의 중심에 있었다.) 그 내용을 게시한 후에 크리스 콕스가 십 대 문제에 관한 자신의 발표에 내 스크린샷을 이용해도 되냐고 물었다. 내가 무슨 일을 하고 있는지 잘 아는 연상의 한 동료는 페이스북에 십 대를 위한 "틴존teen zone"을 만들자고 제안했다! 그 말을 들었을 때 나는 거의 까무러칠 뻔했다. 틴존이라고? 웃기는 소리였다. 어떤 십 대도 구획된 존 안에 들어가고 싶어 하지 않는다.

페이스북에서 가장 나이 어린 직원이라는 점은 나의 최대 강점이었지만 또한 나의 최대 약점이기도 했다. 크리스 콕스 같은 리더가 아무리 나의 관점을 높이 평가하고 내가 발행하는 모든 내부 쪽지와 내가 하는 얘기를 따르더라도 내 생각이 진지하게 다루어지기 위해서는 여전히 항구적인 전쟁이 필요했다.

내가 페이스북에서 예상하게 된 한 가지는 회의실 안의 "어른들"이 내가 제시한 아이디어를 그것이 어떤 것이든 변덕스럽게 떠올린 것이라고 자동적으로 가정할 거라는 점이었다. 그들은 말했다. "멋진 아이디어야. 그 문제에 그렇게 열정적이라니 대단해. 하지만 그 아이디어를 뒷받침해줄 데이터가 필요해." 결과적으로 나는 발표할 때 아주 많은 데이터를 가져가는 데 점점 능숙해졌다.

아직 다소 반항적인 십 대여서 나의 내부 게시물들에 우스갯소리로 "틴존"이라는 제목을 달기는 했지만(내가 이 표현을 풍자적으로 쓰고 있다는 사실을 동료들은 꿈에도 생각하지 못할 거라고 자신한다), 나는 갈수록 남의 말을 귀담아들었다. 다른 사람들이 하는 말을 듣고, 피드백을 요청하기 위해 큰 노력을 기울였다. 그리고 내 나이가 약점이 아니라 오히려 강점임을 강조하는 법을 배웠다.

내가 가지게 된 새로운 탄력을 이용해 나는 부사장들과 임원들이 스냅챗이라는 위협에 주의를 기울이도록 밀어붙이기 시작했다. 그 당시에 많은 이들의 문화와 사고방식은 스냅챗을 무시하는 쪽이었다. 하지만 그 소셜미디어 거인을 무시한다는 건 좋은 생각이 아님을 나는 직감적으로 알았다.

다양성 훈련

몇 주 후 마크 저커버그는 내가 엔지니어 세 명과 디자이너 한 명으로 팀을 구성할 수 있게 허락했다. 내 멘토에서 친구로 변신한 앤드루(우리는 끊임없이 문자를 주고받았고 적어도 일주일에 한 번은 같이 저녁식사를 했다)는 내게 회사에서 최고의 실력자로 꼽히는 인물을 한 명 소개했다. 그가 수석 엔지니어가 되기로 동의했을 때 나는 그걸 내 프로젝트를 신임한다는 뜻으로 받아들였다. 동시에 극히 효율적인 코드로 유명한 그에게 잔뜩 겁을 먹기도 했다.

사람들은 이제 내가 프로그래머라기보다는 프러덕트 매니저처럼 처신하기를 바랐지만 나는 팀을 이끈 경험이 전혀 없었다. 사람들이 내 아이디어에 동의하게 하는 법은 알았지만 다른 사람들이 그 아이디어들을 실행하도록 돕는 것은 쉬운 일이 아님을 알게 되었다. 일정을 짜고 적절한 기대를 하는 일에 경험이 없었기 때문이었다.

"이봐요, 마이클." 수석 엔지니어는 근심 어린 목소리로 말하곤 했다. "모형은 어떻게 되어가고 있죠?" 모형은 내 엔지니어가 시작부터 지녀야 할 인터랙티브 디자인 과정의 결정적인 부분이다. 그것은 게임이나 웹사이트의 핵심 페이지들 위에 존재하는 인터페이스 요소들에 대한 설명이다. 팀 구성원은 모두 이 지도를 보고 따라간다. 시각적으로 사고하는 데 익숙했던 나는 내 프로젝트의 모형을 만들어내기 위해 디자이너와 협업하는 데는 아무런 문제가 없었다. 하지만 우리는 어떤 것을 만들자마자 버리고 처음부터 다시 시작하곤 했다. 아무도 모르는 사실이 있었다. 이 결정적인 제품 디자인 모형을 마무리하는 데 이토록 오랜 시간을 끌고 있었던 이유는 내가 아이디어 자체에 자신감을 잃고 있었기 때문이었다.

저커버그가 옳았던 걸까? 내 아이디어는 인스타그램과 별로 그렇게 다르지 않은 걸까? 더 많은 시간을 들여 모형을 다시 만들수록 나는 점점 더 우리가 해결하려고 하는 문제의 바탕에 놓인 근원을 이해하기 시작했고, 내 안의 의심도 점점 커져 생각을 간신히 쥐어짜곤 했다.

나의 망설임과 미숙한 관리 스타일이 모두를 힘들게 했다. 하지만 팀원들은 아무 문제 없이 매일 저녁 집으로 돌아가고 그날의 스트레스를 맥주와 살사 춤 교습, 혹은 아이들과 보내는 시간으로 털어버릴 수 있었지만 나는 일주일 내내 하루 24시간을 나에 대한 의심을 끌어안고 살아야 했다. 의심이 나를 노이로제 덩어리로 만들고 있었다. 오후 6시가 되면 팀원들은 주저 없이 사무실을 떠났지만 나는 계속 밤늦게까지 남아 일하곤 했다. 회사에 남아 있는 사람은 나 말고는 야간 청소부들뿐이었다. 그들마저 떠나고 나면 어둠 속에 혼자 남아 단백질 바로 끼니를 때우며 광센서를 잡기 위해 허공에 손을 흔들곤 했다. 나는 그 흔한 취미도 없었다. 운동도 하지 않았다. 일이 끝나면 너무 지쳐 눈을 뜨기도 힘들었고 다시 눈이 떠지면 일을 시작했다. 팀에서 만들고 있는 제품을 책임지고 있었을 뿐 아니라 셀 수 없이 많은 시간을 매달 틴톡과 틴존에 올릴 게시글을 작성하는 데 쓰고 있었다. 수천 명의 회사 제품 책임자와 엔지니어가 거기에 글을 올리고 있었다. 별도로 나는 페이스북 경영진이 스냅챗 문제에 대한 대응 전략을 마련하는 것을 도왔다. 나를 제외한 모두가 부사장이나 부서장인 회의에 참석했다. 게다가 주말에는 사진을 주고받으며 저커버그를 상대로 스냅챗 이용법을 설명했다.

내 컴퓨터 화면은 엉망진창이었다. 회의에서 이용할 계획인 스크린샷 디자인, 우리 팀이 설계하고 있는 제품 샘플, 회사의 제품 책임자들이 보낸 각종 회의 참석 요청 등으로 가득 차 있었다. 또 나는 스냅챗의 다음 움직임을 예측하려고 애쓰며 시간을 보냈다. 나의 예측은 다양한 제품 전략 회의에서 대부분 정확한 것으로 드러났고 그 결과 회사 내에서 나의 신뢰도는 높아졌다.

번아웃될까 봐 두려워 때로 출근할 때나 캠퍼스 카페에서 폰이 울려도 받지 않았다. 그래도 페이스북 홍보팀에서 온 전화는 무시할 수 없었다.

"오늘 안건은 「투데이」 쇼지, 그렇지?"

홍보팀 부사장은 회의실 벽에 걸린 커다란 모니터를 통해 내게 말하고 있었다. 홍보팀 팀원들은 나를 둘러싸고 테이블에 앉아 있었다. 페이스북의 최고 기술 책임자도 자리에 있었는데, 나는 그가 내게 정신적인 지지를 보내주고 있다고 생각한다. 그는 나를 아낌없이 지지하며 항상 나를 이해해주려 했다. 그가 자리에 있어서 기뻤다. 「투데이」 쇼에서 출연 제의를 받았을 때 이 문제를 논의하기 위해 그에게 불려간 적이 있었다. 나를 제외한 회의실 안의 모두가 그 제의를 거절해야 한다고 생각했다.

나는 꽤 많은 언론으로부터 취재 요청을 받고 있었다. 페이스북에 고용되었다는 사실을 소셜미디어에 올린 후, 많은 남아메리카 기자들이 내가 가장 잘 알려진 소셜미디어 대기업 중 하나에 최연소로 입사한 것에 관해 인터뷰하자고 요청해왔다. 실리콘밸리에서, 특히 페이스북에서 다양성이 부족한 점을 고려할 때(페이스북 직원 중 라틴아메리카 출신은 4퍼센트도 되지 않았다), 그들 중 한 명이 그렇게 멀리 그리고 그렇게 빨리 높은 위치로 올라간 것은 많은 라틴아메리카인에게 꽤 큰 사건이었다.

내가 열두 살일 때부터 내 이야기를 다루어왔던 기자들은 계속해서 기사 제목을 장식할 뒷배경 이야기, 즉 내가 어떻게 부모들이 대침체 시기를 헤쳐 나가도록 도왔는지에 초점을 맞췄다. 부모님은 내가 인터뷰하는 방에 들어오지 않았기 때문에, 기자들은 여러 해 동안 불편한 질문을 하는 데 거리낌이 없었다. "어떻게 부모님을 돕기로 결심한 거죠?"라고 물을 때, 나는 굳은 표정으로 "왜 그러면 안 되나요?"라고 대꾸했다. 그러고는 대화를 내가 말하고 싶은 방향으로 돌리곤 했다. 나는 누구라도 배경과 상관없이 코딩을 할 수 있다는 것에 대한 살아 있는 증거라고 말이다.

나는 종종 볼리비아 여행 중에 만났던 열다섯 살 소녀에 대해 생각했다. "오랫동안 당신을 지켜봐왔어요"라고 버스로 4시간이 걸리는 소도시에서 온 그 소녀는 말했다. 그녀는 스페인어로 "불가능하다는 말은 농담으로라도 하지 말라"는 문구가 들어간 자신이 만든 구슬 팔찌를 내게 주었다. 그건 라틴아메리카에서 강연을 끝내면서 내가 즐겨 자주 사용했던 인용구였다. 그녀는 이 말을 기억했고, 이 말은 그녀에게 뜻깊은 것이었다.

내 이야기를 현실의 벽에 부딪혀 꿈을 꾸는 것조차 허락되지 않은 아이들과 나누는 것은 내게 전적으로 옳은 일로 보였다. 하지만 부사장의 말에도 일리가 있었다. "자네는 지금 페이스북에 고용되어 일하는 중이야." 부사장은 스크린을 통해 말했다. "그냥 TV에 출연해서 하고 싶은 말이라고 뭐든 해서는 안 된다고." 나는 내 늑골 옆으로 땀이 흘러내리는 것을 느낄 수 있었다. 땀이 자신의 존재를 알리고 있었는데, 그건 아주 긍정적인 일이었다. 내 살이 빠지기 시작한 것이다!

최고 기술 책임자가 말했다. "마이클, 네가 진정성이 있다는 건 알아. 하지만 부사장 말이 옳다고 생각해. 아마도 이번에는 빠지는 게 더 나을 거야."

나는 홍보팀에 「투데이」 쇼에 출연하고 싶다고 말했다. 페이스북이 젊고 다양한 프로그래머들에게 더 환영받고 있음을 알리는 데 일조하고 싶다고 했다. 하지만 그들은 그 생각에 별로 흥미를 느끼는 것 같지 않았다. 카메라로 촬영하지 않더라도 회사에서 하는 일에 관해 이야기를 공유하는 것은 보통 가능성이 없는 일이라는 건 주지의 사실이었다. 나는 실리콘밸리의 기업 대다수가 그러하듯이 페이스북이 더 많은 라틴아메리카인이 소셜 산업 분야에서 경력을 쌓도록 격려하기 위해 이런 이야기를 이용할 수 있으리라 생각했다.

사실을 말하자면, 홍보팀은 아마도 나소 날 낳은 십 대 신입사원에게 리스크를 걸고 싶지 않을 것이다. 그리고 그들의 신중한 사고방식에는 이유가 있었다. 그것은 마크 저커버그가 하버드 시절 이래 일을 해온 방식이었고 여전히 그들이 일하는 방식이었다. 저커버그와 가끔 최고 운영 책임자인 셰릴 샌드버그가 언론에 접촉하는 것 외에는 그 누구도 언론과 이야기하는 것이 거의 허락되지 않았다. 그리고 그들조차도 아주 특별한 경우에만 그렇게 했다. 저커버그와 인터뷰할 수 있도록 주선해달라는 유니비전 촬영팀의 요청을 거절할 만큼 내가 그 점을 충분히 숙지하고 있었던 것은 그나마 다행스러운 일이었다. 프로듀서인 마르셀로는 강하게 밀어붙였다. 그는 유명인사가 등장해 프로그램이 좀 더 그럴듯해 보이지 않으면 수년간 제작해온 나에 관한 다큐멘터리는 방송국의 별 볼 일 없는 채널인 퓨전 채널에 방영되는 15분짜리 비디오로 전락하게 될 거라고 경고했다(그 일은 결국 해프닝으로 끝났다).

「투데이」 쇼에 출연할 기회가 페이스북 홍보팀의 위협적인 힘에 맞서 싸울 만한 가치가 있는지 여전히 재보면서 나는 계속 밀어붙였다. "회사에서 하는 일들에 관해서는 일절 얘기하지 않고 단지 제가 프로그램 짜는 것을 어떻게 배웠는지, 여기에 어떻게 왔는지 등등을 얘기하면 안 될까요?" 등등이라고? 웩. 나는 생각을 정리할 필요가 있었다.

"그러니까 자기를 홍보하고 싶은 거야?"

"아니요, 그게 아니라고요!" 나도 모르게 약간 목소리를 높이지며 평소보다 찢어지는 소리를 냈다. 내 목소리는 여전히 변하고 있었고, 스트레스를 받을 때면 목소리 톤을 조절하기가 특히 힘들었다.

나는 낮고 안정된 톤으로 말하려고 애썼다. "저는 코딩을 홍보하길 원해요. 다른 아이들을 위해서요." '다른' 아이들이라고? 아주 좋아, 마이클. 마지막으로 해야 할 일은 그들이 내 나이를 상기하게 만드는 것이었다. 하지만 상황은 내가 바란 대로 흘러가지 않았다.

최고 기술 책임자가 헛기침했다. "마이클, 이제 그만하는 게 어때? 앞으로도 기회는 얼마든지 있을 거야."

고개를 주억거리며 나는 의자를 뒤로 뺐고, 심장이 마구 고동치는 가운데 천천히 문으로 걸어갔다. 상황을 더 악화시키기 전에 그곳을 빠져나와야 했다.

과호흡이 오지 않도록 애쓰면서 복도를 향해 곧장 걸어갔다. 모든 회의실에서 가장 어린 사람, 어른들의 탁자에 끼어 있는 아이라는 데 진절머리가 났다.

'배워야 할 게 훨씬 더 많아.' 나는 계속해서 이런 메시지를 받고 있었다. 맞다. 부인할 수 없는 분명한 사실이었다.

"맥신에게 연락해볼까 해요." 나는 앤드루에게 말했다. "어떻게 생각해요?"

맥신 윌리엄스는 페이스북의 글로벌 다양성 최고 책임자였다. 앤드루는 지난 몇 달 동안 서른 명이 넘는 동료들과 잘 소통하는 법에 관해 조언해주었다. 그의 조언은 이런 식이었다. "네 생각을 말하기보다는 님들의 밀을 더 잘 들으려고 해봐", "좀 너 신중하면 어떨까? 아무 장소에서나 따발총 쏘듯이 무작정 아이디어를 쏟아내지 말고." 어느새 그는 내가 지혜의 사다리 위로 올라가는 지침이 되고 있었다.

내가 아는 페이스북의 다른 사람들처럼, 나는 맥신 윌리엄스를 우러러봤다. 나는 캠퍼스 여기저기서 수수하면서 우아하고, 미소 지으며 모든 이에게 손을 흔드는 그녀를 보았다. 그녀가 맡은 일은 회사에서 가장 중요한 일 중 하나였다. 그녀는 자신의 역할을 "페이스북에 지원하는 사람들의 깔때기를 넓히는 것"이라고 묘사했다. 그녀가 공개적으로 인정했듯이, 통계는 암울했다. 얼마 안 되는 라틴아메리카계와 아프리카계 미국인이 회사에 지원하는 것조차 마뜩잖아했다. 그 결과 페이스북의 인구 비례는 미국의 인구 비례와 전혀 달랐다. 페이스북만 그런 것이 아니었다. 그것은 실리콘밸리의 모든 기업에 해당하는 문제였다. 맥신은 이 문제와 정면으로 씨름했다. 그녀는 고등학교와 저소득 커뮤니티를 찾아가 아이들에게 컴퓨터 과학에서 경력을 쌓으라고, 너희에게 그건 가능한 일이 아니라고 말하는 모든 사람을 무시하라고 격려했다.

직원들은 도움이 필요할 때면 맥신을 찾았다. 그녀는 우리 모두에게 소속감을 느끼게 했다. 나는 의무적으로 참석해야 하는 다양성 세미나에서 그녀가 연수받는 신입사원들에게 들려줬던 이야기에 관해 종종 생각했다. 그녀의 이야기는 이런 식으로 시작되었다. "나는 카리브해 지역 출신이에요. 하지만 수영하는 법을 몰라요. 그 이유가 뭔지 아세요?"

세미나실에 있던 모두가 그녀를 주시했다. 청중의 대부분은 얼굴이 하얬다. 맥신은 인내심 있게 고개를 끄덕였다. 이런 청중들의 반응이 그녀에게는 익숙한 듯했다.

"물을 두려워하나요?" 누군가 말했다. 맥신은 고개를 가로저었다. 그게 아니었다.

"해안에서 멀리 떨어진 곳에 살아서 배울 기회가 없지 않았나요?" 다른 신입사원이 물었다.

"아니요, 아니에요, 정확히 해변 근처에 살았어요." 맥신이 말했다.

마침내 한 아프리카계 미국인 여성이 손을 들었다. "머리카락 때문인가요?"

"맞아요!" 맥신이 웃었다. "지금까지 답을 맞춘 사람은 당신이 유일해요!" 그녀는 사람들에게 소금물은 검은 머리에 문제를 일으킨다고 설명했다.

나는 "제도적 인종주의", "미묘한 차별", "안전 공간" 같은 용어들이 어떤 언어로도 말해지지 않는 가정 출신이었다. 그런 가정에서 페루인 엄마는 "걱정하지 마, 마리아나, 넌 언제든 부자와 결혼할 수 있어"

같은 말을 할지도 모르고, 아이들은 상대방을 깔아뭉개기 위해 여전히 "동성애자"라는 말을 쓴다. 그래서 다양성 교육은 두 눈을 번쩍 뜨게 하는 놀라운 사건이었다.

맥신이 보통 사람들보다 훨씬 통찰력이 있다는 것을 알고는 있었지만, 그녀가 나처럼 수준이 낮은 무식한 초짜들과 그렇게 많은 시간을 할애한다는 사실에 나는 놀랐다. 내가 아는 바로는, 맥신의 일은 직원들에게 인생 상담을 해주는 것이 아니었다. 그녀가 하는 일은 페이스북을 포괄적이고 국제적으로 다양성을 수용하는 유토피아로 성장시키는 것, 또는 그 같은 훨씬 더 중요한 일이었다.

하지만 그녀는 남을 돕는 일을 즐거워하는 듯했다. 내가 맥신을 보러 간 이유다. 우리는 페이스북 사람들 대다수가 그랬듯이 캠퍼스의 안뜰을 거닐며 미팅했다. (물론 페이스북에는 사무실을 가진 사람이 아무도 없기 때문이었다.) 나는 그녀에게 내가 동료들과 잘 지내지 못하는 것 같고, 또 아무도 나를 진지하게 대하지 않는 것 같다고 털어놓았다. 내가 말하는 동안 맥신은 사려 깊은 태도로 고개를 끄덕였다. 그때 그녀의 금귀걸이가 마치 최면을 거는 듯 흔들렸다.

"정말 흥미롭네요, 마이클. 제 생각엔 가장 큰 문제는 대립을 회피하고 있다는 사실이에요. 동료들과 말을 나누고 그들과 같이 한자리에 앉아 당신의 감정을 나누세요. 당신의 감정이 어떤지 당신에게서 직접 들을 수 있도록요. 제삼자에게 듣는 것보다 상처를 받은 당사자에게 듣는 게 훨씬 더 중요해요."

노란색 해커톤 두루미 마스코트 옆을 지날 때, 맥신은 내가 문제를 관리 사슬의 상층부로 넘기기보다는 동료와 얘기하는 법을 배우면 어떤 이득을 얻을 수 있는지 설명했다. 그녀가 느끼기에 무엇보다 중요한 것은 서로 소통하는 법을 배우는 것이었다. 나는 곰곰이 생각했다. 누군가가 나를 밀칠 때마다 내가 처음 느낀 충동은 되받아치는 것이었다. 그러지 말고 한 발짝 뒤로 물러서서 그들의 관점에서 문제를 보려고 하면 어떨까? 컴퓨터 화면 앞에 너무 오랜 시간을 보낸 나머지 내가 내내 아이디어와 제품만 인정하지 않고 밀쳐낸 것이 아니라는 것을 때때로 잊었다. 나는 실제 사람도 밀쳐내고 있었다.

맥신이 말했다. "사람들이 당신을 어떻게 보는지 말하는 것에 어쩌면 뭔가가 있을 수 있어요. 그런 피드백의 몇몇은 공정하지 않다는 데 동의해요."

"동의한다고요?" 마침내 받아주는 사람이 나타났다!

"그래요, 이제 뭐 좀 물어볼게요." 맥신이 말했다.

"뭐든지요!"

"당신 얼굴에 수염도 나고, 목소리가 좀 더 그윽해지고, 더 어른처럼 보이기 시작하고, 어쩌면 흰머리가 몇 올 나올 수도 있는 몇 년 후에는 어떤 일이 일어날 거라고 생각해요?"

"바라건대 문제가 사라지겠죠." 나는 말했다.

"나도 당신 문제가 사라지길 바라요." 맥신이 웃으며 말했다. "그리고 그럴 거라고 확신해요. 하지만 한번 생각해보세요. 어른이 되어서도 벗어날 수 없다면, 그리고 그들이 늘 당신을 이런 식으로 대한다는 걸 알면 어쩔 거죠?"

무슨 속셈으로 이런 말을 하는지 종잡을 수 없었지만, 나는 그녀와 계속 같이 있고 싶었다. "그럼 짜증 나지 않을까요?"

"여성들은 실제로 당신이 경험하고 있는 일을 영구적으로 경험해요," 맥신이 대답했다. "평생 말이죠. 아프리카계 미국인 남자도 마찬가지예요. 그들이 강한 어조로 말하면 '너무 공격적이야'라고들 말하지만 또 조용히 말하면 '목소리를 높여야 해'라고 말해요. 어떤 어조로 말해도 늘 부적절하다는 소리를 듣게 돼죠. 미이클, 당신은 운이 좋은 편이에요. 멀지 않은 미래에 피부가 하얀 30대 남자가 될 거잖아요."

"한 번도 그런 식으로 생각해본 적이 없어요," 머릿속에 떠오르는 말이라고는 이 말밖에 없었다.

"그리고 언젠가 다른 소수 집단과 다른 젠더들이 겪는 일들에 대한 이해를 좋은 데 쓰기를 바래요."

생각을 정리하기 위해 잠시 멈춰 서야 했다. 나는 운이 좋은 편에 속했다. 맥신에게 늘어놓은 불평이 갑자기 아무것도 아닌 것처럼 느껴졌다. "이런 상황을 뜯어고쳐야 해요." 나는 맥신에게 말했다. "나는 그저 기다리고 싶지만은 않을 거예요!"

맥신이 나를 보며 미소 지었다. "그렇게 느낀다니 기쁘군요. 그리고 열정에 감사드려요. 하지만 차별이 하룻밤 사이에 사라지지는 않을 거예요. 그게 현실이니까요. 먼저 바뀌어야 할 아주 많은 사고방식이 있어요."

우리는 사무실 건물 밖에서 대화를 마쳤다.

뭔가 떠오른 듯 맥신이 갑자기 말했다. "우리에게 테크 프랩Tech Prep이라는 프로그램이 하나 있어요. 컴퓨터 과학에 관한 이해를 증진하고 아이들을 무료 프로그래밍 강의와 연결하기 위해 소외된 지역 사회에 사람들을 보내요."

"정말요?" 서광이 비치는 듯했다.

"그럼요. 스페인어 쓰시죠, 맞죠?"

나는 고개를 끄덕였다.

"됐어요." 맥신이 말했다. "홍보팀에 연락해 당신 일을 알릴게요."

순간 기가 꺾였다. 테크 프랩이 홍보팀 일이라고? 이런 일이 다 있다니. 내가 마침내 굴복하고 「투데이」 쇼 출연을 사양하기는 했지만, 홍보팀이 여전히 나를 경계하고 있다고 느꼈다. 그들은 누구에게든, 어느 곳에서든 내가 페이스북을 대표하는 것을 바라지 않는다고 확신했다. 이제 이런 생각을 잊어야 한다.

가면 증후군

다섯 달 동안 땜질을 한 끝에 나는 마침내 매니저들에게 진실을 인정했다. 내가 그들에게 열렬히 전파한 개념은 충분히 강하지 않았다. 방향 전환을 해야 할 시점이었다. 피치를 올리다가 필요하면 방향을 전환하는 이러한 접근 방식은 테크계의 본질적 속성 같은 것이었다. 살아오는 내내 앱을 그런 식으로 작업해서 이 같은 방식에는 익숙했다. 하지만 페이스북이 지금까지 많은 돈과 시간을 쏟아부어온 과정을 바꿔야 한다는 사실에는 잔뜩 겁을 집어먹었다. 나의 새로운 구상은 여전히 십 대에 초점을 맞추고 있었다. 하지만 내 마음속에 그려두었던 다른 복잡한 요소들은 폐기할 예정이었다. 저커버그의 원래 하버드 시절 페이스북의 간결한 느낌을 되찾는 것이 중요했다. 초기 페이스북은 사용자 프로필 꼭대기에 '좋아요'와 '싫어요'를 부각시켰기 때문에 대체로 젊은 층에 호소력이 있었다. 시간이 지나 새로운 언론 매체로 변신하면서 페이스북은 젊은 층에 호소력을 잃었다. 젊은 층이 좋아하는 매체인 비디오를 통해 좋아하는 것들을 공유하게 함으로써 내 앱은 그들을 되찾을 생각이었다. 사용자의 서로 다른 개성이 좋아하는 식당, 펫, 노래 등을 담은 비디오 클립으로 제시된다는 점만 빼고 2004년의 페이스북과 비슷할 것이었다.

매니저들은 나 때문에 굉장히 마음을 졸였다. 그들은 내가 저커버그에게 반향을 일으킬 아이디어를 가져가지 않으면 그나마 남아 있던 신뢰마저 잃을 위험이 있음을 군이 말로 표현할 필요조차 없었다.

하지만 나의 최근 제안에 대한 저커버그의 반응은 우리 모두를 충격에 빠뜨렸다.

"정말 대단하고 멋져." 저커버그는 프로토타입을 검토하면서 입꼬리가 귀에 걸리게 웃으며 말했다. 그건 기본적으로 단지 "비디오 하이라이트"가 묘사될 곳을 나타내는 일련의 동그라미일 뿐이었다. "비디오 동그라미들은 완벽해, 잘했어, 마이클." 여전히 웃으며 저커버그는 내 등을 토닥였다. 회의실에 있던 내 매니저와 다른 몇몇 경영진은 함성을 질렀다. 보스가 이런 반응을 보이는 경우는 드물었다. 아니 생각해보니 그런 적이 한 번도 없었던 것 같다.

"정말이요?" 나는 들떠 말했다.

"이게 우리를 어떤 곳으로 데려갈지 무척 흥분돼." 저커버그가 말했다. "우리 제품 모두에 시행해보자고."

하지만 몇 달이 흘러가면서 의심의 싹이 자라기 시작했다. 라이프 스테이지라고 다시 이름 지은 내 개념은 자립할 수 있을 만큼 충분히 강했을까? 나는 이미 이 개념에서 나온 몇 가지를 기존 페이스북과 인스타그램 앱에 통합한 다른 제품에 시험해보고 있었다. 아마도 그것은 독립된 제품이 아니라 하나의 특징으로 더 타당할 터였다. 나의 직감을 재검토하면서 나는 프로그래머들이 작업을 원상태로 되돌리게 했다. 나는 몇 달에 한 번씩 작업을 다시 하게 했다. 아이에게 지시 받는 일이 그들로서는 쉬울 리 없었다. 특히 일과 삶 사이에 균형을 잡는 것에는 아무 생각도 없는 그런 아이에게 말이다. 나는 다른 책임과 관심을 가진 어른들의 입장에 설 수 없었다. 어느 날 오후, 나는 자신의 작업을 또 수정하고 있던 수석 엔지니어의 책상 앞에 멈춰 섰다. 샘은 페이스북 최고의 엔지니어 중 한 명이었다. 아무도 그처럼 백엔드 아키텍처를 쓸 수 없었다. 그는 비디오의 안정감을 유지할 라이프스테이지 하부구조를 계획하고 디자인하며 몇 주를 보내고 있었다.

"안녕, 마이클, 무슨 일이에요?" 그가 하던 일에서 눈을 떼고 고개를 들며 말했다. 나는 미소 지었다. "안녕하세요, 시간 좀 내주실 수 있어요?" 나는 말을 잠시 멈췄다. "우리가 하는 일 몇 가지가 제대로 되지 않고 있는 것은 아닌지 걱정이 돼요. 약간 변화가 필요할지도 모르겠어요." "미친 짓을 하려는 건 아니에요. 약속해요!"라고 덧붙이며 몰아붙이자 그는 억지로 미소를 지어 보였다.

그는 좌절감을 내비쳤지만 프로답게 고개를 끄덕이며 말했다. "괜찮아요, 해보죠, 뭐." 다른 팀원들처럼 샘은 계속 방향을 전환하는 것에 힘들어했지만 내 직감이 특별하다고 믿었기 때문에 불편한 감정을 겉으로 드러내지는 않았다. 그 당시에 나는 이를테면 페이스북 "유명인사" 같은 존재였고, 거의 만 명에 이르는 직원들은 십 대를 대상으로 한 회사의 로드맵에 내 역할이 얼마나 중요한지 전해 듣고 있었다. 샘은 나의 창조 과정이 직선적이거나 구조화되어 있지 않다는 것을 알았고, 제품에 대한 나의 기술이 나와 작업하는 데 자신의 시간을 투여할 만한 가치가 있다고 믿었다.

내가 맡고 있던 프로젝트는 라이프스테이지만이 아니었다. 마침내 페이스북은 스냅챗과, 특히 24시간 동안 유지되는 사진 컬렉션인 스냅챗 스토리와 진지하게 경쟁하기로 했다. 그래서 나는 이제 왓츠앱, 인스타그램, 페이스북, 메신저에 대한 우리 고유의 스토리 버전 구현을 돕고 있었다. 2014년에 처음으로 틴톡을 한 이래로 스냅챗의 위협을 소리치고 있었고, 경영진은 마침내 내 말에 귀를 기울이기 시작한 터였다. 경영진은 중요 미팅에 나를 포함하고 스냅챗과 관련된 쪽지라면 무엇이든 내게 참조로 전달했다. 디자인을 검토하고 엔지니어와 경영진을 만나 제품에 대한 회사의 전반적인 목표에 대한 전략을 수립했다. 인스타그램 스토리가 예전 피드 상단에 표시되었기 때문에 다른 앱에 새로운 잠재 고객을 구축할 필요는 없었다. 나는 페이스북 '십 대의 모든 것All Things Teen'의 비공식 문지기로서 의견을 자유로이 개진할 수 있었고, 내 아이디어는 진지하게 다루어졌다. 때때로 나는 다른 마케팅 관리자들과 충돌했다. 그들은 사람들이 콘텐츠를 카메라 롤에서 스토리에 업로드할 수 있어야 한다고 믿었다. 사람들에게 자신들의 사진을 먼저 편집할 기회를 줘야 한다면서 말이다. 나는 편집되지 않은 "미가공 콘텐츠"를 열렬히 지지하면서 그러한 생각에 강하게 반대했지만, 결국에 내 생각은 기각되었다. 하지만 나는 저커버그가 총애한 원형 비디오 하이라이트를 제품에 병합하는 방법을 찾았다.

그해 내내 인스타그램 스토리에 점점 더 주의를 집중하는 사이, 나는 라이프스테이지 팀이 나의 산만한 리더십에 좌절감을 느끼고 있음을 알았다. 하지만 그 문제를 어떻게 풀어야 할지 몰랐다. 라이프스테이지는 저커버그가 그토록 좋아했던 원래 개념에서 심하게 벗어나 너무 많은 카테고리를 가진 진부한 디자인이 되어버렸다.

분명히 인스타그램 스토리, 틴존, 그리고 월례 회의로 보낸 모든 시간은 이 별도의 앱 프로젝트를 진행하는 데 아무 도움이 되지 않았다.

내심 이 앱이 실패할 운명이 아닌가 걱정되었다. 내 머릿속 상상의 인물들은 이 앱이 정말로 존재감이 없다고 말했지만, 나는 그들이 하는 말을 믿고 싶지 않았다.

비웃음 소리가 내 머릿속을 헤집고 들어올 때, 나는 숨을 깊이 들이마시며 캠퍼스 옥상 공원을 힘차게 걸었다. '넌 앱을 만들지 못해, 넌 사기꾼일 뿐이야. 저커버그가 널 해고할 거야. 엔지니어들은 널 증오할 거고!' 페이스북 직원의 안내에 따라 십 대 단체 관람객이 계단 꼭대기에 나타났을 때 나는 눈물을 터뜨렸다. 무더운 바람이 불어 이리로 올라온 것이었다. 이곳은 거의 언제나 텅 비어 있었다. 하지만 이미 수십 명이 지금 이런 나의 한심한 모습을 목격했다. 나는 커다란 식물 뒤로 몸을 숨겼다. 눈물이 뺨을 타고 흘러내렸고, 심장이 심하게 고동쳤다. 20분 정도 지나서야 마침내 심장 박동이 느려졌고, 불편한 마음이 잦아들기 시작했다. 그리고 나는 수치심과 자기연민에 마음껏 빠져들기 위해 집으로 향했다.

정말 내 머릿속에서 들려오는 목소리를 관리할 필요가 있었다. 최근에 나는 점점 더 그 목소리에 귀를 기울이고 있었다.

페이스북은 사내에서 항상 무료 정신 건강 카운셀링을 이용하라고 격려하고 있었다. 가면 증후군이라 불리는 것이 페이스북 사람들 사이에 만연해 있었다. 가면 증후군이란 맡은 일을 아무리 열심히 하더라도 자신은 그 일을 해낼 만한 위인이 되지 못한다는 지속적인 믿음이다. 자신이 지금 있는 자리에 있을 자격이 되지 못한다는 확고부동한 감각이다. 말도 안 되는 행운 덕분에 성공한 것이지 재능이나 성과 때문에 지금 자리에 있는 것이 아니라고 느끼는 것이다. 가면 증후군에 걸리면 자신이 어느 업적도 누릴 자격이 없다고 믿게 된다. 자신은 불쌍한 사기꾼이기 때문에 동료와 친구가 당신의 정체를 알아내어 쫓아내는 순간이 찾아올 거라 믿는다.

나 혼자만 세기의 사기꾼이라고 느끼는 것이 아님을 아는 것은 좋은 일이었지만 그렇다고 전문가의 도움을 받고 싶지는 않았다. 자랄 때 부모님은 늘 심리 치료를 경솔한 사치, 돈과 시간 낭비로 치부했다. 진짜 문제를 가진 진짜 인간은 자기 문제를 낯선 사람에게 말하지 않는다는 것이었다. 엄마는 "하나님의 뜻에 맡겨"라고 말하길 좋아했다. 아무튼 나는 무엇 때문에 그렇게 우울해했을까? 돈이 있었다. 바라던 모든 것도 가졌다. 해커 하우스에서 빠져나와 도시의 햇빛 가득한 동네에서 근사한 침실 두 개짜리 집에 살고 있었다. 이 얼마나 배은망덕한 짓인가.

진행 상황 보고 미팅을 마친 나음 날 아침, 긴 잠에서 깨어났을 때 침실 창문 사이로 눈부신 햇빛이 쏟아져 들어오고 있었고, 셀레나가 내 방문을 두드리고 있었다.

"마이클, 일어났어? 잘못하면 지각하겠어." 셀레나는 인턴십 첫날에 만난 프로젝트 매니저였다. 그녀는 편안하고, 근사하고, 전문가다운 태도를 지닌 진짜 어른이었다. 몇 달 전, 그녀는 사우스베이에 있는 자기 집에 방이 하나 비어 있다는 게시물을 올렸고 나는 득달같이 그 기회를 잡았다. 하지만 나이가 두 배 많은 여성과 같이 산다는 것이 엄마와 같이 사는 것과 기묘하게 닮을 수 있다는 점은 생각지도 못했다.

확실히 셀레나와 살면서 나는 퇴행하고 있었다. 그녀가 계속 노크를 할 때, 나는 베개로 머리를 덮으며 클럽 펭귄을 하느라 밤을 지새운 뒤에 엄마가 일어나라고 나를 흔들어 깨우던 고등학교 시절처럼 끙하고 앓는 소리를 냈다.

"좋아, 난 10분 안에 나갈 거야." 셀레나가 문밖에서 말했다. 그녀의 요크셔테리어가 주방에서 셀레나를 따라다니며 원목 마루 위를 걷는 소리가 들렸다.

잠시 후 TV가 조용해졌고, 현관문이 쾅 닫혔다. 아마 나는 오늘 회사를 빼먹을 것이다. 회사에 가는 게 무슨 의미가 있을까? 나 자신도 믿지 못하는데 어떻게 팀에 내 비전을 믿어달라고 할 수 있을까? '아무도 널 아쉬워하지 않을 거야. 넌 게으르고 무가치하고 멍청한 놈이야'라고 비방하는 목소리가 말했다. '죽고 싶으면 죽어도 돼. 아무도 네가 죽었는지 눈치채지도 못 할 거야.'

나는 아파서 못 나간다고 전화했다.

바라건대 그 목소리가 나를 찾지 못할 잠에 다시 빠져들려고 하려는 찰나, 내 폰에 여동생한테서 문자가 들어왔다.

전화 줘.

어디에 있었어?

지금 날 무시하는 거야?

마리아나와 소식을 주고받은 지 겨우 이틀이 지났을 뿐이었지만, 그 정도도 우리에게는 긴 시간이었다. 내가 캘리포니아로 거처를 옮긴 이후로 여동생과 나는 스냅챗으로 머릿속에 떠오른 온갖 쓰잘머리 없는 생각들을 주고받으며 종일 채팅을 했다. 마지막으로 스냅챗을 했을 때, 동생은 웃기는 실수를 담은 비디오 스크린 캡처를 보냈었다. 보통 때 같으면 웃음 이모티콘을 올렸을 테지만, 지난밤에 나는 집으로 들어오자마자 폰을 끄고 잠에 빠져들었다. 잘 대답하지 않으면 마리아나가 엄마를 걱정하게 할까 봐 나는 침대에서 일어나 앉아 문자를 쳤다.

아무 일 없어. 나중에 전화할게.

폰이 손에서 울렸다. 한숨을 내쉬고 나서 전화를 받았다.

"왜 대꾸하지 않는 거야?" 마리아나가 쏘아붙이듯이 말했다.

"미안. 정말 일 때문에 바빠서 그래."

"수상하게 들리네. 자고 있었어? 어디야?"

나는 목청을 가다듬고 거짓말을 했다. "막 일하려고 나가던 중이야."

"음…." 마리아나가 의심스럽다는 듯이 눈을 가늘게 뜨는 모습이 그려졌다. "일은 어떻게 잘 돼?"

갑자기 여동생에게 모든 게 잘 돌아가고 있다고 둘러대는 게 아주 중요한 일이 되어버렸다. 가족이 절대로 나를 걱정하게 하고 싶지는 않았다. 그러면 결국 엄마가 나에게 한바탕 훈계를 늘어놓을 것이 뻔했기 때문이다. 왜 페이스북의 나에 대한 믿음을 당연하게 받아들여서는 안 되는지, 왜 더 열심히 일하며 축복에 감사해야 하는지, 왜 좋은 외양과 태도를 유지해야 하는지….

"다 잘되고 있어!" 나는 말했다. "몇 주 후에 사흘 동안 애너하임에 가 있을 예정이야. 비드콘이라는 유튜버 대회가 그곳에서 열려. 빨리 가고 싶어."

나는 잠시 비드콘에서 유명한 비디오 창작자들과 유튜브 유명인사들과 만나 그들로부터 인스타그램과 페이스북 로드맵에 대한 피드백을 받을 거라 떠벌렸다. 또한 그들에게 스토리의 초기 프로토타입을 소개할 예정이었다. "사인받아 줄까?" 마리아나에게 물었다. 마리아나는 유튜브를 좋아했다.

"언제라고 했지?"

"어, 다음 주 목요일에 시작해." 나는 폰 캘린더를 보았다. "7월 23일. 왜?"

"오빠, 오빠 갈 수 없어."

나는 손으로 관자놀이를 눌렀다. 스트레스성 두통이 다시 나를 덮쳤다. 그냥 침대로 돌아가고 싶었다. "왜?"

"비밀이야. 그냥 나를 믿어. 오빠 이번 여행을 정말 가고 싶어 하지도 않잖아." 마리아나가 말했다.

결국 마리아나로부터 가족이 바로 그 주에 나를 깜짝 방문하기로 엄마가 결정했음을 알아냈다. 이미 비행기표까지 끊어놓았고, 환불은 불가능했다. 푯값은 엄마가 한 달 동안 일해서 벌어야 할 만큼 큰 금액이었다.

나는 앓는 소리를 냈다. "난 취소할 수 없어. 이미 계획되어 있는 일이야. 나는 인스타그램을 대표하고 있어. 안 된 일이지만, 엄마가 그렇게 하면 안 되지. 전에도 얘기했잖아. 일정이 미치게 빠듯하니까 깜짝 여행 같은 건 하지 말라고."

"그럼 우릴 차 버리겠다는 거야? 엄마 돈을 버리라고?"

나는 대화를 이어갈 힘이 없었다. 인생의 정점에 있는 열여덟 살 청년이 아니라 늙은이가 된 것 같았다. "방법을 찾아볼게." 나는 동생에게 말했다. "일하러 가봐야 해. 안녕!"

오, 하나님. 방이 환했다. 샌프란시스코로 이사 온 이래로 나는 햇빛이 부족해서 기분이 안 좋다고 늘 불평하곤 했다. 내 방은 드물게 햇살이 내리쬐는 지역에 있었기 때문에 비싼 집세를 치르고 있었다. 나는 눈을 찡그리며 거실로 자리를 옮겼다. 거실은 온통 베이지와 파스텔색이었지만 여전히 편한 느낌이 들지 않았다. 특히 소파에 앉아 셀레나의 아주 많은 소형 쿠션들을 어지럽히는 게 두려웠다. 엄마가 화려한 밝은색을 고른다는 점만 빼면 마이애미의 우리 집 같았다. 집에 있는 소파는 마리아나와 내가 몸을 쭉 뻗고 TV를 볼 수 있을 만큼 넓었다. 인정하고 싶지 않았지만 갑자기 향수병을 느꼈다.

셀레나의 커피 탁자는 유리였고, 그녀가 좋아하는 애슬레저 카탈로그가 쌓여 있었다. 언젠가 내가 그 유리 탁자 모서리에 발을 올려놓자 셀레나는 버릇없는 아이라도 본 양 나를 꾸짖었다. 신발도 신지 않고 있었는데! 셀레나는 내가 아파트에 들어가기 전에 신발을 벗어 현관에 두게 했다. 나는 거기에 익숙해질 수 없었다.

샌프란시스코로 이사 오기 전까지 집 안에서 신발을 벗는 사람을 본 적도 없었다. 우리 가족과 다른 많은 이들에게 그렇게 하는 것은 더럽고 무례한 일이었다. 우리에게는 집 안에서 신발을 벗는 사람들을 경멸하는 말까지 있다. 그런 사람들을 "더러운 발patas sucias"이라고 부르는데, "당신은 짐승이야"라고 말하는 것이나 다름없다.

나는 현관에서 운동화를 가져다 신었다. 반항심 때문이기도 했지만 또 편안하게 있고 싶어서였다. 한결 나았다. 잠시 서성거린 후에 내가 놓치고 있는 일에 관해 건설적이지 않은 걱정을 하며 바닥에 앉아 TV를 켰다. 평상시처럼 웬디 윌리엄스 녹화 방송이 나왔다. 처음 이사 왔을 때 나는 그 쇼가 싫었지만 갈수록 마음에 들었다. 그래서 세 번째 에피소드를 보고 있었는데 앤드루가 문자를 보내왔다. "안녕! 나 지금 밖에 있어!"

그는 스타벅스 커피를 들고 문간에 서 있었다. 샌프란시스코에 사는 사람들 대부분은 스테인리스 냄비에 차가운 커피콩을 담아 끓이는 언덕 아래 아주 힙한 장소에서 커피를 사 마시곤 했지만, 앤드루는 그렇지 않았다. 그는 실리콘밸리를 지배하고 있는 힙스터적인 분위기에 별로 개의치 않았다. 현실적인 측면을 더 중시했다.

"왔어요?"라는 말밖에 나오지 않았다. 앤드루의 뒤로 가로등 불빛이 하나 보였다. 나는 시계를 들여다보았다. 오후 5시 45분이었다! 어쩌다 이런 일이?

앤드루는 이맛살을 찌푸렸다. "아파?"

그렇다고 말하는 편이 더 수월할 것 같아 그렇게 말하고는 속이 불편하다고 말을 지어냈다. 앤드루는 곧이듣지 않는 눈치였지만 속내를 드러내지는 않았다. 앤드루가 페이스북에서 가장 빠르게 부상하는 직원 중 한 명으로, 즉 채 3년도 안 되어 엔지니어에서 주요 부서의 관리자, 책임자로 뛰어넘게 한 주요인은 기술을 이해하는 것만큼이나 사람을 잘 이해한다는 데 있었다. 앤드루는 늘 적절하게 말할 줄 알았다. 건설적인 피드백을 해줘야 할 때와 새로운 방향으로 대화를 이끌어야 할 때를 구분할 줄 알았다.

"초밥집에 갈까?" 그가 말했다.

15분 후, 우리는 별 특징 없는 방의 구석 탁자에 옹송그리며 앉아 크림치즈를 얹은 캘리포니아 롤을 먹었다.

"기분은 좀 나아졌어?" 그가 물었다.

나는 고개를 끄덕이며 접시를 한쪽으로 치웠다.

"좋아," 냅킨을 버리고 다시 자리에 앉으며 앤드루가 말했다. "이제 진짜 무슨 일이 있었는지 말해줄 수 있어?"

얼굴이 발갛게 달아오르는 것이 느껴졌다. "아무 일도요. 분명 아프긴 했는데, 이젠 정말 괜찮아요."

앤드루의 표정은 이렇게 말하고 있었다. '정말? 그게 다야?'

"예, 괜찮아요." 내가 말했다. "저커버그는 내가 라이프스테이지를 재고해보기를 원해요. 우리 팀 엔지니어들은 제가 자꾸 방향을 바꾸니까 지쳐 있고요. 실패한 것 같아요."

어떤 이유에선지 앤드루는 미소 짓고 있었다. 그는 식탁 위로 주먹을 뻗어 내 어깨를 쳤다. "네가 아주 자랑스러워!"

나는 그가 때린 곳을 어루만졌다. "제가요?"

"그래," 앤드루가 말했다. "너는 발전하는 과정에 있어! 자신의 실패를 인식한다는 건 엄청난 발전이야. 많은 매니저가 자신이 실패했다는 사실을 인정하지 못해. 자기 자신에게조차도."

앤드루는 계속해서 내 약점이 자신에게 드러나는 것을 '기뻐'해야 한다고 말했다. 그는 촉망받는 많은 인재가 힘차게 경력을 쌓기 시작하지만 자신의 결점에 눈감게 되면 정체되고 날카로움을 잃고 무뎌진다고 말했다. 그는 세계에서 가장 훌륭하고, 가장 현명하고, 가장 능력 있고 전도유망한 사람들은 자신에게 깊은 결함이 있다는 사실을 알고 받아들이는 사람들이라고 했다. 그들은 오로지 자신이 가진 결함을 극복하기 위해 매우 힘들게 일하면서 그 과정 중에 더 강해지고 더 현명해졌기 때문에 탁월해졌다는 것이다.

앤드루가 감지 않은 내 머리칼과 더러운 티셔츠, 몰골을 바라보며 말했다. "간단히 말해서… 그건 문제가 아니야. 네가 이미 앞서 나가고 있다는 뜻일 뿐이야."

나는 간신히 어색하고 희미하게 웃어 보이며 말했다. "그렇게 느껴지지 않아요." 하지만 조용히 버스를 타고 집으로 돌아오며 그의 말이 옳기를 간절히 빌었다.

그리고 결국 나는 비드콘에 갔다. 우리 팀은 바인Vine(2013년 1월 트위터가 런칭한 쇼트 비디오 SNS. 6초간의 짧은 영상을 찍어 트위터나 페이스북으로 공유한다. ─ 옮긴이), 뮤지컬닷엘와이Musical.ly(동영상 제작, 메신저, 실시간 방송을 위한 중국의 비디오 소셜 네트워크 앱. 2017년 중국 바이트댄스가 인수하여 틱톡으로 발전시켰다. ─ 옮긴이), 인스타그램 스타들과 만나기 위한 막후 설정으로 올 액세스 패스를 가졌다. 스토리를 위해 개발한 프로토타입 기능들을 시험하고 원하는 기능에 대한 제안을 받기 위해 투표에 부쳤다. 나는 이것을 그들의 세계와 그들이 자신들의 명성과 유산을 바라보는 방식을 더 잘 이해하기 위한 기회로 삼았다. 나중에 저 스타들 중 몇몇은 페이스북/인스타그램 본부에 들러 우리의 수익 창출 모델에 관해 배웠다. 나는 그들과 캠퍼스 투어를 같이했다. 여동생 마리아나가 십 대였을 때 마이애미에서 그토록 쫓아다녔던 유튜브 스타 캐머런 댈러스와 나란히 걸으며 생각했다. '이런, 동생에게 말해도 내 말을 절대 믿지 않을 거야.'

16

직감

몸무게가 86킬로그램에서 58킬로그램으로 급격히 빠졌다. 일부러 다이어트를 해서 그런 게 아니었다. 맞다, 그렇게 살이 빠진 이유는 내 마음이 불안감으로 가득 차 있었기 때문이다. 점심 때 페투치니 알프레도 두 접시를 먹는 것을 그만두었고 하루 내내 소량의 식사만 했다. 스트레스 다음으로 체중 감소를 가져온 두 번째 요인은 건강에 광적으로 집착하는 내 룸메이트였다. 셀레나 덕분에 나는 건강한 사람같이 먹는다는 게 무슨 뜻인지 배우고 있었다. 거의 나날이 그녀는 나를 차에 태워 일터로 데려간 다음 캠퍼스에서 함께 아침식사를 했다. 한때는 접시에 감자튀김과 달걀, 베이컨을 높이 쌓았지만, 지금은 셀레나를 따라 달걀흰자와 시금치, 그리고 격일로 감자튀김 한 개만 먹는다.

훨씬 적게 먹는 것이 다가 아니었다. 나는 남몰래 빈번히 체육관을 드나들었다. 사람들에게 그 사실을 비밀로 한 것은 나 자신이 체육관에 어울리는 부류라고 생각하지 않았고, 사람들이 나를 바라보는 것을 원치 않아서였다. 턱걸이를 하지 못했던 어린 시절 기억에 사로잡혀, 운동하는 사람이 되려고 하는 것조차 동료들이 우습게 여길 거라고 상상했다. 일을 마치고 나면 매일 밤 체육관 뒷문으로 몰래 들어가 다른 운동 기구들과 동떨어진 채로 체육관 뒷편 구석에 덩그라니 놓여 있던 러닝머신으로 직행했다. 더는 발을 뗄 수 없을 때까지 러닝머신 위를 걸었다. 그리고 나서 마운틴뷰로 가는 셔틀버스에 올라탔다가 좀 더 걷기 위해 내 아파트에 도착하기 몇 정거장 전에 내렸다.

어느 날 밤 체육관 뒷문으로 몰래 빠져나와 셔틀을 잡기 위해 캠퍼스를 가로질러 가고 있을 때, 인턴십 이후로 보지 못했던 친구를 만났다. 닉은 유칼립투스 오드콜로뉴 같은 향기를 풍겼고, 자기 차가 있는 곳으로 걸어가며 폰에서 여성들의 이미지들을 훑어보고 있었다.

"안녕, 닉," 내가 그 옆으로 다가가 보조를 맞춰 걸으며 말했다.

그는 고개를 들어 무심코 나를 쳐다봤다가 흠칫 놀라며 다시 바라보았다. "와, 이게 누구야!" 그가 내 등을 쳤다. "몰라보게 변했네!"

나는 어깨를 으쓱했다. "그래." 닉은 20대 후반에 키가 2미터에 가까운 거구였다. 실리콘밸리에서 일하는 테크 노동자들이 대부분 그러하듯이 그 또한 트레이너에게 줄 돈이 있었고 잘 먹었다. 그래서 약이 오를 만큼 몸이 탄탄했다. 나는 그가 이제 마른 내 몸을 판단하고 있는지, 헐렁한 체육복 안에 숨겨진 뚱뚱하던 시절부터 유지해온 내 허리 군살을 볼 수 있는지 궁금했다.

우리는 조용한 캠퍼스를 같이 가로질러 걸어갔다. 그는 틴더 데이트에 가는 길이라며 주머니에서 폰을 꺼내 나에게 운동선수처럼 보이는 아시아계 미국인 여자 사진을 보여주었다. 그녀는 바람 부는 절벽에 서 있었고 긴 머리칼이 미소 지은 그녀의 얼굴을 가로질러 휘날리고 있었다.

"멋져 보여." 생각해서 말한다는 게 기껏 이 말밖에 없었다. 그녀는 멋져 보였다. 나는 그들이 무슨 얘기를 할지 궁금해하며 내가 직장 밖에서 셀레나와 앤드루 말고 다른 누군가와 얘기해본 게 도대체 언제인지 떠올려보려 했다. 아무것도 떠오르지 않았다.

"틴더 해봤어, 마이클?" 그가 폰을 후디 주머니에 밀어 넣으며 물었다.

"나? 최근엔 안 해봤어." 나는 말했다. 내가 알고 지내는 사람들의 90퍼센트는 앱을 통해 데이트했지만, 나는 아직 틴더를 내려받지 않았다. 다른 데이팅 앱도 내려받은 적이 없었다. 나는 속으로 생각했다. 내 모습이 더 나아지면 할 거라고. 허리의 군살을 제거한 다음 앱을 내려받고, 데이트에 나가 여자와 키스할 것이다. 진심으로 한 여자와 키스를 하고 나면, 나의 성적 취향도 마침내 살아날 것이고, 모든 것이 제자리를 찾아가며 의미가 통할 것이다. 그리고 마침내 완전하다고 느낄 것이다. 하지만 아직은 아니었다. 먼저 허리의 군살을 빼야 했다.

닉은 나를 재미있다는 듯이 바라봤지만, 그사이 우리는 주차장에 다다랐고 감사하게도 셔틀이 다가오고 있었다. "저걸 타야 해." 내가 몸을 돌려 말했다. "재미있는 밤 보내!"

"잠깐만!" 닉이 말했다. "운동하고 싶지 않아?"

"아, 아니. 난 운동 전혀 안 해," 나는 거짓말을 했다. "턱걸이도 못 해."

그는 내 말은 들은 것 같지 않았다. "메신저로 내 트레이너 잭 번호를 보낼게." 폰을 꺼내며 그가 말했다. "한번 전화해봐. 살 많이 빠졌네. 그가 근육이 붙도록 도와줄 거야." 닉이 내 등짝을 철썩 때리며 덧붙였다. "날 믿어봐. 인생이 바뀔 거야."

바로 다음 날, 나는 트레이너 잭을 따라 체육관의 철커덕 소리를 내는 복잡한 체력 단련실을 둘러보았다. 전에는 발을 들일 엄두도 내지 못하던 곳이었다. 땀 흡수가 잘 되는 첨단 복장을 갖춰 입은 탄탄한 몸매의 페이스북 직원 대여섯이 편안해 보이지 않는 다양한 머신 안에서 몸을 뒤틀고 있었다. 뱃사람의 이두박근을 가진 한 여성이 철봉에 뛰어올라 힘들이지도 않고 턱을 들어 반복해서 철봉에 갖다 대었다.

"당신의 건강 목표를 한번 말해봐요, 마이클." 잭이 말했다. 그는 내 초등학교 시절 운동을 좋아하던 아이들 중 한 명과 많이 닮아 보였다.

"어, 여자와 데이트하고 싶을 뿐이에요." 내가 말했다. 그게 내가 바라던 바였다. 그렇지 않은가?

잭이 큰 손으로 자신의 짧은 머리를 쓸며 웃었다.

"알겠어요. 특별히 하실 말씀이 더 없어요? 심폐 기능과 근력 중에 어디에 더 초점을 두실 생각이에요?"

나는 자기 몸이 헬륨으로 만들어져 있는 양 철봉에 매달려 가뿐히 위아래로 오르내리는 그 해적 같은 여자의 이두박근을 바라보지 않으려 애쓰고 있었다. 내 체격이 한심하다면 그녀의 체격은 비범했다. 나는 국가 체력 검정에서 허우적거리며 얼굴이 홍당무가 되어 판다 같은 몸을 단 1인치도 들어 올리지 못했던 벨렌 시절의 나 자신을 떠올렸다.

"할 수 있으면 하는 한 가지 일이 있어요…." 나는 말을 꺼냈다.

"말해봐요!" 잭이 다시 말했다. 그의 눈은 흥분으로 빛났다.

나는 말을 꾹 참았다.

"신경 쓰지 말아요, 잊어버려요."

내가 지금 뭐라는 거야? 턱걸이는 내 자신감의 크립토나이트, 궁극적으로 페이스북에서 나 자신을 위해 창조한 "더 나은 내가 될 기회"였고, 자신감은 바로 지금 더 잃을 여유가 있는 것이 아니었다.

잭의 얼굴은 내가 막 크리스마스를 훔치기라도 한 듯이 낙담한 빛이 되었다. "이봐요, 확실해요?"

"그냥 몸이 좋아 보이면 좋겠어요. 그게 다예요"라고 나는 말했다.

5분 후에 나는 체육관 뒤편 작은 사무실에서 그와 마주 앉아 돈 얘기를 했다.

나는 화면을 응시했다. 한 세션에 70달러, 일주일에 350달러, 그렇게 해서 한 달에 1,400달러였다. 고민이 되는 금액이었다. 완전히 허무맹랑한 짓이었을까? 나는 꽤 많은 돈을 벌고 있었다. 세계적인 기준에 비추어봐도 많았다. 하지만 실리콘밸리에서는 왠지 그리 큰돈으로 보이지 않았다. 부모님처럼 재정적 곤란을 겪다가 모든 걸 잃으면 어쩌나 하는 생각도 들었다. 이 잭이라는 사내와의 계약이 아메리칸드림의 이면을 향해 내디딘 첫 발걸음이었을까? 마음속에 어떤 이미지가 섬광처럼 떠올랐다. 내가 샌프란시스코의 인도에 노숙자가 되어 디지로 뻗어 있었다. 나는 몸서리쳤다. 빌어먹을.

재빨리 직감적으로 떠오른 그 기괴한 느낌을 무시하며 아이패드 위에 "서명"을 휘갈긴 다음 잭에게 건넸다. 바보가 된 느낌이었다. 집세 말고는 셔틀과 무료로 제공되는 식사 덕분에 돈을 쓸 일은 거의 없었다. 이 계약 때문에 금전적으로 곤란을 겪을 일은 없을 것이다. 그리고 잭은 나보다 나이가 많았고, 자신이 하는 일에 전문가임을 보여주는 자격증이 있었다. 아마 나는 활기찬 사람이 될 것이다. 게다가 내 직감이 과연 맞는지 의구심이 일기 시작했다. 페이스북에서 남들의 의견 대신 내 본능에 따라 행동했을 때 어떤 프로젝트에서는 도움이 되었지만 또 어떤 프로젝트에서는 나에게 피해를 안겼다.

각설하고, 예전에는 몰랐지만 지금은 알고 있는 중요한 사실이 하나 있다. 직관과 충동 사이에는 차이가 있다는 사실 말이다. 직관은 삶에서 소음을 차단할 수 있을 때 모습을 드러내는 대단히 고요하고 선명한 안내자이다(나에게 소음은 종종 내 머릿속의 보잘것없는 목소리, 즉 공포에 질리거나 스트레스를 받아 종알대거나 투덜대는 목소리이다). 직관은 명령을 내지르지 않는다. 직관은 질문받기를 기다린다. "이 느낌이 맞나?" 그러고 나서 대답한다. 직관은 "맞아", "참아", "이건 아니야"라고 온몸으로 느끼는 선명한 '감정'이다. 불한당처럼 머릿속에서 "그냥 해, 이 겁쟁이야!"라고 소리치지 않는다.

직관은 잠재의식에 깔린 지혜인 반면, 충동은 별생각 없이 자동으로 튀어나오는 반응이다. 충동은 거의 언제나 어떤 공포의 형식에 의해 유발된다. 나에게 더 잘 맞는 트레이너가 있을 수 있는지 고려할 시간을 갖는 대신 그 장소에서 바로 잭과 트레이닝 계약을 하도록 유도한 것은 언제 생겼는지 알 수 없는 나의 공포심이었다. 두 차례에 걸쳐 나는 저커버그에게 맞섰다. 그의 방식보다 내 방식이 더 낫다고 직감이 말해주었기 때문이다. 나는 강해지고 있다고 생각했지만, 내 직감은 나의 초기 콘셉트에 관해서는 틀린 것으로 드러났다.

두말할 것도 없이, 일은 그다지 잘 진행되지 않았다. 어쨌든 나는 이후 7개월 동안 잭과 같이하며 근육을 키우기 위해 칼로리를 늘리라는 그의 지시를 잘 따랐다. 어떤 음식을 먹으라는 식단에 대한 안내가 없어, 나는 곧장 칼로리가 높은 정크푸드를 먹었다. 그래서 녹초가 될 만큼 열심히 운동했는데도 천국의 계단을 이용하면서 감량했던 27킬로그램 중 13.5킬로그램의 살이 다시 붙었다. 물론 일부 단단한 근육이 생기긴 했다. 잭이나 그 어떤 피트니스 트레이너도 이 부분을 바꿀 수는 없었지만, 그리고 PT에 이후 1만 달러가 넘는 돈을 썼지만 여전히 나 자신이 싫었다. 여전히 거울을 들여다볼 수 없었고, 라이프스테이지에 대해 내 팀과 아무리 많은 진보를 이루었대도, 혹은 '실패한다는 것은 성장의 증거'라고 아무리 자주 나 자신에게 상기시켜도, 여전히 나는 욕실에서 고개를 처박고 숨죽여 울었다.

그때 잭이 떠나고, 재스민이 나의 트레이너 역할을 이어받았다. 재스민은 베트남 사람으로 매우 뛰어난 운동선수였고, 마음씨도 아주 착했으며 몸도 훨씬 단단했다. 잭이 신병 훈련소 교관 같은 사람이었다면, 재스민은 행복과 활기, 긍정적 에너지로 가득 차 있는 사람이었다. 며칠 지나지 않아 그녀에게 바로 편안함을 느낀 나는 어린 시절 국가 체력 검정에서 받은 굴욕과 단 한 번의 턱걸이가 내게 얼마나 큰 의미가 될 수 있는지 이야기했다. 근육이 꽤 붙었지만, 여전히 턱걸이는 감히 시도할 생각조차 하지 못하고 있었다.

재스민은 이해했다. 그녀는 나를 몰아붙이지 않았다. 여러 달 동안 나와 같이하면서, 양은 적지만 고단백질, 저지방 식사를 자주 하는 데 초점을 맞춤으로써 내가 더 잘 먹게 하고, '그것'을 시도할 준비가 되었는지 묻기 전에 내 몸무게를 건강에 좋은 65킬로그램으로 만드는 데 집중했다. 나는 도전할 준비가 되어 있었다. 그리고 실패했다. 도움 막대를 사용하고도 실패를 거듭했다. 그때쯤 나는 더 이상 실패에 당황하지 않게 되었다. 체육관 사람들 모두가 나를 '턱걸이를 한 개라도 하고 싶어 안달 난 아이'로 알았다. 이젠 주변 시선에 신경 쓰지도 않았다. 재스민의 도움으로 체육관은 이제 내가 평가받고 주시받고 있다고 느끼는 공간이 아니었다. 나는 자신의 몸에 만족하는 사람은 아무도 없다는 사실을 깨달았다. 모두가 더 좋은 모습으로 보이길 원했다. 그게 그들이 체육관에 있는 이유였다. 그래서 우리는 계속 날마다 철봉으로 돌아갔다. 시도하고, 또 시도하고, 또 시도했다. 그날까지….

"마이클, 해냈어요!" 재스민이 소리 질렀다. 그녀는 아주 빠르게 팔짝팔짝 뛰면서 자기 아이가 처음으로 홈런을 치는 장면을 본 엄마처럼 손뼉을 쳤다.

팔이 너무 심하게 떨려 팔 힘이 완전히 빠졌다고 생각했지만 나는 바닥에 떨어지기 전에 두 번째 턱걸이도 용케 해냈다. 지쳐서 덜덜 떨면서 주위를 둘러보며 아무도 나를 바라보고 있지 않기를 바랐다.

턱걸이를 하나 했다고 해서 내 문제가 모두 해결되지는 않을 테지만, 그것은 전환점이었다. 그 후로 나는 걸음걸이가 달라졌다. 좀 더 활력이 넘쳤다. 나 자신을 믿었다.

그리고 나는 틴더를 내려받았다.

꼬마 코딩 괴물

커뮤니티 센터에서는 구내식당 음식과 아이들 땀 냄새 같은 게 났다. 그곳은 넓고 텅 비어 있었다. 나와 두 명의 라틴계 페이스북 인턴, 그리고 스페인어로 진행되는 나의 기술 교육 강연을 들으러 온 열다섯 명의 라틴계 엄마들과 가만히 있지 못하는 아이들 말고는 아무도 없었다. 나는 몇 달 동안 강연을 해오고 있었다. 어느 정도는 맥신 덕분이었다. 그녀는 기적적으로 홍보팀을 설득해 내가 그 일을 할 수 있게 해주었다. 나는 그 일이 좋았다. 메모지를 움켜쥔 이 단호한 엄마들과 스페인어로 말하는 게 좋았다. 주의가 산만한 아이들이 좋았다. 그들이 왜 거기에 있는지 알 수 없었지만, 거기에 있다는 자체가 중요한 거라고 진지하게 말하는 엄마들의 말을 이해했다. 모든 것이 그러했듯이 그건 그들의 미래에 관한 것이었기 때문이다.

엄마들은 발밑에 가방을 내려놓고 접이식 의자에 앉아 내가 무료 컴퓨터 프로그래밍 수업과 그들 가족이 이용할 수 있는 자원에 관해 얘기할 때 메모지에 내가 말하는 내용을 열심히 받아적었다. 모두 채 열 살도 안 되어 보이는 아이들은 교실 뒤에서 이리저리 서로를 쫓아 다니거나 엄마 폰을 가지고 놀았다. 몇 분마다 아이가 "얼마나 오래 걸려?" 하고 모두가 다 듣게 엄마에게 속삭였다. 그러면 엄마는 입에 손가락을 갖다 대고 아이에게 조용히 하라고 이르며 손짓으로 물러 나라고 했다. 아이들 둘이 서로 영어로 말을 주고받았지만, 평상시처 럼 인턴들과 나는 교실에서 완전히 두 언어를 사용할 줄 아는 어른은 우리밖에 없다고 느꼈다.

오늘 밤 발표는 그다지 순조롭게 진행되지 않았다. 엄마들에게 기 술 교육 웹사이트를 단계별로 차근차근 보여주려고 시도하면서 자녀 들을 무료 프로그래밍 과정에 연결해줄 수 있음을 알려주려 했지만 내 노트북 컴퓨터를 디스플레이 화면에 연결하는 코드가 해어져 있 었고, 인턴 라울이 최선을 다했는데도 영상은 계속 깜박거렸다. 아무 튼 엄마들은 그로부터 많은 것을 얻지 못했다. 엄마들은 부지런히 받 아 적고 있었지만 구부정한 자세로 얼굴을 찡그리고 있는 걸로 봐서 내가 던지는 모든 정보가 이들을 더욱 혼란에 빠트리고 있음을 알았 다. 무엇보다 그들이 교실로 들어오면서 품었던 희망이 회의주의로 바뀌고 있음을 느낄 수 있었다. 아직 베이비시터를 둘 여유가 없었 던 그들은 화요일 저녁 6시에 이 냄새 나는 커뮤니티 센터에 어린 자 녀들을 데려왔다. 아마도 컴퓨터 과학이 뭔지 배우려는 열망 하나로 일터에서 곧장 이리로 왔을 것이다. 그들이 알고 싶어 하는 더 중요 한 일은 컴퓨터 과학이 아이들에게 현실적인 진로가 될 수 있는가였다. 유난히 똑똑하고 호기심 많은 학생들도 있을 테지만 그들은 조작된 교육 시스템 때문에 충분한 지원을 받지 못하고 있다. 그 결과 테크 분야에는 라틴계와 아프리카계 미국인 아이들이 두각을 나타내는 경우가 극히 드물다. 그 증거는 일상에 널려 있다. 실리콘밸리 주변을 둘러보기만 해도 알 수 있다. 사무실을 청소하는 사람들 대다수가 라틴계이고 프로그래머의 대다수가 백인이다.

수입을 늘을 경제적 여유나 개인 소장용 컴퓨터가 없더라도 아이들이 컴퓨터 과학을 이용할 수 있다는 사실을 이 엄마들에게 전달하는 게 내 일이었다.

"저를 믿으세요." 나는 그들에게 말했다. "많은 회사들이 다양한 배경을 가진 더 많은 프로그래머를 적극적으로 찾고 있어요." 연습한 대로, 라울은 젊은 라틴계 전문가들이 유리 벽으로 둘러싸인 사무실에서 값비싼 노트북으로 작업하고 있는 사진을 클릭했다. 나는 미리 준비한 대로 계속해서 말했다. "제가 다니고 있는 회사인 페이스북도 그중 하나입니다. 우리는 직원들의 다양성을 크게 늘리려고 노력하고 있어요. 그래서 이 자리에서 이렇게 여러분과 얘기를 나눌 수 있어 매우 행복해요. 코딩을 배우기에 너무 이른 나이는 없어요. 빨리 시작할수록 좋아요!"

엄마들은 이맛살을 찌푸리며 나를 바라보았다. 아이들은 너무 작았고, 이 아이들이 일을 하려면 아직도 여러 해가 지나야 하는데, 세계는 빠르게 변하고 있었다. 아마도 그들은 자신들이 왜 어떤 인터넷 사이트에 자신들의 꿈을 고정해야 하는지 의아했을 것이다.

내가 하고 싶은 말은 그게 아니었다. 나는 강하게 밀어붙였다. "제가 다니는 회사에 미래의 기회가 있다고 말하려는 게 아니에요. 테크 산업에 미래가 있다는 얘기도 아니고요. 반드시 알아두셔야 할 것은 프로그래머가 선택할 수 있는 진로 옵션이 사실상 무한대라는 겁니다! 일찍 코딩을 배움으로써 여러분의 아이들은 자라서 자신이 되고 싶은 사람이 되도록 도울 수 있는 기술을 발전시킬 겁니다. 프로그래머는 헬스케어, 소셜 서비스, 농업, 교육, 건설 등 많은 산업에서 일자리를 찾을 수 있어요."

내가 더 강하게 밀어붙일수록, 엄마들의 의구심은 더 커지는 듯했다. 몇몇은 이제 가는 눈을 뜨고 있었다. 그들은 눈빛으로 '사실이라고 믿기엔 너무 듣기 좋은 말만 하잖아'라고 말하고 있었다. 청중 한 명이 이미 자리에서 일어나 떠날 채비를 하고 있었다. 또 다른 청중은 몸을 기울여 친구의 귀에 대고 뭔가를 속삭이고 있었다. 말을 듣고 있던 친구가 눈을 굴리며 빙그레 웃었다. 내가 코딩을 권유하려고 할 때마다 마리아나가 늘 보이던 반응이었다. "내 취향이 아니야"라고 늘 여동생은 말했다. 나는 그 말이 너무 듣기 싫었다. 도대체 해보지도 않고 어떻게 안단 말인가?

낙관적인 분위기를 유지하기 위해, 나는 라울에게 비영리 단체 목록을 클릭하게 했다. 나는 디스플레이 화면을 가리키며 말했다. "이 모두가 여러분의 아이들을 기초부터 도와줄 수 있는 단체입니다. 이들은 웹사이트에서 '무료' 온라인 교습과 '무료' 멘토 그룹을 제공하고 온갖 종류의─"

광택이 고운 짙은 황록색 블라우스 차림을 한 여성이 얼굴에 공손하면서도 굳은 미소를 띤 채로 손을 들고 있었다. 머리칼을 양 갈래로 땋고 핑크빛 발레 치마를 입은 작은 소녀가 옆에서 원을 그리며 빙글빙글 돌았다.

나는 그 엄마에게 손짓했다. "네?"라고 말하며 누군가 질문을 할 만큼 강의에 참여하고 있다는 사실에 안도했다.

"실제로 비용은 얼마나 들죠?" 그녀가 스페인어로 물었다.

한숨이 나왔다. 웹사이트 발표는 아무 효과가 없었다. 환상적인 주장을 한 다발 늘어놓으며 이 여인들을 설득할 생각은 아니었다. 교실 안에 있는 모든 엄마들이 내가 평생 해온 것보다 더 열심히 살아왔다는 사실엔 의심의 여지가 없었다. 그들은 아마도 여전히 투쟁과도 같은 삶을 살고 있을 것이다. 아마도 과거에 사기꾼들의 표적이 된 적도 있을 것이다. 성공과 부에 이르는 길을 약속했지만 종국에는 자기 가족의 희생으로 끝난 "공짜 기회"라는 꾐에 빠져서 말이다.

나는 말했다. "즉답을 하자면 제가 오늘 여러분에게 말씀드리고 있는 강좌와 자료는 100퍼센트 무료입니다. 어떤 비용도 없어요. 비용은 제로입니다. 그 부분에 대해서는 나중에 다시 얘기할 겁니다, 알았죠?"

그 여인은 고개를 끄덕였다. 나는 그녀에게 바보같이 엄지손가락을 치켜세우며 노트북을 닫았다.

"이제 제가 어쩌다 여기에 오게 되었는지 제 이야기를 여러분과 나누고 싶습니다"라고 나는 말했다.

안도한 표정을 지어 보이며, 그 여인들은 펜을 내려놓고 열정적으로 고개를 끄덕였다.

　"저는 마이애미에서 자랐어요. 엄마와 아빠는 제가 태어나기 전에 페루와 볼리비아에서 미국으로 이민을 왔고요. 부모님은 열심히 일했고 자기 사업을 했어요. 치킨 레스토랑이었죠. 부모님은 제 여동생과 제가 삶의 모든 기회를 누리게 하고 싶어서 미국으로 왔어요. 최선의 교육을 받게 하고 싶었던 거죠. 부모님은 여러분들이 그러하듯이 열심히 일했고, 결국에 레스토랑은 성공했어요. 한동안 사업이 정말 잘 되고 있을 때, 부모님은 때때로 그 레스토랑을 팔고 페루로 다시 돌아가는 것에 관해 이야기했죠. 엄마는 별 볼 일 없는 우리 가족이 페루에서는 왕처럼 살 수 있다고 농담을 하곤 했어요. '벤츠를 살 수 있어!'라고 엄마는 말했어요. '완벽한 건강보험에 들 수 있어. 그럼 나는 내 치아를 표백할 수 있다고!'"

　여인들은 이 지점에서 웃음을 터뜨렸다. 이제 인턴들도 내 얘기에 주의를 기울이고 있었다. 모두가 내 얘기에 빠져들었다. 이제 제대로 길을 찾은 셈이어서, 나는 이야기의 속도를 늦추기 시작했다. 나는 이러한 상황에서 자주 그러했듯이 '6학년 때 선생님이 발표에 강박적으로 매달려 우리를 가르친 건 하나님께 감사할 일이야'라고 생각했다. 그녀의 수업은 무대 공포에 대한 예방 접종이나 다름없었다. 내가 '누구나 코딩을 할 수 있다'는 나의 메시지를 지난 10년간 수천 명의 사람들에게 전달할 수 있었던 건 다 그 수업 덕분이었다. 그리고 바라건대 내가 이 여인들과 조금 더 긴 시간을 가질 수 있다면, 나는 그렇게 연마한 연설 기술을 통해 이 여인들에게 확신을 심어주는 데 성공할 터였다.

나는 말했다. "그래도 우리는 마이애미를 떠나지 않았어요. 우리가 그곳에서 왕처럼 살지는 못했지만 말이죠. 부모님이 레스토랑을 잃고, 그다음에 집까지 잃을 때조차 떠나지 않았어요."

우리 가족이 겪은 불운에 공감과 동정을 드러내는 한숨 소리가 교실 안 모두의 입에서 터져 나왔다. 나는 말했다. "부모님은 우리기 인생의 성공에 필요한 모든 기회를 누리길 원했기 때문에 그곳을 떠나지 않고 머물렀어요."

여인들은 내가 말하는 모든 말에 고개를 끄덕이고 있었다. 몇몇은 금방이라도 울 것처럼 보였다. 나는 아주 짧은 순간이나마 우리가 머무를 여유를 가질 수 있던 이유는 앱 키드로서 내가 몇 년 동안 우리의 삶을 지탱하기에 충분한 돈을 벌었기 때문이라고 덧붙일까 생각했다. 하지만 그러지 않기로 했다. 나는 그 누구에게도 헛된 희망을 품게 할 생각이 없었다. 그건 이 이야기의 핵심이 아니었다.

"엄마는 제가 의사나 변호사가 돼야 한다고 생각했어요." 나는 계속해서 말했다. "엄마는 저를 사립 가톨릭 학교에 보냈어요. 성공에 이르는 유일하게 확실한 길이라고 생각했으니까요. 좋은 고등학교, 좋은 성적, 좋은 대학, 좋은 일을 얻기 위한 확실한 길이라고 생각한 거죠. 엄마는 제가 엄마와 아빠한테 빚을 졌다고 말했어요. 그러니 자신들이 일터에서 열심히 일한 만큼 학교에서 열심히 공부하라고요. 하지만 그러지 않았습니다. 저는 모범생이 아니었어요. 사실 고등학교 졸업장도 못 받았어요."

그들은 내 말에 충격을 받았다. 한 부인이 입술을 깨물며 팔짱을 꼈다. 실망한 사람이 전형적으로 보이는 태도였다. 좀전에 내게 질문을 던졌던 황록색 블라우스 차림의 여인은 눈을 휘둥그레 뜨며 손으로 입을 가렸다. 마치 내가 살인 자백이라도 한 것 같았다. 그녀의 딸은 처음으로 빙글빙글 돌기를 멈추고 갑자기 흥미롭다는 듯 나를 쳐다봤다. 교육에 강박적으로 매달리는 자기 엄마가 왜 대학에 가보지도 못한 사람의 강의를 듣고 있는 걸까? 청중들이 아이들을 교실 밖으로 내보내 나같이 하찮은 사람에게서 가능한 한 멀리 떼어놓기 전에 나에게는 30초의 시간이 있었다.

"좋아요, 약속할게요!" 나는 손을 들어 올리며 그들에게 장담했다. "저는 끔찍한 학생이었어요. 내 모든 시간을 앱을 개발하는 데 보냈기 때문이죠. 초등학교 때 학교에서는 컴퓨터 과학을 가르치지 않았어요. 그래서 구글에서 '코딩하는 법'을 찾아 독학했어요. 알아야 할 것이 생길 때마다 인터넷에서 찾아보면서요. 거기에 다 나와 있었어요. 물론 공짜였고요. 여러분의 아이들에게도 마찬가지입니다. 우리가 여기에 온 것은 오로지 그 아이들을 인도하기 위해서입니다."

사람들은 이제 귀를 기울이고 있었다. 몇몇은 여전히 다소 의심스러운 눈빛이었다. 나는 내 엄마로, 즉 그들이 공감할 수 있는 여주인공에 관한 이야기로 초점을 바꿀 필요가 있었다. "어릴 때 집에 컴퓨터가 한 대 있었어요. 우리가 모두 공유해 쓰기로 되어 있었지만, 부모님은 그 컴퓨터를 이용해 회계 업무를 볼 수 없었어요. 저를 떼어낼 수 없었거든요. 그리고 레스토랑에서 지쳐 집에 돌아와 거실 컴퓨터 책상에 앉아 있는 저를 보곤 했어요. 엄마는 소리치곤 했죠. '마이클, 게임 좀 그만해! 게임을 그만두지 못하면 인생에서 결코 성공하지 못할 거야.'" 교실이 웃음으로 가득 찼다. 그들은 내 엄마 이야기에 빠져들었다.

"하지만 조금씩 엄마는 제가 하는 일의 가능성을 이해하기 시작했어요. 정말로 뭐가 엄마를 실득했는지 아세요?" 나는 말하고 싶어 참을 수가 없었다. "열세 살 때 애플에서 처음으로 수표를 받았을 때였어요. 그건 수천의 사람들이 내 게임을 내려받기 위해 지급한 돈에서 제가 받는 몫이었어요."

"수표가 얼마짜리였어요?" 누군가 이렇게 소리쳤다.

나는 충격을 받은 엄마가 애플에서 처음으로 받은 그 5,000달러짜리 수표를 심각한 표정을 짓고 있는 아빠에게 내밀며 "뭔 짓을 한 거니?"라고 말했던 순간을 떠올리며 미소 지었다.

"우리에겐 아주 큰 돈이었어요." 나는 대답했다. "엄마의 세계관을 뒤집어놓을 정도였어요. 엄마는 늘 성공에 이르는 길은 단 하나밖에 없다고 가르쳤어요. 고통과 괴로움의 길이죠. 엄마는 늘 이렇게 말하곤 했어요. '고통 없이는 얻는 것도 없어.' 하지만 저에게 프로그래밍은 고통과 괴로움과는 아주 동떨어진 것이었어요. 제가 프로그래밍을 열심히 한 이유는 제가 좋아했기 때문이에요. 그리고 저는 오늘 여러분에게 이야기하면서 여기 서 있습니다. 제가 그저 놀고 있는 것이 아니라 살아가는 동안 내가 성공하도록 도와줄 수단들을 만들고 있었다는 걸 마침내 엄마가 이해하기 시작했기 때문이에요. 그 수단들을 여러분의 아이들과 나누고 싶어요. '여러분'이 약속받은 아메리칸드림을 그들이 가지길 바랍니다."

나는 거기서 멈췄다. 다시 희망을 품는 표정들을 바라보고 있자니 의식적으로 받아들이지 않으려 했는데도 감정이 북받쳐 목이 메기 시작했다. 마음이 복잡했지만 긍정적인 태도를 유지하려 애썼다. 내가 그렇게 많은 약속으로 그들에게 내밀고 있는 이 도구조차 그들의 아이들에게 쉽지는 않을 것이다. 그들의 피부는 갈색이었고, 무엇보다 가난했다. 그건 사실상 엄마가 내게 말한 것이 얼마간 사실이라는 것을 의미했다. 이 아이들 모두가 내일 당장 프로그래밍 공부를 시작하더라도, 그들은 쉽게 성공할 수 없을 것이다. 여전히 고통과 괴로움 속에서 살아갈 것이다. 미래에 대한 아무런 보장도 없이 돈도, 보험도, 종종 안전도 부족한 환경 속에서 자라고 있는 그들은 성공은 고사하고 그저 사람들 눈에 띄기 위해 살아가면서 하는 모든 일에서 열 배는 더 열심히 일해야 할 것이다. 하지만 내가 뭘 할 수 있을까? 이 엄마들과 내 이야기를 공유하지 않고, 불리하게 조작된 시스템을 헤쳐 나가도록 그들을 도울 수 있는 내가 유일하게 알고 있는 도구를 그들에게 알려주지 않는다면 말이다.

나중에 인턴들이 엄마들에게 모든 웹페이지 주소 목록이 담긴 프린트물을 나눠줄 때, 나는 출구 근처에 서서 강연하는 동안 내 매니저가 보낸 페이스북 메시지를 살금살금 보고 있었다. 그는 내가 인스타그램 스토리와 왓츠앱 스테이터스를 위해 시작한 프레젠테이션 슬라이드에 궁금한 것이 많았고 그것에 꽤 흥분해 있었다. 나는 곧 그 일들을 처리할 것이다. 하지만 지금 당장은 혹시라도 나올 마지막 질문에 시간을 할애하고 싶었다. 그 여인들 대부분은 귀가해 저녁 식사를 차리려고 분주히 움직이고 있었다. 무리 지어 서둘러 내 옆을 지나가며 미소와 감사의 말을 건네고 졸고 있는 아이들을 흔들어 깨워 나에게 작별 인사를 하게 했다.

좀 전에 내게 질문을 던진 그 엄마와 발레 치마 차림인 그녀의 딸이 마지막으로 자리에서 일어섰다. 엄마는 딸이 빙글빙글 돌면서 우아하게 도약할 때 발레 바로 사용할 수 있도록 자신의 팔을 내주었다.

"아주 흥미로웠어요!" 프린트물을 들어 올리며 그녀가 말했다. "정보를 줘서 고마워요. 얘 이름은 카일리예요. 테크놀로지를 좋아하죠. 분명 아이가 좋아하게 될 거예요."

"여러분을 정말 환영해요." 나는 말했다. "카일리, 춤추는 것만큼 코딩하는 걸 좋아하니?"

"아니요!" 뛰어오른 상태에서 카일리가 소리쳤다.

"카일리, 좋아하잖아!" 약간 당황해하며 그녀의 엄마가 말했다. "얘는 좋아해요! 항상 태블릿을 하고 있어요! 가지고 있으면 당장 할 텐데, 지금은 얘 오빠가 가지고 있어서요."

"태블릿에 그림을 그려요." 카일리가 말했다. "그리고 내 동물에 관한 영화를 여섯 편 만들었어요."

"동물 인형을 말하는 거예요." 엄마가 덧붙였다.

"영화 여섯 편이라고!" 감명을 받은 양 내가 말했다.

그녀 엄마가 고개를 끄덕였다. "아이에게 이건 쉬울 거라고 생각해요. 꼭 연습을 시킬 거예요. 가장 좋은 방법이 뭘까요?" 그녀는 나에게 자신의 프린트물을 건넸고, 나는 빠르게 살펴보았다.

"아이가 몇 살이죠?"

"여섯 살이에요." 카일리가 말했다.

"좋아, 넌 코딩 괴물이 될 준비가 된 것 같구나. 엄마 도움을 받아서 말이야." 내가 말했다.

"괴물!" 카일리가 킥킥거렸다. "아빠도 저보고 괴물이래요!"

"아빠는 그냥 장난으로 말한 거예요." 약간 불안하게 웃으며 엄마가 말했다. "아이는 천사예요."

"난 천사가 아니야." 카일리가 말했다. "괴물이 더 어울려." 나는 이 사랑스러운 소녀에게 말했다. "좋아, 카일리, 괴물처럼 맹렬히 덤빈다면 넌 코딩을 아주 잘하게 될 거야!"

"좋아요." 카일리가 발끝으로 튀어 올라 문을 힐끗 바라보며 말했다. "엄마, 나 배고파."

카일리가 엄마의 팔을 잡아당길 때, 카일리의 엄마는 커다란 눈으로 나를 바라보았다. "정말 그렇게 생각해요?"

"그럼요, 카일리는 아주 빨리 배울 거예요, 좋아하기만 하면요. 아이가 몇 번 시도해봐도 안 되면, 그냥 놔두었다가 1년 후에 다시 해보게 하세요."

엄마는 노트를 꺼내 내가 말한 것을 재빨리 적었다.

그들이 떠난 지 몇 초 후에, 나도 그들을 따라 밖으로 나갔다. 카일리는 엄마 폰을 들고 엄마의 메시지를 영어로 바꿔 말해주고 있었다.

카일리의 엄마가 나를 돌아보며 웃었다.

나는 재킷 주머니에 손을 집어넣으며 내가 생각하고 있는 것을 어떻게 말하면 좋을지 궁리했다. 내가 할 수 있는 최선은 이렇게 말하는 것이었다. "코딩이 아이 적성에 맞지 않더라도 상관없어요. 아이에게 어머니 같은 분이 있어서… 아이가 전혀 걱정이 안 돼요."

18

깜짝 가족 방문

"기다리시는 동안 필요한 거 없으세요?"

사우스베이의 가족이 운영하는 중식 레스토랑 셰프 추스의 테이블 옆에 웨이트리스가 서서 기다리고 있었다. 나는 이 식당을 주기적으로 방문해 식사했다. 마크 저커버그가 광신적으로 좋아하는 식당이라고 들었다. 나는 가족이 좋아하기를 바라며 가족과 저녁 식사를 할 식당으로 그곳을 찜했다.

"괜찮아요." 나는 여동생에게서 온 문자를 쳐다보며 말했다. 문자에는 이렇게 적혀 있었다. "6분 남았어!" "진짜 이제 곧 도착이야." 나는 폰을 내려놓고 그녀에게 미소를 지으며 "고마워요"라고 덧붙였다.

"네." 웨이트리스가 말했다. 그녀는 내 나이 또래로 보였는데 검은 머리카락을 땋은 올림머리를 하고 있었다. 내가 15분 넘게 주문도 하지 않고 가장 좋은 자리를 독차지하고 있었던 것을 생각하면 그녀는 매우 친절했다.

그녀가 내 의자 옆에 놓인 하드케이스 롤러 백을 힐끗 보았다. "공항에서 바로 오셨나 봐요."

"네." 나는 다시 미소 지으며 폰으로 손을 뻗었다. 가족과 시간을 보내기 위해 비드콘에서 일찍 집으로 날아왔다. 우리 가족은 "깜짝" 방문으로 미리 와서 내가 로스앤젤레스에 있는 3일 동안 시내를 관광하고 있었다. 엄마는 나 없이 도시 전체를 둘러보고 있었다. 나쁜 아들이 자기를 보러 온 가족을 소홀히 대했다는 것을 아무도 모르도록 엄마는 사진에다 내가 마치 같이 있기라도 한 양 이런 설명을 달았다. "캘리포니아 방문 이틀째, 마리아나, 마이클과 함께 행복한 하루를 보내며." 엄마는 마리아나와 내가 어딘지 알 수 없는 파란 하늘을 배경으로 포즈를 취하고 있는 오래된 사진을 마치 새로운 사진인 척 올릴 정도로 사람들의 시선에 지나치리만큼 신경 썼다.

"한번 맞혀볼게요." 웨이트리스가 고개를 기울이며 말했다. "마이크로소프트에서 일하시죠? 아니, 구글이요!"

"비슷해요. 페이스북이에요."

"아, 내 친구 몇 명도 거기서 일해요. 유감스럽게도 저는 거기서 일하지 않지만요."

나는 어색하게 웃고 나서 다시 내 폰을 보았다. 웨이트리스는 다른 곳으로 갔다. 엄마가 그 자리에 있었다면 아마 그녀에게 작업을 걸어보라며 나를 압박했을 것이다.

이성의 99퍼센트에게 보이지 않는 투명 인간처럼 살면서, 나는 이성에게 어떻게 호감을 드러내는지 전혀 몰랐다. 틴더에서 찾은 여자들에게도 마찬가지였다. 이제까지 턴더 데이트를 네 번 해보았다. 두 번은 브런치, 두 번은 점심 식사였다. 우리는 매번 몇 시간 동안 대화를 했지만 어느 순간 내가 지루해하고 있음을 깨달았다. 불꽃은 일지 않았고 우리는 각자 제 갈 길을 갔다. 어쩌면 나는 연애에 맞지 않는 사람일지도 모른다는 생각이 들기 시작했다. 어쩌면 외톨이 늘대로 태어났는지도 모른다. 관계 때문에 일에 소홀해지는 걸 원치 않았다. 마리아나의 친구들이 추파를 던질 때 싫었던 것도 바로 이 때문이었다.

꼬리에 꼬리를 무는 생각은 레스토랑 주인이 내가 있는 자리로 우리 가족을 안내할 때 엄마가 스페인어로 말하는 소리가 건너편에서 들려오면서 멈추었다.

나는 자리에서 벌떡 일어나 그들을 한꺼번에 껴안았다. 그들은 모두 바람막이 재킷을 입고 있었고, 엄마와 여동생의 머리는 앞서 금문교를 방문해 걸었는데도 완벽하게 정돈되어 있었다. 엄마는 긴 손톱이 내 팔뚝을 찔러댈 만큼 내 팔을 단단히 쥐었다.

"세상에나, 마이클." 엄마는 놀라며 내 삼두근을 당기고 찔렀다. "와, 근육이 있어!"

"네." 나는 엄마의 손가락을 비틀어 떼어냈다. 당황스러웠지만 자랑스럽기도 했다. "하지만 아직 한참 멀었어요."

"바짝 말랐어!" 여동생이 소리쳤다.

"좋아 보이네, 아들!" 아빠가 믿지 못하겠다는 듯이 머리를 저으며 굵은 목소리로 말했다. 아빠는 내 어깨에 팔을 두르며 말했다. "어떻게 한 거야?"

테이블에 빙 둘러앉았을 때, 나는 내가 하고 있는 운동에 관해 말하기 시작했다. 마침내 내가 내 몸이 싫어지는 지경에 이르렀고, 그래서 어느 날 체육관으로 걸어 들어갔고, 그 후 매일 체육관에 나가게 되었다고. 처음으로 턱걸이를 한 얘기를 하는 중에 동생이 끼어들었다.

"무료 피트니스 회원권하고 무료 뷔페 음식이 있었으면 나도 살이 빠졌을 텐데!"

"마리아나. 너도 좀만 더 노력하면 살을 뺄 수 있어." 엄마가 머리를 젓고 혀를 끌끌 차며 말했다.

"아니에요," 나는 말했다. "노력으로 되는 게 아니에요, 엄마. 자원이 있어야 해요. 페이스북에서 경험으로 알게 됐어요. 프로그래머, 매니저, 책임자, 임원 등 높은 연봉을 받는 사람들은 대개 튼튼하고 건강해요. 반면에 청소부, 요리사, 버스 운전기사 등은 건강과는 아주 거리가 멀어 보여요."

"출장은 어땠니, 마이클?" 아빠가 내 말을 끊으며 말했다.

"좋았길 바라야지!" 엄마가 말했다. 엄마 말의 속뜻은 이랬다. 널 보려고 이 먼 길을 왔는데 가족이 알아서 지내도록 내버리고 떠날 만한 가치가 있었으면 좋겠네. 내 생각에 넌 우리를 정말로 사랑하지 않는 게 분명해.

나는 엄마의 말을 액면 그대로 받아들이는 척했다. "정말 좋았어요! 비드콘은 미쳤어요! 세계에서 가장 큰 게임 대회예요. 전 세계 제작사들이 직원을 파견하고 여기에 온 아이들은 자신이 좋아하는 유튜브 캐릭터와 같은 옷차림을 하고 있어요. 아주 많은 사람을 만났어요. 가길 정말 잘했어요."

내가 말하는 사이 내 폰이 폭발할 듯이 계속 울렸다. 라이프스테이지 수석 엔지니어로부터 메시지가 휘몰아치듯이 들어오고 있었다. 그는 내가 그날 아침 공항에서 보낸 변경 목록을 가지고 작업하느라 여전히 사무실에 있음이 분명했다. "음, 잠깐만 실례할게요." 가족에게 이렇게 말하고 일련의 메시지들을 스크롤하며 보고 있을 때, 웨이터가 테이블로 돌아와 메뉴를 설명하기 시작했다.

우리가 어떤 메뉴를 시킬지 결정하도록 시간을 주기 위해 웨이터가 자리를 비키자 엄마가 화가 난 듯한 낮은 어조로 말했다. "마이클, 이곳 말고 다른 식당을 골랐어야 했어. 비싼 앨커트래즈 표를 사는데 돈을 몽땅 써버렸다고. 돈이 부족해."

"엄마, 걱정하지 마요. 제가 낼게요. 어떤 치킨도 엄마가 만든 것만큼 훌륭하지 않겠지만 여기가 엄마가 여태껏 드셔본 중국 음식 중 가장 맛있을 거라고 장담해요. 골라봐요. 드시고 싶은 건 뭐든지요!"

바로 그때, 웨이트리스가 게와 치즈 퍼프가 담긴 접시를 들고 나타났다. "이건 서비스예요." 그녀가 말했다. "주문받으러 다시 올게요!"

웨이트리스가 돌아나가자 엄마는 나에게 관심을 퍼부었다.

"마이클, 쟤 이쁜 것 같아? 마이클 만나고 있는 사람 있어?"

나는 틴더에 가입했다고 말하고 나서 화제를 돌리려 했다.

"에이미는 어때?" 엄마가 물었다.

에이미는 나의 새로운 룸메이트였다. 나보다 두 살 더 많고 링크드

인에서 일하는 중국계 미국인 여성이었다. 몇 주 전, 나는 내가 샌프란시스코에 살았던 것 만큼이나 셀레나와 사는 것을 싫어한다는 것을 깨닫게 되었다. 셀레나는 진짜 어른과 살 필요가 있었고, 나는 나와 비슷한 생애 주기를 가진 사람과 살아야 했다. 그래서 페이스북 인근 교외의 초호화 고층 아파트로 비슷한 집을 찾고 있던 에이미와 이사했다.

"에이미는 제 여자친구가 아니에요." 나는 엄마에게 말했다. "아시잖아요."

"엄마가 마이애미에 있는 엄마 친구들한테는 에이미가 오빠 여자친구라고 말했어!" 여동생이 불쑥 내뱉었다.

"뭐라고?" 나는 소리쳤다. "왜 그랬어요?"

"마이클, 내 말 좀 들어봐. 별일 아니야. 사람들이 궁금해하길래 네가 에이미와 만나고 있다고 한 것뿐이야. 네가 정 싫다면 내가 잘못 알고 있었다고 말하면 돼."

충격을 받은 나는 여동생을 바라보았다. 테이블에 있는 다른 사람들도 엄마 말이 제정신으로 한 말이라고 생각하는지 묻고 싶었다.

엄마를 뜯어말릴 방법은 없었다. 그래서 우리는 나머지 저녁 식사 시간을 내가 틴더에서 만난 여자들에 대해 얘기하면서 보냈다.

"뭐야, 이 여자들 중 단 한 명한테도 메시지를 보내지 않았네!" 마리아나는 자기 손에 쥔 내 폰을 노려보며 말했다.

사실이었다. 나는 최근에 만난 어떤 여자에게도 메시지를 보내지 않았다. 나는 흥미로운 경력을 가진 이들에게서 오른쪽으로 스와이프하는 것을 멈췄다(그들이 무슨 일을 하고 얼마나 똑똑한지 관심이 없었듯이 그들의 사진에도 관심이 없었다.) 지금으로서는 내가 받아들일 수 있다고 느끼는 한계는 딱 그 정도까지였다.

"오빠, 오빠한테 말을 걸길 원한다면 먼저 메시지를 보내야 해." 내폰의 자판을 가리키며 마리아나가 말했다.

"지금은 아냐." 나는 내 폰을 밀치며 얼굴을 붉혔다.

다음 날 아침에 페이스북 본사에서 만나기로 약속하며 가족을 차에 태울 때까지 머리가 지끈거렸다. 우버 뒷좌석에서 창문을 열고 찬 공기를 들이마셨다. 머리가 폭발하는 것을 막기 위해 머리 양옆을 함께 눌렀다. 여든 살 운전사가 쾅쾅 울리게 틀어 놓은 코리안 행진곡은 도움이 되지 않았다. 다른 날 저녁 같으면 운전사에게 음악에 관해, 그의 배경과 살아온 삶에 관해, 그리고 아마도 저녁으로 뭘 드셨는지 물어봤을 것이다. 하지만 오늘 밤은 아니었다. 지금은 아니었다.

폰이 주머니에서 울렸고, 그날 밤 처음으로 나는 그것을 무시했다. '지금은 아냐, 지금은 아냐.' 내 가족이든 일과 관련한 사람이든 그 누구하고도 얘기하고 싶지 않았다. 내 라이프스테이지 엔지니어들이 메시지로 보내고 있는 어떤 문제에 대해서도 나는 좋은 해결책을 갖고 있지 못한 것 같았다. 저커버그는 내가 며칠 전 그에게 보낸 스토리 전략 문서에 답장을 보내왔다. 하지만 나는 그때 그것을 열어보지 않는 것이 최선이라고 판단했다. 그리고 가족을 위해 쓸 에너지는 한 방울도 남아 있지 않았다. 가족은 밤새도록 나를 분석하려 애쓸 것이다. 적어도 그들은 즐거웠다. 그 식당을 잡은 것을 처음에는 못마땅해했지만, 결국 엄마는 그 치킨이 정말 맛있다고 인정했다. 수년간 식당에서 자기 방식으로 치킨을 만들어온 여성에게 쉽지 않은 일이다. 아빠는 샌프란시스코를 관광하게 되어 무척 즐거워 보였다. 그리고 마리아나는 결정적으로 실제로는 존재하지도 않는 내 애정 생활에 대해 나에게 피드백을 주면서 즐거웠다. 그렇게 대체로 그날 밤은 내가 예상했던 것만큼이나 나쁘게 흘러가지는 않았다. 왜 내가 여자친구가 없는지에 대한 모든 대화를 그지 웃어넘겨야 했지만 말이다.

험난한 길

가족이 다녀간 이듬해인 2016년 여름, 우리 팀은 마침내 라이프스테이지 마무리 작업에 들어갔다. 작업은 여전히 정상이 아니었다. 수없이 만들고 폐기하기를 반복했지만, 고지가 멀지 않았다고 생각한 순간마다 저커버그가 어떤 디자인 요소에 대해 제안하거나 포커스 그룹(시장 조사나 여론 조사를 위해 각 계층을 대표하도록 뽑은 소수의 사람들로 이뤄진 그룹 — 옮긴이)이 우리가 보인 것을 논박했다. 나는 그 제품을 오버디자인하고 아무도 그 물건을 실제로 이용하거나 이해하지 못할 거라는 사실을 깨달으며 오전 2시에 식은땀을 흘리며 잠에서 깨어났다.

> 벽을 두드리느라 시간을 낭비하지 마라.
> 벽이 문으로 바뀌길 바라며 말이다.
> — 코코 샤넬

저커버그의 인내심은 (나의 자신감처럼) 바닥을 드러내고 있었다. 그래서 우리는 모두 출시에 필사적으로 매달렸다. 페이스북 경영진은 개학에 때맞춰 출시하는 것을 중요하게 여겼다. 나에게 똑딱이 시계는 한 달 남은 내 스무 번째 생일에 맞춰 초읽기에 들어갔다. 나는 라이프스테이지의 호소력은 십 대에 의해 십 대를 위해 만들어진 것에 달려 있다고 확신했다. 내가 스무 살에 그것을 시작했다면, 그 시각은 모두 틀릴 것이다. 그러면 내학생이 계속해서 고등학교 파티에 참석하는 것 같은 느낌이 앱에 담길 수 있었다. 우리는 성인들을 그 앱에서 떼어내는 방법과 궁극적으로 누가 게시한 내용에 접근할지를 두고 수없이 토론했다. 그러한 관심사에 맞춰 우리 팀이 작업을 하는 동안, 나의 우선적인 관심사는 "라이프스테이지를 어떻게 하면 최선으로 만들어낼까?"에서 "내가 아직 열아홉일 때 학기가 시작되기 전에 출시하려면 어떻게 만들어야 할까?"로 이동하고 있었다.

생일을 한 달 앞둔 7월의 어느 날 저녁, 나는 장식이 거의 없는 벽으로 둘러싸인 방에서 편면 유리를 통해 일곱 명의 십 대 포커스 그룹이 여전히 걸음마 단계인 내 앱을 가지고 소통하는 모습을 팀원들과 같이 게슴츠레한 눈으로 지켜보며 앉아 있었다. 나는 그 유리가 얼마나 불필요한 것인지 생각하고 있었다. 다른 편에서 열심히 일하고 있는 우리는 어쨌든 완전히 그들의 부글대는 의식 밖에 있었다. 우리는 그들에게 존재하지 않는다는 것을 알았다. 그리고 그들은 모두 서로 모르는 사람들이었기에 서로에게도 실재하지 않는 거나 다름없었다. 십 대 때 가장 중요한 이들은 직접적이고 의미 있는 방식으로 그들의 삶에 영향을 미치는 사람들이다.

아무튼 나는 상상력의 실패를 겪고 있었기 때문에 포커스 그룹을 요청했다. 페이스북에서 나는 앱을 개발하는 데 늘 의지하곤 했던 상상 속 테스트 인물들을 더 이상 소환하지 않았다. 자연스러운 상황도 아니고, 돈을 받고 피드백을 주는 십 대들에게서 정직한 피드백을 받는다는 것이 기본적으로 불가능하다는 것을 알면서도 어쩌면 이 아이들 중 한 명이라도 이 모든 꼬인 상황을 풀어줄 빛나는 통찰을 제공할지 모른다는 작은 희망을 품었다. 아이들이 우리가 제공한 산더미같이 쌓인 스낵을 아작아작 씹으면서 라이프스테이지를 담은 폰과 아이패드를 이리저리 만질 때, 나는 숨을 참으며 과학자가 실험실 동물을 연구하듯이 그들을 관찰했다. 커다란 검정테 안경을 쓴 빨간 머리 여자가 코를 찡긋거리며 스크린을 가늘게 뜬 눈으로 바라보았다. "똥 덩어리인가요?" 그녀가 연구원에게 물었다.

연구원은 웃었다. "정확해요! 그것에 대해 어떻게 생각해요?"

"좀 시시하다?" 챈스 더 래퍼(미국의 남성 래퍼 — 옮긴이)의 "3" 캡을 쓴 빨강 머리 소년이 답했다.

"뭔가 어정쩡해요." 그룹 안에서 가장 나이 어린 친구가 말했다. 토실토실한데다 치아 교정기를 끼고 있어서 클럽 펭귄 시절의 나를 떠올리게 하는 아이였다.

나는 눈을 감았다. 아이콘을 바꾼다는 것은 학기가 시작되고 난 후로 출시가 지연된다는 것을 의미했다.

나는 자리에서 일어서며 말했다. "됐어요. 더 들을 필요 없어요. 우리는 출시할 거예요. 더 이상 변경은 없어요."

생일을 8일 앞둔 2주 후, 나는 실리콘밸리에서 가장 인기 있는 식당인 팔로알토의 후키 초밥집에 들러 초밥 세 봉지를 테이크아웃해 우버를 타고 회사로 향했다. 처절하게 실패할 때까지 나와 함께한 친구들을 지키기 위한 최후의 노력이었다. 나는 탑처럼 쌓은 초밥과 함께 셀카를 찍어 그들에게 보내며 "가는 중!"이라고 문자를 치고 나서 자리에 털썩 앉았다. 여전히 해결해야 할 버그가 몇 개 남아 있었고, 팀원들은 무례했고, 배고팠고, 더는 말도 하지 않았다.

오후 11시에 공물을 들고 사무실로 서둘러 들어갈 때쯤, 팀원 중 한 명은 이미 집에 가버리고 없었고, 수석 엔지니어는 재킷을 걸치고 있었다. "미안해요, 마이클, 난 그만할래요. 더는 똑바로 볼 수가 없어요." 그는 내 손에서 튀김 상자를 낚아채고 밖으로 나갔다. 남아 있던 두 명의 엔지니어는 자기 음식을 한마디 말도 없이 차지하고는 계속해서 코딩 작업을 이어갔다. 그러는 사이 나는 제정신이 아닌 듯이 초조하게 왔다 갔다 하며, 우리를 더 빨리 결승선에 도달하게 해줄 방법을 찾았다.

오전 2시에 남아 있던 사람은 나와 팀원 한 명뿐이었다. 그 팀원은 의자에 앉아 계속 졸면서 키보드 위로 머리를 끄덕이고 있었다.

"저기요." 내가 그 엔지니어의 어깨를 두드리자 그는 화들짝 깨며 마우스를 쳐 바닥에 떨구었다.

"제기랄." 그는 입꼬리로 질질 흘러내리는 침을 닦으며 쉰 목소리로 낮게 말했다.

"이봐요." 그의 마우스를 집어 들려고 손을 뻗으며 내가 말했다. "가도 돼요. 제가 끝낼 수 있어요. 페이스북 내부 툴을 이용해 만든 최종본을 애플에 제출하는 법만 알려주세요."

코딩을 해본 지가 너무 오래 돼서 페이스북의 내부 과정이 어떻게 작동하는지 잊어버렸다. 그 엔지니어는 자세한 설명을 빠르게 해준 다음 한마디도 더하지 않고 문으로 향했다. 빌어먹을. 나는 정말 형편없는 프러덕트 매니저였다. 하지만 이제 그것을 곱씹고 있을 시간이 없었다. 오전 2시 30분이었다. 나는 본사에 남아 있던 유일한 사람, 그 앱을 제때 애플의 손에 넘기기 위해 남아 있던 유일한 사람이었다.

팀원들은 내가 한 점 먹어보기도 전에 초밥을 모두 먹어 치웠다. 이제는 너무 배가 고파서 머리가 제대로 돌아가지도 않았다. 엔지니어가 제출하기 전에 거쳐야 할 끝에서 두 번째 핵심 단계라고 말해준 게 뭐였더라? 완전히 까먹었다. 20분 동안 페이스북의 내부 엔지니어링 지원 페이지를 변변찮게 클릭하며 이리저리 둘러보다가 문득 떠올랐다. '아, 런던 페이스북 사무실은 열려 있잖아!'

나는 메신저를 열어 런던 사무실 안내 책자에서 찾을 수 있는 모든 엔지니어에게 문자를 쳐 보냈다.

거기 누구 없어요?

앱을 제출하려고 하는데 제가 뭘 클릭해야 할지 전혀 모르겠어요.

자세한 설명이 필요해요!

오전 4시 35분에 다른 팀에 속한 누군지도 모르는 런던 엔지니어가 채팅으로 중요한 사실들을 알려준 덕분에 나는 마침내 제출 버튼을 누를 준비가 되었다. 정신이 혼미할 정도로 지친 상태에서 버튼을 누르고 의자에 뒤로 기대어 애플의 자동 확인을 기다렸다. 하지만 뭔가 잘못되었다. 라이프스테이지는 여전히 임시 보관함에 담겨 있었다. 나는 런던으로 문자를 쳐 보냈다.

진행이 되지 않아요!

??????????!

영겁 같은 시간이 흐른 뒤에 그가 응답했다.

흔들리지 마요. 서버가 다운되어 있을지도 몰라요. 잠시 후에 다시 해봐요.

뭔가 집어던져야 했다. 소리 질러야 했다. 욕실로 달려가 철문을 쳐야 했다. 내가 지금 느끼는 완전히 희망 없는 좌절보다 더 나쁜 것을 느끼기 위해. 하지만 그조차도 하려면 에너지가 필요하다. 나에게는 남은 에너지가 하나도 없었다.

알았어요, 고마워요.

눈꺼풀이 떨리는 가운데 깨어 있으려고 팔을 꼬집었다. "그러기만
해봐!" 나는 나 자신에게 외쳤다. 하지만 눈이 스르르 감겼다….

나는 철렁하는 느낌으로 잠에서 깨어났다. 한 시간이 지났다! 해가
떠오르고 있었다! 마감 시간까지 2시간 30분밖에 남아 있지 않았다.
나는 의자를 세 차례 돌렸다. 그러고 나서 다시 모든 단계를 밟기 시
작했다. 30분밖에 남지 않은 7시 30분쯤 다시 제출 버튼을 눌렀다.
승인을 기다리는 동안 사람들이 눈을 반짝이며 스무디와 라떼, 머
핀, 요거트 등을 손에 들고 여느 아침처럼 건물 안으로 스며들기 시
작했다.

제출이 통과된 것처럼 보였을 때, 나는 「워킹 데드」에 나오는 좀비
처럼 발을 질질 끌며 회의실로 들어가 좁은 벤치에 기어올라 엎드렸
다. "어, 5초만…." 나는 혼잣말로 중얼거리며 눈을 감았다.

회의실 밖에서 그날은 평상시처럼 지나갔다. 좁은 벤치에 몸을 웅
크리고 누워 몇 시간이 지났다. 나는 걸어다니는 시체가 아니라 그냥
시체였다.

"마이클, 어이, 일어나." 매니저가 나를 흔들고 있었다. "괜찮아?"

"제출했어요. 제출했어요." 나는 머리를 들어 올리며 팔을 구부린

채 불분명한 발음으로 말했다. "팔은 괜찮아? 어디 부러진 거야?"

매니저가 놀란 표정으로 나를 바라보고 있었다. "앱은 제출했어? 어디 부러진 건지 모르겠네. 아마 잘 통과됐겠지. 자네는 집에 가서 자는 게 좋겠어."

"몇 시죠?" 나는 눈을 비볐다.

"한 시 삼십 분."

라이프스테이지 PR 회의! 나는 자리에서 일어나서 머리를 숙여 핸드폰을 보고 있는 동료들을 피해가며 복도를 달렸다. 나는 내 책상에서 컴퓨터를 움켜잡고 다시 복도를 따라 반대 방향으로 내달리며 머리를 매만지고 셔츠를 바지 안으로 밀어넣었다. 나는 회의실 밖에 미끄러지며 멈춰 섰다. 홍보팀이 10분 동안 나를 기다리고 있었다.

"안녕, 마이클." 마케팅 매니저가 말했다. 그들은 언론 보도와 관련한 모든 것이 계획된 대로 탄탄하게 잘 진행되고 있는지 확실히 하기 위해 재확인하고 있었다. 라이프스테이지가 성공하려면 잘 홍보할 필요가 있었다. 그리고 이번에 홍보팀은 내가 미디어와 소통하는 것을 다행스럽게 여기는 듯했다.

마케팅 매니저는 미소 짓고 있었다. 회의실 안에서 나를 비웃고 있었다는 것 말고 그 미소의 의미를 달리 해석할 방법은 없었다. 내가 밤새 깨어 있었고 작은 벤치에서 온종일 자고 샤워도 하지 않은 게 분명할까? 마지막으로 샤워를 한 게 언제지? 나는 정상적이고 침착해 보이려 애썼다. 정말 회의를 순탄하게 진행할 필요가 있었다.

"괜찮은 거야, 마이클? 약간 피곤해 보이네." 마케팅 매니저가 말했다.

"네, 괜찮아요." 나는 치아 교정기에 혹시나 이물질이 끼어 있지나 않을까 싶어 가능한 한 이를 드러내지 않고 말하려 애썼다. "여기서 밤을 새웠어요. 음, 어제가 무슨 요일이었죠?"

새로 고용된 신입 마케팅 매니저가 핸드폰을 꺼냈다. "일정을 다시 짜야 하나요?"

"음." 마케팅 매니저가 말했다. "서두를 이유가 없어. 일단 앱이 승인되면, 테스트하는 데 일주일이 걸릴 거고, 그다음에 출시할 거야."

"안 돼요!" 내가 말했다. 목이 너무 건조해서 그랬는지 개가 짖는 것처럼 목소리가 갈라져 나왔다. 누군가 내게 물병을 건넸고, 회의실 안의 모든 시선이 물병을 꿀꺽꿀꺽 들이켜는 내 모습을 지켜보았다. 나는 물병을 내려놓고 자동 조타 장치로 변신했다. 고등학교 시절 페루와 볼리비아로 여행을 가서 배운 기술이었다. 비행기에서 막 내려 시차 적응이 안 된 상태에서 수백 명이 들어찬 공간에서 연설해야 할 때 이 기술은 늘 나에게 도움이 되었다. 자동 조타 장치 마이클은 수면 부족이나 이물질이 낀 치아 교정기에 방해받지 않았다. 그는 미소 짓고 어깨를 뒤로 젖히고 똑바로 섰다. 오토파일럿 마이클은 마케팅 매니저와 회의실 안에 있던 모두에게 애플이 승인하기 전이라도 어째서 라이프스테이지를 언론에 공개하는 게 필수적인지 설명했다. 왜냐하면 그 앱은 100퍼센트 확실하게 승인될 것이기 때문이다. 그리고 일단 승인되면 단 하루가 남아 있을 뿐이었다. 내가 기자들에게 열아홉 살 나이로 얘기할 수 있는 날 말이다.

오토파일럿 마이클이 모든 설명을 끝냈을 때, 그는 이 일정을 수용해준 것에 감사했고(그들이 그럴 거라는 암시조차 주지 않았는데도) 회의실 밖으로 걸어 나갔다.

15분 뒤에, 나는 내 아파트 밖에서 셔틀에서 휘청거리며 내려 실리콘밸리의 레드우드시티 교외와 베테랑 가 건너편의 인앤아웃 버거가 조망되는 천장이 높고 아름다운 나의 침실로 올라가 옷을 다 입은 채로 침대 위에 무너졌다. 안도감이 강물처럼 내 안으로 흘러들었다. 나는 해냈다. 앱을 제출했다.

20

뜻밖의 발견

6개월 후, 나는 출근을 위해 셔틀을 타고 가고 있었다. 의자에 털썩 앉아 커다란 이어머프 헤드폰을 끼고 쿠바 가수 셀리아 크루즈의 노래를 들었다. 세상을 차단하고 싶을 때마다 나는 이 헤드폰을 착용했다. 나는 저커버그에게 보낼 쪽지를 쓰고 있었다.

또다시 그가 옳았다. 그의 직감은 나의 직감보다 훨씬 날카로웠다. 출시한 지 벌써 7개월이 지난 라이프스테이지 실험은 차기 페이스북으로 전환되지 못했다. 홍보팀과 나는 그 실험적인 앱 출시에 "지켜보자"는 전략을 취하자는 데 합의했다. 출시와 관련한 인터뷰도 거의 진행하지 않았다. 그래서 몇몇 부정적 기사에 대응하기에는 역부족이었다. 『비즈니스 인사이더』의 기사는 아직도 잊히지가 않는다. "그 앱을 써본 후에 나는 누가 이 앱을 쓰고 싶어 할까 하는 의구심이 들었다. 다른 소셜 네트워크들(특히 스냅챗)은 이미 훨씬 더 많은 기능과 함께 라이프스테이지가 하는 일을 하고 있다."

우리는 모두 라이프스테이지가 다음 페이스북이 될 가능성이 희박하다는 것을 알았다. 그게 기술 세계가 작동하는 방식이다. 위험을 감수해야 한다.

더불어 우리는 그 제품을 6개월간 가격을 낮추기로 결정했다. 한편으로 내 매니저는 다음과 같이 못 박았다. 우리는 라이프스테이지에서 배운 것을 받아들여 회사 내 다른 프로젝트와 제품에 적용해야 한다고. 때때로 나는 실패할 거라는 생각을 받아들여야 했다. 내가 작업한 모든 프로젝트가 세상을 바꿀 수는 없을 것이다. 하지만 그렇다고 내가 실패했다는 생각을 멈출 수는 없었다. 운 좋게도, 인스타그램 스토리는 내가 기대했던 것보다 훨씬 더 성공적인 것으로 드러났다. 출시한 지 8개월 만에 인스타그램 스토리의 사용자 수는 스냅챗 사용자 수를 능가했다. 2018년에 인스타그램 스토리의 사용자는 스냅챗 사용자의 두 배가 넘었다. 오늘날 5억 명의 사람들이 인스타그램 스토리를 쓰고 있다.

인스타그램 스토리는 스냅챗이 주식시장에 상장되기 전에 출시되었다. 2017년 3월에 상장되었을 때 스냅챗은 그 가치의 56퍼센트를 잃었다. 기술 관련 매체들은 인스타그램 스토리가 스냅챗 주가 하락에 직접적인 영향을 미쳤다는 분석을 내놓았다. 많은 페이스북 직원이 그 결과에 꽤 들뜬 기분을 느꼈다. 하지만 나는 우리가 스냅챗이 가르쳐준 것에 감사해야 한다고 생각했다. 스냅챗은 우리가 모든 창조와 혁신의 원천이 아니며 그래야 하는 것도 아님을 가르쳐주었다. 자존심이 내 시야를 흐리게 하는 대신에 나는 그들이 만든 것과 그들이 우리에게 준 교훈에 대해 스냅챗을 존중해야 한다고 나 자신에게 상기시켰던 것을 기억한다. 내가 그 모든 것으로부터 취한 교훈은 다른 사람들이 당신이 모르는 것을 알고 있을 것이라는 기대와 그것이 무엇인지 정확히 알아내려는 목표를 가지고 새로운 프로젝트에 들어가는 것이 결코 손해 보는 일이 아니라는 것이다.

나는 이제 계속해서 왓츠앱 스테이터스와 인스타그램 스토리에 공을 들이고 있었고, 또한 페이스북 앱의 탐색 사용자 인터페이스를 돕기 시작했다. 나는 본격적으로 작업에 착수해 매일 오전 10시부터 오후 6시까지 일했다. 그리고 나서 나 자신의 앱을 작업하기 위해 매일 저녁 집으로 갔다. 나는 여전히 비밀스럽게 내 앱을 개발하고 있었다. 그 순간까지, 나는 서른네 개의 앱을 개발했고 서른한 개를 출시했다. 4스냅스와 많이 닮은 것들이었다. 하나는 쇼앤텔Show&Tell이라 불렸는데, 비디오 포맷 턴베이스 온라인 제스처 게임이었다. 게임쇼라는 또 다른 앱은 사용자가 특정 낱말에 힌트를 주기 위해 사진을 게시한다는 점을 빼면 인스타그램처럼 작동했다.

아무튼 나는 마이애미에 향수를 느끼고 있었다. 그날 셔틀에서 셀리아 크루즈의 노래를 들은 것도 그 때문이었다. 그녀의 음악은 늘 고향을 떠올리게 했다. 인턴 시절 나를 지원해주고 가끔 나와 중국어 회화 연습을 하던 수석 개발자 케빈이 내가 타고 있던 버스에 올라탔을 때 나는 그녀의 노래 「웃고 또 울고」에 푹 빠져 있었다. 케빈은 우리가 길을 건널 때마다 내가 잘 있는지 확인하려고 애썼고, 나는 보통 그러한 배려에 감사했다. 때로는 내 팀이 아닌 사람과 얘기하는 것이 좋았고, 짬이 날 때마다 새로운 제3의 언어를 천천히 배우는 것도 꽤 재미있었다. 하지만 이때 나는 뭔가를 받아들일 기분이 전혀 아니었다. 그래서 의자에 웅크리고 앉아 후디를 내 눈 위로 잡아당겨 그가 나와 나의 안 좋은 기운을 못 보고 지나치기를 바랐다.

하지만 소용없었다. "안녕, 마이클!" 케빈은 통로 쪽 자리에 앉으며 내게 하이파이브를 했다. "잘 지내, 신동?"

나는 헤드폰 한쪽을 치우고 그를 바라보며 혼란스러웠다. 지금 나를 놀리는 걸까? 회사 사람들 모두가 라이프스테이지의 극적인 실패를 조롱하기로 작정한 걸까?

"하하." 나는 신경질적으로 반응했다.

케빈은 당황한 듯했다. "무슨 일이야?"

나는 머리를 흔들며 헤드폰을 귀 가까이 끌어당겼다. "그냥 생각 중이에요."

케빈은 고개를 끄덕이면서도 눈을 계속 마주쳤다. 그는 눈치를 챘지만 생각하지 않기로 한 것 같았다. "만나서 반가워. 아주 오래전부터 축하해주고 싶었어."

"뭐에 대해서요…?"

"틴톡 이야기는 아주 훌륭했어. 사람들이 다음 틴톡은 언제 나오냐고 묻더라. 지금 너와 같이 십 대 관련 일을 하는 사람들이 500명 정도 있다는 얘기를 들었어. 네가 시작할 때는 몇 명이었지? 세 명? 도저히 믿기지 않을 정도야!"

버스가 회사 정문에 있는 거대한 파란색 엄지척 부호를 지나쳐 해커웨이에 도착했을 때 케빈은 자리에서 벌떡 일어섰다. 밀폐된 버스에서 내려 하루를 시작하려는 나보다 더 열심인 세상들. 운동 가방을 어깨에 메면서 그가 이렇게 덧붙였다. "진심이야, 마이클. 네 관점은 여기서 아주 가치 있는 것이었어. 너는 우리 '모두'가 원하는 것을 이해하는 데 도움을 줬어. 아주 많은 프러덕트 매니저들이 지금 네 용어를 쓰고 있다고 들었어. 향수 편향Nostalgic Bias, 복합 앱conglomerate apps, 시스템 대 공간system versus spaces. 너는 페이스북의 작업 흐름을 재정립했어. 네가 그 사실을 알았으면 해."

메인 스트리트를 따라 걸어 내려가며 "행복한 타코 튜스데이!"(미국의 멕시코 음식점들은 화요일마다 타코를 싸게 파는 경우가 많다 ― 옮긴이)라는 메시지가 나오는 타임스퀘어 규모의 디지털 옥외 광고판을 지나칠 때 어떤 생각이 떠올랐다. 라이프스테이지는 세상을 깜짝 놀라게 하는 데 실패했고, 나의 의사소통 스타일은 여전히 많은 사람을 화나게 했지만, 아무도 내가 회사의 로드맵을 바꾸지 않았다고 말할 수 없었다. 여기서 내 일은 끝난 걸까? 어쩌면 내게 필요한 것은 다른 프로젝트가 아닌 다른 장소였는지 모른다. 나의 관점을 좀 더 도전해볼 수 있는 곳, 그리고 스무 살짜리가 세상을 보는 방식이 필요한 곳. 하지만 그런 곳이 어디에 있을까? 내 시계가 10시에 잡혀 있는 회의를 알리느라 울리고 있었다. 통나무집 벽과 보블헤드 조각상들로 치장된 라운지 구역으로 자리를 옮겨 오렌지색 나비의자에 앉아 받은 메시지들을 뒤로 스크롤하며 의제를 찾았다. 없어, 없어, 없어, 빌어먹을, 없어. 포기하려는 찰나 몇 주 전에 온 아직 읽지 않은 메시지가 눈에 확 들어왔다.

발신: 제이컵
마이클, 구글에 가상 현실을 연구하는 팀이 하나 있어. 우린 자네 관점을 이용할 수 있어. 생각 있으면 한번 연락해!

나는 파란색 말풍선을 응시했다. 우린 자네 관점을 이용할 수 있어. 음….

나는 제이컵을 단 한 번 만났다. 1년 전쯤 그가 페이스북의 관리자 자리에 지원해 면접을 볼 때였다. 인사부장은 십 대가 제이컵에 대해 형식적으로나마 의견을 주기를 바라며 짧은 미팅을 해달라고 요청했다. 우리는 죽이 잘 맞아서 대화가 아주 길어졌다. 그 바람에 그는 다음 인터뷰에 30분 늦었다. 나는 그를 오래 붙잡아 두었다고 혼이 났지만, 나는 그가 채용 제의를 받았으리라 생각했다. 하지만 그는 우리 회사에 입사하는 대신 구글로 갔다고 들었다.

나는 여태까지 제이컵의 메시지를 보지도 못했다. 늘 메신저를 보고 있었기 때문에 나로서도 이해하기 힘든 일이었다. 일부러 보지 않았던 걸까? 페이스북에서 가장 힘들었던 시기에도 회사를 떠난다는 생각은 진지하게 해본 적이 없었다. 아무튼 자진해서 떠날 생각은 없었다. 페이스북은 내가 아는 전부였다.

우린 자네 관점을 이용할 수 있어. 케빈이 나의 "가치 있는" 관점에 관해 얘기한 지 얼마 지나지 않아 이 메시지를 보게 되다니 정말 기이한 일이었다. 무시하기엔 너무나 기이했다. 어떤 사람은 이를 징후로 여기겠지만, 나는 미신 같은 건 조금도 믿지 않았다.

엄마는 미신을 신봉했다. 어릴 적에 새해 전날이면 매년 우리는 노란 옷을 입고 텅 빈 짐가방을 든 채 동네를 한 바퀴 달리고 11시 59분에 포도 열두 알을 우적우적 씹어먹어야 했다. 이 모든 일을 하지 않으면 형편없는 새해가 될 거라고 했다. 시키는 대로 하기는 했지만 나는 엄마 말을 절대 믿지 않았다. 나는 미신을 신봉하는 엄마를 조금도 닮지 않았다.

반면 나는 뜻밖의 발견을 좋아한다. 딱 맞춤한 순간에 필요한 것, 어쩌면 훨씬 더 좋은 것을 발견하는 것보다 좋은 일은 없다. 어떤 사람들은 뜻밖의 발견을 운이나 우연의 일치로 보지만 그보다 더 낫다. 왜냐하면 능동적으로 자신에게 가져올 수 있기 때문이다. 삶에서 새로운 사람을 가능한 한 많이 만나고, 많은 생각에 귀 기울이고, 많은 새로운 기회를 접할 때 뜻밖의 발견을 하게 될 가능성은 커진다.

회의실로 서둘러 가면서 나는 제이컵에게 빠르게 문자를 쳐서 응답했다. "아직도 그 자리 유효한가요?"

빠르게 여러 일들이 일어났다. 3일 후, 나는 페이스북 근처에 있는 스타벅스 매장 밖에 앉아 구글 인사 담당자로부터 전화를 받기 위해 이어폰을 만지고 있었다. 사전 면접이었다. 45분간 전화로 얘기가 잘 되면, 일주일 뒤 일곱 번 더 면접이 있을 예정이었다. 그 면접은 모두 같은 날에 잡혀 있었다. 사전 면접을 망치면 가망이 없다고 생각했다. '전화로 말을 너무 못하네.' 내 머릿속 비열한 목소리가 말했다.

인사 담당자는 곧바로 본론으로 들어가 내게 가상의 제품과 문제들 그리고 특정 앱들에서 메트릭스를 개선할 방법에 관해 질문했다. 나는 할 수 있는 한 권위자의 입장에서 당당하게 대답하면서 나의 앱 개발 경험이 구글에 이익을 가져다줄 거라고 밀했다. 면접관에게 페이스북의 십 대 포용 전략에서 내가 맡았던 역할과 열두 살 때 내 앱을 온 힘을 다해 앱스토어 차트 정상에 올리기 위해 빈틈없이 계획한 방식에 관해 면접관에게 말했다. 또한 구글의 소셜미디어 입지를 개선하기 위한 몇 가지 독창적인 아이디어를 제안했다.

비열한 목소리가 틀렸다는 것을 증명하고 진짜 그 목소리를 죽였다고 나는 확신했다. 갑자기 인사 담당자가 불쑥 나에게 고맙다고 인사하며 다시 연락하겠다고 말했다. 전화를 끊고 약간 어리둥절했다. 전화 통화가 45분이라기엔 너무 짧게 느껴졌다! 할 얘기가 훨씬 더 많았다.

인사 담당자가 생각보다 빨리 전화를 끊었지만 나는 구글로 간다는 희망이 커지는 것을 어쩌지 못했다. 어떻게 그렇지 않을 수 있겠는가? 구글은 내가 지금 있는 곳에 도달한 이유였다. 그 일을 바란다면 주도적으로 나서서 평범한 채널 밖으로 나가 계속 씨앗을 심을 필요가 있었다.

인사 담당자로부터 연락이 오기를 기다리는 동안 나는 제이컵을 만나 구글 VR팀의 구성원 3명과 연결해달라고 부탁했다. 다음 한 주 동안 나는 그들 중 2명과 점심을 같이했고, 아직 아무런 소식을 받지 못했으면서도 상황을 앞질러 가며 그들과 연줄이 있는 사람들과 점심 약속을 잡았다.

그다음에는 같이 일하려고 지원한 VR팀에 내가 꼭 필요한 이유를 마련할 필요가 있었다. 나는 가상 현실(사람들이 특수 장비를 가지고 그 안에 "들어가" 상호작용하는 컴퓨터 생성 3D 시뮬레이션)이나 증강 현실(실제 세계에 대한 사용자의 시야에 컴퓨터로 생성한 이미지를 덧붙이는 기술)에 관해 거의 아는 게 없었다. 그래서 우선은 내가 제공할 수 있는 가장 가치 있는 것은 이러한 기술이 내 세대에 의미하는 바에 관한 나의 독특한 관점이었다.

구글에서 다음 면접 단계로 넘어갈 때까지는 직접 그 관점을 나눌 수 없을 것이었다. 하지만 글로는 할 수 있었다. 나는 페이스북을 열어 Z세대가 미래에 AR과 VR을 이용하는 방식에 관해 몇 가지 예측을 적기 시작했다. 올린 내용은 짧고 간결했고, 이 떠오르는 기술들이 인류의 스마트폰 중독에 대한 해독제가 될 거라는 흔한 주장을 허튼소리라고 말했다. 테크 업종에 종사하는 나보다 나이가 많은 동료들 다수와 다르게, 나는 VR이 가상 자연 속에서 가상의 나뭇가지를 가지고 놀게 함으로써 "어린 시절 자아"를 끌어안으며 우리 모두를 보살필 거라고 생각하지 않았다. 나는 이러한 편견을 "향수 편향"이라고 부르며 디자이너들에게 가상 현실 세계를 기술 이전 세계의 재탕으로 만듦으로써 세계를 만들고 있는 세대를 무시하고 있다고 경고

했다. 나의 세대는 무엇보다도 나뭇가지를 가지고 논 적이 없었다. 우리는 폰을 가지고 놀았다. 우리가 왜 VR 속에서 폰이 제거되기를 바라겠나? 그리고 나는 AR 글래스가 우리 세대에게 스마트폰을 집어던지게 할 거라고 믿지 않았다. 나는 Z세대는 스마트폰 없이 살아본 적이 없는 첫 세대라고, 그래서 스마트폰 없이 지내기를 원하지 않는다고 말했다. 언제나 말이다. 반대로 전형적인 Z세대 사람들은 아마도 VR과 AR을 동시에 100개의 작은 화면들로 그들 자신을 둘러싸기 위한 구실로 수용할 것이다. 우리는 더 많은 인터넷을, 더 적은 현실 세계를 원했다.

말하고 싶은 모든 것을 글로 적어 인맥을 쌓기 위해 만났던 모든 구글 사람들에게 뿌렸다. 그제야 구글에 가기 위해 내가 서 있던 곳에서 할 수 있는 모든 것을 했다는 생각에 밤에 편히 잠들 수 있었다.

내 글은 구글 VR팀 사람들에게서 즉각적인 반응을 이끌어냈다. 그들은 거기서 흥미로운 구석을 찾은 것 같았다. 좋은 일이었다. 나는 이제 십 대가 아니었지만, 아직도 구글 VR팀에서 가장 나이가 적은 사람보다 여덟 살이나 어렸다. 그리고 어리다는 것이 어떻게 자산이 될 수 있는지 품위 있게 입증했다. 나는 긍정적으로 느끼고 있었다.

그리고 나서 다른 구글 인사 담당자로부터 이메일이 왔다. 긴장으로 가슴을 움켜쥔 채 이메일을 클릭했다. …잠깐, 뭐라고? 그것은 불합격 통지서였다. 회사에 나를 위한 "자리가 현재 없다"라고 쓰여 있었다. 나는 "강한 조직 문화 적합도"를 가지고 있지만, 그들은 "제품과 전략적 통찰 면에서 더 많은 것"을 보기를 원했다. 아마도 그다음엔 그렇고 그런 소리를 늘어놓다가 말할 것이다. 지원해줘서 감사합니다, 안녕.

아냐, 아냐, 아냐, 이럴. 수는. 없어.

잃을 게 없다는 생각으로 나는 예의 바르면서도 도발적으로 답장을 써 반격했다.

> 꽤 흥미로운 일이군요. 30분 전화 통화로 구글에서 거절당하게 될 줄은 몰랐습니다. 특히 고려 중인 자리와 팀을 생각하면 말이죠.
>
> 조만간 다시 뵙고 이야기를 나눌 수 있기를 고대합니다.
>
> 다시 한번 감사드립니다!
>
> — 마이클

며칠이 지나갔다. 나는 희망을 버렸다. 다 끝났다, 적어도 지금은. 그러고 나서 내가 콜롬비아 보고타행 비행기에 탑승하고 있을 때(강의도 하고 실망을 극복하기 위해 연차 휴가를 냈다) 그 구글 인사 담당자가 보낸 메시지가 내 휴대폰 화면에 떴다. 그녀는 매우 유감스러워했다. 내 인터뷰가 할당된 45분보다 짧았다는 것을 모르고 있었다. 그리고 이러한 통신 규약상의 실수를 만회하고 싶어 했다. 내가 다시 일정을 잡기를 원했을까?

좌석 벨트를 매기도 전에, 우리는 새로운 사전 면접 담당자와 일정을 잡았다. 기다리고 싶지 않아서 나는 그들이 이용할 수 있는 첫 번째 날짜를 잡았다. 그날은 나의 여행 마지막 날이었다. 비행기를 타기 전에 호텔 객실에서 면접을 보기에 충분한 시간이 있을 터였다.

금빛 야망

콜롬비아에서 돌아온 다음 날 아침, 나는 일할 준비를 하고 있었다. 좋아하는 셔츠를 찾으려고 가방을 뒤지고 있을 때 문득 깨달았다. 일정을 다시 잡은 구글 면접을 까맣게 잊고 있었다.

이런 바보, 비열한 목소리가 말했다. 마지막 기회를 날렸잖아. 하지만 어쩔 수 없었다. 전화한 사람이 아무도 없었다. 면접관이 전화를 했었는지 확인하기 위해 폰을 집어 들었다. 걸려온 전화는 없었다. 내가 전화하겠다고 했었나? 기억이 나지 않았다. 빌어먹을. 나는 셔츠를 뒤집어쓰고 문밖으로 달려 나갔다. 사과하는 편지를 쓸 생각이었다. 뭐라고 하지? 한 시간 동안 적절한 단어를 찾으려고 골머리를 앓고 있는데, 그때 인사 담당자가 내게 사과 메시지를 보내왔다. 그 면접관이 전화하는 걸 까먹은 것이었다! 나는 답장 아이콘을 눌러 이렇게 적었다. "걱정할 거 없어요. 실은 나도 까먹었어요!"

엄지가 발송 아이콘 위를 맴돌고 있을 때 나는 눈살을 찌푸리며 내가 쓴 문장을 응시했다. 실리콘밸리에서 만났던 가장 성공한 사람들은 나보다 말이 적었다. 그들은 좀처럼 속내를 드러내는 법이 없었다. 나는 다시 쓰기 시작했다. "면접을 언제 할 수 있는지 알려주세요, 감사합니다."

애덤 리바인(미국의 가수 — 옮긴이)은 백금발로 탈색한 머리를 하고 있었다. 나는 「더 보이스The Voice」(미국의 서바이벌 오디션 프로그램 — 옮긴이)를 온디맨드로 몰아보면서 인사 담당자로부터 답장이 왔는지 내 폰을 확인하지 않으려 애썼다.

"희한해." 나는 룸메이트인 에이미에게 말했다.

"뭐가 희한해?" 그녀가 응답했다.

"애덤의 머리. 그런 머리를 하기엔 나이가 좀 많지 않아?" 나는 말했다. "나이가 마흔쯤 되지 않나?"

에이미는 노트북에서 TV 화면으로 눈을 돌려 흘깃 봤다. 레빈은 무릎을 꿇고 한 젊은 컨트리팝 가수에게 자기 팀이 되어달라고 애원하고 있었다. "그렇게 나쁘지는 않은데," 에이미가 말했다. "하지만 너한텐 잘 어울릴 거야."

토요일이 되었고, 여전히 답장이 없었다. 나는 시브이에스CVS(미국의 잡화점—옮긴이)에 가서 부루퉁한 표정을 한 백금색 모발 남성 모델 사진이 실린 머리 염색약 두 통을 집었다. 일을 둘러싼 불편하고 초조한 감정을 떨치려고 이 충동적인 일을 벌이고 있음을 모르지 않았다. 그래도 초조하긴 마찬가지였다. 마음이 바뀌기 전에 아파트로 서둘러 돌아가 욕실에 틀어박혀 염색을 시작했다. 엉망이 돼 봐야 얼마나 나빠지겠어? 젊고 멍청해 보이겠지. 그래서 뭐? 그래도 잘한 일이야! 애덤 리바인처럼 40대가 되어서 하는 것보다 젊을 때 해보는 게 나아.

머리에 첫 번째 통에 든 염색약을 듬뿍 바르고 나서 한껏 기대하며 거울을 응시했다. 처음엔 천천히, 그다음엔 더 빠르게 내 머리는 밝은 갈색으로, 그러고 나서는 불그스름한 노란색으로 색이 바래졌다. 제대로 되고 있었다! 다음 목적지는 백금색! 하지만 다음 목적지는 없었다. 머리 빛깔은 더 밝아지지 않았다. 나는 두 번째 상자를 열어 좀 더 바른 후에 기다렸다. 여전히 내 머리색은 더 밝아지지 않았다. 점점 더 오렌지색에 가까워질 뿐이었다. 공황 상태에 빠진 나는 샤워를 하며 발을 동동 굴렀다. 에이미는 "천박하지 않고 멋지게" 하이라이트를 이룬다는 보라색 샴푸 반통을 남겼다. 나는 그 일부를 내 머리에 붓고 헹구기를 통이 텅 빌 때까지 반복했다. 수건으로 몸을 닦고 거울을 바라보았을 때 나는 전혀 염색약 통에 있던 남자처럼 보이지 않았다. 대신 미친 네온 빛 머리를 한 광대가 나를 되쏘아보고 있었다.

전문가의 손길이 필요했다.

나: [니트 스키 모자를 쓰고 미장원에 들어서며] 안녕하세요, 예약을 잡아놨는데요.

미장원 접수 담당자: 머리가 오렌지색으로 변했다는 그분이죠?

나: 유감스럽지만 맞아요.

미장원 접수 담당자: 모자 쓰신 거 보고 알았어요. 이쪽으로 오세요. [의자가 있는 곳으로 안내하며] 이쪽은 손님 스타일리스트인 베타니예요. 손님 문제를 해결해줄 거예요.

베타니: 안녕하세요, 마이클, 모자 좀 벗어주시겠어요?

나: [공포심에 얼어붙어서] 못하겠어요.

베타니: 괜찮아요, 손님. 이미 다 봤어요. [모자를 잡아 벗기더니 헉하고 숨을 내쉰다]

나: [구글에서 걸려온 전화에 달려들면서도 손으로 머리를 가리며] 여보세요?

구글 인사 담당자: 마이클 세이먼 씨죠?

베타니: 와, 괜찮아요. 시간 좀 걸리겠는데요.

나: [헤어드라이어 소음 때문에 큰 소리로 외치며] 아, 네, 저예요.

구글 인사 담당자: 안녕하세요, 마이클. 지금 통화하기 어려우세요?

나: [거울에 비친 베타니의 짜증 난 눈빛을 피하려고 몸을 구부리며] 아니 괜찮아요!

구글 인사 담당자: 몇 번 전화했어요. 그리고 전화 면접은 건너뛰고 곧장 현장 면접을 할 수 있어요. 아직 관심이 있다면요, 하시겠어요?

머리가 하얬다. 금빛도 백금색도 아니었다. 눈처럼 하얬다. 완전히 다른 사람처럼 보였다. 완전히 다른 사람이 된 것 같은 기분이었다. 키 큰 요정처럼 보이기도 했다. 기업 면접을 하루 종일 보기로 한 날을 이틀 앞두고 일부러 할 만한 머리가 아니었다. 하지만 석양이 질 때 침실 발코니에서 틴더에 올릴 새로운 셀카 사진을 찍기에는 아주 좋아 보인다고 생각했다.

틴더를 시작한 지 한 달쯤 된 시점이었다. 새로운 사진을 게시한 후 몇 분 만에 여섯 개의 새로운 매치가 올라왔다. 나는 '흥미롭다'고 생각했다. '평소보다 많은데. 오, 이것 봐, 이 사람은 나한테 윙크까지 하고 있네.' 그들은 모두 매력적이었다. 한 명은 절반은 페루 사람이었는데 빛나는 검정 머리에 햇살 같은 미소를 지니고 있었다. 그녀와 데이트하고 싶지 않은 남자가 어디 있겠어? 나는 분명히 그랬다. 왼쪽, 왼쪽, 왼쪽, 왼쪽, 왼쪽, 왼쪽…. 나는 프로필을 읽기 위해 멈추지 않고 그들 모두를 넘겨 보았다.

그사이에, 여동생이 내 스냅챗을 보고 있었다.

오빠, 뭐지???

애덤 리바인처럼 보이잖아!

언제 한 거야?

왜???????

친구들이 오빠가 게이 아니냐며 물어대는 통에 아니라고 하고 있다고!

오빠가 게이는 아니니까…

맞지?

나는 마이애미에서 머리를 탈색하는 것이 캘리포니아에서처럼 첨단 유행으로 생각되지 않는다는 것을 잊고 있었다. 마이애미에서 머리 탈색은 동성애자들이 하는 것이었다. 나는 댓글로 이렇게 적었다.

웅, 맞아!

아니 농담이야.

완전 아니지.

다음 날 아침 잠에서 깨어나며 머릿속에 기이한 생각이 들었다. '내가 동성애자라면?' 나는 그 생각은 접어두고 일을 하러 갔다.

며칠 후 에이미와 음식을 테이크아웃해 먹은 다음 내 방으로 들어가 정돈되지 않은 침대에 몸을 던지고 나서 다시 틴더를 열었다. 그냥 재미 삼아 채팅에 들어가 "검색: 남성"을 선택했다. 또 "검색: 여성"은 그대로 놔두었다. 내가 찾는 대상은 물론 여성이었기 때문이다. 나는 단지 다른 남자들의 프로필은 어떤지 보고 싶을 따름이었다. 경쟁자를 연구하는 건 언제나 좋은 일이다. 그렇지 않나? 그리고 이들이 남자와 매칭되기를 기대하는 남자라고 해서 여자를 찾지 않는다는 뜻은 아니었다. 바로 나처럼 말이다. 그렇지 않나?

그 "경쟁자들"은 실제로 좋아 보였다.

'이 중 몇 명을 그냥 받아들이자'라고 생각했다. '그냥 재미 삼아 해보는 거야.' 나는 궁극적으로는 경쟁자이면서 내가 닮았으면 하는 남성들을 받아들였다. 나는 이 남성들에게 내가 매력적으로 보일지도 모른다는 생각은 미처 하지 못했다. 나는 그냥 그들이 부러웠다. 비상하게 매력적인 남성을 보고 '내가 저 남성이었으면 내 인생도 훨씬 더 나아질 텐데' 하고 생각했던 고등학교 때처럼 말이다. 몇 가지 이유에서 이 남자들을 보며 고등학교 때는 전혀 느껴보지 못했던 기이한 감정이 일고 있었다. 게다가 그 감정은 내가 여자 프로필을 보면서는 결코 가져보지 못한 것이었다. 하지만 남자 프로필을 볼 때면 여자 프로필을 볼 때보다 경력에는 별로 관심이 가지 않았다. .

또한 여성들과 다르게, 내가 받아들인 남자들은 거의 즉각적으로 반응했다. 긍정적 피드백에 취해 나는 계속 스와이프했고, 그래서 몇 시간 지나지 않아 수백 명의 남성과 매치되었다. 아주 흥분되는 일이었다. 중독성이 있었다. 물론 이들 중 누구와도 대화는 하지 않았다. 나는 오직 여자와 '데이트'하기를 원했기 때문에 그러면 오해의 여지가 생길 터였다.

다음 며칠간 계속 점점 더 많은 남성과 매치했고, 결국 나도 모르게 그들 중 몇 사람과 대화를 나누고 있었다. 그러더니 어느 시점에 내가 실제로 추파를 던지고 있음을 깨달았다. 그냥 재밌자고 한 일이었다. "이런, 당신 머리도 마음에 들어요. 오늘 어떻게 지내셨어요?" 하지만 어떤 남자가 만나자고 제의할 때마다 나는 겁에 질려 도망쳤다. 나는 '이런 일을 해서는 안 돼'라고 생각했다. 하지만 이내 '근데 왜

하면 안 되는 거지?'라고, 그다음에는 '정말로 데이트하러 나가면 기분이 나빠질까?'라고, 또 그다음에는 '미친 거 아니니, 마이클?'이라고 생각했다. 불현듯 오래전 가족 저녁 식사 자리에서 나누었던 대화들이 뇌리를 스쳤다. 그때 엄마는 미래의 손자 얘기를 하면서 당신 아버지가 동성애자 아들을 갖느니 차라리 죽는 게 낫다고 말했다고 했다…

나는 동성애자가 될 수 없었다.

그럼에도 나는 내가 동성애자일지도 모른다는 생각에 잔뜩 겁을 집어먹기 시작했다. 그 망령 같은 생각이 협박처럼 나의 뇌리를 떠나지 않았다. '진정해.' 나는 나 자신에게 말했다. '네가 동성애자라도 별 문제 아냐. 그건 불치병이 아냐.' 하지만 동성애자라는 건 굉장히 불편한 것이었다. 나에겐 그렇게 보였다. 내가 어떻게 가족을 가질 수 있을까?

하지만 그러면서도 나에게 만나길 원한다는 메시지를 보냈던 "브래드, 24", 이 남자가 있었다. 그는 사진 속에서 약간 매력적으로 보였다. 나는 그의 사진을 보기 위해 그의 프로필을 끌어올리는 걸 멈출 수 없었다. 이 동성애자 문제를 좀 알아봐야 했을까?

"알아본다"는 것은 물론 애초에 구글 검색을 한다는 뜻이었다. 구글은 나를 실망시킨 적이 없었다. 그래서 이제 나는 "동성애자가 합법적으로 입양할 수 있는가?", "동성애자 결혼을 허용하는 주는?", "난자 기증자는 무엇을 하는가?" 같은 질문을 구글로 검색했다. 이것은 가톨릭 학교에서 알려주는 게 아니기에 분명히 엄마가 동성애에 대한 정보를 얻던 때보다 진보가 이루어졌다는 사실을 발견한 것은 놀라울 만큼 행복한 일이었다.

하루 일곱 번의 면접

구글에서 면접을 보기로 한 당일, 페이스북에 잠시 들르고 나서 우버를 이용해 남쪽으로 16킬로미터 떨어진 마운틴뷰의 구글플렉스로 이동했다. 인터뷰를 위해 그날은 일을 쉬었다.

젠장, 긴장이 되었다. 하지만 적어도 구글 VR팀 구성원들과 이미 커피를 마시며 몇 차례 만났던 터라 낯선 외국에 온 듯한 스트레스를 받지는 않았다. 구글에서 너댓 차례 미팅을 한 적이 있어서 다채롭고 복고미래주의적인 구글에 이미 익숙해져 있었고, 그래서 구글시티 게이트 앞에서 내려서 어디로 가야 하는지 정확히 알고 있었다.

편안한 마음으로 출입 절차를 밟고 클립으로 고정하는 방문자 출입증을 받은 다음 구글 자전거와 구글 버스의 바다를 가로질러 가서 아동 그림책 스타일로 로봇과 우주선을 그린 벽화로 장식된 밝은 대기실에서 기다렸다. 강한 분홍색 안락의자에 앉아 가장 가치 있는 자산은 자기 인식이라는 앤드루의 조언을 되새겼다. "완벽한 사람은 아무도 없어." 그는 그날 아침 전화로 내게 이렇게 말했다. "완벽한 천재는 아무도 없어. 모두가 많은 일에 어리석지만 그래도 괜찮아. 자신이 뭘 알고 뭘 모르는지만 인정하면 돼."

얼마 지나지 않아 벌목공들이 입을 성싶은 격자무늬 셔츠와 다림질한 치노 바지를 입은 30대 남자가 미로 같은 통로들로 나를 이끌며 앞으로 맞이하게 될 상황을 설명해주었다. "이곳에서 일이 진행되는 방식에 따라 다양한 그룹의 직원들과 돌아가며 일곱 번 면접이 있을 거예요. 하지만 반드시 당신과 일하게 될 사람들은 아니에요. 우린 광범위하게 피드백을 받는 것을 좋아해요. 구글의 모든 직원이 면접에 참여해요."

고개를 끄덕이고 미소 지으며 그를 따라 눈에 확 띄는 아트 프린트들이 걸려 있는 한 미니 주방으로 들어갔다. "여기 물 좀 드세요. 이곳에서 시간이 좀 걸릴 상황을 맞이할 겁니다. 그럴 만한 가치가 있죠."

그 대도시 벌목꾼은 큰 구글 행아웃 로고가 띄워진 커다란 TV 스크린이 있는 작은 회의실로 나를 데려갔다. "그들이 잠시 후 채팅창에 나타날 겁니다." 그때 나와 내 얼굴 앞에 카메라만 있는 상태에서 기다렸다. 그들은 이미 나를 지켜보고 있을까? 나는 생각에 잠겨 창문 밖을 바라보는 척했다. TV가 깜박거리며 켜졌고 나는 다른 방에 앉아 있는 한 아시아계 미국인 젊은 남자를 마주 보고 있었다. 그가 갑자기 등장해서 그만 피식 웃고 말았는데, 그래서 처음부터 당황하게 되었다. 무엇보다 그 남자가 빈둥댈 생각이 없다는 게 곧 분명해졌기 때문이다. 그는 지메일과 유튜브 엔지니어로서 자기가 맡은 일에 관해 말하며 곧장 본론으로 들어갔다. 물론 지메일과 유튜브는 다 구글에 속한 회사이다. 그런 다음 그는 내게 페이스북에서 배운 가장 중요한 것이 뭐냐고 물었다. 앤드루의 조언을 믿었기에 나는 사실대로 말했다. "제가 나쁜 관리자라는 걸 알았습니다."

그 엔지니어는 눈살을 찌푸렸다. 그는 놀란 듯 보였지만 그렇다고 불쾌한 것 같지는 않았다. "그래요? 왜 그렇게 생각하죠?"

나는 "아마도 너무 어렸던 것 같아요"라고 말했다. 내 이력서를 내려다보며 그의 눈이 깜박거렸다. 내가 어느 대학 출신인지 찾는 것 같았다. 나는 방향을 수정하여 내가 여전히 분명 어리지만 성숙했고, 이제 경험이 꽤 많다고 설명하려는 참이었지만 앤드루의 말이 머릿속에 떠올랐다. '자신이 뭘 알고 뭘 모르는지만 인정하면 돼.' 나는 다른 방향을 취했다. 나는 "실제로 많은 이유가 있었습니다"라고 말했다. 그리고 다음 15분 동안 그 이유를 설명했다. 면접 규칙집에 이런 내용이 나오지 않는다는 걸 모르지 않았다. 면접 시간 전체를 자기 약점에 허비하라는 조언이 규칙집에 들어 있을 리 없었다. 하지만 결국 내가 가진 약점에 대한 진술은 나에게 유리한 쪽으로 작용한 듯이 보였다. 그 엔지니어는 자신도 관리에 실패한 적이 있었고, 지금은 구글에서 올바른 역할을 찾아서 훨씬 더 행복해졌다고 말했다. 그러고 나서 그는 면접을 마쳤고, 화면이 꺼졌다. 그리고 누군가 내 뒤에 있는 진짜 문을 노크하고 있었다.

나는 다음 30분을 4년 차 프러덕트 매니저와 캠퍼스를 산책하면서 보내며 팀이 종종 직면하게 되는 다양한 디자인과 엔지니어링 문제를 다루는 각자의 접근 방식에 대해 서로 의견을 교환했다. "페이스북에서 제품과 관련해 가장 큰 난관은 뭐였죠?" 그 프러덕트 매니저가 물었다. 나는 생각했다. '아, 안 돼. 나는 이 질문에 관한 완벽한 이야기를 가지고 있지만, 그건 또 면접을 내 실패 스토리로 채우는 일이잖아.' 잠시 말하길 주저하다가 그녀에게 페이스북은 젊게 행동하려는 오래된 회사이고, 그래서 나는 더 깊은 수준에서 십 대 시장에 관해 생각하고 접근하는 방식을 다루기 위해 틴톡을 시작했다고 말했다.

흠, 그 활기 넘치는 프러덕트 매니저는 30분간 같이한 시간을 마치면서 이렇게 말했다. "꽤 배짱이 있네요." 그 일을 그런 식으로 생각해 본 적은 단 한 번도 없었지만, 아마도 연락이 없자 페이스북에 전화를 건 것이 얼마간 배짱이 있었다고 본 것 같다.

걸으며 면접을 본 후에, 나는 페이스북 이전의 내 역사에 대해서 알고 싶어 하는 한 디자이너와 같이 타코를 먹었다. 이때쯤 초조한 기분은 꽤 많이 사라졌고, 20분간 학창 시절에 공부를 잘했던 적이 한 번도 없었고 그래서 내가 가장 잘하는 고유한 일에 내 힘을 쏟는 법을 배웠다고 털어놓게 되었다. 체력검사에서 SAT까지 같은 일에 최고가 되기 위해 경쟁하는 백만 명의 학생들이 이 나라에 있고, 그래서 이미 오래전에 나는 그들과 경쟁하는 대신 나 자신의 일에 최고가 되기로 했다고 말했다.

밝은 자주색 의자들이 있는 회의실 안에서 다섯 번째 물병을 꿀꺽꿀꺽 마시는 사이에 부스스한 흰 머리를 가진 버니 샌더스(미국의 진보 정치가 — 옮긴이) 유형의 50대 남자가 나에게 아주 기이한 질문을 던졌다. "지금으로부터 20년 후 VR 문제의 해결책은 뭐라고 생각하나?"

"어떤 문제를 말씀하시는 거죠?" 나는 의자에서 몸을 앞으로 기울이며 물었다.

그 남자가 말했다. "분명 문제는 세계 자체겠지. 자네는 세계를 어떻게 더 낫게 만들 생각이지?"

의자 뒤로 다시 몸을 기대며 물을 한 모금 더 마신 후 몇 주 전 내가 게시했던 페이스북 글을 떠올렸다. 내가 향수 편향이라고 부르는 것에 관한 글이었다. 이제 일이 순조롭게 풀리는 듯했다. 나는 말했다. "몇몇 사람들은 제 생각에 동의하지 않을지 모르지만, 제 생각에 2040년의 가상 세계 인터페이스의 문제는 오늘날의 중년 디자이너들이 그것을 현실의 망가진 형태로 상상했다는 점이에요. 아마도 결국 현실 세계만큼 좋아지겠지만, 현재로서는 현실 세계가 엄청 더 좋습니다. 이 디자이너들은 그들이 자란 세계에 향수를 품고 있었어요. 그래서 거기에는 우리가 쓰는 디바이스 전체가 하나도 존재하지 않아요. 하지만 시계를 되돌릴 순 없어요. 스크린과 스크린을 넘나들며 타인과 소통하며 자란 아이폰 세대는 360도 둘러볼 수 있는 가상 세계에서 무엇을 원할까요?"

버니는 의자에서 몸을 앞으로 기울였다.

"뛰어놀 뒷마당이 아니라 그들은 어디에서나 작동 가능한 360도 아이폰 화면을 원해요." 이제 나는 흥분이 되어 손을 휘저어 가며 말했다. "더 많은 화면, 더 많은 탭, 더 많은 데이터, 더 많은 비동시적 소통을요!"

"어이쿠," 의자 안으로 물러서며 버니가 말했다. "나는 그 같은 대답을 한 번도 들어본 적이 없네. 그건 마치… 지옥 같군." 그는 몇 분후 자리에서 일어나 어깨를 웅크린 채 떠났다. 그의 보디랭귀지를 보고 내가 확실히 얼빠진 실수를 했다고 생각했다. 온 힘을 다해 다섯번째 면접까지 왔지만, 나는 면접관을 실존적 우울에 빠뜨리고 말았다. 면접은 끝났다. 나는 확실히 끝났다. 누군가가 다가와 나를 밖으로 데리고 나가기를 기다렸지만 그런 일은 일어나지 않았다.

대신 한 여성 엔지니어가 버니의 자리를 차지하고서는 동영상 압축 알고리즘에 관한 대화를 시작했다. 나는 그것에 관해 아는 게 전혀 없었다. 몇 분 지나지 않아 나는 말을 더듬기 시작했다. 실제로 이해하지도 못하는 엔지니어 언어를 써가며 위축되지 않으려고 애를 썼지만 그녀는 견고하지 못한 내 논리를 따라잡으려 하면서 이맛살을 찌푸렸다. 빌어먹을. 말문이 막혔다. 사기꾼으로서의 내 정체가 서서히 드러나고 있었다. 진정한 컴퓨터 과학 교육을 제대로 받은 적이 없다는 사실이 드러나며 나를 물어뜯었다. 그러나 이때 "자신이 뭘 알고 뭘 모르는지만 인정하면 돼"라고 앤드루의 유령이 내 귀에 속삭이며 말했다.

나는 목청을 가다듬고 그 동영상 엔지니어에게 말했다. "좀 더 공부해서 더 나은 아이디어로 나중에 다시 뵙고 싶어요. 그래도 될까요?"

사실이 그랬다.

어느 틈엔가 나는 파란색 드레스 차림의 마케팅 매니저 옆에 나란히 앉아 있었다. 어느 나무 그늘에 놓인 벤치에 앉아 나는 한창 '일곱 번째 구글 면접'을 보고 있었다!

뭘 얘기했더라? 이때쯤 나는 거의 의식이 혼미한 상태였다. 꿈을 꾸고 있었던 걸까? 직업윤리에 대한 견해 차이로 팀원들 사이에 다툼이 일어날 때 이를 어떻게 해결할지 쉰 목소리로 뜨뜻미지근한 아이디어를 제안했던 게 희미하게 기억난다. 아니면 게임 이론에 관한 것이었을 수도 있다.

하루가 끝날 즈음에 곧바로 일자리 제의를 받지 못하긴 했지만, 나는 좋은 인상을 주려고 내가 할 수 있는 모든 것을 다했다고 느꼈다. 힘이 다 빠지고 정신이 멍하고 배고팠다. 하지만 나는 나 자신에게 진실했다고 자신했고, 그게 자랑스러웠다.

일생일대의 제의

구글에서 일곱 번 면접을 본 바로 다음 날, 인사 담당자가 비공식적 채용 제의를 하기 위해 전화했다. 오랫동안 나는 두려워했다. 단지 내가 어려서, 그리고 그게 좋은 기삿거리라고 사람들이 생각했기 때문에, 아니면 그들이 내 앱을 좋아해서 내가 페이스북에 채용된 것이 아닌가 싶어서였다. 하지만 나는 정말로 그 일을 할 만한 자격이 없었다. 구글의 신임 투표는 어쩌면 내가 가치 있는 사람일지도 모른다는 생각을 하게 만들었다. 나는 오르고, 오르다 지쳐 쓰러질 것 같았고, 넘어지기 직전에 위험을 무릅쓰며 새로운 봉우리로 큰 도약을 이뤄내 다음 우주선을 탔다. 눈을 떴을 때 새로운 봉우리에 도달했음을 깨달았는데, 그 봉우리는 내가 전에 머물러 있던 봉우리보다 더 높았다. 내가 비디오 게임을 했다면, 나는 완전히 새로운 수준에 도달해 있을 것이었다.

내가 그 회사에서 무슨 일을 하게 될지 그리고 그 대가로 얼마를 받을지 정확히 결론이 나려면 몇 달 동안 전화를 주고받게 될 것이었다. 그사이에, 나는 여전히 매일 페이스북에 출근해 최선을 다해 일해야 했다. 또한 계속해서 회사 전반의 페이스북 페이지에 매일 쪽지를 올렸다. 나는 여전히 십 대들의 관심을 사로잡으려면 어떤 일을 더 해야 하는지에 대해 강박적으로 매달렸다.

어느 날, 페이스북의 비디오 기능이 유튜브의 창작자 루프에서 얼마나 많은 것을 배울 수 있는지에 관한 쪽지를 올리고 있는데 탁자 위에 올려 두었던 내 핸드폰에 불이 들어왔다. 구글 인사 담당자였다.

그녀는 내 월급에 관해 얘기하려고 전화했다. 여기에 내가 처한 또다른 골치 아픈 상황이 있었다. 처음 구글의 비공식적 제의를 밝히면서 인사 담당자는 월급으로 얼마를 받고 싶은지 전화로 알려달라고 요청한 바 있었다. 앤드루는 내게 대답하지 말라고 경고했다. 그들이 내게 금액을 제시하게 하고, 거기서부터 협상을 시작해서 금액을 올리라는 것이었다. 그렇게 해야 그들이 기꺼이 지급하려고 생각하는 것보다 훨씬 적은 금액을 불러 스스로 자신의 가치를 깎아내리는 위험을 감수하지 않아도 되었다. 나는 이 조언을 받아들이려 했지만, 회의 시간에 늦지 않기 위해 자전거를 타고 북적대는 페이스북 캠퍼스를 전속력으로 달리느라 정신이 아주 산란해져 있던 순간에 구글 인사 담당자가 다시 전화해 빨리 대답해달라고 재촉했다. 그래서 페이스북에서 받던 급여에서 아주 조금 더한 금액을 불쑥 내뱉으며 굴복하고 말았다.

거의 즉각적으로 나는 끔찍하게 자신의 가치를 낮추고 말았다는 역겨운 감정에 사로잡혔다. (앤드루의 조언을 무시하면 좋지 않다는 것을 나는 언제쯤 배우게 될까?)

"지난번에 제가 이메일로 보낸 급여 상세 정보를 받아보셨나요?" 인사 담당자는 이제 이렇게 묻고 있었다. "마음에 드세요?"

나는 나 자신에게서 한 번도 들어본 적이 없는 힘이 실린 목소리로 대답했다.

"생각을 바꿨어요."

잠시 침묵이 흘렀다. 서류를 뒤적이는 바스락거리는 소리가 났다. 다시 침묵이 흘렀다.

"하지만 지난번에 알려준 금액대로 했는데요." 인사 담당자는 마침내 이렇게 말했다. 분명 허둥대고 있었다.

"알아요." 나는 이렇게 말하며 생각했다. '사과하지 마, 사과하지 마, 사과하지 말라고.' "단지 실사를 좀 했을 뿐이에요. 그리고 지금은 제안한 금액이 너무 낮다고 생각해요." '실사'라고? 어디서 이 단어를 배웠지?' 나를 통해 말하고 있는 이 사내는 누구일까? 나는 그가 좋았다.

"알겠어요." 그녀가 말했다. "좋아요. 음, 그럴 수 있죠. 당신이 구글에 입사하는 게 아주 신나는 일이었으면 좋겠어요. 우리는 정말로 당신이 이곳에 왔으면 해요. 그러면 생각하고 계시는 금액이 얼마죠?"

"나중에 알려드릴게요"라고 나는 말했다. 거친 마이클이 전화를 끊으려는 순간 사람들의 비위를 맞추는 데 안달하는 마이클이 불쑥 끼어들어 재잘거렸다. "정말 고마워요! 곧 말씀드릴게요! 안녕히 계세요!" 괜찮아, 아직 시작은 좋아.

갑작스럽게 구글 인사 담당자와 통화하는 바람에 재스민과 운동하기로 한 시간에 늦었다. 나는 그녀와 같이 있는 시간이 하루 중 가장 좋았다. 그러면서도 늘 그녀를 기다리게 했다. 내가 턱걸이를 할 수 있게끔 그녀가 도와준 이래로 우리는 좋은 친구가 되었다. 그리고 요즈음 우리는 운동하는 만큼이나 수다를 떨면서 많은 시간을 보냈다.

"오늘 변명은 뭐죠, 미키?" 축구장에 있는 그녀와 합류하기 위해 헐떡이며 뛰어갔을 때 그녀가 물었다. 재스민의 최근 고문 방법은 나에게 프롤러라 불리는 무거운 썰매 같은 기계를 필드 위아래로 밀게 하는 것이었다. 나는 프롤러를 하나 잡아 묵묵히 밀기 시작했다.

"늘 그렇긴 하지만, 미안해요." 끙끙대는 소리를 내는 건장한 사내 몇 명이 프롤러를 밀며 우리 옆을 지나칠 때 내가 말했다. "구글 인사 담당자한테서 전화가 와서요."

재스민은 필드를 폭풍처럼 질주하는 건장한 사내들과 그들의 불거져 나온 근육을 지켜보며 얼굴을 찡그렸다. "당신이 정말 그리울 거예요."

"아직 결정된 일은 아니에요. 아직 급여에 관해 얘기하고 있어요."

"아직도 자기 자신을 낮추어 생각해요?" 재스민은 이렇게 말하고는 다시 말했다. "아니, 그러지 마요! 당신은 할 수 있어요!"

"물론이죠."

내가 쇠똥구리처럼 프롤러를 앞으로 천천히 밀고 있을 때 재스민이 내 옆에서 느리게 뛰면서 말했다. "음, 당신이 말도 안 되게 많은 돈을 요구하면 어떨지 궁금해요." 그녀는 이제 위아래로 팔짝팔짝 뛰었다. 재스민은 가만히 있는 법이 없었다. "한번 지금 받는 연봉의 두 배를 달라고 요구해보면 어떨까요? 그냥 어떤 일이 벌어질지 보는 거죠."

나는 트랙에 멈춰 섰다. 여전히 파울러를 잡고 머리를 떨군 채로 코에서 땀이 트레이너의 발가락 부분으로 뚝뚝 떨어지는 가운데 나는 재스민이 한 얘기를 생각했다. 고개를 돌려 재스민을 쳐다보았다. "있잖아요, 당신 말이 맞아요! 잠깐만요, 아니, 거기서 멈출 이유가 뭐죠? 현재 받는 봉급의 2배 '넘게' 요구해보면 어떨까요?" 나는 그곳에서 앱을 수년간 만든 경험이 있다는 장점과 젊다는 장점 둘 다를 가진 몇 안 되는 사람 중 하나였다. 지난 8년 넘게 어쨌든 나는 서른네 개의 앱을 만들었다. 몇 개는 승승장구했고, 또 몇 개는 곧바로 실패했다. 하지만 중요한 것은 내가 개발하는 일을 멈춘 적이 없으며 노다지를 캘 때까지 멈추지 않을 거라는 점이었다. 그때까지는 실제로 그렇게 성공한 적은 없었다. 나는 절대 앱 만드는 일을 멈추지 않을 것이다. 나는 5분 이상 나에게 말을 거는 누구에게나 그 점을 꽤 명백히 밝혔다. 하지만 무엇보다 실리콘밸리에서 선호하는 젊은이라는 사실이 갖는 가치를 알았다. "50만 달러를 요구할게요!" 나는 불쑥 내뱉었다.

재스민은 제자리 뛰기를 멈췄다. "오, 미키, 그냥 농담으로 한 말이에요. 솔직히 효과가 있을지 잘 모르겠어요! 조금만 더 올려달라고 하는 게 낫지 않을까요?"

나는 항상 비꼬는 농담을 이해하는 데 어려움을 겪었다. 나는 몸을 똑바로 세우며 말했다. "아니, 그렇게 할 거예요!"

재스민의 얼굴이 환해졌다. "그럼 좋죠!"

2분 후, 우리는 운동장 가운데서 프롤러를 포기했다. 나는 내 운동 가방이 있는 쪽으로 성큼성큼 걸어갔다. 가방 속을 뒤져 내 폰을 찾았다.

"음, 마이클, 시간을 좀 갖는 게 좋지 않아요? 하려는 일을 계획—"

나는 손을 저어 재스민의 말을 끊고 이미 폰을 귀에 대고 있었다. 통화가 진행되고 있었다.

"마이클", 인사 담당자가 말했다. "제가 생각한 것보다 빨리 전화하셨네요."

나는 심호흡을 하고 말했다. "많이 생각해봤는데, 꽤 합당한 금액이라고 생각해요." 나는 4년 동안 2백만 달러를 달라고 요구했다.

인사 담당자는 숨이 턱 막히는 것 같은 소리를 내며 침묵했다. 나는 입술을 깨물고 기다렸다.

"그 점에 대해 논의해보고 다시 연락드릴게요." 그녀가 말했다.

지금 이 글을 쓰면서 되돌아보았을 때, 나의 절반은 내가 그날 그렇게 강하게 협상할 배짱이 있었다는 게 도저히 믿기지 않는다. 하지만 나의 다른 절반은 그것이 잘한 일이라고 믿는다. 그 당시에는 깨닫지 못했을지 모르지만 나는 어린 시절 내내 뉴스팀이 나를 졸졸 따라다닐 때 아주 가치 있는 기술을 배웠다. 그것은 바로 자신감이 없을 때 자신감을 키우는 열쇠는 부정적인 생각을 버리는 것이다. 그냥 그러한 생각들을 던져버리면 된다. 지금 당신은 운전석, 즉 협상 모드에 있다. 자신의 강점과 성취에 초점을 맞추고 긍정적으로 보이는 것이 중요하다. 아무리 걱정이 많아도 그것을 떨칠 수 있고 면접이나 협상이 끝난 후에 해도 된다는 것을 기억하기만 하면 된다.

요즈음 나에게 조언을 구하는 누구에게나 말한다. 얻고자 하는 게 무엇이든 협상하는 것을 꺼리지 말라고. 좋은 급여를 요구할 수 있는 가장 큰 기회는 채용이 결정되는 바로 그 순간에 있다. 때때로 고용주는 시간이 지나면 더 주겠다고 모호하게 얘기할 테지만, 절대 그 말을 믿어서는 안 된다. 오늘 당신이 가진 가치를 알고, 그것을 위해 싸워라.

다음 두 주 동안 나는 구글 인사 담당자가 내가 그들에게 던진 말도 안 되는 액수를 구글이 정당화할 방법이 전혀 없는 이유들이 담긴 목록을 가지고 되돌아올 것을 대비하며 기다렸다. 나는 최선의 시나리오로 그들이 원래 제안했던 것보다 조금 더 높은 액수로 대응할 것으로 판단했다. 최악의 경우는 내 제안에 불쾌감을 느낀 그들이 제안을 철회하는 것이다.

그리고 나는 그들이 제안을 철회하더라도 그렇게 나쁜 일은 아니라고 생각했다. 페이스북에서의 일은 때때로 여전히 재미있었다. 예를 들어 마크 저커버그와 스냅 채팅을 하는 것은 아주 흥미로운 일이었다. 그런 일을 해봤다고 말할 수 있는 사람이 과연 얼마나 될까? 저커버그의 스냅 사진들을 보며 나는 많이 웃었고, 그에게 전형적인 십대가 스냅챗을 이용하는 방식과 그가 이용하는 방식에 어떤 차이가 있는지 설명하는 것이 즐거웠다. 세상에서 가장 영향력 있는 인물 중 한 명과 스냅챗을 하고 수십억 달리 규모의 회사 제품 전략에 피드백을 주는 것보다 멋진 일이 또 어디 있겠는가.

변화를 두려워하며 나는 내가 아는 유일한 직업인 페이스북에 머무를 온갖 이유를 찾고 있었다. 심지어 무의식 상태에서 불가능할 정도로 높은 봉급을 요구함으로써 구글이라는 기회를 방해하려고 한 게 아닌지 하는 의심조차 들기 시작했다. 어느 쪽이든 아주 심란했다. 내 안전 구역 안에 머무를 어떤 편리한 방법이 있지 않을까?

며칠 후 구글 인사 담당자가 다시 전화를 걸어올 때까지 나는 카운터오퍼를 거절하고 페이스북에 그대로 있기로 97퍼센트 마음을 굳힌 태였다.

그 인사 담당자가 유선상으로 말했다. "마이클, 아주 좋은 뉴스가 있어요. 당신이 원하던 것을 '거의' 정확히 들어주기로 승인이 났어요." 그녀는 그러고 나서 일련의 상상도 안 되는 숫자들을 줄줄 읊었다.

그녀는 말을 멈추고, 내 반응을 기다렸다. 나는 침묵했다. 하지만 어떤 의도가 있어서 그런 게 아니었다. 너무나 충격을 받아 입이 떨어지지 않았다. 마침내 마음을 가라앉히고 나서, 나는 나조차 생각지도 않은 말을 했다. "고마워요. 잠깐 생각할 시간을 주시겠어요?"

"잠깐이 얼마죠?" 인사 담당자는 전에는 들어본 적이 없는 강한 어조로 말했다. 이해할 만했다. 주거니 받거니 하며 두 달이 지난 후에, 그녀는 내가 원래 요구했던 봉급의 두 배가 넘는 금액을 받을 수 있도록 나를 지지해주었다. 윗사람에게 그녀는 그것을 어떻게 정당화했을까? 궁금했다. 내가 정말로 이만큼 가치가 있었나? 꿈에도 생각지 않던 일이었다. 사람들이 내가 가치가 있다고 말하는 것에 시들해지고 있었지만, 이 정도로 가치가 있다고 생각하기는 어려웠다. 그들이 이 수치를 받아들인 것에 대해 스스로 자랑스러워해야 한다. 그런데도 나는 주저하고 있었다.

"음, 3일?" 나는 말했다.

"알았어요, 곧 다시 연락드리죠." 그녀가 말했다.

나는 내게 할애된 3일을 일생일대의 제의에서 다른 방향으로 달릴 이유를 찾는 데 썼다.

그게 엄청난 우주적 속임수라면? 내가 실제로는 자격이 없는데 내 주변의 모든 사람이 내게 자격이 있다고 말하고 있는 거라면? 내가 수백만 달러를 달라고 요구하지 않았으면 좋았을 텐데! 나는 그들이 내 시장 가치라고 결정한 것의 절반도 안 되는 돈으로 잘 살고 '잘 잤다.'

구글의 기대치가 높은 게 분명했다. 그들은 내게 수백만 달러를 제의하고 있었다. 그들이 내가 그럴 자격이 있다고 생각하는 일을 하라고 말이다. 하지만 나는 여전히 그것을 합리화하는 데 어려움을 겪었다. VR의 미래에 대한 나의 비전통적인 의견이 그들을 매우 흥분시

켰음에도 불구하고 내 의견이 모두 틀린 것으로 드러난다면? 나에게 이 일을 맡을 만한 자격이 전혀 없다면?

나 자신과 이러한 대화를 나누고 있을 때, 인사 담당자가 다시 한번 전화를 걸어왔다. 단지 이틀이 지났을 뿐이었고, 그래서 나는 더 생각할 시간이 필요했다. 나는 내 고민을 음성메일로 보냈다. 그녀가 다시 전화했다. 나는 전화를 받았다.

"미이클, 제가 몇 가지 더 요청해서, 7만 딜러의 부가직인 사이닝보너스(회사에서 새로 합류하는 직원에게 주는 1회성 인센티브로 주로 능력 있는 인재들에게 지급한다 — 옮긴이)를 얻어냈어요."

내가 그녀가 하는 말을 제대로 들은 게 맞는 걸까? 그녀가 진지하게 나한테 돈을 더 주겠다고 제의하고 있는 건가?

"딱 한 가지 말씀드릴 게 좀 있는데…."

나는 목청을 가다듬었다. "그게 뭐죠?"

"이 건에 대해선 정말 유감스럽지만, VR팀은 인원이 꽉 차 있어서 새로 들어갈 자리가 없어요. 그래서 우린 당신을 위해 다른 자리를 알아볼 거예요. 문제 없을 거라고 자신해요."

남자와 키스하다

나는 틴더의 "브래드, 24"에게 기회를 주기로 했다.

남자가 다른 남자와 데이트할 때는 옷을 어떻게 입을까? 앤드루에게 물어볼 질문은 아니었다. 이번에는 그래서 여자와 데이트할 때 입기 좋을 옷을 그냥 입기로 했다. 긴소매 흰색 티셔츠, 진홍색 바지, 그리고 검정 가죽 재킷. 브래드는 샌프란시스코의 노스비치 지역에 있는 레스토랑을 골랐다. 나는 전철에서 내려 걸어가며 '나보다 키가 크지도 작지도 않았으면 좋겠는데'라고 생각했다. 나보다 키가 작다면 그가 "여성"이 될 것이고, 나보다 키가 크다면 내가 "여성"이 될 거라고 생각했다. 자라면서 동성애자 커플을 한 번도 본 적이 없었고, 동성애자라고 터놓고 얘기하는 사람도 본 적이 없었다. 그건 일이 어떻게 돌아가는지 전혀 모르는 나의 무지에서 비롯된 추측이었다.

가보니 그곳은 전통적인 이탈리아 레스토랑이었다. 빨간색 체크무늬 테이블보와 금테를 두른 거울, 짙은 목재와 놋쇠 난간. 나는 브래드를 바로 알아보았다. 창가 테이블에서 등을 구부리고 폰을 보고 있었다. 나는 갑자기 얼어붙었다. 그가 고개를 들어 쳐다보기 몇 초 전, 몸을 돌려 문밖으로 나가고 싶은 충동이 섬광처럼 일었다. 너무 늦었다. 브래드가 나를 보았다. 그는 미소 짓고 있었다. 아주 멋져 보였다. 나는 억지로 미소를 지으며 그의 반대편 자리에 앉았다. 우리는 빈칸을 채우듯이 소소한 대화를 나누었다. 이성과 데이트할 때 그러하듯이. 여기에 이르기 위해 각자 얼마나 긴 여행을 해왔는지, 마침내 서광이 비쳐 얼마나 행복한지, 메뉴에서 뭐가 좋아 보이는지… 하지만 브래드의 담갈색 눈은 정말 특별했다. 그가 실없이 웃으며 얘기할 때마다 그의 담갈색 눈이 반짝거렸다. 나는 그의 눈에 초점을 맞추려 했다. 눈 말고는 모든 게 내가 기대했던 것과 달랐다. 아직 키가 얼마나 되는지 알 수 없었지만 그는 틴더에 올려놓은 사진과 달라 보였다. 그다지 매력적으로 보이지 않았다. 우리가 틴더로 메시지를 주고받은 그 주에, 나는 더 황홀하고 다소 신비로운 누군가를 상상했다. 만나 보니 브래드는 흥미롭기보다는 진지한 사람이었다.

대화를 나누며 브래드의 모든 제스처와 단어를 분석하기 위해 내 모든 정신적 에너지를 쏟아부었다. 내가 대학에 진학하지 않았다고 말할 때 그는 왜 포크를 내려놓고 머리를 갸우뚱했을까? 혹시 나를 동정한 걸까? 그가 자신이 하는 마케팅이라는 일이 "즐겁다"고 말했을 때, 그건 일이 재미있고 흥미롭다는 뜻이었을까 아니면 일이 싫지만 불평하고 싶지 않다는 뜻이었을까? 그는 세상에서 성공하려고 서두르는 것 같지 않았다. 그래서 약간 우울했다. 이 남자 안에 저돌적인 뭔가가 있기를 바랐지만 그런 게 있는지 다소 의심스러웠다. 나는 아직 일하러 가는 것을 "어른들이 하는 일"로 생각하지 않는 내 나이 또래 사람을 만나보지 못했다.

나는 마르게리타 피자와 적포도주 한 잔을 주문했다. 회색 콧수염을 기른 웨이터는 나에게 신분증 제시를 요구하지 않았다. 나는 가짜 신분증을 구할 정도도 아니고 거의 술을 마시지 않는다. 그래서 그런지 취기가 꽤 빨리 도는 게 느껴졌다. 두 잔째 마실 때쯤 누군가 우리를 바라보고 있을지도 모른다는 생각으로 올빼미처럼 경계하듯 두리번거리는 행동을 멈췄다(우리를 바라보는 사람은 아무도 없었다. 이곳은 샌프란시스코였다). 해자를 가로질러 도개교를 내리듯이 경계심이 자꾸자꾸 풀리는 게 느껴졌다. 술 때문에 침침하고 나른해져서 더는 경계심을 유지할 수 없었다. 브래드에게 우리 가족에 관한 얘기를 하고 있을 때 그가 내 말허리를 끊고 말했다.

"미소가 정말 매력적이에요. 치아 교정기를 끼고 있는 것도 사랑스럽고요."

나는 내 목 위로 뭔가 붉은 기운이 스멀스멀 기어오르는 것을 느끼며 조임쇠로 죄듯이 입을 꽉 다물었다. 전에는 남자에게서 내 미소나 외모에 대해 칭찬을 받아본 적이 단 한 번도 없었다. 갈피를 잡기가 힘들었다. 한 소년이 어느 소녀의 몸 안에서 깨어나 그녀의 눈을 통해 세상을 경험하게 된다는 오래된 디즈니 채널 영화 속에 내가 있는 것처럼 느껴졌다. "미소가 정말 매력적이에요" 같은 말은 남자가 여자의 환심을 사기 위해 하는 말이라고 확신하고 있었다. 스스로 그렇게 추파를 던지는 말을 해본 적조차 없지만. 동성애자들이 이성애자들이 쓰는 것 같은 유치한 말을 한다는 것이 무척 흥미롭다고 생각했다.

"어, 당신도요." 포도주 한 잔을 단숨에 들이키며 내가 말했다. 진실을 말하자면 그의 미소를 의식조차 하지 않았다. 그가 언제나 미소 짓고 있었기 때문이다. 나는 그의 담갈색 눈에 집중했다. 하지만 말을 아꼈다. 나는 그에게 눈이 매력적이라고 칭찬하지 않았다. 그건 너무나 진심 어린 것일 테고, 나는 아직 진심을 드러낼 준비가 되어 있지 않았다.

브래드는 짐짓 겸손한 체하며 머리를 가로저었다. 그는 분명 이렇게 주거니 받거니 하는 것에 익숙했고 그걸 즐기는 듯했다. 조금 성급하기는 했지만. 그는 자기 의자를 내 의자 가까이 옮긴 다음 그의 얼굴이 내 얼굴에 닿을 듯이 가까워질 때까지 몸을 기울였고, 나는 그의 숨에서 마늘 냄새를 맡을 수 있었다. "운동을 하는 게 분명해요" 하고 그가 말했다.

"하, 조금요!" 나는 내 의자를 그의 의자에서 멀리 떼어놓았다.

"미안해요." 브래드가 자세를 바로잡았다. "제가 불편하게 한 건 아니죠? 그랬으면 좋겠네요."

"오, 아니에요, 전혀요!" 물론 그가 나를 불편하게 한 건 맞지만, 속이 뻔히 들여다보이는 그의 행동 때문에 그런 것이 아니었다. 브래드는 내가 바라던 사람은 아니었을지언정 지루하기까지 한 사람은 아니었다. 하지만 나는 진도가 더 빨라지는 것에 준비가 되어 있지 않았다. 모든 게 너무 새로웠고 기이했다. 당신이 나의 첫 동성 데이트 상대라고 말할까 잠시 생각했지만 곧 생각을 고쳐먹었다. '아니, 아직 솔직해질 준비가 안 되어 있어.' 그래도 이 일에 뭐가 있는지 알아보기 위해 어쩌면 좀 더 노력해볼 수 있지 않을까?

그래서 세 번째로 포도주 한 잔을 더 주문하고 우리 사이에 공통점을 찾으려고 했다. 둘 다 풀드 포크 샌드위치를 좋아했다! 둘 다 포도주를 좋아했다! 전에는 데이트를 하면서 공통점을 찾으려고 그렇게 열심히 애쓴 적이 없었다. 내가 교제했던 여자들과는 정반대였다. 데이트 상대가 우리가 공통으로 가진 것에 흥분하는 듯이 보일 때마다, 나는 무심해졌고 대화를 더 하고 싶은 마음도 사라지곤 했다.

저녁 식사를 한 후에, 우리는 「슈퍼 배드 3」를 보려고 영화관으로 걸어갔다. 자막이 없거나 포스터에 코르셋을 입은 여자가 나오지 않는 영화 중에 시간에 맞춰 볼 수 있는 영화는 그 영화가 유일했다. 알고 보니 브래드는 나보다 키가 조금 더 컸다. 하지만 그것이 나를 "여성"으로 만들 거라는 나의 무지한 공포와는 반대로, 나는 그 사실에 전혀 신경 쓰지 않았다. 영화관에서 손을 잡히는 일을 피하려고 팝콘을 들고 들어갔지만, 브래드는 어쨌든 내 손을 몇 번이나 잡았다. 다른 남자의 손을 잡자니 기분이 묘했다. 나는 여전히 내가 이해하지 못하는 것을 하는 시늉을 하고 있었다. 그가 내 손바닥을 간질이자 나는 손을 뺐다. 너무 친밀한 행위였다. 나는 아직 그럴 준비가 되어 있지 않았다.

영화를 보다가 중간에 나와 바다사자가 우는 소리에 귀를 기울이며 피셔맨스워프의 한 부두를 따라 걷고 있을 때였다. 브래드가 내 팔을 잡고 난간 근처의 그늘진 곳으로 나를 끌어당겼다.

"뭔가 보고 싶어요?" 그가 말했다. 어둠 속에서 그의 미소가 섬광처럼 빛났다.

맥박이 뛰었다. '제발 안 돼.' 나는 생각했다. '제발 그것만은 하지 않게 해주세요.'

"여기 내 옆에 서요." 브래드가 이렇게 말하며 나를 물가 쪽으로 면하게 돌려세웠다. 그러고 나서 자신이 그쪽으로 돌아서, 어깨가 서로 맞닿았다. "이제 눈을 감고 팔을 위로 뻗어요."

나는 시키는 대로 했고, 그가 똑같이 했을 때 우리 팔이 스치는 것을 느꼈다.

"이제 팔을 낮춰요." 브래드가 말했다.

우리가 옆으로 손을 낮출 때, 나의 오른 손바닥이 그의 왼 손바닥으로 들어갔다. 이제 우리는 손을 잡고 있었다. 그건 다소 엉큼한 속임수였고, 대단히 진부하게 느껴지면서도 솔직하게 말하자면 얼마간 귀여운 면이 있었다. 우리는 항구에서 보트들이 일렁이는 파도에 흔들리는 가운데 어스름이 깔린 만을 내다보았다. 올빼미처럼 목을 돌려 누가 우리를 쳐다보고 있지는 않은지 보았는데 다행히 부두는 텅 비어 있었다.

전에는 사람들이 긴장해서 울렁거릴 때 뱃속에서 나비들이 날갯짓하는 것 같다고 하면 그게 뭔 말인지 전혀 몰랐다. 나는 그게 단지 "비가 억수같이 내린다It's raining cats and dogs"같은 관용적 표현이라고 생각했다. 마치 수십 마리의 생명체가 몸 안에서 이리저리 날아다니는 것처럼, 진짜로 이렇게 울렁거리는 느낌인지는 전혀 몰랐다. 그게 좋은 건지 나쁜 건지 자신할 수는 없었지만 실제로 일어나고 있었다. 나는 그것이 무섭다는 것 외에도 흥분된다는 것을 의미한다고 생각했다. 여자와 데이트할 때, 나는 단지 무섭다고 생각했다.

브래드는 나를 바다를 면하고 있는 벤치로 이끌었다. 나비들이 이제 짜증을 내고 있었다. 그는 몸을 기울여 나에게 키스했다. 매우 부드럽게. '오.' 나는 키스가 계속되는 동안 나 자신이 생각하는 것을 들었다. '와우!'가 아니라 단지 '오'였다. 내가 질문을 던지고 말이 되는 답을 얻은 것처럼 말이다. 내 마음은 날아가지 않았지만 — 적어도 그 일이 일어나는 동안 — 기분이 묘했다. 브래드가 나에게서 떨어졌을 때, 나비들이 조용해졌음을 알아차렸다. 나비들은 공중에 가만히 떠 있으면서 내가 어떤 기분을 느꼈는지 말해보기를 기다렸다.

나는 그저 피곤했고, 그래서 또 집에 갈 때가 되었다고 느꼈다. 방금 일어난 감정을 처리하려면 홀로 있을 시간이 필요했다. "그만 가봐야겠어요." 내가 브래드에게 말했다.

그는 실망한 눈치였지만 어깨를 살짝 으쓱했다. "좋아요."

우리는 아무 말 없이 부두를 다시 되돌아 걸어 내려왔다. 브래드는 다시 내 손을 잡으려 하지 않았다. 나는 내가 보내는 엇갈리는 모든 신호에 좀 미안한 감정이 들었지만 사과함으로써 상황을 더 악화시키고 싶지 않았다. 지친 듯한 첫 느낌은 이내 소리 없는 공황 상태로 바뀌고 있었다. 내가 뭔 짓을 한 거지? 나 자신을 속였다. 그래서 그런 거다. 나는 나 자신에게 그 데이트는 플라토닉할 거라고 말했다. 그저 연구가 목적이라고. 하지만 일이 그렇게 되기를 정말로 원하지 않았다는 걸 나는 이제야 알았다. 어쩌면 나는 아주 다른 것을 원했던 것이 아닐까?

우리는 가로등 아래에 어색하게 서서 우버가 오기를 기다렸다. "고마워요, 재밌었어요." 나는 갑자기 다시 수줍어져서 브래드의 눈을 잘 마주 보지도 못한 채 중얼거렸다.

"네, 오늘 만나서 즐거웠어요." 그가 대답했다. 거기에 또 같은 말이 있었다. '즐거웠어요.' 다행히도 내 차가 왔다. 그는 나에게 문을 열어주려고 연석 쪽으로 걸어갔다. 그리고 나는 차에 올라타 우리가 서로 멀어질 때 몸을 돌려 손을 흔들었다. 하지만 브래드는 이미 다른 방향으로 걸어가고 있었다. 손을 몸에 딱 붙는 청바지 주머니에 너무 깊이 쑤셔넣어 그의 팔이 울타리 기둥처럼 죽 곧게 펴져 있었고, 어깨는 귀까지 밀어 올라가 있었다

나는 레드우드시티로 차를 타고 되돌아오며 그 시간 동안 나 자신과 마음속으로 대화를 나누었다. 다행스럽게도 비열한 목소리는 그 일에 관여하지 않았다. 도전과 실망을 다루는 법에 관해 페이스북 친구들과 얘기를 나누면서, 나는 내 인생의 대부분의 시간 동안 내가 빠져 있던 부정적인 자기 대화를 피하는 법을 배우기 시작하고 있었다. 부정적인 나선을 전환하기 위한 최고의 팁은? 자신에게 질문하라! 내 머릿속에서 들리는 소리는 이랬다.

두 번 다시 이런 일이 일어나게 해서는 안 돼.

안 돼, 물론 안 돼.

하지만 안 될 건 또 뭐야?

잠깐, 내가 브래드와 두 번째 데이트를 하고 싶어 하는 거 아냐?

브래드는 멋졌다. 눈이 멋졌다. 그는 마케팅을 즐긴다. 그는 우리 데이트를 즐겼다. 그는 인내심이 있었다. 밀어붙이지 않았다.

하지만 안 돼, 나는 내가 그를 다시 보고 싶어 한다고 생각하지 않는다.

그럼 다른 남자는 어떨까?

나는 폰을 꺼내 틴더 앱을 켰고, 그러고 나서 추잡하다고 느꼈다. 나는 탭을 해 페이스북 메신저로 넘어갔다. 곧바로 엄마가 우리 네 명의 가족 그룹에 보낸 새로운 메시지가 땡 하는 소리를 내며 화면에 나타났다. "애들아, 요즘 어떻게 지내?"

그 질문은 여동생과 나를 향해 있었다. 하지만 내가 엄마에게 무언가 할 말이 있다고 느낀 걸까? 속마음을 털어놓게 나를 초대하고 있는 걸까? 엄마들은 성년이 되면서 일어나는 일들에 육감을 타고나게 되어 있는 걸까?

나는 엄마와 아빠, 여동생이 포함된 그룹 채팅에 문자로 답장을 달았다. "안녕, 엄마! 별일 없어요. 한 남자와 데이트를 했어요. 꽤 근사했어요."

그렇게 써도 크게 문제가 될 것 같지 않았다. 우리 가족은 내심 동성애자들의 처지를 이해했다. 최근 몇 년간 무슨 말을 했든지 간에 말이다.

몇 분 동안 엄마에게서 아무런 반응이 없었다. 그러다 스페인어로 문자가 올라왔다. "알았어, 아들, 조심해."

엄마는 채팅방에서 나갔다. 솔직하게 속마음을 털어놓은 나를 거기에 내버려둔 채로.

다음 날 아침, 나는 마리아나를 떠보았다. 마리아나는 그룹 채팅 메시지에 반응을 보이지 않았다. 나는 내 데이트에 관해 누군가와 얘기해보고 싶어 안달이 나 있었지만, 천천히 조심스럽게 접근해야 한다고 생각했다.

> 나: 내년에 네가 원하던 수업은 모두 신청했어?
>
> 마리아나: 응, 그런데 날짜와 시간이 모두 달라.
>
> 나: 아주 아이러니하긴 한데 지난 밤에 한 남자하고 데이트했어. [발작적으로 웃는 이모티콘]
>
> 마리아나: 그리고 다른 수업…
>
> 잠깐 뭐
>
> 데이트라고?
>
> 남자하고?
>
> 그럼 오빠 게이네
>
> ?

친구들 말이 맞았네.

개 웃겨, 난 오빠를 변호했는데….

나: 내가 게이인 것 같진 않아. [발작적으로 웃는 이모티콘]

잘 모르겠지만 나는 여자를 많이 좋아해.

근데 그냥 한번 해본 거야. [발작적으로 웃는 이모티콘]

내가 남자와 결혼하는 걸 상상할 수 없는 것처럼.

근데 해보니까 재밌어. [발작적으로 웃는 이모티콘]

모르겠어 그냥 기분이 묘해 하하하.

마리아나: 그 남자하고 키스했어?

어떻게 데이트하게 된 거야?

나: 슈퍼 매치 같은 걸 좋아하나 봐.

그게 어떻게 작동하는 건지 모르겠지만

나를 위해 나타난 거 같아서

좋아 해보자 이랬던 거 같아. [발작적으로 웃는 이모티콘]

앱에는 오로지 여자들만 있었어.

난 여자를 정말 좋아해.

마리아나: 그래도 그렇게 하고 싶은 게 확실해?

나: 안 될 건 또 뭐야?

뭐든 시도해보는 게 좋아. [발작적으로 웃는 이모티콘]

마리아나: 망할 소리 하고 있네.

하지만 사람들이 오빠가 게이라는 걸 알아도

오빠한테 상처 주지 않았으면 좋겠어.

나: 어쨌든 내 새로운 게임의 첫 테스트는 거의 마무리됐어!

마리아나: 나는 오빠가 사람들에게 욕먹기를 바라지 않아.

　　그러니 알아서 조심했으면 좋겠어.

나: 페이스북에 그 남자에 대해 쓰진 않을 거야.

　　특별한 게 없어.

마리아나: 알았어.

　그리고 그게 한 주 내내 여동생에게서 들은 마지막 말이었다. 그동안 나는 우리가 나눈 대화를 열심히 곱씹었다. "그렇게 하고 싶은 게 확실해?" 그 말이 내 마음속에서 계속 울렸고, 비로소 같은 질문을 나 자신에게 던지기 시작했다. 나는 되돌아가기로 했다. 다시 여자들과 만나볼 것이다. 나에겐 여전히 희망이 있었다. 너무 멀리 가지는 않았다.

　데이트를 또 하자는 브래드의 반복된 메시지를 무시하고, 나는 틴더에 들어가서 무거운 마음으로 내 설정을 다시 "탐색: 여성"으로 바꾸었다.

스물하나

두 달 후, 내 여동생이 지금까지 만났던 모든 사람들, 그들이 지금까지 만난 모든 사람들, 그리고 그 사람들이 방금 호텔 로비에서 만난 많은 사람들이 모두 내 파티에 있었다. 나의 스물한 번째 생일이었고, 나는 물이 뚝뚝 떨어지고 있는 얼음통을 들고 일면식도 없는 사람들이 내미는 잔에 샴페인을 부으며 거실 한가운데 서 있었다. 나는 TV에 출연하는 사람들이 짓는 환한 미소를 지으며 활기차게 모두를 환영하고 있었다. 열 살 때 같이 놀던 친구 하나가 자기 친구들을 데리고 나타났지만 "페드로, 나야, 마이클!"이라고 말하기 전까지 그는 나를 알아보지 못했다. 우리는 지나간 시간을 만회해보려 했지만, 음악 소리가 너무 커서 대화를 할 수가 없었다. 그리고 페드로와 그의 친구들은 테라스로 자리를 옮겼다. 같은 일이 고등학교 시절부터 알던 친구들에게도 일어났다. 그건 중요하지 않았다. 중요한 것은 구글과 계약서에 서명했다는 것이었다. 나는 해냈다. 그리고 적어도 그 순간만큼은 혼자서 그 사실을 즐기지 않았다.

우리는 마이애미에서 가장 인기 있는 리조트인 퐁텐블로에 있었다. 기념행사가 진행 중이었는데 행사는 지나치게 사치한 느낌이었다. 그 방은 하룻밤에 8천 달러였다.

엄밀히 따지면 9월 1일까지 페이스북에서 일하기로 되어 있었지만, 그들은 좀더 일찍 마이애미에서 지낼 수 있게 해주었다. 나는 마이애미에서 "원격 근무"를 하며 남아 있던 연차 휴가를 모두 쓰고 있었다. 그들은 그 모든 것에 대단히 수용적이었다. 내 관점에서는 조금 과하다고 느껴질 정도였다. 내가 사직서를 제출했을 때 내 매니저는 물리적으로 뛸 듯이 기뻐하지는 않았지만, 말로는 그렇게 했다고 생각한다. "좋아, 대단해! 맞아, 잘했어!" 그는 내가 구글에서 일자리를 알아보기 시작한 이래로 내가 페이스북에서 마음이 이미 떠나 있음을 알았다.

여동생과 그 친구들이 내가 임대하고 있는 아파트에서 나를 차에 태웠을 때 어색한 순간이 있었다. 나는 동생 친구인 사만다에게 그녀가 최근에 한 매니큐어를 칭찬했다. 나는 차도를 따라 늘어선 꽃들을 가리키며 "손톱이 저 꽃들이랑 아주 잘 어울려"라고 말했다. "이렇게 해봐, 사진 찍어줄게."

하지만 사만다는 손을 뒤로 뺐다. "하하, 재미없어요That's so gay." 우리는 침묵 속에서 차를 타고 갔다. 나는 기분이 상했지만 너무 예민하게 반응하는 것은 어리석은 짓이라고 생각했다. 내가 마이애미에서 알고 지내는 모든 아이들과 달리 사만다는 차별적인 언어 사용에 대한 에티켓이나 동성애에 대한 정치적으로 올바른 태도가 뭔지 알지 못했다. 그 말은 그저 평소에 말하는 방식에 불과했다. 개인적인 감정 따위는 전혀 없었다. 하지만 게이gay라는 말은 나와 친구들 사이에서 이방인처럼 겉돌았다. 앞서 마리아나는 내게 친구들에게 "게이 문제"를 꺼내지 말라고 경고한 바 있었다. 마리아나는 엄마와 의논해 마이애미 사람들은 나의 성 정체성에 대해서는 모르는 편이 낫겠다는 결론을 내렸다. "라틴계 사람들이 어떻게 얘기하는지 잘 알잖아." 여동생은 말했다. "여기서 한 사람이라도 알게 되면 다음 날 페루 전체로 그 소식이 퍼질 거고, 그렇게 되면 알다시피 모든 게 난장판이 될 거야."

나는 동생의 말에 전적으로 동의했지만 사만다가 무심코 내뱉은 말은 내가 정말로 동생과 대화할 필요가 있음을 깨닫게 했다.

다시 파티 이야기로 돌아가보자. 누군가 거대한 평면 스크린 TV를 켰다. 메이웨더가 권투 경기를 하고 있었고, 모두가 그 경기를 보고 싶어 했다.

"저거 파는 거야, 마이클?"

"물론이지!"

나는 이어서 난생처음 만난 사람들에게 우리가 오기 전날 밤 메이웨더 팀이 바로 이 방을 얼마나 난장판으로 만들었는지 이야기를 들려줬다. 권투 경기는 격렬하고 유혈이 낭자해서 내 생일 파티를 좋든 싫든 내가 결정할 수 없는 이상한 열기로 가득 채웠다.

엘리베이터가 계속 새로운 사람들을 스위트룸 안으로 쉴 새 없이 실어 날랐고, 그래서 나는 뭔가 조짐이 보이는 공황발작을 피하려고 더욱 술을 들이켰다. 나는 술을 거나하게 마시고 나서 침실로 들어가 문을 닫고 울기 시작했다. 생일만 되면 나는 늘 불안감에 휩싸였고, 알코올은 상황을 악화시킬 뿐이었다.

"오빠? 문 좀 열어봐!"

나는 미리아나를 안으로 들이고는 다시 침내로 돌아가 계속 흐느껴 울었다. 마리아나는 내 옆에 서서 덜덜 떨리는 내 어깨에 자기 손을 부드럽게 얹었다. "오빠, 내가 어떻게 해주면 될까?" 대답할 수 없었다. 너무 심하게 울고 있었기 때문이기도 했고, 어쨌든 할 말도 없었다. "좋아, 지금 뭐가 잘못된 건지 모르겠지만, 나는 밖에서 스위트룸 분위기가 엉망이 되지 않도록 할게, 알았지?" 나는 얼굴을 훔치며 고개를 끄덕인 다음 얼마간 계속 흐느껴 울었지만 점점 울음의 강도는 약해졌다. 마음이 가라앉기 시작했다. 술로 인해 바뀌었던 감정의 파국은 지나가는 듯했다.

마리아나가 방에서 나가려는 찰나, 동생 친구 하나가 그녀를 지나쳐 폭풍처럼 밀고 들어와 문을 쾅 소리가 나게 닫았다. 이제 방 안에는 세 사람이 되었다. 그 친구는 나보다 더 크게 통곡을 하고 있었다. 마리아나는 다른 사람의 감정적 붕괴에 직면해서도 침착함을 전혀 잃지 않았다. 마리아나의 손은 어느새 친구의 어깨 위로 올라가 있었다. "이런, 도대체 무슨 일이야?" 마리아나가 침착하게 말했다. 그 친구는 방금 자기 남자친구가 다른 여자를 애무하는 걸 목격한 터였다.

그리고 그때 남자친구가 그녀를 찾으려고 안으로 달려들어 왔고, 그들은 서로 악을 쓰기 시작했다. 마리아나는 사라졌고, 나는 내가 울음을 그쳤다는 걸 깨달았다. 나는 「저지 쇼어」(20대 이탈리안 미국인 남녀 8명의 사랑과 질투와 갈등을 담은 리얼리티쇼 — 옮긴이)의 피날레 같은 이 커플의 싸움을 지켜보고 있었다. 여동생 친구는 남자친구의 머리를 향해 리모컨을 던졌지만 물론 너무 취해 있어서 맞히지 못했다. "그를 내쫓아요!" 그녀는 절규했다. 나는 방을 둘러보았다. 방은 그녀가 말을 걸고 있는 상대를 보기 위해 들어온 구경꾼들로 꽉 차 있었다. "마이클, 나 지금 진지하게 얘기하는 거예요, 그를 쫓아내요!" 오, 그녀는 나에게 말을 걸고 있었다.

나는 그 남자친구를 따라 침실에서 나왔지만 내가 뭘 하기로 되어 있는지 잊어버렸다. 그때 엘리베이터 문이 열리고 핑크빛 레게머리를 하고 긴 콩깍지처럼 깡마른 아이 하나가 맥주 한 상자를 들고 파티장 안으로 걸어들어왔다. 모든 사람을 쫓아내기에 좋은 시간처럼 보였고, 그래서 나는 그 과정을 시작했다.

오전 6시쯤, 마지막까지 남아 있던 사람은 나와 마리아나, 그녀의 친구 몇 명뿐이었다. 우리는 엄청난 양의 룸서비스를 주문했다. 치킨 너겟과 프렌치프라이, 피자, 그리고 메뉴에서 "십 대 음식"으로 보이는 그 밖의 모든 것을 시켰다. 그리고 거실에 둘러앉아 아무 말 없이 먹기만 했다. 빨간색 플라스틱 컵과 비어 있는 물병들이 발밑에 어질러져 있었다.

"오빠, 저게 뭐야?" 마리아나가 유리 커피 탁자 위에 있는 하얀색 가루를 가리켰다.

우리는 모두 접시를 내려놓고 그것을 바라보며 둥글게 섰다.

"안 좋은 거네." 마리아나의 친구 빅토리아가 말했다.

"손대지 마, 아무도 손대지 마!" 내가 말했다.

이후 10분 동안, 우리는 지금 우리가 보고 있는 것이 어떤 종류의 뇌 손상을 가져올 물질인지, 그리고 원래 주인이 그것을 찾으려고 되돌아올 만큼 가치 있는 것일까 골똘히 생각했다. 다행히 그 가루를 한번 입에 대보겠다는 생각은 아무도 하지 않는 것 같았다. 내가 "코카인의 밀도는 얼마나 되는가"를 검색하고 있을 때, 여동생은 그 더 가루 더미에 몸을 구부려 그것이 마치 생일 케이크라도 되는 양 입으로 불어 방 안 전체로 날리게 했다.

잠시 충격적인 침묵의 시간이 흘렀다. 하얀 가루는 카펫과 전등갓, 커튼 속으로 사라졌다. 내가 마침내 말했다. "마리아나, 왜 그런 거야?"

여동생은 길고 검은 머리를 젖히고 어깨를 으쓱할 뿐이었다. 그것은 마리아나다운, 열여덟 살짜리가 할 만한 방식이었다. 그것은 그날 밤 최고의 순간이었다.

다음 날 밤 내가 울지 않은 것을 빼고 우리는 처음부터 다시 같은 짓을 반복했다. 호텔은 최소 3박 이상 숙박해야 했기 때문에, 마리아나와 그 친구들의 주장에 따라 우리는 똑같이 소란스러운 두 번째 파티를 열었다. 나는 너무 지치고 기시감에 압도되어 아무 감정도 느끼지 못했다. 마치 미래에 와 있는 것처럼 느껴져서, 내 호텔 방 복도의 바나나 나무에 오줌을 눈 다이아몬드 박힌 이빨을 가진 남자는 이미 과거가 되었다. 내가 책임져야 할 하얀 소파 전체에 핑크색 음료를 쏟던 판지 티아라(공주가 공식 행사 때 쓰는 작은 왕관 ─ 옮긴이)를 쓴 신부 파티 여자들과 더불어 말이다. 나는 무례한 파티 훼방꾼들에게 아무 말도 하지 않았다. 기묘하게도 나는 그들에게 감사한 마음까지 들었다. 그들은 이 지랄 같은 모든 것이 나의 외로움에 대한 해답이 아니며, 결코 그렇게 될 수 없다는 것을 보여주었다.

다음 날 체크아웃 시간이 한 시간 지났을 때였다. 마리아나와 그녀의 친구들은 떠났다. 내가 프런트 데스크에서 2만 6천 달러가 나온 호텔 청구서에 서명하고 있을 때 엄마가 햇빛 차단용 모자와 페이즐리 비치 무무(헐겁고 화려한 하와이 여자의 드레스 ─ 옮긴이) 차림으로 내 옆에 나타났다. 엄마와 아빠는 내 이름으로 예약해서 수영장을 이용하고 있었다(퐁텐블로에는 열한 개의 수영장이 있었는데, 나는 하나도 보지 못했다). "가지 마! 우리랑 같이 놀자!" 엄마가 나를 끌어당겨 포옹하며 간청했다. "음악이 있고 조식이 있잖아! 프레지덴셜 스위트에 숙박한 사람들에게는 무료래!"

처음에 나는 부모님이 이 호사스러운 축하 행사를 어떻게 생각할지 걱정이 되었다. 나는 두 가지 가능성이 있다고 생각했다. 부모님은 내가 거들먹거린다고 불편해하면서 짜증을 낼 수도 있었고, 돈을 물 쓰듯 하는 나의 태도를 이날 이후로 그들을 지원할 만큼 내가 충분히 돈을 벌었다는 증거로 받아들이며 황홀해할 수도 있었다.

확실히 후자였다. 나는 이에 대해 부정적으로 생각하지 않기로 했다. 부모님은 설사 당신들의 능력을 넘어선 것일지라도 좋은 삶을 받아들이는 것을 늘 편안해했다.

내가 정말로 하고 싶었던 일은 내 아파트로 돌아가 구글에서 예정된 일을 시작하기 전에 열흘 동안 잠을 푹 자는 것이었다. 부모님과 너무 많은 시간을 같이 보내면, 더 나은 집에 대한 계약금이나 절실히 필요한 타운하우스 보수, 또는 여동생의 대학 도서 비용 등 그들이 바라는 돈에 관해 이야기하게 될까 봐 걱정했다. 하지만 엄마는 나를 순진무구한 눈으로 바라보았다. 나는 엄마를 따라 탈의실로 가서 수영복으로 갈아입고 엄마와 아빠와 함께하기 위해 그날 하루 동안 빌린 온수 욕조로 들어갔다.

"아들! 파티는 어땠어?" 최대로 돌려놓은 로일링 제트 너머로 아빠가 말했다. 거품이 이는 물속에서 아빠는 한 손에는 블러디 메리(보드카와 토마토 주스를 섞은 칵테일 — 옮긴이)를, 다른 한 손에는 한 입 베어 문 셀러리 줄기를 들고 있었다. 나는 엄마와 아빠 반대편에 몸을 담그고, 나의 공황장애와 커피 탁자 위의 하얀 가루 얘기만 빼고 바나나 나무에 오줌을 싼 남자 얘기를 포함해 거의 모든 것을 부모님께 말했다. 부모님은 늘 그러하듯이 내 이야기를 단어 하나하나에 집중해가며 들었다. 결국 나는 부모님이 더 심각한 문제를 꺼낼 거라는 걱정을 멈췄다. 애당초 그런 걱정을 하지 말았어야 했다. 단지 행복해지기를 바랄 뿐인데 왜 나는 내내 부모님에게 그렇게 엄격한 잣대를 들이대고 있었을까?

"야, 마이클!" 엄마가 말했다.

"네, 엄마?"

"그만 생각해!" 엄마는 나에게 물을 튀겼고, 나는 되받아 엄마에게 물을 튀겼다. 나는 이것이야말로 주말 내내 내가 정말로 원했던 것이었음을 깨달았다. 나는 그저 웃고 싶었다.

뉴글러

"구글인다운 독창성을 계속 발휘해보세요!" 우리의 리더가 격려하며 말했다. 밝은색으로 칠을 한 방에 모인 다른 신입사원을 따라, 나는 유치원생 스타일의 낮은 탁자에 앉아 작은 가위로 마분지를 오려냈다. 오리엔테이션 첫날이었고, 우리는 모두 "안녕하세요, 내 이름은 _입니다"라고 쓰인 명찰을 달고 있었다. 나는 별과 혜성을 잘라내 만들며 아주 즐거운 시간을 보내고 있었는데 나와 같은 탁자에 앉아 있던 다른 사람들은 그다지 즐거워 보이지 않았다. 그들은 모두 나보다 나이가 두 배는 많아 보였고, 기업 친화적인 콤비 상의와 버튼다운 셔츠를 차려 있고 있었다.

"으" 하고 내 왼편에 앉아 있던 여자가 중얼거렸다. 그녀는 탁자 아래 다리를 맞추려고 자기가 신고 있던 구두를 벗어놓고 있었지만, 회색 울 바지 정장을 입고 있어서인지 여전히 어딘가 불편해 보였다.

기술적으로 우리가 모두 "뉴글러Nooglers"는 아니었다. 구글 사람들은 입사한 지 일주일밖에 되지 않은 직원을 이렇게 불렀다. 구글은 모기업인 알파벳이 소유한 여러 회사 중 하나였다. 2015년 당시에 구글은 자율주행차, 노화 방지와 수명 연장 연구, 도시 혁신 등 아주 많은 프로젝트를 수행 중이었다. 그래서 설립자인 세르게이 브린과 래리 페이지는 비인터넷 분야를 독립적인 회사로 분사를 결정했다. 그들은 가장 큰 회사인 구글을 포함해 독립 회사 모두를 보유하는 지주회사로 알파벳을 설립했다. 나는 내가 지금 구글에서 일하고 있다는 사실이 믿기지 않았다. 코딩이든 프로그램이든 디자인이든 내가 그동안 배운 모든 것은 모두 구글을 통해 혼자서 공부한 것이었다. 도로시가 오즈로 갔는데 마법사가 그녀에게 일을 제공한 것이나 다름없었다. 나는 내 삶의 절반을 이 순간까지 오즈의 마법사에 나오는 이 노란 벽돌 길을 따라오고 있었다. 그리고 최선의 부분은 다시 "그냥 구글해just google it"라고 말할 수 있었다. 페이스북 홍보팀은 내가 언론을 상대할 때 "Google"을 동사로 사용하는 것을 불편하게 생각했다. 그들은 "웹을 검색하다search the web"라는 표현을 더 선호했다.

오리엔테이션 리더는 신입 사원들이 가위로 자신을 충분히 표현한 것에 대해 만족해했다. 그녀는 손뼉을 치면서 선생님처럼 단조로운 어투로 말했다. "자, 이제 비판적 사고와 집단 작업을 할 시간이에요!"

어허, 나는 가위를 내려놓으며 생각했다. 내 힘이 아니라 집단 작업이라.

그녀는 계속해서 말했다. "같은 탁자에 앉은 사람들끼리 팀을 이뤄 게임을 하나 구상하고 우리가 여러분을 위해 준비한 재료를 가지고 한번 만들어보세요. 여러분의 규칙을 만들어 작성하고 나면 우리가 공유할 거예요. 가장 선명하고 가장 효과적인 사용자 경험을 만든 팀이 이기는 겁니다!" 탁자 반대편에 턱수염을 기른 인자한 아버지 상의 남자가 격자무늬 소매를 조심스럽게 걷어붙였다. 그는 결혼반지를 끼고 있었다. 나를 제외한 탁자에 앉은 모두가 그랬다. "팀원 여러분, 빨리 합시다!" 그가 말했다. "아이디어 있어요?"

나는 앤드루에게 구글에서 팀 플레이어가 되기 위해 최선을 다할 거라고 말했다. 어차피 해야 할 일이라면 당장 하는 게 좋다. 나는 한 무더기의 종이컵을 집어 들고 제안을 하나 했다. "던지기 게임은 어때요?"

"좋아요", 다른 팀 플레이어가 말했다. "그럼 한번 해볼까요?"

우리는 사람들이 교대로 종이공을 컵 안에 던지는 게임을 생각해 냈다. 성공하면 다른 플레이어에게 자신에 관한 질문을 할 수 있고, 실패하면 그들은 무언가를 공유할 수 있다. 우리가 생각하기에 규칙은 꽤 단순했다. 하지만 아무도 그렇게 생각하지 않았다. 우리가 만든 것을 "출시할" 시간이 되었을 때, 다른 테이블 사람들은 크레용으로 휘갈겨 쓴 게임의 규칙을 이해하지 못하고 우리가 페이퍼 토스Paper Toss라고 이름 지은 게임에 대체로 혼란스러워하는 듯이 보였다. 경쟁자들이 그들의 불만을 나열했을 때 나는 탁자 동료들이 머리를 흔들고 한숨을 내쉬면서 매우 아쉬워하는 모습을 보면서 즐거웠다. 회색 정장을 입은 동료가 이렇게 말했다. "네 살짜리도 이 지시 사항을 따를 수 있을 거야."

나는 오늘부터 뭔가 달라지기로 했다. 그것이 다음과 같은 오리엔테이션 리더의 말을 상기시킬 뿐이더라도 말이다. "여러분이 제품을 테스트하고 싶어 하지 않는다면 아마 고객들도 테스트하고 싶지 않을 겁니다." 새롭게 태어난 마이클은 전적으로 성장과 관련된 것이었고, 그것이 성인 유치원 수업을 받는 걸 의미한다면 나는 그렇게 할 수 있었다. 나는 그 모두를 수용할 것이다. 그것이 오리엔테이션 리더가 세션의 끝에 뉴글러 각자에게 준 꼭대기에 작은 프로펠러가 달린 무지개색 비니를 쓰는 것일지라도. 그 모자는 오리엔테이션 첫 주 내내 머리에 쓰게 되어 있었다. 나보다 더 고매한 몇몇 탁자 동료와 달리, 우리처럼 비니를 쓰고 있는 거대한 녹색 안드로이드 뉴글러 조각상 앞에서 단체 사진을 찍기 위해 건물 밖에 모였을 때 나는 내 모자를 자랑스럽게 썼다. 선배 구글 직원들이 무지개 자전거를 타고 쌩하고 지나가며 "환영해요!"라고 소리쳐 말할 때, 나는 기쁘게 손을 흔들어 답례했다.

오후 4시에 우리의 리더는 다시 손뼉을 치며 초등학교 선생님 같은 목소리로 이렇게 발표했다. "여러분, 이제 곧 매니저들이 와서 여러분이 일할 건물로 데려갈 겁니다. 그리고 여러분에게 팀을 소개할 거예요!"

VR팀에 빈자리가 없다는 것을 알게 된 후 채용 담당자와 나는 내가 구글 어시스턴트 팀에 적합할 거라고 결론을 내렸다. 어시스턴트는 구글이 1년 전인 2016년 5월에 출시한 인공 지능 도우미였다. 시리처럼 노래 가사를 찾고, 항공편 정보를 확인하고 엄마에게 전화를 거는 등의 일을 어시스턴트에게 요청할 수 있었고, 요청한 것을 얻을 수도, 얻을 수 없을 수도 있었다. 목표는 인터넷을 검색하고, 이메일을 작성하고, 우리의 삶을 지속하기 위해 필요한 다른 모든 일상적인 일들을 수행하는 데 인류가 믿고 의지할 만한 방법이 될 때까지 그것을 계속 개선해가는 것이었다.

나의 새로운 매니저는 ─ 나는 그녀를 바이올렛이라고 부를 것이다 ─ 구글 어시스턴트를 위한 수석 프러덕트 디렉터 중 한 명이었다. 나는 전에 직접 만나본 적이 없지만 나를 향해 힘차게 걸어와 손을 뻗는 밝은 갈색 피부에 긴 검은 머리를 한 저 여성이 그녀임을 바로 알아보았다.

"마이클, 만나서 반가워요! 나와 같이 가요!" 빠르게 악수한 후, 그녀는 계속 나아갔다. 나는 뛰지 않고 그녀를 따라가려고 애썼다. 다른 뉴글러들과 떨어지고 나니, 나는 내가 프로펠러 모자를 쓰고 있는 바보처럼 느껴졌다. 머리에 팬티를 뒤집어쓰고 하는 대학의 사교 클럽 서약 같았다. 그래서 모자를 벗고 싶었지만 불성실해 보이고 싶지 않았다. 나는 구글의 어마어마한 규모를 실감하기 시작했다. 알파벳의 전 세계 직원 7만 5천 명 중 절반가량이 구글플렉스에서 일했다. 그곳은 1만 4천 명이 일하는 페이스북의 멘로파크 캠퍼스를 고풍스러워 보이게 할 정도였다.

"당신이 이곳에 오게 되어 아주 기뻐요," 바이올렛은 어딘가 30년대에서 온 사람처럼 이렇게 말했다. "우리는 밀레니얼 세대의 시각이 정말로 필요해요."

"실제로는—"나는 이렇게 말을 시작했다가 더 말하지 않고 참았다.

예전 마이클이라면 이렇게 설명했을 것이다. 나는 밀레니얼 세대의 맨 끝자락에서 태어나긴 했지만, 1997년 이후에 태어난 Z세대와 훨씬 더 관련이 있어요. 하지만 이제 나는 새로운 마이클이었다. 나는 예전 마이클의 사소한 일 하나하나를 다 밀어붙이는 습관이 페이스북에서 그다지 효과적이지 않았다는 것을 알고 있었다. 새로운 마이클은 자신이 한 실수에서 배우고 있었다.

"…저도 여기로 오게 되어 아주 기뻐요."나는 이렇게 말을 마쳤다.

대화를 나누면서 나는 라틴계 여성의 얼굴을 들여다보고 있다는 사실에 신이 났다. 그날 라틴계 사람으로 추정되는 많은 사람을 봤지만 그들이 정규직인지 아니면 계약직인지 알 수 없었다. 또한 그들이 라틴계 남자일지라도 피부톤의 범위는 굉장히 넓었다. 내가 그녀에 관해 곧바로 알아차린 것이 한 가지 있다. 그녀는 사납고 거칠어 보였다. 지나가는 사람들 모두가 그녀에게 조용히 미소를 지어 보이거나 인사의 표시로 고개를 까딱했다. 그녀는 즉시 존경을 요구했다. 그리고 그녀는 내가 아주 빨리 일 처리 속도를 높이기를 기대하고 있었다.

어스시턴트 팀은 내부 다리로 연결된 세 동의 벽돌 건물에 입주해 있었다. 바이올렛은 건물 내부로 나를 안내하며 벽 없이 탁 트인 그 공간의 특징을 언급했다. 당구대와 테이블 축구 기계가 놓여 있는 로비, 스트레스를 받은 어깨를 풀어주기 위한 전용 마사지방, 사람들의 발과 다리가 입 밖으로 튀어나온 거대한 팩맨처럼 보이는 "낮잠 공간", 먹을거리로 가득 차 있는 미니 주방(실제로는 전혀 작지 않고 조명을 밝힌 요리쇼 세트장 같다) 등이 있었다. 그리고 무엇보다 멋진 것은 2층에 있는 내 새 책상에서 불과 3미터 거리에 로비와 게임룸으로 이어지는 은색 나선형 미끄럼틀이었다. "젊은이들에게 모험심을 독려하기 위한 것이죠." 바이올렛이 말했다.

"정말 밋져요!" 나는 말했다.

"잘 됐군요. 누군가는 이걸 이용해야 해요." 그녀는 이렇게 말하며 스마트 워치를 흘깃 봤다. "다섯 시가 거의 다 돼서 팀원들 대부분은 퇴근했겠지만, 아직 남아 있는 사람을 만나 보는 건 어때요?"

"좋아요!" 나는 말했다. 긴장하면 늘 그러듯이 오직 긍정적 선언 같은 말만 할 수 있었다. 축구 경기장 크기의 층 전체를 둘러보았다. 지금은 자리가 텅 비어 있는 줄줄이 늘어선 책상, 미니 주방, 마사지 의자, 식물, 미니바, 소파 등이 있었다. "어시스턴트 부서에서 몇 명이 일하고 있어요?" 나는 바이올렛에게 물었다.

"천 명 이상이요." 그녀는 아무렇지도 않다는 듯이 대답했다.

도대체 무슨 일을 하길래 그렇게 사람이 많은 거지? 나는 소리 지르고 싶었지만 그대신 "놀랍네요!"라고 말하고 나서 바이올렛을 이리저리 따라다니며 사람들과 악수하고 곧바로 모두의 이름을 잊었다. 사람들이 "무슨 일을 할 거예요?"라고 물을 때마다, "아직 정확한 건 몰라요"라거나 "나중에 알려드릴게요" 같은 식으로 대답했다. 나는 내가 무슨 일을 할지 알아야 했다. 바이올렛은 내게 내 작업 범위를 제안할 시간을 주고 있었다. 나는 엄청난 신뢰를 받고 있었다.

그 일을 한 지 나흘째가 되자 그러한 신뢰가 유감스럽게 생각되기 시작했다. 나는 바이올렛에게 제시할 나의 프로젝트 범위를 작업하고 또 작업하고 있었고, 안간힘을 쓰며 애쓴 탓에 두통이 생겼다. 막상 해보니 겁이 나고 어린아이가 된 기분이었다. 내 책상 옆 미끄럼틀(기회가 생길 때마다 이용했다)과 모든 라운지 지역의 레고 상자(사용하는 걸 참고 있었다)는 도움이 되지 않았다. 사무실 곳곳에 흩어져 있는 퍼즐과 장난감도 도움이 되지 않았고, 한 건물에 있던 거대한 볼풀조차 소용이 없었다. 내면의 아이와 어른의 행동이 마구 뒤섞인 이러한 상황이 매우 혼란스러웠다. 두렵고 불안했지만 나는 어두운 생각과 자기혐오에 빠져들지 않았다. 나는 열려 있을 것이다. 나는 새로운 마이클이었다.

동료들과 대화하고 기록하며 며칠을 더 보낸 후에, 내가 무엇을 원하는지 이해했다. 나는 어시스턴트가 사용자가 쓰는 말의 행간을 읽도록 가르치는 게 좋겠다고 생각했다. 대부분의 사람들은 현실의 비서에게 명령을 내리는 데 익숙하지 않기 때문에, 사용자가 미리 무슨 명령을 내릴지 알아차리거나 사용자가 필요한 것을 사용자가 필요로 하기 전에 이해하기까지 한다면 훨씬 편안하게 구글 어시스턴트를 이용할 수 있을 거라고 판단했다. 예를 들어 어시스턴트는 "내일 오후 2시에 미용실 가기로 했다는 걸 알려줘" 같은 명령을 수행하는 데 능숙했다. 하지만 그것은 사람이 아니라 컴퓨터에게 말하는 방식이다. 인간 비서에게 말한다면 당신은 머리 모양이 얼마나 나빠 보이는지 불평할 수 있고, 그러면 그들은 당신이 도움을 구하고 있다는 사실을 이해할 것이다. 간단히 말해 사용자가 "내 머리를 어떻게 탈색하지?"라고 말하면 "미용실 예약을 해드릴까요?"라고 응답하도록 어시스턴트를 가르치길 원했다.

바이올렛은 내 계획을 승인했고, 나는 몇 명의 엔지니어에게 연락하여 어떤 프로젝트를 진행 중인지, 어시스턴트를 구축하는 일에 참여하고 싶은지 묻고 팀을 구성했다. (구글에서 근무하는 엔지니어라면 누구나 유능할 거라고 확실히 가정할 수 있었다.) 우리 팀은 어시스턴트에 관련된 일을 하는 200개쯤 되는 팀의 하나일 뿐이었다. 구글의 방식은 분명히 많은 팀이 독립적으로 작업하고 그중 가장 강력한 프로젝트가 정상에 오르는 것이었다.

거의 곧바로 나는 이 시스템 내에서 기능하는 방식을 내가 전혀 모른다는 사실을 깨달았다. 일을 진행하기 위해 무슨 질문을 던지고 누구와 대화해야 할지 몰랐다. 사람들과 최선으로 소통하는 방법을 몰랐다. 내부에서 사람을 찾고, 미팅 일정을 잡고, 회의실을 예약해야 했다. 구글이 내부적으로 돌아가는 방식이 나에게는 아직 낯설었다. 나는 페이스북이 돌아가는 방식에 익숙해져 있었다. 내가 어떤 회의에 참석해야 하는지, 어떤 달력에 내 회의 일정을 잡아야 하는지 몰랐다. 과거의 실패를 돌이켜 보면, 한 팀으로 하나의 프로젝트를 맡을 태세가 되어 있었는지는 모르지만, 200개의 팀으로 이루어진 네트워크 안에서 협의하고 조합하는 도전에는 전혀 준비되어 있지 않았다.

이 일은 고등학교 때 색인표를 붙여 잘 정리된 커다란 3공 바인더를 가지고 있던 사람에게나 어울리지 자료를 바로 백팩에 쑤셔 넣은 다음 까맣게 잊고 마는 사람에게는 적합하지 않은 일이었다. 이제 막 시작했을 뿐인데 나는 이미 이 일을 망칠까 봐 두려워하고 있었다.

화이트 크리스마스

추수감사절 이후 첫 일요일이었고, 내 타깃 쇼핑 카트는 크리스마스 물품으로 거의 4분의 3이 차 있었다. "산타는 여기서 멈춘다"라는 말이 쓰인 나무 표지판을 카트에 담고, 내 전리품들을 바라보았다. 깜박거리는 화환 등 두 상자, 눈사람 쿠키 한 통, "펠리즈 나비다"(스페인어로 메리 크리스마스라는 뜻이다 ― 옮긴이)라는 문구가 들어간 손수건 몇 장, 눈사람 봉제 인형, 크리스마스트리 스노 글로브(투명한 구형 유리 안에 축소 모형을 넣은 것― 옮긴이), 아파트를 집 안 가득 아늑한 향기로 가득 채워줄 한정판 애플 시나몬 향 홀리데이 에어윅 방향제. 보통 이렇게 물건이 쌓여 있는 모습을 보면 행복감에 젖곤 했다. 하지만 그러고도 나는 왠지 주말 내내 느꼈던 우울감에서 좀처럼 벗어나지 못했다.

구글에서 온종일 일하고 돌아와 나의 새로운 앱인 라이스Lies를 개선하기 위해 밤새 작업하며 한 주를 보낸 탓에 번아웃이 왔을 뿐이라고 생각했다. 라이스는 미디어의 주목을 받고 있었지만, 사용자 수는 정체되어 있었다. 작업 스트레스는 보통 쉬면서 상당히 줄일 수 있었고, 이번 주말에는 꽤 길게 휴식을 취하고 있었다. 평상시처럼 휴일을 가족과 보내는 대신에 동료 세 명과 "프렌즈기빙"(추수감사절 전에 친한 사람들과 음식을 나눠 먹는 문화 ― 옮긴이)을 지내기 위해 캘리포니아에 머물렀고, 남는 시간은 비디오 게임을 하고 TV를 보면서 주말을 보냈다. 그리고 지금은 내가 좋아하는 일, 즉 연말연시에 집안을 꾸밀 물건을 쇼핑하고 있었다.

그런데 도대체 뭐가 문제였을까? 추수감사절(그리고 이에 부수적으로 따르는 불가피한 가족극)을 건너뛴 것에 후회의 감정은 없었다. 하지만 그와 동시에 나는 가족이 몹시 그리웠다.

나는 부모님과 퐁텐블로 호텔 수영장에서 같이 보낸 내 생일 파티 이후의 오후를 자주 떠올렸다. 지난 몇 년 동안 함께 보낸 시간 중에 가장 행복한 시간이었다. 또 그렇게 되길 바랐다. 어쩌면 우리 가족을 크리스마스 때마다 행복하게 보낸 디즈니월드에 데려갈 수도 있었다. 아니면 아마도…. 나는 스노 글로브를 집어 들고 흔들었다. 그래! 뉴욕에서 크리스마스를 보내는 거야! 그곳에 가면 아이스 스케이팅과 진짜 나무 그리고 어쩌면 진짜 눈이 내리는 환상적인 크리스마스를 즐길 수 있을 터였다. 우리에게는 그런 경험이 필요했다. 특히 엄마에게는.

엄마는 크리스마스를 아주 좋아했다. 적어도 대침체가 오기 전까지는 그랬다. 그때까지는 식당이 아주 잘 되고 있었다. 엄마는 우리에게 선물 보따리를 한 아름씩 안겨주었고, 가족 모두가 파자마를 맞춰 입었다. 엄마는 아직도 2004년 크리스마스를 얘기했다. 그때 아빠는 새로 나온 암적색 포드 익스커션을 신용카드로 결제했고, 우리는 그 차를 타고 플로리다에서 뉴욕까지 내달렸다. 그때 나는 여덟 살, 마리아나는 일곱 살이었다. 그 여행에 관해 기억나는 것은 많지 않지만 부모님이 그 여행에 관해 얘기하는 것을 너무나 자주 들어 마치 다 기억하는 것처럼 느껴졌다. 지금까지도 부모님은 우리가 머물렀던 호텔인 타임스퀘어의 메리어스 마르퀴스에 관해 여전히 추억담을 나누곤 한다. "원형 레스토랑하고 그 아래로 노란색 택시들이 벌레처럼 보였던 것 기억나요?" 엄마가 이렇게 말하면 아빠는 늘 이렇게 대답 하곤 했다. "언젠가 또 가겠지." 하지만 몇 년 동안 아빠가 그 얘기를 하는 걸 들은 적이 없었다.

완벽했다. 나는 우리 가족 모두를 뉴욕으로 데려갈 것이다. 나는 그 초대 건에 관해 페이스타임으로 가족과 대화하기 위해 폰을 꺼냈다.

한 달 후, 우리는 함께 메리어트 마르퀴스 호텔 로비에 있었다. 같은 시간에 존 F. 케네디 공항에 도착하도록 비행기 시간을 맞췄고, 우리는 택시를 타고 함께 시내로 들어갔다. 다들 새로 산 뭉실뭉실한 코트를 입고 있어서 노란색 택시 안에 우겨넣듯이 바짝 붙어서 타고 갔다.

"저 나무 좀 봐!" 엄마가 거대한 장식물을 치렁치렁 매단 채 로비에 심어진 세쿼이아 나무처럼 보이는 것을 유심히 올려다보았다.

"마이클, 다른 사람한테 우리 사진 좀 찍어달라고 부탁 좀 해줄래?" 엄마는 자기 폰을 내밀고 둘러보고 있었다. 마이애미에서 엄마는 식당이나 박물관 또는 페이스북에 게시하기에 좋아 보이는 멋진 곳이라면 어디에서든 남들에게 항상 사진을 찍어달라고 스페인어로 부탁하곤 했다. 하지만 사람들이 대체로 영어로 말하는 장소에서는 훨씬 수줍음을 탔다.

"그냥 셀카를 찍어요." 나는 가족을 서로 밀착시킨 다음 머리 위로 카메라를 들었다. 프레임 안에 다 들어가기에는 아빠 키가 너무 컸지만 아빠 머리가 잘린 채로 재빨리 사진을 찰칵 찍고 나서 엄마가 사진 품평을 하기 전에 나는 바로 "체크인 할게요"라고 말했다.

"방을 하나만 예약하셨나요?" 아빠와 엄마, 나, 마리아나를 훑어보며 데스크 직원이 말했다. 나는 고개를 끄덕였다. 우리는 여행할 때 늘 방 하나를 같이 썼다. 사람들이 보기에 이제 방 하나를 같이 쓰기에는 나와 마리아나가 너무 커버린 걸까? 그러든 말든 상관없었다. 이 여행에는 이미 많은 비용이 들어갔다. 구글에서 일이 잘 풀리지 않을 가능성이 날로 커지고 있었고, 그에 따라 혼자 게임 개발자로 독립하겠다는 구상도 점점 구체화하고 있었다. 나는 그에 관해 몇몇 투자자들과 만나 얘기를 나눴지만, 부모님에게는 아직 말하지 않고 있었다. 그 얘기를 들으면 부모님은 분명 두려움에 사로잡힐 것이다.

나는 내 일을 사랑했다. 하지만 일이 늘 내 작업 스타일에 맞는 것은 아니었다. 나는 확산적 사고를 하는 경향이 있었다. 내 모든 것을 구글에 바치거나, 내 모든 것을 내가 만들고 있는 앱에 바쳤다. 두 세계가 교차하는 순간들이 있었지만, 대체로 나는 빨리 손에 흙을 묻히고 싶어서 일을 마칠 때까지 도무지 기다리지를 못하는 정원 애호가 같았다.

"방 하나만이요." 내가 말했다.

데스크 직원은 고개를 끄덕였다. "현재 북쪽 방면 호실에 예약되어 있지만, 타임스퀘어 쪽 호실로 업그레이드하는 옵션이 있어요." 그녀는 화면을 내 쪽으로 돌리며 화려한 방 사진을 가리켰다. 눈부신 마천루들과 옥외 광고판들, 그리고 수천 대의 차들이 브로드웨이를 따라 느릿느릿 오르는 것이 한눈에 들어오는 방이었다. 그 방은 거의 700달러 더 비쌌다.

나는 라운지에서 같은 풍경을 바라보고 있는 부모님을 바라보았다. 엄마는 완전히 들떠서 2004년 여행에서 기억나는 모든 랜드마크를 일일이 손으로 가리키고 있었다. 크리스마스에 들뜬 엄마의 모습을 다시 볼 수 있어서 너무 좋았다. "네, 이걸로 할게요." 내가 말했다.

마리아나는 숨이 턱 막혔다. "아빠!" 그녀는 로비 맞은편으로 소리를 질렀다. "오빠가 방금 무슨 짓을 했는지 알아요?"

"마리아나, 입 다물어!" 나는 이렇게 속삭이며 방 열쇠를 받아들고 로비 중앙의 거대한 원형 엘리베이터들이 있는 쪽으로 향했다.

"방금 뭘 했는데?" 아빠가 물었다.

"오빠, 사실대로 말씀드려!" 마리아나의 눈이 비밀스럽게 반짝였다.

나는 퐁텐블로에서 쓴 것에 비하면 아무것도 아니라는 듯이 어깨를 으쓱했다. "타임스퀘어 전망으로 방을 잡았어요."

"맙소사, 이런!" 아빠가 가슴을 움켜잡으며 소리쳤다. 우리는 이미 33층으로 치솟아 올라가고 있는 엘리베이터 안에 있었다.

"마이클, 그럴 것까지는 없었어!" 엄마가 내 팔을 철썩 때리며 말했다.

하지만 객실 문을 열고 들어서자 누구랄 것도 없이 우리는 숨이 턱 막힐 것 같은 흥분으로 안으로 달려들었다. 여기서 보는 전망이 훨씬 더 좋았다. 밖은 어둑해지고 있었고 하늘은 솜사탕처럼 핑크빛으로 물들어 있었다. 옥외 광고판들은 모두 초현대적이었다. 몇몇 옥외 광고판들은 삼차원으로 표현되는 홀로그래프처럼 보였다.

엄마는 기도하듯이 작은 소리로 뭔가 중얼거리고 있었다.

"와, 정말 멋있어! 우리가 타임스퀘어에 있다니!" 마리아나가 말했다. 그녀는 폰을 꺼내 스냅챗을 연 다음 게시물로 올리기 위한 셀카를 여러 장 찍었다. "눈이 오는 걸 상상할 수 있어? 화이트 크리스마스를? 오, 세상에." 마리아나는 날씨를 확인하기 위해 다시 폰을 꺼냈다. 2004년 크리스마스에 왔을 때 단 한 가지 아쉬운 점이 있었다면 눈이 오지 않았다는 것이었다. 나는 세 살 이후로 눈을 본 적이 없었다.

아빠는 침대에 앉아 눈물을 글썽이며 그 모든 것을 내다보았다.

"아빠, 마음에 드세요?" 나는 아빠 옆에 나란히 앉아 밖을 내다보았다.

"다시는 해보지 못하고 죽게 될 거라고 생각했어." 눈을 훔치며 아빠가 말했다. 그런 다음 아빠는 미소 지으며 내 등을 쳤다. "고맙다."

나는 뿌듯한 동시에 아빠가 안타까웠다. 그리고 기분이 엉망이었다. 이 모든 감정이 한순간에 교차했다. 부모님을 행복하게 만들어드리는 건 어려운 일이 아니었다. 그리고 적어도 지금 나는 그렇게 할 수단이 있었다. 왜 더 자주 그렇게 하지 않았을까? 나는 어째서 내가 느낀 관대한 마음의 충동을 후회해야만 했을까? 이번 여행에 부모님을 대동함으로씨 딩신들이 나시 내게 금전적으로 의지해도 된다고 생각하진 않을까 두려웠다. 내가 돈을 턱턱 내는 걸 보며 분명 내가 얼마나 많은 돈을 버는지 화제 삼을 것이다. 그러면 나는 방어적으로 될 테고, 마리아나는 더 베풀지 않는다며 나를 이기적이라고 비난할 것이다. 그럼 나는 가족들과의 여행을 후회할 것이다. 혹은 심한 자책감을 느끼며 결국 그들에게 다시 내 은행 계좌를 드러내게 될 것이다. 나는 몸서리쳤다. 우리는 더 잘 소통하는 법을 배워야 했다. 재정 문제만이 아니라 내가 동성애자가 될 가능성에 관해서도. 몇 달 전 그 문제를 공유해보려고 시도한 이래로 그에 관해 아무런 말도 듣지 못한 상태였다. 내가 한 남자와 데이트했다는 말에도 부모님이 아무런 반응을 보이지 않자 나는 마음이 무거워졌다. 아늑한 레스토랑에서 저녁 식사를 함께하며 나는 그 문제를 다시 꺼낼 계획이었다. 내가 틴더 데이트 이후 한동안 다른 동성애자와 또 데이트했다는 사실을 그들에게 가볍게 말하고 지나갈 생각이었다. 진지한 만남은 아니었다고 말할 테지만 그래도 동성애자에 대한 내 관심이 그냥 지나가는 바람이 아니었다는 결론에 이를 터였다.

결국 그날 저녁 호텔 레스토랑의 저녁 식사 자리에서 나는 아무 말도 하지 않았다. 우리는 아주 재미있는 시간을 보내고 있었고, 그래서 아빠 얼굴에서 미소가 사라지는 것을 보고 싶지 않았다.

우리가 코트로 몸을 따뜻하게 감싸고 방울이 달린 털모자를 쓴 채 여행객임을 자랑스럽게 드러내며 그 도시를 돌아다닌 다음 날에도 말을 꺼내기에 적절한 순간을 찾지 못했다. 나는 우리 가족이 "진짜" 뉴욕을 보는 것에 관심이 없다는 것을 알았다. 우리 가족은 브로드웨이의 「알라딘」 공연과 5번가의 티파니, '아이 러브 뉴욕' 기념품을 원했다. 모두 2004년 여행 때 보고 했던 것들이었다. 그리고 나는 이 모든 소원을 들어주려고 했다.

크리스마스이브에 우리는 센트럴파크의 보트하우스에서 셀카를 찍었고, 오가는 사람들의 통행을 방해하며 하이라인을 팔짱을 끼고 걸었고, 쿠키 반죽을 파는 한 가게에 잠시 들르고, 9/11 추모 광장에서 일정을 마쳤다. 그곳의 나무들은 앙상한 가지만 남아 있었다. 트윈 메모리얼 풀의 청동 벽들은 얼어붙을 만큼 차가워서 엄마가 만들어 모두에게 입힌 세 겹의 옷을 통해서도 한기가 느껴질 정도였다. 우리는 모두 일렬로 서서, 추모의 공간인 이곳에서 그래서는 안 되었지만, 팔뚝을 대고 가장자리 너머를 내려다보며 1993년과 2001년의 테러 공격과 그 이후로 미국이 중동에서 벌인 전쟁에 관해 아빠가 들려주는 상세한 이야기에 귀를 기울였다. 사위가 어두워지고 있었고 모두 추위에 떨고 있었지만 춥다고 불평하거나 이야기 중간에 끼어드는 사람은 아무도 없었다. 2001년이면 내가 유치원에 다닐 때여서 9/11에 관해서는 아주 기본적인 내용밖에 모르고 있었다. 그래서 나는 아빠가 들려주는 인상적일 만큼 세세한 이야기를 집중해서 들었다. 그 순간은 내가 항상 아빠에게 바라던 역할을 실제로 수행하고 있던 드문 순간 중 하나였다. 교사와 막강한 실력자, 그리고 대문자 D로 시작하는 아빠 말이다.

아빠가 이야기를 마친 후에 여동생이 아빠의 팔을 잡았고 두 사람은 두 번째 풀을 보기 위해 걸어갔다. 엄마와 나는 그 자리에 그대로 머무르며 잠시 떨어지는 물소리에 귀를 기울이고 있었는데, 어느 순간 엄마가 내 쪽으로 몸을 돌려 눈을 크게 뜨고 진지한 눈빛으로 나를 바라봤다. "네게 말하고 싶은 게 있어." 엄마는 내가 다시 다섯 살 아이라도 되는 양 내 스카프를 조이려 손을 뻗으며 말했다.

"좋아요." 나는 이렇게 말하며 엄마가 하는 말에 대비하려 했다. 이번에는 무슨 얘기를 하려는 걸까? 차 할부금을 연체한 걸까? 아마 그랬겠지….

"우리가 떠나기 전날 밤에, 페랄타 가족이 크리스마스 파티를 열었어…." 엄마는 내 소매를 잡아끌고 있었다. 하얗게 칠한 바탕에 빨간 눈송이들이 들어간 엄마의 손톱은 옷에 구멍이 날지도 모르겠다는 생각이 들 정도로 내 소매를 꽉 움켜쥐고 있었다.

나는 머리를 끄덕였다. 무슨 이야기를 하려는 걸까? 페랄타네의 뭔가를 망가뜨린 걸까? 페랄타 부인은 도자기로 만든 조각상 컬렉션을 가지고 있었다…. 엄마가 펀치(물, 과일즙, 향료에 술을 넣어 만든 음료—옮긴이)를 좀 과하게 마시고 조각상 하나를 쓰러뜨린 걸까? 나는 그 순간에 바로 엄마가 더 말하지 못하게 제지한 다음 그게 무엇이든 값을 치러드리겠다고 말하고 싶었다. 엄마는 겁먹을 필요가 없었다.

"모두가 대화를 나누며 아주 즐거운 한때를 보내고 있었어." 엄마는 계속 말했다. "그리고 사람들이 때때로 얼마나 몰지각한… 얘기를 하는지 너도 잘 알지? 이를테면, 사람을 희롱하는 말을 하는 거 말이야."

나는 고개를 끄덕였고, 엄마가 무슨 이야기를 꺼내려는지 가늠이 되기 시작했다. 마이애미에서 사람들이 아프리카계나 아시아계 미국인에 관해 상투적인 말을 하거나 성소수자에 속하는 사람들에 관해 설득력 없는 농담을 마구 지껄여대는 일이 일상적으로 일어난다. 나는 성장해가면서 그런 얘기를 듣는 게 괴로웠기 때문에 그럴 때마다 할 수 있는 한 반박하려 들었다. 이런 주제들이 캘리포니아에서 어떻게 다루어지는지 본 것은 괄목할 만한 일이었다. 그곳에서는 이런 유의 언급에 무관용 정책을 펼치는 것으로 보였다.

엄마는 계속해서 말했다. "음, 파티에서 누군가가 농담을 하는 거야… 엄마는 자신의 분홍색 스노 부츠를 잠시 내려다보다가 다시 나를 올려다보았다. "동성애자에 관해서 말야… 그리고 알다시피 전에는 그런 얘기를 들어도 그냥 웃어넘기고 말았을 거야. 하지만 이번에는 그러지 않았어. 몹시 화가 나더라고. 그래서 이렇게 말했어. '그만해요! 그런 농담은 하면 안 돼요. 하나도 재미없어요!' 너무 흥분한 모습을 보여서 모두가 놀랐을 테지만, 상관하지 않았어. 이제 사람들 생각에 더는 그렇게 많이 신경 쓰지 않아."

와우. 내가 생각했던 것과는 전혀 다른 얘기였다. 하지만 좋았다. 나는 엄마를 껴안았다. "고마워요. 엄마."

나는 세상에서 가장 슬픈 장소 중 하나에 서서 너무 행복하다고 느꼈다.

그날 밤 우리는 우리가 생각하기에 가장 크리스마스다운 일을 하며 거대한 나무를 보기 위해 록펠러 센터로 향했다. 마이애미에서 진짜 크리스마스트리는 매우 드물어서 대침체 이후에도 엄마는 한때 살아 있는 진짜 나무를 구하려고 늘 엄청나게 애썼다. 그래서 록펠러 나무를 보려고 수많은 군중을 뚫고 지나가는 일은 그만 한 가치가 있는 일이었다. 그것은 크리스마스 관광의 정점이었다. 마리아나와 나는 약 5분 동안 아주 작은 아이스 스케이팅 링크에 들어가기 위해 한 시간 동안 줄 서서 기다리기까지 했다. 5분은 미친 듯이 웃으며 휘청거리며 돌아다니는 우리 모습을 엄마가 무수히 많은 사진으로 남기기에 충분히 긴 시간이었다.

자정에 춥고 배고팠던 우리는 하드락 카페로 향했다. 여행의 또 다른 정점을 찍은 이때 비가 내리기 시작했다. "2004년하고 똑같네!"라고 아빠가 백 번은 말한 것 같다.

나는 비가 마이애미보다 천천히 내리고 있음을 눈치챘다.

"비가 천천히 내리는 것 같지 않아요?" 나는 모두에게 말했다. "아니면 내가 너무 지쳐서 그렇게 느껴지는 건가?"

우리는 인도 한가운데 멈춰 서서 떨어지는 빗방울을 올려다보았다.

"아니, 오빠 말이 맞아. 비가 마이애미보다 천천히 내리고 있어." 마리아나가 말했다.

그때 우리 넷은 동시에 환호성을 내질렀다. "눈이 내리고 있어!" 우리는 반복해서 소리치며 폴짝폴짝 뛰었다. "눈이 내리고 있어!"

인도에 닿자마자 녹아버리는 진눈깨비에 불과했지만 우리는 개의치 않았다. 우리에게 그것은 분명 눈이었다.

방해받지 않는 창의성

"뭐가 그렇게 우스워?"

화면에서 눈을 떼고 올려다보니 구글에서 처음으로 인터뷰했던 VR팀 팀장인 제이컵이 내 빈백 의자 옆에서 나를 지켜보고 서 있었다.

"아, 아무것도 아니에요!" 페이스북의 한 디자이너 친구가 보낸 전자카드가 떠 있던 노트북을 닫으며 나는 자리에서 벌떡 일어섰다. 그녀는 에드바르 뭉크의 그 유명한 그림 「절규」 위에 흥겨운 금색 서체로 이렇게 적어 보냈다. "행복한 2018년이 되기를! 우리는 결국 모두 죽을 거야!"

제이컵과 이야기를 나눈 지 석 달이 지난 시점이었다. 그러니까 내가 구글에 입사한 지 석 달이 지나 있었다. 며칠 전 나는 내 일에 별로 흥미를 느끼지 못해 떠날 생각을 하고 있다는 메시지를 채팅으로 그에게 보냈었다. 그때 그는 자기에게도 변화가 일어나고 있다고 말했다. VR팀을 떠나 에어리어 120이라는 구글의 새로운 부서로 자리를 옮기는데 어쩌면 내 자리도 있을지 모르겠다고 했다.

나는 제이컵을 포옹했다.

"커피 한잔할 시간 있어?" 그가 물었다. 나는 미소 지어야 했다. 왜냐하면 모두가 '항상' 커피를 마시자고 했기 때문이다. 나는 커피를 싫어했다. 이럴 때 나는 보통 그냥 "네"라고 답한 다음 물을 주문했다. 이번에는 내 쪽에서 제안했다. "뭐 좀 먹을까요?"

한 시간 후, 구글에서 내가 좋아하는 레스토랑 중 한 곳인 헤리티지에서 제이컵은 나와 악수한 다음 빈 접시를 앞에 두고 앉아 있던 나를 두고 자리를 떴다. 나는 약간 충격을 받았다. 우리가 방금 나눈 얘기는 너무나 중요해서 어떻게 해야 할지 잘 감당이 안 되었다. 나는 중학생 때부터 사용하던 수법을 써먹었다. 무릎을 빠르게 흔들면서 코로 차향을 음미하듯이 길고 느리게 숨을 들이마신 다음 입으로 수프를 식히듯이 숨을 내쉬었다. 그러고 나니 한결 마음이 편해졌다. 이제 나는 생각을 정리할 필요가 있었다. 눈을 감은 다음 마음속에 버블 차트 같은 것을 그리기 시작했다. 제이컵과 나눈 대화에서 핵심 데이터 포인트들을 개별적인 원으로 각각 분리하여 모든 것이 뒤죽박죽되어 나를 압도하지 않도록 했다. 나는 각각의 원 안에 노란색 음영(행복한 데이터)과 회색 음영(부정적인 데이터)을 채워 넣었다.

원 1, 에어리어 120: 밝은 노란색. 분명히 에어리어 120은 일종의 인큐베이터로 사람들이 종일 자기 일에만 집중할 수 있는 곳이었다. 아주 멋진 곳이었다! 에어리어 120은 직원에게 업무 시간의 5분의 1

을 결국에는 회사에 보탬이 될 수도 있는 개인적인 프로젝트에 쓰도록 허락하는 구글의 "20퍼센트 시간" 전통에 영감을 받은 것이었다. 에어리어 120에서 구글 직원은 20퍼센트 프로젝트에 자기 시간의 100퍼센트를 썼다. 그래서 이름이 에어리어 120이었다.

원 2, 제이컵: 노란색. 그는 매우 미래지향적이고 일급 비밀인 어떤 일을 하려고 막 VR팀에서 에어리어 120으로 자리를 옮기는 참이었다.

원 3, 제이컵이 아는 것/소문: 흐린 회색. 그가 말한 것은 정확히 무엇일까? 그것은 "네가 자기 앱 회사를 차리려고 회사를 떠나는 문제로 투자자들과 얘기하고 있다는 소문이 돌고 있어" 같은 것이었다. 맞다, 그는 정확히 "소문"이라고 했다. 그건 다른 사람들도 이에 관해 들었다는 뜻이었다. 바이올렛도 소문을 들었을까? 들었다 해도 전혀 놀랄 일이 아니었다. 그녀는, 뭐랄까, 무서울 만큼 모르는 게 없는 듯했다. 나는 어시스턴트에 머물고 싶다고 그녀에게 말했고, 노력하겠다고 약속했다. 이 부분이 결정적으로 흐릿하게 느껴졌다.

원 4, 내 회사를 차리기 위해 구글을 떠날 가능성: 주황색. 소문은 사실이었다. 뉴욕으로 가족 여행을 떠나기 직전에 나는 벤처 캐피털 투자자 몇 명과 접촉했다. 그들은 한 회사의 파트너들이었다. 그들은 내가 만든 많은 앱에 대해 알고 있었고, 특히 라이스에 깊은 인상을 받은 눈치였다. 그들은 라이스가 크게 실패하고 있다는 사실에 개의치 않았고, 그 점에서는 나도 마찬가지였다. 나는 그 앱을 만드는 데 몇 번의 주말을 할애했을 뿐이고, 업데이트도 전혀 하지 않았다. 사실 그것이 투자자들이 나를 그토록 좋아한 이유였다. 내가 빠르게 많은 것을 만든다는 점 말이다. 제이컵은 언젠가 자신이 같이 일해본 모바일 앱 엔지니어 중에 내가 가장 빠른 엔지니어라고 말한 적이 있었다. 내 개인 실적은 내가 실패했다고 해서 작업을 중단하거나 작업 속도가 느려지는 일이 없다는 사실을 증명하고 있었다. 나는 계속해서 실험하고 만들고 실패하고 있었다. 언젠가 승산이 나와 함께할 거라고 확신했다.

원 5, 벤처 캐피털 투자자들: 짙은 회색. 그들은 내가 구글을 떠나 자기 회사를 차리길 원하도록 지원하는 데 아주 공격적이었다. 그들은 내가 만든 앱의 내용에 대해서는 신경 쓰지 않았다. 무슨 앱이든 내용에 상관없이 그저 앱 자체를 원했다. 그것은 그들이 영원히는 아닐지라도 아주 오랜 시간 동안 나의 일부를 가진다는 것을 의미했다. 나는 그 돈 많은 사람들의 의견에 의지하고 싶었을까? 평생 재정적으로 안정된 삶이 보장될 수 있다면 아마도 그랬을 것이다. 그래서 그들과 몇 차례 만났지만, 그들과 같이하는 것이 그다지 올바른 선택이 아니라고 느끼면서 그들을 멀리하고 있었다.

원 6, 구글 어시스턴트: 시멘트 회색.

원 7, 제이컵이 방금 나에게 한 제의: 매력적인 일렉트릭 옐로. 맞다, 엄밀히 따지면 그것은 제의가 아니었다. 하지만 제이컵은 에어리어 120의 요직에 있는 누군가로부터 신호를 받고 있는 것 같았다. 나는 그가 한 말을 정확히 기억했다. "너는 그들이 지원하고 싶은 사람으로 떠올랐어." 그게 무슨 의미냐고 물었을 때, 제이컵은 준비된 답변을 했다. 나는 계속해서 같은 급여와 혜택을 받게 될 것이다. 그리고 내가 원하는 모든 앱과 게임을 만들게 될 것이다. 내가 만든 앱이 성공하면, 연봉 외에 따로 보상을 받게 될 것이다. 에어리어 120은 내가 그들을 위해 일하면서 만든 모든 것을 소유할 것이다. 상관없다! 어차피 게임은 영원히 지속될 수 없으니까. 나는 급여와 혜택, 안전, 그리고 제이컵이 내 이전 앱들의 소유권에 대해 설명했던 자유를 즉시 가질 것이다.

그게 더 좋았다. 나는 이제 모든 것을 선명하게 이해했다. 나는 자리에서 일어나 기이할 만큼 가벼운 기분으로 밖으로 걸어 나갔다.

제이컵과 대화를 나눈 지 3주 뒤, 여전히 마무리해야 할 서류 작업이 남아 있기는 했지만 기본적으로 모든 것이 해결되었다. 나는 어시스턴트 팀과 바이올렛에게 작별 인사를 하고 에어리어 120으로 자리를 옮겼다. 이곳에서 내가 해야 할 일이라고는 오로지 내가 좋아하는 일인 게임을 발명하고 만드는 일 말고는 없었다. 유일하게 달라진 점은 퇴근 후에 내 침대에서 그 일을 하는 대신 이제 뇌가 생기 넘치고 능력을 최대로 발휘할 수 있는 낮에 할 수 있게 되었다는 것이었다. 내가 차세대 스냅챗을 구상한다면, 그것은 에어리어 120의 소유가 될 것이다. 하지만 그 앱이 정말 잘 된다면 나는 적어도 그 가치의 일부와 그에 더해 내가 "성공 보너스"라고 생각하는 것을 가지게 될 것이다.

에어리어 120에서 내 리듬을 찾는 데는 전혀 시간이 걸리지 않았다. 나는 곧장 한동안 생각해왔던 소셜미디어 앱에 대한 아이디어의 윤곽을 잡는 과정을 시작했다. 이 앱의 아이디어는 간단했다. 플레이어들이 서로에 관한 것들을 추측한 다음 그 추측이 맞는지 확인하는 게임을 통해 우정을 쌓는다. 나는 책상이 있었지만 나를 안내해준 조수가 어디라고 말했는지 기억이 나지 않았다. 이 사실을 인정하기가 너무나 부끄러워 나는 출근해 매일 같은 빨간색 소파에 주저앉아 내일을 봤다.

에어리어 120 사무실은 뉴글러 오리엔테이션을 진행했던 곳보다 더 탁아소처럼 보였다. 모든 벽이 다채로운 예술 작품으로 꾸며져 있었고 어디에나 레고가 있었다. 어시스턴트 건물에도 레고가 여기저기 흩어져 있었지만 뭔가 주제라 할 만한 것은 아니었다. 에어리어 120에서 우리는 완전히 다른 수준으로 레고를 좋아했다. 작은 장난감 차, 젠가 세트, 퍼즐 등과 더불어 책상과 탁구대 위에, 그리고 VR실 안에 듀플로와 고전적인 레고 대표 상품을 담은 거대한 통이 있었다. 하지만 그 레고를 가지고 노는 사람을 본 적은 한 번도 없었다.

장난감이 어찌나 많던지 이곳을 방문한 첫날 사무실을 둘러보며 나는 사람들이 일하러 나오면서 아이들을 데려오냐고 물었다.

"아이들을 위한 장난감이 아니에요. 우리는 직원들이 휴식을 취하면서 창의성을 탐구하도록 자기만의 시간을 갖기를 권장합니다."

나를 안내하던 사람은 이렇게 말했다. "우리는 창립자들이 긴장을 풀고 자기 본연의 모습으로 있기를 원해요. 장난감을 창의성 차단 해제 도구로 생각하세요." 흥미로운 얘기다.

나의 창의성은 이미 차단이 해제되어 있었다. 매우 많은 분출구에서 창의성이 흘러나오고 있었다. 마치 라스베이거스의 벨라지오 분수 같았다. 하지만 장난감 때문이 아니었다. 지난 몇 달간 내 직감이 무슨 말을 하는지 자세히 귀 기울였기 때문이었다. 내 직감은 나에게 내 앱을 포기하지 말라고, 그 무엇보다 우선순위에 놓으라고 말했다. 벤처 캐피털 투자자들이 내 주위에 몰려들어 금액을 계속 높여가면서 게임 앱 스타트업에 사금을 대겠다고 제의했을 때 나는 특히 더 주의해서 내 직감이 하는 말에 귀 기울여야 했다. 그런 기회를 거절하기는 쉽지 않았다. 하지만 눈을 질끈 감고 얼른 덤벼드는 대신에 평소 그러하듯이 나는 잠시 앉아 그 제안에 대해 생각하며 벤처 캐피털 투자자들과 대화하고 그들과 파트너가 되는 상황을 상상하면서 내 감정이 변화하는 모습을 살폈다. 소셜 게임 앱 작업을 할 때는 신이 났지만, 벤처 캐피털에 대한 감정은 회색에서 벗어나지 못했다. 에어리어 120에서 일할 기회가 생겼을 때, 나는 인큐베이터 우산 아래서 창작할 때 잠재적으로 얻을 수 있는 금전적 이익과 투자자들과 내 스타트업을 세웠을 때 얻을 수 있는 이익을 서로 비교해 계산했다. 금전적인 측면에서 두 옵션은 모두 꽤 달콤했지만, 솔로 옵션이 더 큰 금전적 이익을 보장했다. 내 친구들은 내가 백만장자가 될 수 있다고 되풀이해 말했다. 하지만 나는 백만장자가 되는 것에 관심이 없었다. 반면 에어리어 120은 나에게 안정성과 내가 정말로 존경하는 사람들에게서 배울 기회를 줄 것이었다. 각 옵션을 저울질하면서 나는 내 마음의 버블 차트와 변화하는 버블 안의 색상을 계속 확인해갔다. 의심의 여지 없이 에어리어 120이 가장 밝게 빛났다.

그래서 나는 이곳에 남았다. 다른 에어리어 120 창립자들이 조용한 벌처럼 부산하게 돌아다니는 동안, 나는 빨간색 소파에 자리 잡고서 나의 새로운 소셜미디어 앱 작업을 했다. 가까이 있는 회의 테이블에서는 그래스호퍼Grasshopper라 불리는 스마트폰 앱을 개발한 라우라 홈스가 팀원들과 회의를 하고 있었다. 홈스는 호기심 많은 초보자가 게임과 퀴즈를 통해 프로그램 짜는 법을 배우는 앱을 창조했다. 학습 플랫폼인 칸 아카데미Kahn Academy와 (오늘날의) 미모Mimo처럼, 이 앱은 세상에 정말로 필요한 것이었다. 홈스가 "디지털 생태계 확장"과 "소외 집단 기술 접촉 지원"에 관해 얘기하는 것을 바로 옆에서 들을 수 있다는 것은 너무나 행복한 일이었다.

그녀는 누가 보더라도 훌륭한 매니저였다. 팀 구성원들이 긴 과제목록을 해결하도록 도와주며 같이 발맞춰 나가면서도 건설적인 피드백으로 그들을 격려하기 위해 잠시 멈출 줄 아는 사람이었다. 그들의 활기찬 논의에 귀 기울이면서, 인생을 살아오면서 대부분의 시간 동안 혼자 겉도는 외톨이로 살았다는 익숙한 감정이 찌르르한 통증으로 다가왔다. 팀 구성원들에 둘러싸여 있으면서도 여전히 완전히 혼자라고 느꼈던 페이스북에서 그러한 감정은 특히 심했다. 적어도 나에게는 테스트 캐릭터, 고등학교 때 내 앱 작업을 도와주곤 했던 상상 속의 아이들이 있었다. 하지만 페이스북에서는 너무나 스트레스를 받은 나머지 그 상상 속의 아이들을 불러낼 동기를 잃었다. 아마도 라이프스테이지가 그토록 완전히 비직관적이고 잘못된 것으로 드러난 것은 바로 그 때문이었을 것이다. 하지만 다시 재미를 위한 나 자신의 게임을 만드는 작업을 시작하자마자 그들은 내게 돌아오기 시작했다. 이제 내 상상 속 드라마 클럽 회장이 좋아하는 버튼을 고르기를 기다리고 있을 때면, 바로 내 앞에 누군가가 서 있다는 사실도 알아채지 못했다.

"방해해서 미안해, 마이클…." 목소리가 부드러운 에어리어 120의 상무이사 존이있다. 엔지니어 여럿이 그의 뒤를 따르고 있었는데, 그들은 모두 휴대폰을 들여다보고 있었다. "자네 팀에 관해 잠깐 얘기할 시간 좀 있을까?" 존이 물었다.

"제 팀이요?" 내가 말했다. "좋죠!" 내가 같이 일할 사람을 구할 거라고 사람들이 기대한다는 것을 모르지 않았다. 뭔가를 만들기 위해서는 도와줄 사람이 필요했다. 일을 제대로 진행하는 데 필요한 일이었다. 나는 혼자 일하는 것에 만족하고 있었지만, 내 매니저는 내가 관리자처럼 처신하며 드림팀을 구성할 거라고 여기고 있었다. 하지만 내 생각은 좀 달랐다.

"디자이너와 엔지니어는 몇 명쯤 생각하고 있지?"

'한 명도 없어요!'라고 나는 생각했다. 하지만 에어리어 120에서 전에 나처럼 일한 사람은 아무도 없었다. 사실 에어리어 120에서 사람들은 나와 정반대였다. 하지만 인원이 늘수록 정치적 절차는 늘어나기 마련이고, 절차가 많아지면 실제로 일할 시간은 줄어들고, 일할 시간이 줄어들면 제품 출시가 적어진다. 제품 출시가 적어진다는 것은 성공작 출시를 할 기회가 줄어든다는 것을 의미한다. 나는 이를 페이스북에서 한 실수를 통해 배웠다.

나는 존에게 해줄 답을 가지고 있었다. 우리는 같이 복도로 걸어 나왔다. 다른 사람들은 옆으로 비켜서서 일정표를 확인하고 있었는데 나는 그런 행동이 정말 싫었다. 존은 걸음을 멈추고 폰을 뒷주머니에 넣었다. 우리는 미니 주방 근처에 서 있었다. 그날은 바리스타가 상주하며 줄을 선 직원들에게 맞춤 음료를 제공하고 있었다. 번쩍이는 카푸치노 머신이 옛날 화물 열차처럼 칙칙 소리를 냈다. "보통 그러지 않는다는 건 알아요." 나는 시끄러운 소리 때문에 소리치듯 말했다. "하지만 저는 가능한 최상의 조건에서 최상의 결과를 얻기 위해 일단 모든 것을 혼자서 하는 게 낫다고 생각해요. 유망한 프로토타입이 만들어지면 그때 프로젝트를 완전히 갖춰진 팀으로 확장할 생각이에요."

일정표를 확인하던 사람들은 입을 벌린 채 나를 바라보고 있었다.

존은 자신이 기대하는 바를 내가 혼자 완수하는 모습을 떠올려보려는 듯이 눈을 가늘게 뜨고 나를 바라봤다. 간단한 문제가 아니었다. 실리콘밸리에서 일하는 방식은 돈을 관리하는 사람이 좋은 아이디어를 가진 사람에게 많은 돈을 주어서 그 아이디어를 가능한 한 빨리 상품화하는 것이었다. 그리고 아이디어를 가진 사람은 돈을 받아 굴렸다. 자원이 많아져야 일이 줄어들 것이기 때문이다.

나는 부연 설명을 했다. "영원히 혼자일 필요는 없어요. 하지만 혼자서 코드를 짜고 나 자신의 프로토타입을 디자인하면서 초기 실험을 할 수 있다면, 그렇게 하는 게… 가장 빠를 거예요. 그다음에 제품을 확장하고 성장시키기 위해 팀을 짤 생각이에요."

일정을 확인하는 사람들과 나는 모두 존을 바라보고 있었다. 그는 짧은 턱수염을 매만지고 고개를 갸우뚱하면서 눈을 감았다. 카푸치노 머신이 지독하게 시끄러운 소리를 냈다. 나는 구구절절 얘기하지 않으려고 주먹을 꼭 쥔 채 이 고통스러운 순간이 끝나기를 기다렸다. 마침내 존이 다시 눈을 뜨며 상쾌한 표정을 지었다. 그는 카푸치노 스팀 소리가 잦아들기를 기다리고 있었다. 그는 자기 말이 잘 들리도록 상대방에게 소리쳐 말하는 스타일이 아니었다. 조용해지자 그가 마침내 입을 열었다. "자네는 창립자야." 그가 구글 내부에서 내가 운용하고 있던 스타트업을 언급하며 말했다. "그러니 자네가 자네 본능에 따르도록 내버려둬야 할 것 같은데? 그렇지 않나?"

파란 눈과 자주색 꽃

나는 사랑하지 않는 사람과는 섹스하지 않을 생각이었다. 다시 볼 일이 전혀 없는 틴더 데이트 상대와 같이 시간을 보낸다는 것은 생각 조차 하고 싶지 않았다. 그런 생각은 일반적으로 다음과 같은 방식으로 작동했다. 앱에서 누군가와 매치가 된다. 같이 술이나 음식을 먹으러 간다. 어쩌면 키스를 한다. 그들은 곧바로 섹스하자고 조른다. 그러면 나는 "섹스는 하지 말아요"라고 말한다. 데이트가 끝난다. 이후 그들은 나에게 절대로 다시 연락하지 않는다.

마리아나는 문제가 내 틴더 프로필에 있다고 생각했다. 나름 재미있게 쓰려고 애를 썼지만 마리아나는 내 약력을 읽는 사람이 거기서 재미를 느끼려면 나와 몇 달은 알고 지낸 사람이어야 할 거라고 했다. 나는 약력에 내가 무슨 일을 하는지 밝히지 않았다. 돈 때문이 아니라 나라는 존재 자체를 좋아해주기를 바랐다. 하지만 마리아나는 자기는 안정되고 성공한 것으로 보이는 남자하고만 매치할 거라고 말했다. 여동생 말에 따르면, "삶의 질이 높은" 남자여야 한다는 것이었다. 마리아나는 내 프로필이 재미를 넘어 야심을 가진 파트너를 원하는 더 진지한 남자들의 흥미를 잃게 만들고 있다고 생각했다. 동생의 조언에 따라 나는 구글에서 소프트웨어 개발자로 일하고 있다고 약력을 업데이트했다. 하지만 내가 가장 좋아하는 세 가지가 디즈니월드, 유람선 여행, 판다 익스프레스(미국의 중국 음식 체인— 옮긴이)라는 내용은 빼기를 거부했다.

에어리어 120은 내가 어디서 일하든 개의치 않았기 때문에 나는 여동생을 만나기 위해, 그리고 평균적인 미국인 십 대가 자기 폰으로 뭘 하고 있는지 늘 관심의 끈을 놓지 않기 위해 꽤 자주 마이애미에 들르고 있었다. 밖으로 나가지 않고 실리콘밸리에만 머물러 있으면, 뜻하지 않게 밀레니얼 세대와 X세대만 좋아할 그런 앱을 만들 것 같았다. 여동생 친구들은 기본적으로 나와 나이가 같았지만 — 마리아나와 나는 14개월밖에 차이가 나지 않았다 — 그들은 모두 자기보다 어린 형제자매와 친구들이 있었고, 나는 그들과 내 게임에 관해 대화하고 그들의 잔인하리만치 솔직한 피드백을 듣는 걸 좋아했다. 게다가 마이애미에 있으면 웃을 일이 많았다.

이렇게 동생을 방문한 어느 날, 따분했던 나는 틴더에서 데이트 상대를 찾아보기로 했다. 마이애미에 사는 데이트 상대는 원치 않았다. 샌프란시스코에서 새로운 관계를 맺고 싶었다. 그래서 장소를 샌프란시스코로 고정하고 찾아보기 시작했다. 곧바로 "윌리엄"이라는 사람이 나를 '슈퍼라이크'했다. 내가 오른쪽으로 스와이프하자마자 메시지가 떴다.

> 윌리엄: 안녕하세요, 약력이 대단히 인상적이네요. 판다 익스프레스 같은 것만 빼면요.
> 나: 걱정 마요. 최근에 내 식단에서 뺐어요. 단지 추억이 있어서 남겨놨을 뿐이에요.
> 윌리엄: 어디 사세요?
> 나: 캘리포니아에 살아요. 하지만 마이애미에 사는 동생을 방문 중이에요. 돌아가면 만날 수 있을까요?

이 남자는 정말 매력적이었고, 약력을 보면 지적인 사람일 것 같았다. 그는 대학원생이었다. 그리고 속옷을 입은 사진이 없었다. 섹스만 하고 떠나는 유형이 아님을 알려주는 좋은 징조였다. 그와는 정반대였다. 누이들과 정원에 같이 있는 사진들이 있었다! 윌리엄은 건실해 보였다. 부모님이 받아들일 준비가 되어 있다면 소개할 수 있는 그런 유의 사람인 듯했다. 마음이 들뜨기 시작했다. 그때 다음과 같은 메시지가 떴다.

> 윌리엄: 이런, 저는 캘리포니아에 살지 않아요! 제 여동생이 학교 엔지니어링 경영 대회에 나가게 되어 보호자로 여기 왔을 뿐이에요.

우리는 둘 다 여동생을 방문하기 위해 집에서 나와 있었다. 이제 나는 그가 더욱 좋아졌다. 그와 만날 기회조차 없을까?

나: 어디 살아요?

윌리엄: 플로리다요. 이거 꽤 재밌네요.

나도 재미있었다. 하지만 약간 슬펐다. 마침내 이 놀라운 남자와 매치했는데, 이제 나는 캘리포니아로 돌아가야 했고, 그는 플로리다로 날아갈 예정이었다. 우리는 만나지 못할 터였다. 하지만 적어도 얘기는 나눌 수 있었다. 이후 며칠 동안 우리는 페이스타임을 했다. 그는 생물학을 공부하고 있었는데 정말 식물에 푹 빠져 있었다. 나는 멋진 장미 덤불의 진가를 알아볼 수는 있었지만, 정원 가꾸기의 매력은 전혀 이해하지 못했다. 나는 인조 식물을 좋아하는 엄마의 성향을 물려받아 내가 사는 아파트를 온통 인조 식물들로 꾸며놓았다. 인조 식물을 좋아하는 이유는 아무리 건조하고 먼지가 많아도 절대 죽지 않기 때문이다. 그래도 식물에 관한 윌리엄의 얘기가 듣기 좋았다. 그는 식물 얘기를 많이 했다. 식물에 물을 주고, 온실에서 키우고, 빛의 밝기를 바꾸고, 영양분을 주는 것 등에 관해 얘기했다. 내가 게임에 빠져 있는 만큼이나 윌리엄은 식물에 빠져 있었다. 나는 자신이 하는 일에 그렇게 신경을 많이 쓰는 남자와 데이트해본 적이 없었다.

가만히 있을 수는 없었다. 시도라도 해봐야 했다. "어느 공항으로 가세요?" 내가 물었다.

다음 주에 나는 플로리다로 날아가 올랜도 공항에 내렸다. 윌리엄은 그 공항에 차를 장기 주차하고 비행기를 탔는데 그편이 그의 지역 공항에서 바로 비행기를 타는 것보다 비용이 덜 들었기 때문이다. 나는 그가 실험실에서 연구하는 대학원생이라는 사실을 떠올렸고 더 싼 공항으로 두 시간 동안 차를 몰고 가는 게 이상한 일이 아니라고 생각했다. 공항에서 만난 다음 우리의 첫 데이트를 위해 디즈니월드의 에프콧으로 그를 데려갈 생각이었다. 그는 에프콧에 가본 적이 없었다. 타이밍이 완벽했다. 그곳에서 봄꽃 축제가 열리고 있었기 때문이다. 보통 때 같으면 나는 그곳을 보지 않고 돌아갔을 테지만 이 남자가 너무 좋았기 때문에 식물 전시회에 빨리 가고 싶어 안달이 났다. 누군가를 그렇게 들떠 좋아해본 적이 단 한 번도 없었다.

윌리엄은 2008년식 은색 포드 포커스를 타고 픽업 구역에서 나를 기다리고 있었다. 내가 그의 차로 다가갈 때 한 여성 공항 보안요원이 열린 창문을 통해 차를 치우라고 고함을 지르고 있었다. 윌리엄은 15분 동안이나 차도 가장자리에 차를 정차해 놓고 기다리고 있었다. 내가 늦은 탓이었다. 그 보안요원은 창문에 바짝 다가서서 손을 이리저리 휘저으며 더욱 목소리를 높였다. 그런데도 윌리엄은 냉정하게 무관심한 태도로 일관했다. 나는 이 광경을 보며 짜릿한 흥분을 느꼈다. 그는 "1분만 더 있으면 돼요, 죄송해요"라고 계속해서 말했다. 나는 갑자기 뛰기 시작했다. "저 왔어요!"라고 외치며 페이스북 로고가 들어 있는 백팩을 들고 조수석 안으로 뛰어들었다.

"안녕하세요!" 나는 치아 교정기가 다 드러나 보이게 활짝 웃으며 말했다. 2주만 지나면 10년도 넘게 착용해오던 치아 교정기에서 벗어날 예정이었다. 그러면 내 자신감도 속박에서 벗어날 것 같은 느낌이었다. 하지만 아직은 아니었다.

"안녕하세요!" 윌리엄이 똑같이 활짝 웃으며 말했다. 그는 가슴 떨릴 만큼 밝고 파란 눈을 지니고 있었다. 그리고… 그의 다리 사이에 식물로 보이는 게 있었다. "아, 당신에게 이걸 주고 싶어요!" 그는 이렇게 말하며 그것을 나에게 건넸다. 나는 식물에 관해서는 아는 게 아무것도 없었다. 이 식물은 수백 개의 작은 자주색 꽃으로 덮여 있었고 비행기 안에 흙이 떨어지지 않게 투명 플라스틱으로 감싼 파란색 화분에 담겨 있었다.

"와, 고마워요." 나는 내 바지 위로 새는 흙탕물을 무시하고 식물을 감탄하며 바라보는 사람을 최선으로 흉내 내며 이렇게 말했다. "공항에서 사셨어요?"

"하하, 아니요!" 윌리엄은 자기가 식물을 공항에서 샀을 거라고 생각했다는 것에 정말 충격을 받은 듯했다. "그걸 들고 비행기를 탔어요. 홈디포에서 봤어요. 당신이 좋아하는 색이라…."

나는 그 자주색 꽃들을 새로운 느낌으로 바라보았다. 우리가 틴더에서 처음으로 대화를 시작할 무렵인 3일 전에 그가 내게 어떤 색을 좋아하냐고 물은 적이 있었다. 나는 말했다. "마음에 들어요."

나는 비행기를 타고 오는 동안 종일 뭘 할지 계획했다. 하지만 식물로 뒤덮인 거대한 디즈니 캐릭터 조각상들과 꽃들이 널려 있었기 때문에, 윌리엄은 나만큼이나 투어 가이드가 되었다. 그는 이 식물에서 저 식물로 옮겨 다니며 식물들의 원산지가 어디고 특별한 점이 뭔지 설명했다. 대나무가 하루에 90센티미터나 자랄 수 있다는 걸 내가 알고 있었을까? 당연히 몰랐다! 바닐라 추출물이 난초의 꼬투리에서 나온다는 것을 내가 들어봤을까? 난생처음 듣는 얘기였다! 흥분해서 얘기하는 윌리엄의 모습이 어찌나 귀엽던지 나는 어느 순간 내 자의식을 극복하고 그의 손을 잡았다. 우리는 잠시 그렇게 돌아다녔지만, 해볼 만한 일은 아니었다. 사람들이 우리를 빤히 쳐다보거나 못마땅해하는 표정을 짓지는 않았지만, 우리 옆으로 지나칠 때마다 맞잡은 손을 힐끗 쳐다보았다. 그러고는 이렇게 생각했을 것이다. '아, 동성애자 커플이네.' 그래서 우리는 맞잡은 손을 놓고 서로의 손가락이 스치게만 했는데 그게 편했다. 알고 보니 우리 키가 똑같이 175센티미터였기 때문이다. 나는 윌리엄과 나의 눈높이가 같다는 게 좋았다.

윌리엄이 공원의 모든 관상식물과 분재를 보고 나자, 나는 내가 좋아하는 놀이기구인 소아린의 세계 일주로 그를 데려갔다. 소아린은 시뮬레이터 놀이기구로 스위스 알프스를 행글라이딩하고, 시드니 항을 둘러보며 급강하하고, 코끼리를 타고 킬리만자로를 누빈다. 여태껏 나는 소아린을 백 번은 탔고, 소아린이든 뭐든 놀이기구를 타면서 낭만적이라고 느낀 적은 단 한 번도 없었다. 하지만 윌리엄과 세계 위로 나는 것은 내 인생에서 가장 낭만적인 경험이었다. 마지막으로 가짜 불꽃놀이를 보여준 후 순간 칠흑같이 어두워졌을 때 갑자기 우리는 키스를 했다. 그러고 나서 마찬가지로 갑자기 불이 들어왔고, 에프콧 조끼를 입은 한 십 대 소년이 우리의 차 옆을 두드리고 있었다. "좋아요, 여러분, 이동하세요!" 그가 이렇게 말할 때 우리는 얼굴이 새빨개진 채로 안전띠를 더듬거렸다.

그 어색한 느낌에서 벗어나기 위해, 우리는 월드 쇼케이스로 서둘러 가서 "이탈리아" 전시관에서 리몬첼로를, "일본" 전시관에서 사케를, "프랑스" 전시관에서 보르도 한 잔을 마셨다. 햇볕에 그을리고 술에 취해 멍한 상태에서, 나는 가족과 같이 디즈니에 왔을 때 길게 늘어선 사람들의 줄이 줄어들 때까지 잔디밭에 누워 엄마가 가지고 온 담요를 덮고 잠자던 것을 생각했다. 때때로 기다리는 데 한 시간이 걸리기도 했지만 우리는 전혀 서두르지 않았다. 이제 나는 윌리엄의 소맷동을 잡고 작은 언덕으로 데려가 등을 대고 누웠다. "낮잠 자요"라고 말하며 나는 눈을 감았다.

"아, 좋아요." 윌리엄의 목소리는 혼란스러워하는 것 같았다. 하지만 설명할 시간이 없었다. 나는 잠이 들었다.

낮잠에서 깨어났을 때 해가 토피어리 플루토 뒤로 이미 져서 우리에게 그림자를 드리우고 있었다. 윌리엄은 내 옆에 앉아 잔디밭 위에서 한 아빠가 자기 아이를 이리저리 쫓아다니는 모습을 바라보고 있었다.

"이런! 제가 잠들었어요?" 나는 일어나 앉아 주변을 둘러보았다.

"예, 그래요." 아주 재밌어하는 표정을 지으며 윌리엄이 말했다.

"아, 안 돼, 제가 코를 골았어요?" 나는 손으로 얼굴을 가렸다.

"그래요, 이것 보라고요. 제가 당신 사진을 찍었어요." 그는 여태껏 내가 본 중에 가장 흉측한 사진들을 보여주기 위해 폰을 내밀었다. 나는 머리를 옆으로 틀고 입을 헤 벌린 채 미친 것처럼 팔을 벌린 채 누워 있었다. 내 코는 햇빛과 알코올 때문에 빨개져 있었다. 나는 마치 행글라이더에서 떨어져 죽은 사람처럼 보였다.

"오 하느님, 끔찍하네요!" 나는 머리를 감싸 쥐며 쥐구멍에라도 숨고 싶은 심정이 되었다. "너무 죄송해요! 아주 당황스럽네요. 제가 우리 데이트를 망쳤어요!"

"하하, 뭐라고요? 아니요, 그렇지 않아요!" 윌리엄이 말했다. 그는 위로하듯 내 등을 작은 원을 그리며 문지르고 있었다. "당신을 당황하게 할 생각은 없었어요. 단지 당신이 정말… 귀여워 보여서 사진을 찍었을 뿐이에요."

나는 천천히 머리를 들었다. 지금 나를 시험하고 있는 걸까? 틀림없이 그랬을 것이다. 하지만 그의 진지한 표정으로 판단하자면, 그렇지 않을지도 몰랐다. 그는 자리에서 일어나 손을 내밀었다.

눈 감고 다이빙하기

에프콧을 구경한 후에 윌리엄은 차를 몰아 나를 그의 아늑한 작은 아파트로 데려갔다. 그는 북동부 지방에 살다가 2년 전 대학원 진학을 위해 이곳으로 이사 왔다. 나는 데이트 다음 날 샌프란시스코로 돌아가는 비행기표를 예약했다. 만약 상황이 끔찍하게 전개되었다면, 나는 공항 호텔에서 자야 했을 것이다. 하지만 잔디밭에서 있었던 기면증 사건에도 불구하고, 실제로 일어난 일은 끔찍한 것과는 정반대였다. 나는 그날 밤을 윌리엄과 같이 보냈다. 짜릿한 성적 흥분 같은 건 전혀 없었다. 우리 둘 다 성적인 쪽으로 상황이 빠르게 전개되기를 바라지 않는다는 것을 서로 대화를 통해 이미 확인한 뒤였기 때문에, 그런 압박감 없이 그저 침대에 누워 대화하고 넷플릭스를 보다가 일찍 잠들었다. 다음 날 떠나기 위해 옷을 입고 있을 때, 윌리엄이 말했다. "저기, 비어 있는 서랍이 몇 개 있어요. 원한다면 물건을 좀 놔두고 가도 돼요." 비행기를 타고 집으로 돌아가는 내내 윌리엄이 한 말이 머릿속에 계속 맴돌았다. 나는 그의 파란 눈을 잊을 수가 없었다. 그래서 그가 전화해서 "돌아와서 잠시 머물러요. 그래야 우리가 뭘 해야 할지 알 수 있어요"라고 말했을 때 '그가 자기와 같이 있기를 바란다면 안 될 것도 없잖아?'라고 생각했다.

3주 뒤, 새로운 룸메이트 매슈는 내가 짐 꾸리는 것을 돕고 있었다. 에이미는 시내로 이사 나갔다. 내가 거실에 있던 내 물건들 ─ 차마 버릴 수 없는 소중한 이모티콘 베개 두 개, 행복한 하누카 화환, 낡은 버니 캠페인 티셔츠, 그리고 4월인데도 아직 세워놓은 접이식 인조 크리스마스트리 ─ 을 옆에 있는 상자에 던져넣는 동안, 매슈는 주방을 맡았다. 그는 토론토 말보로스 후디를 입고 대리석 조리대 위에 다리를 꼬고 앉아 수납장을 자세히 들여다보았다. 수납장 안에는 들어 있는 물건이 별로 없었다.

"네 접시는 어디에 있어?"

"하나도 없어." 나는 말했다. 나는 식기류를 사러 다닌 적이 없었다. 집에 있을 때는 테이크아웃 용기에 담겨 있는 채로 먹었기 때문이다.

"말도 안 돼." 매슈가 말했다. 그는 의자에서 내려와 상자를 거실로 날랐다. "그게 다인 것 같아. 테이프를 붙일까?"

나는 상자 속을 들여다보았다. 안에는 뜯지 않은 행주 꾸러미 두 개와 블렌더 하나가 들어 있었다. 아직 내 닌텐도 스위치를 넣을 공간이 남아 있었다. "그냥 거기에 넣어." 내가 말했다. "고마워. 소파는 그냥 둬도 상관없는 거 맞아?"

소파는 검은색 모듈식 이케아 제품으로 가운데가 크게 찢어져 흰색 내용물이 밖으로 삐져나와 있었다. 우리는 거기에 앉아 수없이 슈퍼 마리오 오디세이 게임을 했다. 하지만 게임을 하지 않을 때는 내 방 침대에 누워 코딩을 하며 시간을 보냈다. 매슈는 그 소파를 그냥 두겠다고 했다. "새 룸메이트가 원한다면 교체할 거야"라고 그는 말했다. 내가 너무나 갑자기 이사를 나갔기 때문에 아직 나 대신 들어올 사람을 구하지 못한 상태였다. 하지만 나는 그때까지 집세를 낼 거라고 그를 안심시켰다. 내가 살던 것과 같은 럭셔리 아파트는 실리콘밸리에서 수요가 많았기 때문에 그에 대해서는 별로 걱정하지 않았다.

나는 눈을 감은 채로 수영장에 뛰어드는 삶의 순간을 맞이하고 있었지만, 운이 좋을 거라고 느꼈다. 어쩌면 그렇게 미친 짓도 아니었다. 윌리엄과 함께 플로리다에서 과연 내가 지낼 만한지 미리 살펴보는 동안, 내 물건을 샌마테오에 있는 친구 프레드의 아파트에 있는 방으로 옮겼을 뿐이었다. 우선 나는 2주마다 캘리포니아와 플로리다 사이를 비행기로 오갔다. 에어리어 120 사무실에는 거의 가지 않았다. 내 침대에서 일이 훨씬 더 잘 됐다. 어쨌든 그들의 시각에서 변한 건 정말로 아무것도 없었다.

윌리엄을 만나기 전에도, 나는 플로리다로 돌아가는 것에 대해 생각하고 있었다. 사실을 말하자면 나는 라틴계 사람들과 함께 있는 게 그리웠다. 스페인어와 라틴식 농담, 시끌벅적함이. 하지만 또 플로리다의 테마파크와 라이프스타일, 직업 선택, 관점의 다양성이 그리웠다. 심지어 트럼프에 대한 의견이 갈리는 것도 그리웠다. 내 친구의 절반이 트럼프 지지자였다. 대부분의 실리콘밸리 서클에서 트럼프에게 투표한 사람은 환영받지 못했다. 그래서 모두가 똑같은 목소리로 얼마나 행복하고 슬픈지 얘기할 뿐이었다. 그리고 내가 아는 거의 모든 사람이 페이스북, 구글, 애플, 야후, 마이크로소프트에서 프로그래밍, 광고, 마케팅에 종사했다. 내가 플로리다에서 파트타임으로 사는 것을 지지할 수 있는 경제적 자유를 가졌다면, 안 될 게 뭔가? 윌리엄과 일이 잘 안 풀리더라도, 노숙자가 될 일은 없었다. 그냥 캘리포니아에 있으면 되었다. 오직 긍정적인 면만 있었다.

나는 페덱스 밖에 서 있었고, 내 옆에는 굿윌에 기증하지 않은 여름옷이 담긴 상자 네 개가 쌓여 있었다. 문득 내가 윌리엄의 주소를 모른다는 사실을 깨달았다. 그래서 폰을 꺼내 쌓여 있는 상자 사진을 찍어 메시지에 첨부했다.

> 나: 이거 어디로 보내면 돼요?
> 윌리엄: ?
> 나: 주소가 뭐예요?
> 윌리엄: …
> 윌리엄: …
> 윌리엄: …

이상했다. 우편번호 같은 걸 찾아보고 있나?

나는 상자 주위를 서성거렸다. 이제 그는 점조차 찍지 않았다. 젠장! 나는 윌리엄에게 전화를 걸었다.

음성 사서함으로 넘어가려던 찰나 그의 주소가 적힌 문자가 떴다. "빨리 보고 싶어요" 같은 말은 없었다. 사진이 마음에 든다는 말도 없었다. 기분이 나쁘지는 않았다. 아마 수업 같은 걸 하고 있겠지 생각했다. 나는 상자를 우편으로 보낸 다음, 윌리엄이 상자 사진을 좋아하지 않았다는 사실을 걱정하지 않으려 애쓰면서 직장에 얼굴을 비추기 위해 구글 버스에 올라탔다. 그에게 전화를 걸어 일이 잘 마무리되었다고 확인해줘야 할까? 나는 전전긍긍하는 듯이 보이고 싶지 않았다. 내 전략은 가볍고 편안함을 유지하는 것이었다. 내가 일정이 정해져 있지 않은 방문을 하고 있듯이 말이다. 적어도 기술적으로는 그랬다. 그는 내가 아파트에서 나와 이사했다는 것을 알 필요가 없었다. 중요한 삶의 대화를 하기에는 아직 너무 이른 듯했다. 그가 나에 대해 어떻게 느끼는지는 걱정하지 않았다. 이와 관련한 모든 것은 그의 아이디어였다. 그렇지 않나? 그러니 그 끝이 어떨지 걱정할 필요는 전혀 없었다. 나는 그가 쓸데없이 압박감을 느끼지 않기를 바랐다. 우리는 어쨌든 3일을 같이 지냈을 뿐이었다.

어른처럼 행동하기

하느님 감사합니다, 제가 어리석었어요. 걱정할 필요가 전혀 없었다. 몇 주 후, 일이 잘 풀려 윌리엄과 나는 더없는 행복감을 맛봤다. 같이 사는 것은 아주 재미있었다. 그가 나와 다르게 언제나 긍정적인 게 좋았다. 끝없이 놀이기구를 타며 손에 음료를 들고 디즈니월드와 유니버설 스튜디오를 같이 걷기 위해 올랜도로 차를 타고 가는 것이 좋았다. 옷에 대한 취향이 같다는 것도 좋았다. 내 옷장 서랍에 깨끗한 티셔츠가 쌓여 있어도 나는 그의 티셔츠에 손을 뻗었다. 그것이 그의 것이었기 때문이다. 이렇게 쓰기는 아주 민망하지만, 나는 윌리엄에 미쳐 있었다.

나는 2주 동안 플로리다에 있었고, 우리는 여전히 상당히 즐겁게 시간을 보내며 "어처구니가 없군!" 같은 말은 아직 하지 않고 있었다. 아직 단 한 번도 심각한 언쟁을 벌인 적이 없었다. 이것은 대체로 상황의 좋은 면만을 보는 윌리엄의 능력 덕분이었다. 우리 둘이 거울이라면 윌리엄은 완전한 절반이었다. 내가 오십 번을 다시 쓴 한 줄의 투박한 코드에 관해 또는 내가 할 수 있는 게 아무것도 없는 기후 변화에 대한 공포에 관해, 또는 일반적으로 나 자신에 관해 아무리 비관적으로 느끼고 있더라도, 윌리엄은 늘 나에게 제공할 더 밝은 관점을 가지고 있었다. 그가 긍정적으로 느끼려고 애쓰는 것처럼 보였던 유일한 것은 나와 엄마의 전화 통화였다. 엄마와 나는 적어도 일주일에 한 번은 통화했고, 뉴욕에서 즐거운 시간을 같이 보냈는데도 불구하고 통화는 여전히 종종 서로 고함을 지르는 싸움으로 변질되었다. 반면 윌리엄과 그의 엄마는 서로의 일에 대해 알아야 할 필요를 느끼지 않았다. 그들의 대화는 상냥하고 간단명료했다.

나는 은근히 윌리엄의 친구들이 그의 좀 더 거친 면을 끌어내기를 바라고 있었다. 그들이 실리콘밸리의 내 친구들과는 별로 닮은 데가 없고, 시도 때도 없이 큰소리로 웃고, 장난치고, 말허리를 자르고 끼어드는 마이애미의 내가 아는 사람들과 더 비슷할 거라고 상상했다. 나는 다시 "네 말에 동의하지 않아" 같은 말을 듣고 싶어 죽을 지경이었다. 때로는 어떤 의견에 충격을 받고 싶을 지경이었다. 내가 어떤 문제를 가지고 있든, 어떤 창조적 도전에 직면해 있든, 최선의 해결책은 여동생과 그녀의 친구들, 그러니까 내가 아무리 스트레스를 받고 있어도 나를 웃게 만드는 나와 어린 시절부터 같이한 사람들과 많은 시간을 보내는 것이었다.

대학생들로 가득 찬 시끄러운 한 멕시칸 레스토랑에서 윌리엄과 나와 식탁을 마주하고 앉은 안젤라와 리암 커플은 이런 점에서 내가 기대한 것과 전혀 달랐다. 그들과 만난 지 단 5분 만에, 그들과 나 사이에는 공통점이 아무것도 없다는 사실을 나는 금세 파악했다. 흥미롭지 않은 방식으로 말이다.

"카르디 비가 오늘 신곡을 발표했대요." 나는 어색한 분위기를 띄워 보려고 이렇게 말했다. "그 노래 들어봤어요?"

세 사람, 그러니까 윌리엄, 안젤라, 리암은 4달러짜리 마가리타 너머로 멍하니 나를 바라봤다. 아, 맞다, 나는 생각했다. 여기는 마이애미가 아니지. 카르디 비는 여기서 여신이 아니었다. "그럼 어떤 음악을 들어요?" 내가 물었다.

"저는 정말 음악을 안 들어요." 리암이 냅킨을 접으며 말했다. "팟캐스트를 더 좋아해요."

"난 컨트리 뮤직을 좋아하는 것 같아요." 안젤라가 말했다.

윌리엄은 내게 사과한다는 듯이 어깨를 으쓱했지만 사실 윌리엄도 내가 랩을 추켜세우는 것에 동의하지 않았다.

"소프트웨어 엔지니어라면서요?" 리암이 물었다.

"네, 그런 셈이죠!" 나는 말했다. "게임을 만들어요."

"뭐냐, 콜 오브 듀티 같은 게임이요?" 머리를 기울이며 안젤라가 말했다.

"아, 아니요, 저는 iOS용 앱을 만들어요. 아이폰이요." 맥박이 뛰는 것을 느끼며 내가 말했다. 나는 될 수 있으면 윌리엄과 기술과 관련한 얘기는 자제하려고 했다. 그는 구글 문화에 관한 내 이야기에 흥미를 느꼈지만 내가 직장에서 실제로 하는 일을 설명하려고 할 때마다 생각이 딴 데 가 있는 듯한 표정을 지었다. "지금, 저는 소셜미디어를 개혁한다는 엄청난 생각을 하고 있어요. 저는 어떤 AI 콘텐츠 순위 알고리듬도 없는 소셜 네트워크를 만들고 싶어요. AI는 우리가 우편을 보내고 싶은 사람을 이해하는 걸 돕는 데만 사용될 거예요." 나는 물을 한 모금 마시고, 그들에게 이제 가장 핵심적인 부분을 얘기할 참이었다. 나의 네트워크는 탈중앙화될 것이고, 아무도 그걸 소유할 수 없다는.

하지만 나는 리암과 안젤라가 내 얘기에 아무런 관심이 없음을 바로 알아차렸다. 그들은 당혹감에 가까운 표정으로 나를 바라보고 있었다. 아니면 그냥 지겨운 걸까? 내가 발명한 새로운 치약 공식을 얘기하는 게 나았을지도 모른다. 거기에는 관심이 있을 테니까. 실제로 그들은 과학적 사고방식을 갖고 있기 때문에 거기에 더 관심이 있을 것이다. 어색한 침묵이 몇 초 흐른 뒤에 안젤라가 "아주 멋져요"라고 말했다. 그러고 나서 세 사람은 잡초 제거용 제초제에 관해 흥분해서 논쟁하기 시작했다. 나는 손짓으로 서빙하는 사람을 불러 마가리타를 한 잔씩 더 돌리면서 그들이 "내가 살게!" 같은 말을 하지 못하도록 선수를 쳤다. 하지만 나중에 알게 되었지만 그들의 방식은 애당초 정상가보다 싼값에 술을 파는 특별 할인 시간대에 술을 한 잔 주문한 다음 이후 시간은 공짜로 제공되는 나초를 계속 다시 채우면서 보내는 것이었다. 음식을 더 먹거나 술을 더 마시고 싶으면 내가 그 비용을 지불해야 했다. 물론 나에게는 상관없는 일이었다. 플로리다 북부의 주거 비용은 사우스베이보다 70퍼센트는 싼 것 같았다. 윌리엄이 그러지 말라고 부탁하지 않았다면 일주일 내내 윌리엄과 그의 친구들에게 기꺼이 저녁을 사주었을 것이다. 별일 아니라고 아무리 말해도 윌리엄은 그런 나의 행동을 불편해했다. 하지만 오늘 밤은 마음이 불편해서 너무 짜증이 났고, 그래서 술을 한 잔 더 시켰다.

윌리엄이 손을 뻗어 내 어깨를 위로하듯 감쌌다.

"너희 되게 매력적이야." 안젤라가 리암의 말을 자르며 말했다. "다시 만난 지 얼마나 됐어?"

"아, 한 달쯤 된 것 같은데." 윌리엄이 말했다. 하지만 윌리엄의 말과 달리 다시 만난 지는 그렇게 오래되지 않았다. 정확히 16일이 지났다는 걸 윌리엄은 모르는 걸까?

"와, 윌리엄이 그렇게 즉흥적일지 누가 알았겠어!" 리암이 말했다.

"난 아니야." 내 손을 잡으며 윌리엄이 말했다. "하지만 마이클은 꽤 그렇지, 어느 날 내 집에 한 무더기의 상자를 보냈어. 그래서 말했지. 젠장, 난 당신이 이사 올 줄은 몰랐어."

나를 제외한 모두가 웃고 있었다.

"나는 서로 합의가 된 걸로 생각했는데…." 나는 억지로 미소를 쥐어짜며 말했다.

"뭐라고?" 윌리엄이 머리를 흔들었다.

"윌리엄!" 이제 나는 정색하고 말했다. "지금 내가 허락도 없이 다짜고짜 이사 왔다고 말하는 거야?"

그는 나만큼이나 놀란 듯했다. 내가 여기에 앉아 있게 된 이유, 그리고 세상 모든 것에 대해 우리가 완전히 다르게 해석했다는 사실을 그가 표정으로 드러내고 있음을 나는 알 수 있었다.

"옷을 몇 벌 가지고 온다는 건 알았지만, 자기 아파트에서 나올 거라고는 생각지 못했지." 윌리엄이 마침내 말했다.

"이거 아주 재밌네!" 안젤라가 의자를 뒤로 빼며 이렇게 말했다.

"다 잘된 것 같아." 윌리엄이 몇 분 후 차 안에서 말했다. "그렇게 생각하지 않아?"

잠시 나는 그가 적절히 비꼬고 있다고 생각했지만, 이내 그가 윌리엄임을 떠올렸다. 그 레스토랑은 폭발하지 않았고, 아무도 또띠야 칩에 질식되지 않았다. 그러니 다 잘된 일이었다. 나는 계속 창문 밖을 응시하고 있었다.

"마이클?"

"끔찍하다고 생각했어."

"진심이야? 재밌어하는 것처럼 보였는데! 내내 얼굴에 미소를 짓고 있었잖아."

"그것 말고는 달리 할 수 있는 게 없었어"라고 말하고 싶었지만, 말하지 않기로 했다.

우리는 앞뜰에 꽃들과 아주 작은 야자나무로 이루어진 작은 오아시스가 있는 윌리엄의 귀여운 아파트 앞에 멈춰 섰다. 윌리엄이 차의 시동을 끄고 문을 열었지만 나는 꼼짝하지 않았다. 극적으로 보이려 그런 것이 아니었다. 뭔가 다시 납득이 될 때까지 몸을 움직일 수가 없었다. 내가 아이였을 때와 엄마와 내가 돈 문제로 싸운 후 함께 앉아 있을 때를 생각하기 시작했다. 그때 엄마와 나는 좌절감과 눈물로 얼룩진 침묵에서 벗어날 수 없었다. 나는 열네 살 때의 나만큼이나 상심과 혼란, 실망을 느꼈다.

"마이클, 제발 뭐라고 말 좀 해봐." 윌리엄은 매우 걱정하는 듯했다. 미칠 듯이 화가 났지만, 그를 위해 설명해야만 했다.

"너는 나를 스토커인 양 만들었어." 내가 말했다. "내가 짐을 들고 막무가내로 나타난 것처럼. 내가 와야 한다고 말한 건 너야. 네가 말했잖아. 오라고, 그래야 우리가 나중에 나머지를 이해할 거라고."

윌리엄은 머리를 쓸어넘기며 한숨을 내쉬었다. "내 말은 한 번 들르라는 뜻이었어." 그가 말했다. "그러고 나서 너는 부치고 있는 그 모든 물건의 사진을 보냈고, 나는 내가 불분명하게 얘기했다는 걸 깨달았지…."

"이제 모든 게 선명해진 것 같네." 내가 씁쓸하게 말했다.

"하지만 그때 나는 그 문제에 대해 생각해봤어", 윌리엄은 계속 말했다. "그리고 일어날 수 있는 최악의 일이 뭔지 깨달았지. 너는 기동성이 있고, 일이 어그러지면 언제든 떠날 수 있어."

큰 나방 한 마리가 현관등에 갇혀 정신없이 날개를 파닥거리고 있었다. 안으로 들어갔지만 밖으로 나오지 못하고 있었다. 저게 나는 아니야라고 나 자신에게 말했다. 윌리엄이 옳았다. 원한다면 나는 아무 때나 이곳을 떠날 수 있었다. 하지만 내가 저 나방인 듯이 느껴졌다. 밀실 공포증을 느끼는.

"그냥 들어와, 어서." 윌리엄이 말했다. 그는 나와서 정중한 무도회 데이트 상대처럼 나를 위해 문을 열어주고 있었다.

어쩌면 우선은 갇혀 있는 것도 나쁘지 않았다. 어쩌면 내가 안에 갇혀 있는 것은 우리에게 주어진 유일한 기회일지도 몰랐다. 나는 나의 게임들에서 사람들에게 그들이 원하는 것이 무엇이든 규칙도 없이 할 자유를 주면 그들이 지루해한다는 것을 깨달았다. 그들은 떠나갔다. 하지만 내가 그들에게 제약을 주면, 그들은 그 안에서 작업하는 것에서 기쁨을 찾는 듯했다. 내가 더 도전적으로 만들수록, 게임은 더 나아졌다.

커밍아웃

마이클 세이먼, 구글의 성공한 히스패닉계 엔지니어,

진실을 말하다 : "나는 동성애자다."

레나 한센, 2018년 8월 24일

페루와 볼리비아 뿌리를 가진 성공한 구글 엔지니어 마이클 세이먼이 오늘로 스물두 살이 된다. 그리고 이 특별한 날을 축하하기 위해, 세이먼은 『피플 엔 에스파뇰』에 연락해와 세상에 진실을 밝혔다. 앱을 개발해 백만장자가 되고 또 페이스북에서 일했던 이 젊은이는 동성애자다. 그리고 그는 이 사실을 숨기고 싶어 하지 않았다.

이 젊은이는 "나는 이것이 같은 상황을 겪는 라틴계 사람들을 도울 수 있으리라 진심으로 믿습니다"라고 밝혔다. "열일곱 살 때 페이스북과 최연소 엔지니어 계약을 맺고 스물한 살에 구글의 최연소 프러덕트 매니저가 되는 성취를 이루었음에도 여전히 마음속에서 저에게 이렇게 말하는 목소리가 있다는 게 두렵습니다. '네가 동성애자라면 더는 아무도 너를 진지하게 대하지 않을 거야' 나는 이제 다른 사람들에게 증명할 때라고 생각합니다. 동성애자라도 괜찮고 자신이 누구인지를 두려워할 필요 없이 성공할 수 있다고요."

십 대 이후로 세이먼은 자신의 가족을 지원해왔음에도(그는 자신의 부모가 일자리와 집을 잃었을 때 그들이 경제적 위기에서 벗어나도록 도왔다), 자신이 사랑하는 사람들이 그의 성적 지향에 어떻게 반응할지 두렵다는 것을 인정한다.

거부당할지도 모른다는 두려움 때문에 수년간 지켜온 이 비밀을 그는 더는 조용히 쉬쉬하며 넘어가고 싶어 하지 않는다. "나는 동성애자고, 히스패닉 출신입니다. 나 자신에 관한 그 사실을 사람들에게 말하는 것이 늘 두려웠기 때문에, 특히 라틴 아메리카에 사는 수천 명의 젊은이가 내가 자신들의 롤 모델이라고 말하는 메시지를 보냈기 때문에 수년간 벽장 속에 머물기로 했습니다."

그의 생일인 오늘, 세이먼은 선물을 받는 대신에 친구와 가족에게 비영리 단체인 트레버 프로젝트에 돈을 기부해달라고 요청할 것이다. 이 단체는 위기 상황과 자살의 위험에 처한 성소수자 공동체 사람들을 돕는 일을 한다.

나는 올해 나 자신을 극복했다.『피플 엔 에스파뇰』에 실제 내 스물두 번째 생일에 맞춰 나의 커밍아웃 기사를 써달라고 설득한 것은 확실히 나의 가장 기념비적인 생일 이정표였다. 열네 살 생일 바로 전에 CNN 인터내셔널에 출연한 것보다, 열여섯 살 생일 바로 전에 남아메리카로 가서 여러 대학에서 수천 명의 청중을 앞에 두고 연설한 것보다, 열일곱 살 생일 바로 직후에 페이스북에서 인턴 제의를 받은 것이나 열여덟 살 생일 다음 날 페이스북 정규직이 된 것보다 좋았다. 스무 살 생일 전날 라이프스테이지를 출시한 것보다 확실히 더 좋았고, 스물한 살에 퐁텐블로 리조트에서 구글 계약서에 서명한 것보다 훨씬 더 좋았다. 그것은 내가 여태껏 한 일 중에 가장 정직한 일이었기 때문에 저 사건들 모두를 합친 것보다 더 좋았다.

　나의 커밍아웃은 전략과 계획을 세우는 데 여러 달이 걸렸다. 단지 기사화하고 이를 알리는 것에 그치지 않았다. 그것은 혹시라도 있을지 모를 좋지 않은 결과를 최소화하기 위해 아주 사소한 세부에 이르기까지 전 과정을 관리한 프로젝트의 결과였다.

　생일 두 달 전: 윌리엄, 안젤라, 리암과 생일 유람선 여행 예약. 안젤라와 리암은 이제 윌리엄의 친구 중 내가 좋아하는 사람들이었다. 나는 그들을 좋아했다.

　한 달 전: 나의 커밍아웃 기사를 쓰는 데 관심이 있는지 알아보기 위해『피플 엔 에스파뇰』과 접촉.

　3주 전: 윌리엄이 내 사진을 수백 장 촬영. 그중 좋은 것 한 장을 고른 다음 소셜미디어에 올리기 위해 필터링하고 리터칭 시작.

2주 전: 『피플 엔 에스파뇰』 기자 레나 한센과 인터뷰를 함. 리터칭한 사진을 레나에게 제공.

1주 전: 라틴아메리카의 나를 아는 모든 사람, 특히 나의 대가족과 페이스북 팔로워 3만 5천 명의 대다수가 나에게 실망할까 봐 걱정하며 마음이 무거워짐.

당일 아침: 상태를 "연애 중"으로 변경.

기다리기.

내가 기다리고 있는 게 뭔지 정말 몰랐지만, 볼리비아와 페루의 친척들이 나의 커밍아웃 게시물을 보지 않은 척하며 아무 일도 일어나지 않은 것처럼 행동할 기회를 주고 싶지 않다는 것은 알았다. 부모님에게 얘기했을 때 그들이 그랬듯이 말이다. 기사가 내 생일에 실려야 한다고 주장한 이유는 그래야 내 친척들이 놓칠 기회가 절대로 없는 일 년 중 하루에 내가 그 기사 링크를 걸어 윌리엄에 관한 내 게시물을 설명할 수 있었다. 내 가족에게, 그리고 많은 라틴아메리카인에게 생일에 가족 구성원에게 전화를 걸지 않거나 글을 남기지 않는 것은 아주 무례한 일로 여겨진다. 모두가 나의 페이스북 페이지에 글을 남길 것이고, 그러면 그 페이지에서 그 뉴스를 놓칠 수는 없었다.

또 나의 커밍아웃 진행에 중요한 것은 유람선 여행의 시점이었다. 나는 내 생일 이틀 뒤에 항해에 나서는 유람선 여행을 찾았다. 그러면 그 이야기를 알게 된 볼리비아와 페루의 신문 및 라디오 방송국과 인터뷰를 할 충분한 시간을 확보할 수 있지만, 소셜미디어 피드백에 대해 강박관념을 가지기에 아주 많은 시간은 아니었다. 나는 일부러 유람선을 예약하면서 와이파이 추가 요금을 내지 않았다. 그러면 내 방에서 와이파이가 되지 않아 소셜미디어의 댓글을 강박적으로 확인할 수 없게 될 것이다.

자메이카, 멕시코, 온두라스로 일주일간 여행을 하기 위해 리암, 안젤라, 윌리엄과 내가 로열 캐러비언 유람선에 승선했을 때 물론 나는 댓글을 확인하고 있었다.

"마이클, 약속했잖아." 윌리엄이 말했다.

"알아, 알아, 미안해." 나는 페이스북을 _끄고_ 폰을 뒷주머니에 넣은 다음 내가 더는 폰을 만지고 있지 않다는 것을 보여주기 위해 손을 들었다. "이제 끝났어."

"그래서 어떻게 됐어?" 안젤라가 물었다. 챙이 넓은 밀짚모자와 커다란 선글라스, 꽃무늬 원피스 차림을 한 그녀의 모습은 그 어느 때보다 단정해 보였다.

나는 말했다. "세상에, 그들이 이렇게 잘 받아들일 줄 알았더라면 고등학교 때 커밍아웃하는 게 나았을 텐데."

나의 커밍아웃에 대한 반응은 대체로 수용적이었고 친절했다. 캘리포니아 사람들은 반응하기가 귀찮으면 엄지척을 주었다. 그들에게 이건 사건이랄 것도 없었다. 하지만 페루의 삼촌들 거의 전부는 지지한다는 개인적인 메시지를 보내거나 게시물에 멋진 댓글을 남겼다. 엄마의 네 형제 중 막내인 미구엘 삼촌은 스페인어와 영어를 섞어 이렇게 썼다. "마이클, 생일 축하해! 내가 너의 강인함을 존경하고 너의 위대한 용기를 축하한다는 것을 알아줬으면 해." 마이애미의 내 친구들로부터는 많은 하트와 키스, 행복한 이모티콘, 그리고 "대충 짐작은 하면서도 긴가민가했는데, 이제 알게 되어 기뻐!" 같은 문자 메시지가 몇 개 있었다. 나에게 홀딱 반했다고 늘 농담하곤 했던 여동생의 어린 시절 친구 애나는 이렇게 썼다. "굉장해요, 정말 잘된 일이에요, 하지만 내가 아직도 오빠랑 결혼하려고 하는 거 알죠?"

그들 중 몇몇이 개인적으로 '저런, 힘들겠네'라고 생각하든 말든 개의치 않았다. 내가 신경 쓴 것은 내가 누구인지 숨길 필요가 없다는 것과 다른 라틴아메리카 젊은이들에게 그럴 필요가 없다는 것을 보여주는 것이었다. 2000년대 중반 이후 동성애에 대한 인식은 크게 바뀌었다. 고등학교 때 지금보다 더 문화가 두드러지게 개방적이고 수용적이었다면, 내가 나 자신을 더 일찍 이해했을까 궁금했다. 모두가 이성애자이고 자기 자신이 누구인지 이해할 수 있다는 자동적인 가정이 존재하지 않는 곳이었다면 어땠을까? 그러면 확실히 고등학교 시절은 더 재미있었을 것이다. 그리고 어쩌면 오늘날 나 자신을 조금 더 좋아하게 되었을 것이다.

인생의 모든 재미없는 시간을 보충할 것, 이것이 이번 유람선 여행의 목적이었다. 나는 윌리엄을 그의 첫 유람선 여행에 데리고 오게 되어 너무 신났다. 우리는 로열 캐리비안의 거대한 배 위에 있었는데, 배라기보다는 차라리 도시라고 할 수 있었다. 이 배에는 여러 층이 있었다. 수십 개의 레스토랑, 바, 나이트클럽, 온갖 종류의 수영장, 아이스 스케이팅 링크, 골프 코스, 회전목마와 놀이기구가 있는 보드

워크, 쇼핑몰, 그리고 자체 "센트럴 파크" 가든. 이 배는 얼마나 큰지 움직임조차 느껴지지 않았다. 기본적으로 라스베이거스 호텔에 있는 것 같았다. 뱃전에 서서 끝없이 펼쳐진 깨끗한 푸른 물 말고는 아무것도 없는 풍경을 바라보기 전까지는 말이다.

이제 나를 아는 세상의 모든 사람에게 공식적으로 "커밍아웃"을 했기 때문에, 이 여행 중에 윌리엄에게 드러내놓고 애정 표현을 하는 게 더 자연스럽게 느껴질 거라고 기대하고 있었다. 그런데도 첫 이틀 동안은 이상할 정도로 신경이 쓰였는데, 남성미를 과시하는 라틴계 남자들에 둘러싸여 있을 때 특히 더 그랬다.

"배에 동성애자는 우리밖에 없는 것 같아." 이틀째 밤에 리암과 안젤라를 따라 라틴풍 나이트클럽에 갔을 때 나는 윌리엄에게 이렇게 말했다.

"바보 같은 소리 하지 마." 그가 말했다. "이 배에는 거의 5천 명이 있어. 통계적으로 적어도 100쌍은 있어."

조명을 한 모자이크 댄스플로어 앞에서 라이브 밴드가 연주를 하고 있었고, 몇몇 커플이 살사 춤을 추고 있었다.

"뭔가 보여줘야지, 마이클." 리암이 말했다. 그는 상황에 맞춰 늘 유니폼처럼 입고 다니던 티셔츠와 운동 반바지를 벗고 검은색 버튼다운 셔츠와 검은색 바지로 갈아입고 있었다. 나는 어둑한 공간에서 반딧불이처럼 나를 밝히는 흰색 셔츠와 밝은색 바지 대신에 검은색 옷을 입지 않은 것이 아쉬웠다.

"우선 필름이 끊길 때까지 마셔야 해." 내가 말했다. 춤을 추려면 정신이 몽롱해져야 했다.

30분 동안 롱아일랜드 아이스티(콜라와 과일주스에 도수 높은 술을 섞은 칵테일― 옮긴이) 석 잔을 마신 후에 우리 넷은 불이 켜진 바닥에서 원을 그리며 살사 춤 실력을 보여주려 했다. 나는 실제로 살사 춤을 추는 법을 배운 적이 없지만, 아무도 눈치채지 못한 듯했다. 우리는 무리를 지어 아주 재미있는 시간을 보냈다. 모두 웃으며 춤을 남보다 조금이라도 더 잘 추려고 경쟁했다. 그래서 나는 윌리엄이 왜 그렇게 나를 떼어내서 나와 같이 춤추려고 했는지 몰랐다. 나는 무리를 향해 계속 춤추면서 그와 눈을 마주치지 않으려고 최선을 다하고 있었다. 이 원을 그대로 유지할 필요가 있었다! 이제 윌리엄은 놀라운 더티 댄싱 실력을 선보이기 시작했고, 나는 사람들이 우리를 쳐다보고 있는 시선을 느끼기 시작했다. 윌리엄은 내가 단지 클럽 안의 다른 사람들처럼 있고 싶어 한다는 것을 이해하지 못한 걸까? 그가 스물다섯 살인 데 비해 나는 스물두 살이고, 내가 되고 "싶어" 하는 존재가 있기는 하지만 여전히 사람들이 나에 대해 생각하는 바를 고통스럽게 의식하고 있다는 것을 그는 잊은 걸까? "왜 나와 춤추려 하지 않아?" 시끄러운 음악 소리 때문에 그는 내 귀에 대고 소리쳤다.

이제 나는 남의 시선을 크게 의식하게 되어 전혀 춤을 출 수 없었다. "아니야, 아니야." 나는 되받아 소리쳤다. "그냥 모두 단체로 춤추자고!"

"좋아!" 윌리엄이 말했다. 30분 정도 지나서 우리는 그만 나가기로 했다. 그는 내 팔을 잡은 채 출구 쪽으로 군중을 뚫고 나를 밀기 시작했다. 나는 순순히 그를 따랐다. 한 무리의 라틴 커플들이 머리를 돌려 우리가 지나가는 것을 보는데도 나는 팔을 뿌리치려 하지 않았다.

우리가 갈지자로 칵테일라운지를 지나가고 있을 때, 누군가 불쑥 손을 뻗어 윌리엄의 어깨를 가볍게 톡톡 쳤다. 모델처럼 얼굴에 까칠하게 자란 수염이 있는 30대 남자로 가슴 주머니에 눈부신 금빛 포켓 스퀘어를 꽂은 값비싼 정장을 입고 있었다.

"당신을 내 파티에 초대하고 싶군요." 그가 말했다.

윌리엄과 나는 서로를 바라보았다. 동성애자들이 사람들 사이에서 공공연하게 손을 잡고 있을 때 이런 일이 일어난다고 생각하고 있었다. 아주 잔인할지도 모르는 사람에게서 무작위로 초대를 받는 것이다.

"약혼 파티예요." 그 남자가 말했다. "내일 로얄 로프트 스위트룸 오후 10시에 있어요."

대답도 하기 전에 그 남자는 사라져버렸고, 리암과 안젤라가 대신 나타났다.

"저 사람 누구야?" 안젤라가 주변을 훑어보며 조심스럽게 물었다.

"멋있네!" 윌리엄이 말했다. "그가 방금 우리를 약혼 파티에 초대했어."

"동성애자 약혼 파티라고 생각해?" 내가 말했다.

"물론이지." 윌리엄이 말했다.

"갈 생각이야?" 리암이 물었다.

월리엄과 나는 서로 쳐다봤다. 그가 난데없이 나타나서 엄청난 자신감으로 윌리엄의 어깨를 만지며 '내가 너를 골랐어' 한 것은 아주 기이한 일이었다. "약혼 파티"가 실제로는 "동성애자 섹스 파티"의 암호라면? 나는 가죽 벨트로 침대에 묶여 있는 윌리엄과 나의 모습을 상상했다.

"가보자고." 윌리엄이 말했다. "아주 재미있을 거야."

다음 날 밤, 포트 데이에 동굴 수영과 장보기, 테킬라 시음 등을 해서 지칠 대로 지친 상태에서 윌리엄과 나는 포켓 스퀘어 남자의 발코니에 서 있었다. 윌리엄이 지적한 대로 발코니는 배의 끝부분을 감싸고 있었다. 바닥에서 천장까지 창으로 된 벽을 통해서 대부분 이성애자 커플과 몇몇 가족 등 스무 명쯤 되는 손님이 이 파티의 주인인 포켓 스퀘어 남자와 그보다 키가 작고 더 근육질로 보이는 약혼자와 얘기하며 웃고 있는 게 보였다. 한 젊은 여자가 그랜드 피아노로 재즈를 연주하고 있었고, 흰옷을 입은 웨이터들이 은쟁반에 새우를 나르고 있었다. 이 파티가 섹스 파티일 거라는 내 편집증적 사고가 우습다고 느껴졌다. 정말로 내가 품고 다니던 추악한 고정 관념을 극복할 필요가 있었다. 윌리엄과 좀 더 닮을 필요가 있었다. 그는 불과 몇 달 전에 커밍아웃했을 뿐이지만 자신을 이미 동성애자로서 완전히 자각하고 그러한 자신의 정체성을 신뢰했다. 그가 자기 자신이나 타인과의 관계에서 불안정한 모습을 보이는 순간이 아예 없지는 않았지만, 그의 성 정체성에 관한 한 누구라도 자기 본연의 모습에 그토록 편안할 수 있다는 것은 기적과도 같은 일이라고 생각했다.

스위트룸은 믿기 힘들 만큼 굉장했다. 퐁텐블로의 세이블 프레지덴셜 룸 정도는 아니었지만, 유람선 안에 있다는 것을 고려하면 전혀 부족하지 않았다. 부모님의 스물다섯 번째 기념일이 다가오고 있었다. 이런 방에서 기념일을 보낸다면 얼마나 재미있을까? 나에게는 돈이 있었다. 모두가 미국이 기회의 땅이라고 말했고, 충분히 열심히 충분히 오래 일하면 돈으로 보상받고 편안히 인생을 즐길 특권을 누리는 보상을 받을 것이다. 하지만 내 부모님에게 그러한 보상은 절대 주어지지 않을 것이다. 그들이 설사 저축을 열심히 하는 사람들이었대도 세금을 내고 나면 저축을 위한 돈은 거의 남아 있지 않았다. 내가 내 경력의 시작 지점에서 이미 넘어선 문턱을 그들은 결코 넘지 못할 것이다. 내가 더 많은 돈을 벌고, 더 많은 세금 우대를 받고, 손가락 하나 까딱하지 않고 자본 시장에서 내 돈이 더 늘어나는 곳에서 말이다. 아메리칸드림에 대한 부모님의 경험과 나 자신의 경험 사이의 불평등을 고려할 때, 그들에게 멋진 일들이 끝없이 일어나야 마땅하지 않을까? 그들도 그 멋진 일들의 일부라고 느껴야 하지 않을까?

나 자신을 점검할 필요가 있다. 더는 어떻게 일할 것인가가 아니다. 부모님의 은퇴 이후의 삶을 위해 은행에 4만 달러를 예치하고 있고 이곳을 위한 비용도 댈 생각이 있다. 부모님이 은퇴한 이후의 삶을 확실히 책임질 것이다. 그리고 내 미래를 위해 저축에 대해 생각할 필요도 있었다. 윌리엄과 나는 언젠가 약혼할 수 있을까? 그와 전 세계를 여행하며 다음 40년을 보내는 공상에 쉽게 빠져들 수 있었다.

어디에서든 내 앱에 관한 일을 할 수 있었다. 그러니 안 될 것 없지 않을까?

하지만 또 한편으로는 그로부터 도망치는 나 자신을 쉽게 그릴 수 있었다. 알고 보니 누군가를 사랑하기는 쉬웠다. 어려운 것은 신뢰였다. 내가 지나치게 예민한 성격이라는 것은 알고 있었지만, 내가 이사를 계획하고 있었다는 것을 윌리엄이 생각지도 못했다는 것이 드러난 후 이 충격적인 사실을 잊는 데만 무려 석 달이 걸렸다. 솔직히 말하자면, 그가 나를 좋아하는 것보다 내가 그를 더 좋아하는 건 아닌지 걱정했다. 그리고 그러한 공포가 몇 달 동안 지속되었다. 신뢰는 내게 너무나 중요해서 나는 내 노트북에 시간의 흐름에 따라 내가 윌리엄을 신뢰하는 수준을 도표로 기록한 그래프를 만들었다. X축 위로 약 20퍼센트 수준에서 움직이는 희미한 수평선이 있었다. 그것이 관계를 유지하기 위한 나의 기준선이었다. 차트가 적어도 90퍼센트의 시간 동안 그 선 위로 머물지 못하면, 관계는 유지될 수 없었다. 나는 이사 관련 논쟁에서 일어난 신뢰의 하락과 우리가 유람선 여행을 떠나기 바로 직전을 포함해 함께한 반년 동안 있었던 다른 두 차례의 하락을 표시했다. 처음에는 그 그래프에 관해 그에게 말할 계획이 없었다. 나의 편집증적 방식 속에서, 그 그래프에 관해 알게 되면 그가 결과를 왜곡하려 들지도 모른다고 생각했다. 하지만 빌어먹게도 나는 그 그래프를 만든 바로 다음 날 그에게 그것을 보여주기로 결심했다. 우리는 그의 새로운 남자친구가 얼마나 괴상한 사람인지를 두고 실컷 웃었던 것 같다.

"마이클! 이리 와봐!"

꼬리에 꼬리를 무는 생각에서 벗어나 윌리엄이 배 발코니의 뾰족한 끝에서 나를 향해 손을 흔들고 있는 모습을 보았다. 난간에 너무 가까이 있는 것에 신경이 예민해져서 주의해서 그에게 다가갔다. 우리는 먼바다로 나와 있었고, 바람 말고는 물결의 일렁임을 느낄 수 없었지만 배는 계속해서 꽤 속도를 내서 항해하고 있었다. 어찌나 부드럽게 움직이던지 물리의 법칙을 깨고 있는 것처럼 느껴졌다. 어둠 속에서 구르는 파도를 내려다보며 갑자기 내가 배 밖으로 떨어져 검은 물속으로 사라지는 모습을 떠올렸다. 나는 내 뒤의 벽에 밀착해 가능한 한 난간에서 멀리 떨어지려 했다. 망할, 안 돼. 나는 가장자리 근처에는 다가가지 않으려 하고 있었다.

"마이클, 이리 와봐! 왜 그렇게 멀리 떨어져 있는 거야?" 윌리엄이 고개를 돌려 어깨 너머로 나를 호기심 어린 표정으로 바라보고 있었다.

그가 다가와 자기 손을 잡으라고 팔을 뻗었다. "이리 와봐. 이걸 보면 정말 마음에 들 거야."

아주 천천히 난간으로 다가가 마지못해 아래를 내려다보았다. 공포 속에 대양을 응시한 지 몇 분 후에 윌리엄을 올려다보며 '안으로 다시 돌아가고 싶어'라는 뜻으로 미소를 지어 보였다.

"뭐가 그렇게 무서운 거야?" 그가 물었다.

어리석다고 느끼면서도, 내가 배 밖으로 떨어지는 모습을 상상했다고 그에게 말하며 이렇게 덧붙였다. "그물망 같은 게 전혀 없어. 네가 도와줄 때쯤이면, 나는 죽어 있을 거야."

"말도 안 되는 소리 좀 하지 마." 윌리엄은 비상경보기 옆 발코니 벽에 끈으로 묶여 있는 오렌지색 구명용구를 가리켰다. "나는 저걸 잡고, 경보기를 울리고, 곧바로 승무원을 찾을 거야."

물론 그건 윌리엄의 생각이었다. 내가 본능적으로 행동할 만큼 평정심을 유지할 수 있을까? 아니면 그 자리에 얼어붙거나 심지어 의식을 잃지는 않을까? 내가 모른다는 게 싫었다. 우리 둘 중 확실히 내가 덜 용감했고, 덜 훌륭했다. 그는 나에게 과분했다.

33

에어리어 120

2018년 가을, 나는 격월로 에어리어 120에서 일하기 위해 캘리포니아로 날아갔다. 윌리엄과 나는 여전히 "비공식적으로" 같이 살고 있었지만 모든 일이 아주 잘 풀려 플로리다로 영구히 이사할까 생각하고 있었다. 플로리다에 있을 때마다 정말 행복했지만, 정확히 새로운 삶이 진행되는 방식을 좋아하고 있는 것은 아니었다. 한 달에 스물네 시간을 비행 중인 금속 튜브 안에서 허공에 떠 있는 상태로 보내는 일은 결코 재미있는 일이 아니었고, 그것은 어디에 있든 간에 마찬가지인 듯했다. 나는 다른 편에 있는 친구들을 그리워하고 있었다.

하지만 내 일에 관한 한, 에어리어 120을 상당히 좋아했다. 나는 구글과 급료 이외에 구글이 제공하는 특전에서 떨어져 있는 것에 개의치 않았다. 페이스북에서 구글 메인 캠퍼스로의 이동은 여러 면에서 아주 자연스럽게 이루어졌다. 모든 게 너무나 비슷하고 행복했고 복지도 좋았기 때문에 때때로 회사를 옮겼다는 사실조차 잊곤 했다. 하지만 에어리어 120은 절제된 곳이었다. 캠퍼스의 이 구역에는 식당 하나, 체육관 하나 없었다. 이곳에서 일하려면 차를 몰고 가거나 메인 캠퍼스에서 소형 구글 버스로 갈아타야 했다. 에어리어 120은 구글 버블 밖에서 더 창조적이었으면 하는 바람으로 만들어졌다. 그게 조금이나마 도움이 되었을지도 모른다. 하지만 우리가 실리콘밸리라는 더 큰 버블 안에서 살고 일한다는 사실은 피할 길이 없다. 실리콘밸리는 아마도 여태껏 존재해온 가운데 가장 큰 의견과 아이디어의 반향실일 것이다. 실리콘밸리에는 아이디어를 응원하는 분위기가 조성되어 있었다. 실리콘밸리 외부 사람들이 그 아이디어에 동의하지 않거나 관심조차 보이지 않아도 상관없었다. 그것이 내가 캘리포니아 밖에서 그렇게 많은 시간을 보내도 내 상사가 개의치 않는 이유라고 생각했다. 내가 이 지역에서 일하고 있을 때조차 사무실에 거의 나가지 않아도 문제 삼지 않는 듯한 이유도 거기에 있었다.

플로리다에서 거의 아무런 일정도 잡지 않고 테스트하고 설계하고 테스트하고 설계하는 일을 무한 반복하며 종일 내 침실에서 나의 "역량을 집중해" 일하던 것과 달리, 에어리어 120에서는 회의의 연속이었다. 그때쯤 내 동료들 모두는 내가 누구인지, 인스타그램 스토리와 페이스북에서 무슨 성과를 냈는지 잘 알고 있었다. 온종일 사람들은 내게 와서 "마이클, 다음번엔 뭘 만들 생각이야?"라고 물었다. 더는 코드를 작성할 필요가 없었기 때문에 우리가 개발하고 있는 앱의 예산을 늘릴지 말지, 또는 우리가 투자한 회사의 성장을 어떻게 도모할지 등과 같은 중요한 결정을 내리는 데 더 많은 힘을 쏟을 수 있었다. 목표에 도달하는 한, 일주일에 컴퓨터 앞에 30분만 앉아 있더라도 아무도 신경 쓰지 않았다.

물론 나는 아직 결정을 내릴 때마다 힘들어했다. 하지만 늦은 시간까지 일에 몰두하는 좋지 않은 습관과 지금 하고 있는 일에 아무 생각이 없다고 자학하는 농담을 그만두었다. 나는 내 이력에서 처음으로 내가 속한 팀 사람들로부터 좋은 평가를 받고 있었고, 그 때문에 아주 기분이 좋았다. 사실 여전히 사람들이 나에 대해 어떻게 생각하는지를 무척 신경 쓰고 있었지만, 나는 성장과 성공에 대해 새롭게 정의를 내리고 있었다. 1년 전 나 자신을 되돌아보고 민망하다는 생각이 들면 나는 그사이에 성장한 것이다. 그렇게 해마다 나 자신을 돌아보고 민망하다는 생각이 들면 나 자신이 성공했다고 생각할 것이다.

부업으로 나는 여전히 계속해서 내 앱을 만들고 있었다. 내가 진정으로 열정을 쏟는 부분이다. 그해 시월, 나는 BFF라고 불리는 게임을 만드는 데 푹 빠져 있었다. 서로 질문을 던져 누가 거짓말을 하고 있는지 추측해보는 게임이었다. 내가 6개월 전에 출시했다가 앱의 신랄한 분위기에 사람들이 접속할 생각이 없음을 깨닫고 바로 포기한 앱인 라이스를 좀 더 친근하게 만든 것이었다. ("우정을 끝장내는 게임"이라는 문구는 분명 실수였다.) 실패하기는 했지만 라이스의 콘셉트가 좋았기 때문에 앱의 가장 좋은 점과 이를 구축하면서 얻은 지혜를 발휘해 전체를 긍정적인 방향으로 돌리려 했다.

여러 달 동안 나는 BFF의 완성도를 높였다. 그 앱을 폰에 깔아 시도 때도 없이 안으로 들어가 둘러보며 사람들의 반응과 피드백에 주의를 기울였다. 일이 착착 진행되어 그 앱을 한 달 안에 출시할 예정이었다.

그와 동시에 디지털 환경이 매우 빠르게 변화하고 있었다. 내가 코딩을 시작한 이래로 얼마나 많이 변했던지 그 변화된 지형 안에 BFF를 위한 자리가 여전히 남아 있을지 의구심이 들기 시작했다. 그 앱 세계는 경쟁력이 현저히 떨어져 있었다. 사람들은 예전같이 무수히 많은 앱을 내려받지 않고 있었다. 그래서 BFF의 보유 기한을 무기한으로 할까 궁리 중이었다.

어느 가을날 오후, 구글 캠퍼스에서 회의로 하루를 다 보낸 다음 예전에 살던 레드우드시티에서 저녁 식사를 하고 영화를 보기로 했다. 코트하우스 스퀘어 극장 건너편에서 망자의 날 행사가 한창 진행 중이었다. 지글거리는 타코 카르니타스 냄새를 풍기는 푸드트럭과 형형색색의 해골 마스크를 쓴 군중을 비집고 들어가 이리저리 움직이는 아이들, 사람들이 이승을 떠난 사랑하는 이들을 기리기 위해 정성 들여 만든 수백 개의 제단을 지나치며 왁자지껄한 축제를 헤매고 다녔다. 죽은 자들을 추모하는 날이었지만 사람들의 얼굴에서 슬픈 기색은 찾아볼 수 없었다. 사람들은 입을 크게 벌리고 즐기며 웃고 있었다.

나는 네온 분필로 인도 위에 그린 그림을 마무리하기 위해 무릎을 꿇고 있던 백발이 성성한 한 남자 옆을 지나가고 있었다. 훌륭한 그림이었다. 한 젊은 여인의 미소 짓는 얼굴이 빨간 장미로 둘러싸여 있었고, 1957~2012라고 날짜가 적혀 있었다. 그녀는 누구였을까? 궁금했다. 그 남자와 대화를 해보려고 걸음을 멈췄지만, 편안한 마음으로 그에게 다가서지 못하고 있었다. 용기가 없었다. 이 축제에 온 사람들 대부분은 실리콘밸리의 생계비를 폭등시켜 대다수 원주민을 몰아낸 나 같은 사람들이 유입되기 훨씬 전부터 레드우드시티에서 살아온 라틴아메리카인들이었다.

아무리 자주 스페인어로 말하고, 아무리 오랜 기간을 페루에서 보내고, 마이애미에서 얼마나 큰 곤경에 직면했었든 간에, 내가 다르다는 사실은 피해갈 수 없었다. 멋진 아이폰과 에어팟을 가진 나는 특권을 가진 외부자였다. 맞다, 나는 라틴아메리카인이다. 하지만 밝은 피부색과 아이 때 가졌던 기회, 무엇보다 여덟아홉 살 때 영어를 배워 미국식 억양을 가질 기회가 있었기 때문에, 나는 여전히 그 문제의 일부였다.

평생 이 문제를 모르지 않았고, 늘 불편하게 느꼈다. 테크 업계에서 영향력을 가진 사람이 되기를 바랐지만, 그 이상으로 내가 속한 공동체에 변화를 가져오기를 바랐다.

다음 날, 내 상사인 존을 찾아가 잠시만 시간을 내달라고 요청했다. 우리는 끊임없이 진화하는 레고 벽 맞은편에 있는 회의실로 들어갔다. "페이스북에 있을 때 회의나 학교 행사를 통해 라틴 공동체와 꽤 많은 대화를 나눴어요." 내가 말했다. "그들이 테크놀로지에 관해 배우고 실리콘밸리에서 일자리를 찾도록 돕기 위해서요. 이 일을 계속

하고 싶어요."

존은 고개를 끄덕였다. "좋은 얘기네."

나는 매우 놀랐다. 대체로 테크 산업은 홍보에 관한 한 대단히 보수적이었다. 회사를 대표하여 말할 때 잘못 이해될 수 있는 말이나 트윗은 삼가라고 배웠다. 그리고 여전히 페이스북에서 홍보팀과 있었던 마찰에 대한 나쁜 기억이 있었다.

"제가 이런 이벤트를 하고 에어리어 120을 대표해서 언론을 상대해도 괜찮다는 말씀이세요?" 그가 혹시라도 짜증 나지는 않았는지 안색을 살폈지만 그런 구석은 전혀 보이지 않았다.

"문제 될 거 없잖아."

"와, 감사해요." 나는 말했다. "잘됐네요."

휘파람을 부는 기분으로 회의실을 나왔다. 나로서는 결정적인 승리였다. 미국 인구의 약 17퍼센트를 차지하면서도 페이스북, 구글, 아마존에는 노동자의 10퍼센트가 되지 않을 만큼 테크 업계에서 라틴계가 그렇게 적은 데는 한 가지 이유가 있었다.

라틴아메리카 출신이 테크 업계에 진입하지 못하는 이유를 이해하는 데는 멀리 갈 것도 없이 내가 자라온 방식을 생각해보면 된다. 우리 가족이 열망하는 두 가지 직업이 있었다. 부모님은 자식들이 의사나 변호사가 되기를 바랐다. PC 혁명이 일어난 1990년대 후반, 대다수 미국인 가정에는 컴퓨터가 있었다. 하지만 라틴아메리카에서는 사정이 달랐다. 컴퓨터는 그곳에서 엄청나게 비싼 물건이었다. 스마트폰이라는 게 출시되면서, 컴퓨터와 폰이 충분히 싸진 다음에야 모든 가정이 이 테크 산업의 산물을 갖추기 시작했다. 그래서 미국의 일반 가정이 수십 년에 걸쳐 서서히 컴퓨터 과학에 노출되어 오는 동안, 라틴아메리카의 많은 사람은 그러한 자원에 접근할 수 없었다. 그리고 접근할 수 있게 되고 나서도, 광대역 접속망의 부족이라는 문제에 직면했다. 수년 동안 활동가들이 의회에 강력하게 제기해온 현재 진행 중인 문제다. 그다음 문제는 무의식적 편견이다. 사람들은 자신들과 닮아 보이는 노동자를 고용하는 경향이 있다.

이러한 이유들에도 불구하고, 테크 업계에 더 많은 다양성을 도입하기 위한 교육과 봉사활동이 몹시 필요하다. 그리고 나는 이 일을 내가 도울 수 있는 일이라고 느꼈다.

존과 대화한 후 수개월 동안 나는 화상회의를 통해 라틴아메리카에서 몇 가지 이벤트를 했고, 구글로 이직한 일과 관련하여 텔문도 및 유니비전과 몇 차례 텔레비전 인터뷰를 했다. 이렇게 말할 기회가 있을 때마다 내 학교 성적이 끔찍할 만큼 나빴으며 재정적 곤란을 겪은 가정 출신이라는 사실을 늘 분명히 나누고자 했다. 이렇게 내 생각을 발표할 기회가 있을 때마다 그 인터뷰를 보고 자신들을 고무한 것에 감사의 말을 남기길 원하는 아이들로부터 페이스북과 트위터로 메시지가 쏟아져 들어왔다. 그들은 내가 대단한 천재인 척하지 않는 것을 좋아했다. 나는 그냥 그들과 같았다.

인터뷰를 한 지 몇 년이 지나고 나서도 전 세계 사람들로부터 내 이야기를 듣고 영감을 받았다며 "그들 자신이" 자기 제품과 앱을 만들어 성공했다는 메시지를 나는 여전히 받곤 했다. "아이였던 6년 전에 당신의 이야기를 접하게 되었고 지금은 컴퓨터 과학에서 이력을 쌓고 있어요." 최근 인도의 한 대학 졸업자가 내게 이런 글을 써 보냈다. 페루의 한 젊은 여성으로부터는 이런 얘기를 들었다. "나는 아주 잘해왔고 많은 돈을 벌고 있어요. 당신이 내게 영감을 준 덕분이에요!"

에어리어 120에서 새 일을 시작한 지 6개월째가 되었을 때, 나는 컴퓨터 과학과 비즈니스를 공부하는 학생들에게 연설하기 위해 남플로리다의 한 작은 대학을 방문했다. 강당은 활기찬 에너지로 꽉 차 있었다. 나는 소그룹과 얘기하는 것을 즐겼다. 강연할 때보다 그들의 질문을 귀 기울여 들을 수 있고 진지하게 생각해서 대답할 시간적 여유가 있기 때문이다. 이야기를 마치자마자 여럿이 손을 들었다. 내 나이 또래로 보이는 앞줄의 한 학생을 가리켰다. 그가 일어서자 사회자가 그에게 마이크를 건넸다. "당신처럼 저도 페루 출신입니다. 그리고 저는 프러덕트 매니저가 되고 싶어요." 그는 열정적으로 말했다. 그가 프러덕트 매니저가 뭔지도 모른다고 생각해서, 나는 프러덕트 매니저가 실제로 무슨 일을 하는지 설명하는 데 많은 시간을 할애했고, 그래서 그는 현명한 결정을 할 수 있었다. 또 한 학생은 인맥을 형성하는 법을 질문했다. "반드시 당신이 다니는 새로운 회사에서 일하고 있는 모두와 만날 약속을 잡고 그들에게 당신이 만나야 할 사람들의 명단을 달라고 요청하세요"라고 나는 말했다. "모두가 아는 사람이 되세요." 세 번째 학생이 일어나 매니저가 되는 방법에 관해 물었다. "그저 직책에 '매니저'라는 말이 들어가 있다고 해서 그 일이 당신이 원하는 일이라고 생각해서는 안 돼요"라고 나는 주의를 주었다. "좋은 매니저가 돼야 하기 때문에 아주 세심해야 해요. 매니저가 하는 일을 실제로 즐길 줄 알아야 합니다."

내가 제공하는 조언에 나는 만족감을 느꼈다. 내가 하는 조언들은 학생들이 실제로 이용할 수 있는 구체적이고 현실적인 팁들이었기 때문이다.

그러고 나서 한 학생이 뒤쪽 자리에서 일어섰다. 검은색 머리에 보통 체구였고 후디를 입고 있었다. 그는 구글에 잘 어울리는 타입이었다. 누군가 그에게 마이크를 건넸고 그는 내가 대답할 준비가 거의 되어 있지 않은 질문을 던졌다. "동성애자임을 공개적으로 밝히고 나서 느낌이 어땠나요?"

『피플 엔 에스파뇰』에 내 이야기가 실린 이래로 인터넷 곳곳에 나의 성 정체성에 관한 글들이 올라와 있었다. 나는 그 질문에 심리적으로 갈등을 느꼈다. 한편으로, 나는 "동성애자 엔지니어"로 알려지길 원치 않았다. 내가 이루어낸 성공이 나를 정의해주길 바랐다. 또 사람들 사이에 섞여들어 "정상적"으로 보이길 바랐다. 하지만 그 인구의 단 5퍼센트만이 미국에서 자신이 동성애자임을 밝히고 있다. 다른 나라들에서는 통계적으로 비율이 훨씬 더 낮다. 나는 커밍아웃이 내 경력을 파괴하고 출판 계약이 취소되고 가족과의 관계를 파괴할 것이라는 공포심에 대면하는 한 방식으로서 그 기사를 진행하기로 했었다. 그리고 감사하게도 앞서 열거한 일들은 전혀 일어나지 않았다. 물론 나는 운이 좋은 편이다. 그런 유의 일들이, 그리고 그보다 더 나쁜 일들이 자신의 진실을 말한 몇몇 사람들에게 '실제로' 일어난다. 비극적인 일이다. 그래서 그 질문에 대답하면서 커밍아웃이 어떻게 내 인생에 영향을 미쳤는지, 아니면 그냥 문제가 될 거로 생각하지 못한 스트레스에 대해 언급해야 하는지 확신이 서지 않았다.

나는 일 분 동안 머뭇거리다가 말했다. "그건 마치 깊고 어두운 물속으로 헤엄쳐 내려가 수년간 숨을 멈추고 있는 것과 같아요. 그러다 비닥에 이르러 숨을 쉴 공기가 '있었다'는 걸 알게 되죠. 내 어깨를 엄청난 무게로 짓누르던 것이 떨어져 나갔어요. 일단 동성애자임을 커밍아웃하고 나서 어찌나 평온하고 편안했던지 당황스러울 지경이었어요. 부모님이 내게 심어준 두려움 중 그 어떤 것도 실제로는 일어나지 않았으니까요. 특히 제 엄마는 우리 가족 누구도 저와 더는 얘기하고 싶어 하지 않을 거라고, 아니면 위선적인 모습을 보일 거라고 걱정했습니다. 앞에서 한 얘기와 다르게 등 뒤에서는 수군거릴 거라고요. 엄마는 그러한 두려움들을 제게 물려주었습니다. 제가 두려워하기를 바라서 그런 것이 아니라 제가 안전하기를 바라서였죠. 하지만 다행히도 커밍아웃은 제가 그리리라고 두려워했던 만큼 부정적으로 제 인생에 영향을 미치지 않았어요. 경력을 무너뜨리지도 않았고요. 그리고 엄마와 아빠는 마침내 사태를 이해하고 제가 사는 현실에서 절 지지하기 위해 태도를 바꾸고 있습니다."

그 학생은 미소 지으며 안도하는 듯했다. 그가 자리에 앉으면서 "고맙습니다"라고 말했다.

그때 그곳에서 나는 나 자신에게 맹세했다. 늘 어떻게든 자리를 만들어 아무리 바쁘고 힘들고 지친다 해도 내 이야기를 하나도 빠짐없이 사람들과 나누며 살겠다고 말이다. 이처럼 마주 보며 하는 대화가 스크린을 통해서든, 대학 강당에서든, 혹은 초등학교 구내식당의 끈적이는 바닥에서든, 어디서 일어나는가는 문제가 아니었다.

고마워요

"엄마 부엌일을 도와드려야 하지 않아?" 윌리엄이 말했다. "아무도 일을 거들지 않네."

"엄마!" 내가 소리쳐 불렀다. "윌리엄이 방금 엄마가 요리하는 걸 내가 왜 도와주지 않냐고 묻는데요."

"'내가' 요리하는 사람이니까!" 엄마가 웃음을 터뜨리며 되받아 소리쳤다.

윌리엄은 당황한 듯이 보였지만, 나는 엄마가 주방에 우리가 있는 것을 원치 않는다는 것을 어떻게 설명해야 좋을지 몰랐다. 엄마는 너무나 바빠서 우리를 상대할 시간이 없었다. 추수감사절 칠면조에 국물을 끼얹고, 프라이팬에 채소를 던져넣고, 플랜 파이를 만들고, 폰에서 페이스북 업데이트를 확인해야 했다. 엄마는 어떤 '체계'를 가지고 있었다.

1분 후, 엄마는 캠코더 테이프가 가득 담긴 하얀색 짚 바구니를 들고 부엌에서 나왔다. "모두 영화 볼 시간이야!" 엄마가 영어로 말했다.

절묘한 타이밍이었다. 모두가 엄마에게 붙잡혀 관객이 되었다. 손님들 모두가 거실에 모여 잡담하며 TV를 보고 있었다. 새 남자친구 릭을 데려온 여동생은 거실의 불을 끄고 아빠가 캠코더를 수신기에 연결하는 것을 돕고, 윌리엄은 내가 싫어하는 개들을 어루만지고, 페루에서 방문한 삼촌 키케는 나의 통역으로 윌리엄과 대화를 시도하고 있었다.

"윌리엄과 릭, 꼬마 마이클과 마리아나가 출연하는 이 옛날 영화가 마음에 들 거예요." 엄마가 말했다. 보통 엄마는 스페인어를 쓰지 않는 친구들을 위해 나에게 통역을 맡겼지만, 윌리엄과 릭을 위해 영어로 말하려고 무진 애를 쓰고 있었다.

"오, 굉장한데요." 윌리엄이 말했다. 윌리엄은 우리가 여기 온 이후로 더할 나위 없이 친절하고 조용했다. 그는 예의 바르게 처신하며 엄마에게 좋은 인상을 주려고 최선을 다하고 있었다. 윌리엄에게 깊은 인상을 남기려 애쓰기는 엄마도 마찬가지였다.

"앉아요, 앉아." 엄마가 이렇게 말하며 윌리엄을 TV 앞 가장 좋은 자리에 앉혔다. 보통 개들이 앉는 자리였다.

나와 엄마는 주방 의자에 앉았고, 아빠는 작은 찻잔을 들고 요크셔 테리어 소피아를 무릎에 앉힌 채 리클라이너에 몸을 기댔다. 윌리엄, 릭, 마리아나, 키케 삼촌은 소파에 함께 비집고 앉았다. 모두가 자리를 잡자 쇼가 시작되었다. 화면에 처음으로 나타난 것은 강당 뒤에서 찍은 화질이 선명하지 않은 초등학교 크리스마스 연극 장면이었다.

유심히 살펴보면 다른 아이들을 바라보며 평상복을 입은 채로 무대 옆쪽에 서 있는 마리아나와 나를 볼 수 있다.

"다른 테이프네." 엄마가 말했다. "여보, 스티커에 '2002년 생일'이라고 적힌 다른 것을 넣어요."

전문가가 찍은 듯한 그 테이프는 6학년 때 생일 파티를 담고 있었다. 기억이 하나도 나지 않았다. 엄마가 『위대한 개츠비』 같은 주제를 좋아했었나? 파티 후에 열리는 사교 모임 같은 오스카 주제를? 화면에 우리가 예전에 살던 집이 나왔다. 뒤뜰에 거대한 풍선으로 장식된 텐트가 있었고, 흰 천을 깔고 그 위에 화려한 접시들이 놓인 원형 탁자들이 수십 개 놓여 있었다. 대저택의 집사 복장을 한 채로 경쾌하게 이리저리 움직이는 웨이터들과 공연을 하는 마술사, 그리고 내가 있었다. 아직 건강하고 마른 아이였던 나는 유치원 친구들과 같이 이 놀라운 광경을 멍하니 바라보고 있었다. 오, 그리고 풀 바와 라틴, 쿰비아, 메렝게, 살사 노래를 연주하는 라이브밴드도 있었다. 가장 기이한 부분은 부모님과 친구분들이 15년은 젊어 보인다는 것이었다. 엄마는 서른셋이었고, 아빠는 마흔둘이었다. 세상에 대한 근심 없이 손님들 사이를 경쾌하게 누비는 엄마는 너무나 아름다워 보였다. (그 당시에 우리가 아는 사람 중 나라를 걱정하는 사람은 아무도 없었다.)

"보고 있어요, 윌리엄?" 엄마가 말했다. "틀림없이 마이클은 자기가 우리를 위해 뭘 해주었는지만 얘기하고 우리가 마이클을 위해 해준 것들에 대해서는 절대로 말하지 않았을 거예요. 그렇죠?"

"음." 윌리엄이 나를 바라보며 말했다. '대답하지 마'라는 뜻으로 머리를 가로저었지만, 윌리엄은 너무 착해서 엄마의 질문을 못 들은 척하지 못했다. "정말 이런 파티는 해본 적이 없어요," 윌리엄이 말했다.

"이런 파티를 한 사람이 있었어요?" 나는 엄마와 아빠를 번갈아 바라보며 말했다. "아는 사람 중에 있었어요? 이웃에요?"

"우리뿐이지!" 아빠가 자랑스럽다는 듯이 굵은 목소리로 말했다.

"맞아요." 엄마가 덧붙여 말했다. "우리는 항상 최고의 파티를 열었어요."

"하지만 파티 비용을 어떻게 냈죠?" 내가 말했다.

"이 해에 우리는 아주 잘하고 있어." 엄마가 말했다.

엄마는 과거 시제를 완전히 익히지 못해서 영어를 현재 시제로 말하는 버릇이 있었지만, 이 별난 버릇은 이 순간 아주 의미심장하게 들렸다. 마치 과거를 엄마의 새로운 현재로 취하려는 듯했다.

"이 해에 우리는 식당으로 백만 달러를 넘게 벌어." 엄마가 자랑스럽게 덧붙였다.

"뭐라고요?" 나는 몹시 충격을 받아 소리쳤다. 잘못 들은 건 아닌지 확인하려고 엄마에게 다시 한번 말해달라고 했다.

"맞아." 엄마가 확언했다. "백만 달러라고! 그건 아주 좋은 —"

이때 키케 삼촌이 끼어들어 스페인어로 말했는데, 여동생이 삼촌의 말을 번역해주고 있었다. "지금 이렇게 상황이 나빠진 게 그 때문이란 걸 너는 알지, 그렇지?"

엄마는 삼촌 말을 무시했다. 물론 삼촌 말이 옳았다. 부모님이 집을 잃고 자급자족 능력, 모든 것을 잃게 된 이유는 정확히 바로 이것이었다. 그리고 부모님은 정말로 지금 상황이 좋지 않았다. 건강보험 하나 들어놓은 게 없었고, 이제는 차까지 팔아야 할 처지였다. 하지만 최근 환급받은 세액으로 연체 문제를 해결하는 대신에 엄마는 새로운 보석 제작 아이디어를 밀어붙이기 위해 페루행 비행기 편에 그 돈을 다 써버렸다. 그리고 아빠는 비참하게도 보조금을 받는 아파트를 팔려고 내놓았다. 아빠와 엄마처럼 저축해놓은 돈이 한 푼도 없어서 경기 침체로 파산한 사람들에게 절실히 필요한 아파트였지만 부모님은 여전히 그 비용을 감당할 수 없었다.

"굉장한 캠핑카네요!" 릭이 말했다.

나는 화면을 되돌아보았다. 거기에는 우리가 레저용 자동차를 타고 가족 국토 종단 여행을 한 증거가 보이고 있었다. 나는 그 여행의 규모와 범위를 기억하지 못했다. 작은 트럭을 빌리고, 구불구불한 길을 따라 달리고, 가정식을 먹고, 작은 마을들에 몇 번 들렀던 것을 기억했다. 하지만 이런 것에 대한 기억은 전혀 없었다!

"세상에나, 늘 저런 여행을 해보고 싶었는데!" 윌리엄이 말했다. 나는 그를 째려보았다.

그리고 대침체 시기 이전 세이먼 가족 최대 인기 장면이 계속되었다. 화면 속에서 우리는 루브르 박물관 밖에 있었다. 그리고 여기서 우리의 공들인 파티 중 하나가 또 벌어졌다. 수십 개의 티키 횃불과 커다란 하얀 모자를 쓴 요리사 그리고….

나는 자리에서 벌떡 일어섰다. "우리 집 뒤뜰에 조랑말들이 있었어?" 더는 견딜 수 없었다. 나와 키케 삼촌 말고는 모두가 이 모든 것이 얼마나 슬픈 일이었는지 이해하지 못하는 건가? 그리고 왜 모두가 나를 미치기나 한 것처럼 바라보고 있지? "난 지금 미친 게 아니에요!" 나는 씩씩거리며 TV 앞을 서성거렸다. "우리의 대학 입학 기회와 부모님의 은퇴 생활 자금을 무엇을 위해 날려 먹은 거죠?" 나는 말을 멈추고 화면을 가리켰다. 화면에서는 우리 옛날 집 뒤뜰이 아이들이 동물을 만져볼 수 있는 동물원으로 변모하고 그 옆에는 내가 테마파크 밖에서 본 가운데 가장 큰 바운시 캐슬(공기를 주입하여 그 위에서 아이들이 뛰어놀 수 있게 만든 성 모양으로 된 놀이기구 ― 옮긴이)이 있는 장면이 나오고 있었다. 더는 할 말이 없었다. "아아아아아악!" 나는 절규하듯 소리를 내질렀다.

"또 시작이군… 또 시작이야… 다시 같은 일을 말이야!" 엄마가 말했다.

"어쩌자는 거야, 오빠!" 여동생이 화난 목소리로 쏘아붙였다.

"마이클!" 아빠가 설상가상으로 이렇게 덧붙였다. "그렇게 이기적으로 굴지 마"

"그렇게 말하지 마요!" 나는 소란을 피우며 내 침실로 가면서 되받아 소리쳤다. "나를 이기적이라고 부르지 말라고요!"

나는 흐느껴 울면서 내 옛 침대 모서리에 앉았다. 침대에는 예전과 똑같이 회색 시트가 씌워져 있었다.

곧바로 엄마가 안으로 들어와 내 옆에 앉았다. 그리고 앉자마자 코를 훌쩍이며 손가락으로 눈을 누르기 시작했다. 엄마는 이제 완전히 스페인어로만 말하고 있었다.

"마이클, 너는 왜 우리가 좋은 부모라고 생각하지 않지? 모두 너를 위해 한 일이야!"

"맞아요, 그리고 그 때문에 엄마가 지금 어떤 지경이 됐는지 보라고요!" 나는 이렇게 쏘아붙였다.

엄마는 깜짝 놀란 듯이 보였다. "나는 신경 쓰지 마. 너는 성공했잖아! 네가 왜 그렇게 행복할 수 없는지 이해할 수가 없어." 엄마는 말을 멈췄다. "괜찮아. 우릴 도와줄 필요 없어. 하고 싶은 대로 해."

"엄마, 돕고 싶어요! 되풀이해서 엄마를 도와줬잖아요. 여행에 데려가고, 또 —"

나는 깊은 한숨을 쉬었다. 또 똑같은 싸움을 벌이고 있었다. 똑같은 수준의 사고를 하고 있었다. 내 감정을 한쪽으로 치우고 — 나 자신을 한쪽으로 치우고 — 다시 시작할 필요가 있었다.

정말로 대화가 필요한 시점이었다. 마지막으로. 나는 엄마에게 말했다. 그렇다고, 엄마는 대침체가 일어나기 전에 우리가 바라는 것이라면 무엇이든 해주었다고. 하지만 엄마와 아빠는 중요한 단계를 건너뛰었다. 그들은 많은 돈을 버는 것에서 많은 돈을 쓰는 것으로 곧장 나아갔다. 나와 여동생을 위해 대학 학비를 우선 처리하고, 위기 상황을 위해 돈을 따로 떼어놓고, 당신들의 은퇴 후 생활을 위해 저축하는 중간 단계를 거치지 않았다. 미친 듯한 소비, 여행, 거창한 생일은 이러한 중간 단계 전이 아니라 후에 해야 했다.

이 지점에서 엄마는 늘 하던 말을 했다. "하지만, 마이클, 중요한 건 인생을 즐기는 거야! 적어도 우리는 건강하고 행복해!"

나는 거기서 바로 엄마의 말을 제지했다. 엄마에게 마리아나가 병이 들고 치료할 돈이 없어도 여전히 인생을 즐길 거냐고 물었다. 엄마에게 돈이 없으면 건강을 지키기가 어렵다고 말했다. 행복은 또 어떤가? 내 도움 없이는 아주 사소한 여행조차 할 수 없는 상황에서 엄마는 과연 행복했을까? 안심하고 휴식을 취하지도 못한 채 온종일 주택담보대출을 어떻게 갚을지 고민하는 게 행복했을까? 아들인 내가 하는 이 모든 잔소리를 엄마가 듣고 싶어 하지 않는다는 걸 안다고 말했다. 이런 식일 필요는 없다고 말했다. 진심으로 엄마와 아빠가 다시 자립할 수 있다고 믿는다고 말했다. 자신들의 문제와 진지하게 씨름한다면 말이다. 나는 엄마에게 사업을 시작하고 상상한 것을 훨씬 뛰어넘어 성공할 능력이 있음을 상기시켰다. 엄마가 시작했던 식당은 존재하지 않지만, 엄마는 식당을 소유하고 관리한 경험이 있었다. 그 순간 엄마의 낮은 자존감이 나에게 흘러들었다는 것을 깨달았다. 엄마는 자신이 가진 독특한 재능과 엄청난 성공, 그리고 성취했던 삶을 모두 망각 속에 흘려보냈다. "엄마, 엄마 인생에 정말로 만족해요?"

엄마가 조용해졌을 때, 깊은 무언가가 그녀 안에서 진행되고 있음을, 그것이 무엇인지 귀 기울여 들을 시간과 공간을 주는 게 최선임일 나는 늘 알고 있었다. 엄마는 블라우스를 똑바로 펴고 좀 더 눈물을 훔친 다음 말했다. "아마 네 말이 맞을 거야, 마이클. 아마 나는 그 세 가지, 그러니까 건강과 돈, 행복 모두 문제가 될 정도로 갖고 있지 않을 거야."

나는 엄마가 다시 울먹이는 걸 느낄 수 있었다. 그래서 조금 부드럽게 말했다. "상황이 나아질 거예요, 엄마. 생각을 크게 바꿔야 하겠지만 그래야 앞으로 나아갈 수 있어요." 엄마는 고개를 끄덕였고, 눈물을 훔친 다음 칠면조를 확인하기 위해 아래층으로 내려갔다.

나는 거기에 잠시 앉아 이상하리만치 마음이 고요해지는 것을 느끼며 이 모든 것에 관해, 특히 엄마에 관해 생각했다. 나는 방금 엄마에게 당신의 인생을 어떻게 정리해야 할지 30분에 걸쳐 설교를 늘어놓은 참이었고, 내가 마침내 뭐가 문제인지 분명히 말할 수 있게 된 것 같아 기뻤다. 전에는 그런 생각을 할 엄두조차 내지 못했었다. 보통 부모님이 그들의 재정 문제, 그리고 나 자신의 재정 문제를 다루던 방식에 대한 분노와 좌절감은 나를 앞으로 더 나아가지 못하게 막았다. 하지만 나는 엄마를 비롯해 온 가족이 자유를 느끼지 못하게 막았던 사고패턴을 이해하기 시작했다. 모든 것이 더욱 선명하게 보이기 시작했다. 내가 내 가족을 바라보던 창은 실망과 부정으로 더러워져 있었고, 이제 막 그것을 깨끗하게 닦았다.

엄마에 관한 한 아주 긍정적인 놀라운 일들이 있었다. 단 일 초라도 엄마가 자기 모습을 나쁘게 보기를 원치 않았다. 엄마가 그 불씨를 잃는다면 그것은 모두의 비극이 된다. 대침체로 모든 것을 잃은 것보다 더 큰 비극이 된다. 태어난 이래 당신 안에 줄곧 있었던 것을 잃는다는 것이 가능하기나 한 일인가? 키케 삼촌은 방금 윌리엄과 나에게 페루에서의 어린 시절에 관해 이야기하고 있었다. 전에 한 번도 들어

보지 못한 이야기도 있었다. 엄마의 엄마는 사십 대에 엄마를 임신했다. 아주 드문 일이었다. 담당 의사는 외할머니에게 아기가 "합병증"을 가지고 태어날 가능성이 아주 크다고 말했지만, 외할머니는 어쨌든 아기를 낳기로 했다. 외할머니가 리마에서 우리 엄마를 낳겠다고 고집한 이유는 아기를 안전하게 지키기 위해서였다.

엄마가 건강하게 태어나자 외할머니와 외할아버지는 크게 안도하여 그들이 가진 돈으로 살 수 있는 모든 것을 엄마에게 쏟아부으며 여생을 보냈다. 두 분 다 돌아가시기 바로 전에 마침내 돈이 바닥날 때까지. 키케 삼촌은 네 형제가 막내 여동생인 엄마를 "오만한 아이"라는 별명으로 불렀다고 했다. 엄마가 세상에 나올 때쯤 엄마의 부모는 페루의 기준으로 보면 강력한 재정적 기반을 쌓았기 때문이었다.

경제적으로 넉넉했던 외조부는 엄마가 마이애미로 첫 여행을 떠났을 때 여비를 댔고, 결국 그 여행은 그녀의 이후 삶의 여정과 나의 삶에 시발점이 되었다. 그리고 물론 엄마는 북아메리카로 오면서 좋은 삶에 대한 기쁨과 사랑 이상의 것을 가져왔다. 엄마는 근면함과 기업가 정신이라는 가족의 전통을 가져왔다. 내가 여섯 살이 되던 해에 부모님이 운영하던 식당 엘 폴론이 100만 달러 넘게 벌었다는 새로 알게 된 사실을 여전히 고려하고 있었다. 한 시간 전까지만 해도, 나는 내가 우리 가족 최초의 백만장자라고 생각했다! 어쩌면 그렇게 놀랄 일도 아니었다. 『위대한 개츠비』에나 나올 법한 호화로운 파티를 열고 분수에 넘치는 생활을 했던 엄마는 마찬가지로 나에게 창조성을 활용하는 법과 그것을 일로 전환하는 법을 예로 들어 보여주었다. 그리고 나는 개츠비 파티나 캠핑카를 이용한 장거리 자동차 여행을 기억하지 못한다. 하지만 누가 알겠는가? 어쩌면 저 어린 시절의 경험들이 삶에서 더 크고 더 나은 것을 바라고, 아메리칸드림이 누구 못지않게 나에게도 적용될 수 있다고 믿어도 좋다는 생각을 나에게 심어 주었을 수도 있다.

그 역사의 전부, 나의 페루와 볼리비아 조상에게서 유래한 전통, 미신, 기억, 성격 그리고 문화적 기준 전부는 내 안에 너무나 깊이 엮여 있어서 내가 그로부터 벗어나길 바란다고 해서 그럴 수 있는 성질의 것이 아니었다. 내 안의 목소리는 내가 이민자임에도 불구하고 나 자신이 된 것이 아니라 바로 그 때문에 나 자신이 된 것이라고 말했다.

나의 개성, 이민자 가정의 모든 아이의 개성은 과거로부터 물려받은 유산과 새로운 구성 요소가 독특하게 뒤섞여 만들어진 것이다. 물론 새로운 요소들은 내가 스스로 발견해야 했던 미국식 사고방식과 행동 방식이었다. 아마도 그 당시에는 잘 몰랐지만, 성공작이든 실패작이든 내가 앱을 만들도록 이끈 것은 혁신하려는 미국식 충동이었다. "고통 없이는 얻는 것도 없다"는 부모의 사고방식을 거부할 용기를 주고 모든 전환점에서 나의 정신을 자극하는 일을 찾게 한 것은 일은 즐거워야 한다는 실리콘밸리 신조였다. 그리고 누구나 언제든지 자기 자신을 재창조할 수 있다는 미국식 믿음에 젖어 자라게 된 것은 얼마나 행운이었던가. 그것을 어떻게 보느냐에 따라 이야기가 전혀 달라질 수 있는 이 동화 같은 믿음은 내가 정말로 누구인지를 일깨우는 방향으로 나를 몰아간 정신이었다.

나오며

내가 첫 앱을 개발한 지 십 년도 더 지났고, 내 나이도 이제 20대 초반이다. 문자 그대로 이제 더 이상 "앱 키드"가 아니다. 얼마 전 나는 실리콘밸리 한가운데 위치한 멘로 대학의 한 콘퍼런스에서 연설하기 위해 다시 연단에 섰다. 주제는 "이것이 미국이다"였고, 나는 성공의 의미에 관해 얘기하기로 했다. 신경이 쓰였다는 말로는 턱없이 부족하다. 십 대 때 페이스북에서 수십 차례 강연했고 내 경력 내내 남미에서 그보다 더 많은 강연을 했지만, 이번에는 달랐다. 예전에 했던 발표는 소셜미디어, 게임, 프로그래밍에 관한 것들로, 다 내가 좋아하고, 더불어 살아가고, 생각하고, 이야기하는 주제들이었다. 무슨 얘기를 할지 따로 준비할 필요가 없을 정도로 익숙한 주제들이다. 하지만 성공이 내게 의미하는 것이라는 이번 주제는 심적인 부담이 컸다. 나는 구글과 세계에서 내가 서 있는 위치에 대해 많은 생각을 했다. 나는 올바른 길을 가고 있는 걸까? 나는 이 이벤트가 이미 성공이 무엇인지 이해하고 있는 사람들을 대상으로 한다고 생각했다. 나는 이 질문의 진짜 이유를 알려고 애쓰면서 연설할 내용을 글로 옮겨적었다.

윌리엄과 나는 결국 헤어졌다. 그는 진심으로 내 첫사랑이었고, 내게 무조건적 수용과 "삶과 일의 균형"에서 "삶"이라는 부분이 어떠해야 하는지 보여주었다. 또한 내게 내 가족 문제를 더 깊이 파고들도록 자극했다. 헤어지기 전에도, 나는 정기적으로 치료사를 만나기 시작했고, 이미 내 삶과 일, 가족에 관해 깊이 자기 성찰에 들어가 있었다. 아마도 이 책을 읽는 누구에게나 내 부모가 내가 아이로서 번 돈을 모두 써버린 것은 완전히 잘못된 일이라는 게 명백해 보일 것이다. 하지만 부모님이 기껏해야 완전히 불완전한 존재라는 사실에 눈을 뜨는 데는 정말 몇 년의 시간이 걸렸다. 온갖 비판과 욕, 조작과 거짓말은 내게 지극히 정상적으로 보였다. 나는 이러한 사고방식을 되돌리기 위해 많은 노력을 해야 했다. 그러고 나서야 내 부모와 내가 늘 사태를 다르게 이해했을지도 모른다고 받아들이게 되었다. 그들이 나를 완전히 잘못 이해하고 있었는지도 모르고, 나도 그들을 완전히 잘못 이해하고 있었는지 모른다. 하지만 나는 부모님을 진심으로 사랑한다. 절대 완벽한 부모가 아니었을지 모르지만, 그 어떤 부모도 완벽하지 않다. 그들의 관점을 전혀 이해하지 못했을지 모르지만, 아마도 언젠가는 이해하게 될 것이다. 나는 타인들에 대한 내 판단을 유보하기 위해 내가 할 수만 있다면 어떤 일이든 해야 함을 알게 되었다. 나 자신에 관해 어떤 판단도 내리고 싶지 않아서가 아니라, 내가 틀렸을 가능성에 문을 열어두고 싶기 때문이다. 나는 부모님이 어떤 인생을 살아왔는지 모른다. 언젠가 그들을 더 잘 이해하게 되기를 바란다. 부모가 나에게 물려준 것보다 더 넓은 관점을 내 미래의 아이들에게 물려주겠다는 생각으로 말이다. 결코 어느 날 갑자기 모든 것을 곧바로 이해하지는 못할 것이다. 다른 사람의 관점이 나의 관점과 더불어 내 머릿속에 같이 머무르기를 기대할 수는 없다. 어떤 일은 내가 이해할 만큼 성장하는 데 시간이 걸릴 것이다. 그래서 그러한 전제를 염두에 두고 내 생각을 조정해왔다. 나는 또한 "자기 자신을 돌보고 싶어 하는 마음이 중요하다"라고 말하는 법을 배우고 있다. 사실 중요한 것 이상이다. 필요하고 좋은 것이다.

그러한 깨달음들이 내가 '정말로' 무엇을 바라는지, 그리고 내가 올바른 방향으로 나아가고 있는지 생각해볼 여지를 주었다.

밝은 무대 조명에 눈을 가늘게 뜨며, 무대 맨 앞줄에서 "가자, 마이클!"이라고 쓴 팻말을 들고 있던 실리콘밸리에서 온 두 친구를 보고 나는 고개를 끄덕였다. 그들 말고 몇백 명의 청중이 있었다. 대부분 미국 대학생이었고, 열여섯 살 때 볼리비아에서 처음으로 큰 무대에서 연설할 때와는 사뭇 다른 공간이었다. 잠시 생각이 소용돌이치며 그 공간에 있는 듯한 기분이 들었다. 그 아이들은 자기들도 앱을 만들어 큰돈을 벌 수 있었으면 하고, 그 방법을 찾게 되기를 얼마나 열망했던가. 그들 중 누구에게라도 프로그래밍이라는 직업을 가질 수 있게 내가 영감을 주었을까? 궁금했다. 그러고 나서 이런 생각이 들었다. 오늘 여기서 내가 하는 연설이 이 친구들에게 어떤 변화를 가져올 수 있을까? 분명히 그걸 걱정할 때는 아니었다. 그래서 늘 하던 대로 했다. 쓱 한 번 미소 짓고는 말하기 시작했다.

나는 내 인생 이야기를 간략히 소개하는 것으로 연설을 시작했다. 열두 살 때 첫 앱을 만들고, 십 대 나이에 가족을 부양하고, 페이스북에서 최연소 소프트웨어 개발자가 되고, 그 결과 스물한 살에 『포브스』 30세 이하 리더 30명에 선정되고, 구글에서 꿈꾸던 일에 안착하게 되기까지의 과정을 말이다. "우선 제 성공 이야기는 여기서 끝이 납니다"라고 나는 덧붙였다. 청중들은 자세를 고쳐 앉았다. 무슨 꿍꿍이로 그런 말을 하는 건지 궁금했을 것이다.

이야기를 어느 방향으로 끌고 가려고 그런 말을 한 걸까? 이제부터 설명해 보이겠다.

열세 살 때 내 첫 앱을 출시한 이후로, 사람들은 나를 설명하기 위해 "성공한"이라는 단어를 쓰곤 했다. 하지만 내가 나의 성공에 관해 저 모든 TV 인터뷰를 하는 아이였을 때조차, 실상 아무도 그 단어가 내게 무엇을 의미하는지 묻지 않았다. 사람들은 내 나이에 걸맞지 않게 터무니없을 만큼 많은 돈을 벌었기 때문에, 내가 성공한 사람이라고 가정한 게 분명하다. 나는 활짝 웃었을 테고, 성공한 사람들은 자신감이 넘치고 행복해야 한다고 생각되기에 찬사를 받아들였을 것이다. 그렇지 않나? 사람들은 내가 내 인생에서 그런 젊은 나이에 하고 싶은 일을 찾은 것에 대해서 늘 축하했다. 하지만 나는 나 자신에게 그러한 질문을 던질 기회가 전혀 없었다. 생존 모드로 성장한 모든 아이와 근근이 살아가는 그들의 가족을 생각해보라. 다음 끼니를 걱정해야 하는 처지에서는 의사나 변호사, 혹은 엔지니어가 되겠다는 생각은 좀처럼 할 수 없다. 자라면서 나에게는 한 가지 생각밖에 없었다. 식탁 위에 음식을 차려 가족이 삶을 버티게 할 것. 그래서 실리콘밸리를 통한 내 여정을 되돌아봤을 때, 내가 어떤 사람이 되기를 바라는지 전혀 몰랐다는 것을 알 수 있다. 그렇지 않다고 자신을 설득하려 했지만, 마음속으로는 나 자신이 사기꾼처럼 느껴졌다. 그러니까 내 말은 내가 이른바 나 자신의 성공과 복잡한 관계에 있다는 것이다.

내 연설에서 상기한 온갖 감정적인 이야기들을 늘어놓은 후에, 나는 청중이 요점을 제시하기를 기다리고 있음을 깨달았다. 나는 그 공간 안에 있는 사람들이 결정적으로 생각하고 있는 것을 큰 소리로 말했다. "그래서 배울 점이 뭐죠?"

청중과 나 자신을 위해 내가 찾아낸 지혜는 두 가지다. 첫째, 다른 사람이 당신을 위해 성공이 의미하는 바를 정의하도록 내버려두면, 당신은 결코 성공했다는 감정을 느끼지 못할 것이다. 둘째, 모든 성공 이야기에는 어느 정도 의심스러운 점과 두려움, 혼란이 뒤섞여 있다. 사실 어쩌면 성공은 의심과 두려움, 혼란에도 불구하고 오는 게 아니라 바로 그것들 때문에 온다. 아마도 우리가 그러한 점들을 인생의 장애물로 보는 대신에 구성 요소로 본다면, 우리는 인생을 한결 편안한 마음으로 살 수 있을 것이다.

그렇게 말한 이래로, 나는 나 자신의 조언에 따르려 애써왔다. 나는 점점 더 내 방식대로 성공을 정의하려 하고 있다. 내게 성공은 이제 다음번 빅 테크 제품을 만드는 것에 관한 것이 아니라 일하고 배우며 편안하고 행복한 삶을 사는 것에 관한 것이다. 또 나는 여전히 두렵고 혼란스럽고 의심스러운 열 살짜리 꼬마처럼 느껴진다고 자책하지 않는 법을 배우고 있다. 그 불안정한 열 살짜리 꼬마가 오늘의 나를 있게 했다.

아, 또 나는 나이 드는 것을 받아들이려 애써왔다. 어떤 팀에 있든 가장 나이 어린 프로그래머라는 사실은 내가 가진 가장 강력한 힘이라고 생각하곤 했다. 직장 동료들이 내게 뭐라고 하든, 나는 십 대 청중과 직접적인 관계를 맺는 것이 페이스북에 내가 제공해야 할 가장 가치 있는 일이라고 확신했고, 이후 구글에서 그리고 에어리어 120에서 일할 때도 그 생각에는 변함이 없었다. 당연히 나는 내가 가진 힘이 소멸하는 날짜가 점점 가까이 다가오는 것이 두려웠다. 그래서 생일이 돌아올 때마다 경력에서 새로운 이정표를 찍어야 한다고 나 자신을 닦달했다. 하지만 시간이 흐르면서 나보다 더 현명하고 더 경험 많은 사람들의 도움으로 나는 나 자신이 십 대가 원하는 바를 연결하는 것 이상의 일을 해낼 수 있다는 사실을 이해하게 되었다. 실제로 나에게는 '사람들'이 원하는 것을 이해하는 꽤 괜찮은 재주가 있는 것으로 보였다. 더 이상 단 하나의 연령대를 대상으로 무언가를 만들고 싶지 않다. 모두를 위한 것을 만들고 싶다. 모든 인간이 똑같이 근본적인 것, 즉 보고 알고 이해받는다고 느끼는 것을 필요로 한다는 마음가짐으로 말이다.

그러한 진실을 흡수하는 것이 내게 믿을 수 없을 만큼 가치 있다는 사실이 드러났다. 그로써 나는 더 나은 프로그래머가, 나아가 꽤 괜찮은 매니저가 되었다. 대체로 가상 세계에서 일하기는 하지만, 나는 요즘 구글에서 홀로 일하는 시간이 줄어들었다. 열 명의 디자이너와 엔지니어로 이루어진 내 팀과 함께 구글 크롬의 새로운 기능을 개발하면서 더 많은 시간을 보내고 있다. 본능적으로 혼자서 일하길 좋아하는 외톨이 늑대와 같은 사람일지라도, 팀과 같이 일하면 탁월한 장점이 한 가지 생기게 된다. 바로 머릿속으로 혼자 끙끙대는 건강에 해로운 소모적인 시간을 획기적으로 줄일 수 있다는 점이다. 이러한 사실을 알게 되기까지 엄청난 시간이 걸렸다. 더 많은 피드백을 받으면, 진공 속에서 일하지 않게 된다. 그럼으로써 더 많은 사람이 공명할 수 있는 제품, 즉 더 나은 제품을 생산할 가능성이 커지게 된다.

나는 다른 팀들이 그들의 프로젝트 목표를 달성하는 것을 돕는 일에도 많은 시간을 할애하고 있다. 매주, 작업 흐름부터 그들의 진행 과정을 가로막는 정신적 장애를 극복하는 방법을 고안하는 일까지 모든 일에 관해 전략을 짜기 위해 안드로이드, 유튜브, 크롬 등 다양한 팀과 협업하고 있다. 내가 일상적으로 쉽사리 뛰어넘지 못해 실수하게 만드는 허들을 다른 사람들이 극복하도록 도울 수 있다는 것은 상당히 기분 좋은 일이다. 물론 여전히 나 자신을 때때로 도울 필요가 있다. 이 점을 솔직하게 인정하고, 나보다 경험이 더 많은 사람과 동료들의 안내와 피드백을 받으면서부터 나에게 혁명적인 변화가 일어났다. 내 팀과 같이 일하면서 나는 한 가지 지혜를 배우게 되었다.

그것은 모든 미팅이 끝난 후에 적어도 한 사람 옆으로 다가서서 이렇게 묻는 것이다. "뭔가 제가 잘못하고 있거나 더 잘할 수 있다고 생각되는 게 있지 않나요?" 그러면 처음에 상대는 종종 이런 반응을 보인다. "아뇨, 아주 잘하고 있어요!" 그런 반응이 나오면, 나는 그냥 그 자리에 앉아 기다린다. 그러면 그들은 어쩔 수 없다는 듯이 이렇게 말한다. "글쎄, 뭔가 발견한 게 있긴 한데요…." 그러면 솔직하게 얘기해줘서 정말 고맙다고 말한다. 이처럼 솔직한 태도는 고도로 잘 기능하는 팀이 아니면 전혀 기대할 수 없는 것이다.

자라면서 가지게 된 생존 모드 정신에서 벗어나면서 나는 더 나은 이유로 더 많은 위험을 감수하려 하고 있다.

그저 재미와 중독성 있는 일을 추구하는 대신, 나는 사람들이 과학기술을 보다 신중히 사용하는 데 도움을 주려는 점차 많아지는 기술 산업 종사자들의 일원이 되었다. 내가 준비 중인 가장 최근의 프로젝트들은 실제로 소셜 네트워크가 작동하는 방식을 패러디한다. 바라건대 이 프로젝트들은 사용자들이 휴대폰을 들어 좋아하는 앱을 터치하는 매 순간 자신들이 '정말로' 하고 있는 행위에 관해 의식하게 할 것이다. 휴대폰이 우리의 뇌를 속여 지속할 수 없는 행복을 아주 짧은 순간들에 경험하도록 전달하는 방식을 환기하게 함으로써, 나는 사람들이 기술과의 관계에서 다시 우위를 되찾을 수 있도록 돕는 일을 조금이나마 할 수 있기를 바란다.

2004년 내가 치아 교정기를 낀 순진한 인턴으로 페이스북에 온 이래 기술과 인간의 관계에서 너무나 많은 것이 변했다.

그 당시는 "가짜 뉴스"라는 말이 아직 본격적으로 사람들의 입에 오르내리기 전이었고, 러시아의 선거 개입도 아직 이야기되지 않던 때였다. 나는 저커버그, 그리고 테크 산업에 종사하는 많은 이들이 거대한 소셜 네트워크가 악용될 소지가 있는 취약성을 가지고 있으며 세계에 악영향을 미칠 수 있음을 과소평가했다고 믿는다. 당시에 실리콘밸리는 전체적으로 낙관적인 분위기가 지배적이었다. 우리 대부분은 우리가 좋은 사람이라고 생각했다. 세계를 점점 더 좋게 만드는 일을 하고 있다고 생각했다. 몇몇 사회학자들과 언론인들이 디지털 미디어 소비의 위험을 경고하고 나섰지만, 테크 산업 종사자들 가운데 잘못된 일이 벌어질 수 있다는 사실에 주의를 기울이는 사람들은 극소수에 불과했다.

명백히 최근 몇 년 동안 인터넷은 우리에게 이면의 지옥을 보여주었다. 보안 침입을 막아야 할 페이스북이 정작 수백만 명의 개인 정보를 유출해 선거 전략에 이용하게 한 2016년 케임브리지 애널리티카 스캔들에서부터 온라인에서 악의에 찬 메시지를 성공적으로 퍼트리고 있는 증오 집단의 부상에 이르기까지 인터넷을 악용하는 사례가 급증하고 있다. 인터넷에서 가장 우려스러운 점은 우리가 읽는 뉴스를 변화시키는 방식이다. 요즈음 미국인 대부분은 페이스북에서 뉴스를 접하고 있는데, 우리는 어떤 뉴스 "현실"을 구독하기를 원하는지 선택할 수 있다. 미시적 수준에서, 사람들은 이러한 특징들을 바라고 자신들이 좋아하고 동의하는 것들을 볼 때 행복해한다. 거시적 수준에서, 이러한 특징들은 이미 분열된 사회를 더욱 분열로 몰아간다.

　나는 실리콘밸리의 몇몇 사람들이 다음과 같이 묻고 있다고 생각한다. 우리는 과거로 되돌아가 우리가 만들어낸 문제들을 바로잡을 수 있을까? 하지만 나는 우리가 이 계곡을 가로질러 너무 멀리 와 있기에 되돌아갈 수는 없다고 생각한다. 더 나은 질문은 이것이다. 계곡의 다른 편에는 무엇이 있는가? 호전된 상황, 즉 우리가 과학 기술을 이 세계의 무의미한 고통을 끝내는 데 이용하는 미래가 있을 수 있다고 생각한다. 그리고 우리를 그러한 고지로 이끌 수 있는 이들은 바로 젊은이들일 것이다. 오늘날의 가장 어린 세대는 종종 알파 세대라고 불린다. 반면 십 대 청소년과 이십 대 초반 젊은이들은 Z세대라고 불렸다. 하지만 나는 약간 다르게 분류한다. 나는 오늘날 스물다섯 살 이하의 모든 사람을 '애니원 캔 제너레이션Anyone Can Generation'이라고 생각하고 싶다. 왜냐하면 그들은 자신들의 창조성에 한계가 없음을 알고 자랐기 때문이다. 그들의 인터넷 중심적 세계 모델 안에서는 누구나 영향력을 미칠 수 있고 유명해질 수 있다. '누구나' '모든 것'을 할 수 있다.

　셀카 찍기를 좋아하는 이 아이들을 허영심이 많다거나 자기 자신에게만 과도하게 초점을 맞추고 있다고 깎아내리기 바쁜 구세대는 확실히 이들이 가진 잠재력을 과소평가하고 있다. 나는 애니원 캔 제너레이션의 구성원들이 세계를 더 나은 곳으로 변화시킬 거라고 믿는다. 그들은 생애 전부를 온라인에서 보내고 있기 때문이다. 그들은 지금 실리콘밸리에서 일하고 있는 그 어떤 배후 인물들보다도 사람들이 그들의 마음을 온통 빼앗긴 인터넷과 맺은 관계를 더 잘 이해한다. 내가 이처럼 낙관하는 이유는 코딩이 더욱 일상적인 기술이 되는 다가올 미래에 애니원 캔 제너레이션이 더 공정하고 공평한 인터넷을 만들어내기 시작할 것이기 때문이다. 그리고 확신하건대 그들은 그 일을 아주 창조적인 방식으로 해낼 것이다.

생각해보라. 이들은 전에 없던 방식으로 세계에 자신을 자신감 있게 드러내는 아이들이다. 이들은 브이로그와 틱톡, 인스타그램으로, 그리고 수많은 다른 방식으로 자신을 드러낸다. 디즈니와 ABC, CNN이 셀카를 찍으며 자란 이제 열여덟 살에 불과한 성소수자 유튜버들과 경쟁해야 한다는 사실이 나는 너무도 좋다. 라틴계 십 대 청소년들이 정부와 정부 정책으로부터 매일 같이 공격받는 상황에서도 귀가하여 그들의 재능과 이야기를 공유할 안전한 공간을 창조할 수 있다는 사실이 나는 너무도 좋다. 그토록 많은 유색 인종 사람들이 수백만 명의 구독자를 보유하고 엄청난 영향력을 발휘할 힘을 가졌다는 게 나는 너무도 좋다. 비백인들이 60년대, 70년대, 80년대, 혹은 90년대에 그런 종류의 미디어 스포트라이트를 받는 것은 불가능했을 것이다. 그 시대들에는 비백인들이 외부에서 항해할 때 기어올라야 할 벽들이 너무나 많이 겹겹이 쌓여 있었다.

나의 가장 큰 희망 중 하나는 내 이야기를 들려줌으로써 프로그래밍이 누구나 취할 수 있는 길이라는 생각에 마음을 열게 하는 것이다. 그리고 애니원 캔 제너레이션에 관해 이런저런 이야기를 했지만, 단지 젊은이들만을 염두에 둔 것이 아니다. 나이나 학력, 배경에 상관없이 호기심과 투지가 있다면 누구나 코딩을 배울 수 있다. 이 말에 공명한다면, 자기 스스로 배워라! 당신이 그렇게 하지 못하도록 막는 것은 아무것도 없다. 일단 기본적인 능력만 습득하면, 자기 자신의 상품을 만들어낼지, 아니면 회사에서 일을 잡을지는 당신 자유다. 두 길 모두 무한한 가능성으로 이어질 수 있다. 사업가가 되고자 하는 생각이 좋은 방향으로 가슴을 뛰게 한다면, 그 느낌을 믿어라. 세상에 있었으면 하는 것을 만드는 것으로 시작하라. 이 물건이 세상을 더 이로운 것으로 만들어준다면, 다른 이들도 틀림없이 똑같이 느낄 것이다. 다른 한편으로 나처럼 안정된 삶을 갈망한다면, 일을 구하라고 조언하고 싶다. 기술 세계를 안에서부터 변화시킬 일을 말이다. 일단 안전하게 발판을 마련한다면, 어떻게 하면 가장 큰 영향력을 발휘할지 숙고할 수 있는 사치를 누리게 될 것이다.

그러고 나면 천천히 그리고 확실하게 정확히 그 일을 할 도구를 만들 수 있다.

마지막으로, 인생에서 어떤 길 위에 있든, 누구를 사랑하든, 당신은 성공에 대한 '당신의' 정의를 찾을 수 있을 것이다. 그리고 그렇게 살기 위해 용기를 내라.

옮긴이_ 안성열

한국외대 무역학과와 홍익대 대학원 미학과를 졸업했다. 미술 잡지 기자, 큐레이터 등의
일을 하다 출판계에 입문해 편집자로 일해왔다. 현재 해리북스 대표로 있다.

앱 키드 코딩으로 백만장자가 된 아이

초판 1쇄 발행 2023년 6월 15일

지은이   마이클 세이먼
옮긴이   안성열

펴낸곳   해리북스
발행인   안성열
주소   경기도 고양시 일산동구 강송로 196 115-2102호
전자우편   aisms69@gmail.com
전화   031-901-9619
팩스   031-901-9620

ISBN   979-11-91689-10-5 03320